我国第一本系统的茶文化旅游指导用书

茶文化旅游概论

Chinese Tea Culture Tour

余悦　王柳芳　著

中国出版集团
世界图书出版公司
西安　北京　上海　广州

图书在版编目（CIP）数据

茶文化旅游概论/余悦，王柳芳著. —西安：世界图书出版西安有限公司，2014.11（2025.1重印）

ISBN 978-7-5100-8496-6

Ⅰ. ①茶… Ⅱ. ①余… ②王… Ⅲ. ①茶—文化—旅游—概况—中国 Ⅳ. ①F590.7

中国版本图书馆CIP数据核字（2014）第236615号

茶文化旅游概论

著　　者	余　悦　王柳芳
责任编辑	李江彬
封面设计	新纪元文化传播
出版发行	世界图书出版西安有限公司
地　　址	西安市雁塔区曲江新区汇新路355号
邮　　编	710061
电　　话	029-87233647（市场营销部）
	029-87235105（总编室）
传　　真	029-87279675
经　　销	全国各地新华书店
印　　刷	陕西龙山海天艺术印务有限公司
成品尺寸	185mm×260mm　1/16
印　　张	25
字　　数	460千
版　　次	2014年11月第1版
印　　次	2025年1月第9次印刷
书　　号	ISBN 978-7-5100-8496-6
定　　价	58.00元

☆如有印装错误，请寄回本公司更换☆

目 录

绪论　茶文化旅游的理论建构 / 1

第一章　茶文化旅游概述 / 9

第一节　茶文化与茶文化旅游 / 11

第二节　茶文化旅游的基本特征 / 19

第三节　茶文化旅游的社会功能 / 25

第四节　茶文化旅游与其他旅游的关系 / 34

第二章　中国茶文化旅游的历史概况 / 41

第一节　中国传统茶文化旅游的发轫 / 43

第二节　中国唐宋的茶文化旅游 / 50

第三节　明清茶文化旅游 / 58

第四节　近现代茶旅游 / 66

第三章　当代中国茶文化旅游的理论基础 / 73

第一节　可持续发展理论 / 75
第二节　生态旅游理论 / 83
第三节　文化旅游理论 / 91
第四节　人与自然和谐理论 / 100

第四章　当代中国茶文化旅游的产生与发展 / 109

第一节　茶文化弘扬与茶文化旅游的提出 / 111
第二节　茶文化旅游的自然资源 / 120
第三节　茶文化旅游的人文资源 / 128
第四节　茶文化旅游的理论探索 / 138

第五章　当代茶文化旅游的类型与开发模式 / 149

第一节　茶文化旅游的主要类型 / 151
第二节　茶文化旅游的开发原则 / 162
第三节　茶文化旅游的成功范例 / 170
第四节　茶文化旅游现存的问题与对策 / 177

第六章　茶文化旅游的规划与设计 / 181

第一节　茶文化旅游规划与定位 / 183
第二节　茶文化旅游景区的规划与设计 / 196
第三节　茶文化商业街区的规划与设计 / 206
第四节　茶文化产业园区的规划与设计 / 214

第七章　茶文化旅游的营销 / 221

第一节　茶文化旅游营销策略 / 223

第二节 茶旅互促营销 / 236
第三节 旅游节事营销 / 245
第四节 影音营销 / 262

第八章 中国茶文化旅游热线的提升 / 271

第一节 中国茶文化旅游区域的划分 / 273
第二节 茶文化旅游线路设计原则 / 282
第三节 小尺度茶文化旅游线路 / 290
第四节 大尺度茶文化旅游设计 / 300

第九章 全球视野下的江西茶文化旅游 / 313

第一节 江西茶文化的旅游资源 / 315
第二节 江西的茶文化优势 / 324
第三节 江西茶文化旅游的战略构想 / 330
第四节 江西重点茶文化旅游区的规划与设计 / 337

第十章 中国港澳台及海外茶文化旅游的资源与特色 / 351

第一节 中国港澳台茶文化旅游 / 353
第二节 亚洲国家茶文化旅游 / 360
第三节 欧洲国家茶文化旅游 / 374
第四节 其他国家茶文化旅游 / 385

参考文献 / 391

后记——人在旅途 / 393

绪 论

茶文化旅游的理论建构

当前,茶文化旅游的拓展与提升,是迫在眉睫和亟待创新的关键时期。大视野,大智慧,大手笔,才会有大作为,大发展,大气象。茶文化旅游有着美好的发展前景,让我们一起走进茶世界,走进茶文化。

中国是茶的原产地,也是茶文化的发祥地。作为"朝阳产业"的旅游业,在中国正以迅猛的态势发展。而中国茶文化与旅游发展的结合,也得到了长足和稳健的进步。现代意义的专题性茶文化旅游虽然已有20多年的历史,但却是在近些年来才真正赢来了全面与自觉的"黄金机遇期"。

茶文化旅游是一项历史久远而又新兴开发的专题旅游项目。说历史久远,是因为中国自唐宋以来就在大量典籍中记载了关于茶区、茶园游乐的许多文章和诗篇;说新兴项目,是因为作为现代意义上的专题性旅游——茶文化旅游正处在起步和不断完善的阶段。

中国茶文化旅游作为一个明确概念和专项的特色旅游项目,是茶文化不断发展的结果,也是旅游景区从单纯热衷自然景观到不断增强其文化内涵的双向选择。一方面,中国茶文化渗透到旅游景区,品茗赏艺、购销名茶,成为最普遍的现象;茶山、茶园、茶区名胜、茶艺馆等,正是人们喜欢旅游的好去处。另一方面,随着旅游的发展,又推动着茶文化更为广泛和迅速的传播,使茶文化旅游受到中外游客的欢迎和喜爱。当代中国茶文化在弘扬的同时,力图使原有的内容得以拓展,内涵得以提升;而旅游产品的增加,旅游内容的丰富,也是旅游发展的现实需要。因此,两者的联姻与结合,也就是水到渠成的了。

中国茶文化在旅游发展中具有重要的地位与作用,茶文化与旅游相结合的新型业态,具有强大的生命力和广阔的发展空间。对于茶文化旅游,一般的理解是,在旅行途中到茶区、茶园观光,到茶艺馆品茗,或是欣赏茶歌、茶舞、茶艺表演。其实,茶文化旅游还应该有更深层次的理解。从旅游者的角度来说,茶文化旅游是一种高层次的旅游活动,是旅游活动中的一种高级形态。就如旅游是人们的一种高层次需要一样,它是旅游活动发展阶段中,与文化联系最为紧密、最为自然、最为和谐的形态。对旅游开发经营管理者来说,这是一种更深层次的、先进的旅游开发经营管理思想和理念,是充分利用原有物资与文化资源,尽可能避免和减少因过度开发而影响旅游资源永续利用的模式。对政府部门来讲,是以生态文化思想为指导,保护自然和社会环境,保护原生和谐的传统文化,发展地区经济,提高居民生活质量,让居民和旅游者在受益和休闲活动中得到教育,并自觉地保护茶文化资源的生态经济学社会系统工程,是实现旅游业可持续发展的一种方式。对茶叶生产经营单位和人员来说,是从生态、健康、科学立场进行茶叶资源的深层开发,以可持续发展战略的观点探索茶叶生产模式,探索茶叶发展的新路子,具有明显的社会效益、生态效益和经济效益,是茶叶事业发展的新领域。

当前,中国茶文化旅游的拓展与提升,是迫在眉睫和亟待创新的关键时期。大视野,大智慧,大手笔,才会有大作为,大发展,大气象。在具体实践中,应该注意和把握以下几个问题。

——从总体战略来看,茶文化旅游要树立大市场意识,坚持大市场导向,做足大产业文章。茶文化是重要的文化遗产,与经济有很高的关联度。特别是随着改革开放的不断深入,中国经济得到快速发展,综合国力不断增强,作为茶产业发展重要体现的茶艺馆迅猛发展,分布在大都市里的中高档茶艺馆和旅游区内风采各异的品茗场所成为中国茶文化旅游的一个亮点。茶文化旅游的决策者、经营者应该更新观念,树立服务于大市场、大产业的观念,抓住旅游业大发展和茶艺馆业红火的时机,面向旅游市场,推出茶文化旅游产品,推动茶叶消费新经济。同时,调整产业结构,以市场为导向,不断推出茶产业的新产品,夺取茶产业经济效益和社会效益的双丰收。

——从市场定位来看,茶文化旅游应以国内市场为主体,积极开拓海外和国际市场。近几年来,我国旅游客源市场中,国内客流迅猛增长,海外和国际客流稳中有降,国内旅游已成为中国旅游业的主体。2014 年 2 月 24 日,国家统计局发布的《2013 年国民经济和社会发展统计公报》有关"交通、邮电和旅游"的内容显示,2013 年国内游客 32.6 亿人次,比上年增长 10.3%;国内旅游收入 26 276 亿元,同比增长 15.7%。入境游客 12 908 万人次,同比下降 2.5%。其中,外国人 2 629 万人次,同比下降 3.3%;香港、澳门和台湾同胞 10 279 万人次,同比下降 2.3%。在入境游客中,过夜游客 5 569 万人次,同比下降 3.5%。国际旅游外汇收入 517 亿美元,同比增长 3.3%。国内居民出境 9 819 万人次,同比增长 18.0%。其中因私出境 9 197 万人次,同比增长 19.3%。国内旅游占我国国内外接待总人次和总收入中的份额,有越来越大的趋势,并将长期持续下去。在接待人数上,海外和国际游客占5%以下,国内游客占95%以上;在旅游收入上,国际和海外游客占10%左右,国内游客占90%。很长时期内,全国和绝大多数省市将保持这种基本格局。我国客源市场的这种格局决定了茶文化旅游的客源市场,总体上要以国内市场为主体。同时,积极开拓海外和国外客源市场,也是非常重要的方面。

——从产品功能来看,茶文化旅游应该是集茶叶生产、旅游观光、购物休闲、会议展示、保健修养等多功能、综合性的旅游项目。我国目前国民的出境旅游人数虽然大幅度增加,但2013年出境旅游所占份额仍然不足3%,从总体上分析,我国国民旅游依然主要是观光娱乐式的,以近距离、短时间为多。据多年国内旅游者的抽样调查,外出旅游者对自然风光感兴趣的占总旅游者的50%,对人文景观感兴趣的占15%,对休闲感兴趣的占5%。因此,大多数旅游者是以自然风光为首选目的地的。即使带有休闲性的节假日旅游,也是以娱乐和观景为主要旅游兴趣。茶文化旅游在休闲观光方面具有其不可替代的优越性,因为茶园本身就是一幅天然的风景画。自古名山胜地出名茶,茶区、茶园本身就是艺术工程。茶树品种繁多,叶型多样,叶色五彩缤纷,树枝千姿百态,树冠可塑性大,这些都为茶园园林造景提供了基础。著名的茶山、茶区,往往有悠久的历史、深厚的文化、感人的故事,以及极有特色的茶品。茶叶是旅游活动中最理想的保健饮品。各式精巧的古今茶具、精美包装的名茶、与茶相关的诗画作品,都是很有价值的旅游纪念品。近些年来,人们选择处于名山胜水间的茶区里进行短期的"茶修",放松心情与保健休养,已经有了良好的开端与发展势头。发展茶文化旅游,扩大旅游点的影响力,两者相辅相成,相得益彰。当然,茶文化旅游应该形成各地的特色,与该地区的地脉、史脉、文脉相通,与地方特色的人文渊源相通。茶文化旅游还要形成一定的规模,要有较多的配套活动,如丰富多彩的娱乐项目和别具情趣的休闲项目。

——从消费定位来看,茶文化旅游应以中档消费为主,兼顾高档和低档。在目前我国城镇市民当中,贫困比率虽然减少,但富裕型和豪华型消费也很少,还是以温饱型和小康型为主。我国居民这种两头小、中间大的财富配置和节假日的旅游以个人消费为主的消费类型,决定了我国的旅游产品消费的档次应该是以中档为主,兼顾高档,也可以设一些低档消费项目。特别是在县级旅游度假村中,更应该以中低档消费为主,兼顾高档。消费定位如何是一门科学,应该做到既符合大多数旅游者的普遍需求,兼容性较强;又使海外旅游者和部分国内高要求的旅游者可以接受;还要使低消费层次者能够承受;而且市场可塑性要大,即使升级换代或降为低档消费产品都有很大的回旋余地。当然,高档消费产品也不能够没有供应,部分旅游者对此有所需求,国际旅游市场更是如此,并且有利于推动旅游优化升级,给业主带来丰厚的利润,但这绝不是茶文化旅游消费的主流。低档旅游产品同样不可以缺少,对于有一部分国内大众旅游者而言,他们希望价格低廉而又能获得高档精神享受的产品,而对投资者来说这也是一种投入少、见效快的项目。当然,不同的茶文化旅游项目,它的分割重点各有侧重,应该根据城市和茶文化区域的定位,进行市场细化,找准自己需求与供给的结合点。

——从产业投资来看,茶文化旅游应该向投资渠道多元化,开放方式多样化方向发展。茶文化旅游项目能够吸引大量个人资金进行开发,特别是有的项目投资少,见效快,为个人投资者所青睐。还有刚刚走向社会的青年就业人员、大学与专科毕业生希望自主创业,投资茶文化旅游当然也是不错的选项之一,因为这里有不少的低门槛项目。当然,融资要走多元化,包括外资都应该力争。一些大型企业集团转向休闲旅游业,开辟茶文化旅游也是必不可少的。这些年来,已经有一些实力雄厚但先前并非"茶圈"的人士和企业开始涉足茶产业,显露出强劲的势头与实力。此外,茶文化旅游还可以以入股的形式或采取项目承包开发、承包经营的方式,吸收民间闲散资金来开发中小型项目。

当然,茶文化旅游会不断面临新情况和需要解决的新问题。如携程旅游网近期发布的《2014年旅游者调查报告》显示,2014年中国消费者的旅游意愿和消费水平将持续增长,并且出现四大新趋势:带薪休假错峰旅游的数量和群体比例进一步加大;自由行成为最流行的旅游方式,旅游法进一步实施将持续推动自由行市场的繁荣;旅游网站是网民主要预订渠道,预订产品类型从机票、酒店加速向团队游、门票、租车、火车票等领域渗透;旅游移动APP的使用将呈现爆发式增长,使用比例和频度增加,成为旅游业发展最大的亮点。2014年是"智慧旅游年",更多新科技的应用,将全面掀起旅游业的"移动革命"。从旅游事项的具体层面来说,消费者旅游意愿正不断创新高,在被调查者中48%的人选择在2014年中出游1~2次,40%选择出游3~4次,11%选择出游5次及以上。相较于2013年,今年更多的游客愿意多次出游。在全年人均旅游预算方面,选择旅游预算在2 000元以下的比例为4%,33%的旅游者将支出1万元以上,其中1%的旅游预算者超过5万元。2014年国内游客最青睐的旅游目的地,按照人气从高到低,境内依次是三亚、丽江、九寨沟、西藏、厦门、桂林、成都、新疆、西安、哈尔滨等地;境外依次是泰国、日本、韩国、欧洲、马尔代夫、澳大利亚、美国、毛里求斯等地。就是说,计划去的旅游目的地,境内是三亚,境外是泰国最受宠。对于这些预测,茶文化旅游是否有"智慧"面对,有能力应对,有策略取得新成就,得到新发展,无疑是一种新的考验。而且,从某种意义上来说,旅游者是"多变"的,因为求新、求异、求真、求美,永远是旅游者心中不变的萌动。如何使茶文化旅游常看常新,常游常新,还需要不断创新、创意、创造,建立起良好发展的长效机制。

茶文化旅游研究,现在已是迫在眉睫的课题。茶文化旅游目前还处在一个水平不高、层次参差的阶段,应该努力使它更为规范化,更具竞争力,更有吸引力,更富永久的魅力。而这都需要理论与智力的支撑。"一个民族想要站在科学的最高峰,就一刻也不能没有理论思维。"(恩格斯)"只有理论,才能激发和发扬发明创造精神。"(巴斯德)"没有理论这盏明灯,实践不可能走向真正完美的境地。"(尼·彼德洛夫)这些至理名言,对于茶文化旅游研究同样是完全适用的。正是本着这样的理念,我们撰写了这本《茶文化旅游概论》,从10个方面对茶文化旅游进行了深入探讨,力争建构茶文化旅游的理论体系,努力填补这项研究的空白之处。我们真诚希望,学界和业界能够对茶文化旅游的理论构建提出建设性意见,使之不断完善与提升。

经过中国文明五千年的洗礼,中国茶文化既有深厚的文化底蕴与内涵,又与新的时期和风尚相融合,形成了绵延不绝的文化传承和生生不息的时代活力。以此为依托的茶文化旅游,也一定会有光辉灿烂的美好前景和持续发展的强大后劲!

第一章

茶文化旅游概述

茶文化旅游是一项新兴开展却又历史悠久的旅游项目。我国是茶的故乡，也是茶文化旅游的发源地。在漫长的历史发展过程中，我国孕育了博大精深的茶文化，种茶、采茶、制茶、饮茶及相关的种种习俗和理念已成为我国文化体系中的一个组成部分，茶作为一种载体，是我国传统文化的缩影。

要真正品出一种茶的味道,便要了解它的一切,诚如王勇《游走茶乡》所说:"要了解一种茶,一种茶的文化,必须走进出产这种茶的那片土地,走进在那片土地上生活或是曾经生活过的人们的世界中去。"[①]随着"茶为国饮"的观念日益深入人心,茶文化旅游蓬勃发展,前景广阔。

第一节 茶文化与茶文化旅游

茶业、茶文化、旅游业是一个相辅相成的体系,这三者密不可分,互相促进。茶业、茶文化能够丰富旅游业的内容,旅游的兴盛会带动茶文化的发展。在国际茶叶生产成本日益高涨而价格却相对低迷的大背景下,多方面拓展茶产业的功能是十分明智的。把茶文化与旅游有机结合起来,是当前提升旅游品质和弘扬茶文化的双赢策略。

一、茶文化和茶文化旅游的定义

我国的茶文化源远流长,唐宋以来,人们把饮茶作为一种精神生活的重要内容和文化艺术的享受活动。在茶叶物质文化不断发展的基础上,逐渐形成了我国特有的茶礼、茶俗、茶艺等一整套道德风尚和社会风情,包含着极为丰富的精神文化内涵。

---

① 王勇.游走茶乡[M].北京:中国对外翻译出版公司,2006:1

茶文化从广义上讲,是指人类社会历史实践过程中所创造的与茶有关的物质财富和精神财富的总和。它包括物质文化和精神文化两个层面,物质文化包括茶叶科学技术、实践经验,他们推动了茶叶产量的提高和茶叶产品质量的提高,也包括茶叶的生产流通形式、生活消费地域、消费方式、茶政设施;精神文化指一切茶的物质文化在人们记忆中的反映,包括人们有关茶的知识、宗法、礼俗、宗教、文化艺术等。从狭义上讲,茶文化是着重于茶的人文科学,主要研究茶对精神和社会的功能,它包括茶道、茶艺、茶的礼仪、茶的精神以及在各个阶层人民中表现出的与茶相关的众多文化现象,它强调的是一种精神文化。由于茶的自然科学已形成独立的体系,因而,现在常讲的茶文化偏重于人文科学。

茶文化旅游是现代茶业与现代旅游业交叉结合形成的一种新型旅游模式,属于旅游产品分类中主题文化旅游的一种,将茶叶生态环境、茶生产、自然资源、茶文化内涵等融为一体进行综合开发,是具有多种旅游功能的新型旅游产品。

茶文化旅游兴起于20世纪90年代,发展迅猛,已成为当今旅游业中的一支劲旅。目前,学界对茶文化旅游的定义主要有以下几种。

杨小泽(1997年):茶文化旅游是将茶叶资源与旅游资源有机结合,进行综合开发和深度开发的新型项目,是以得到茶叶物质享受和茶文化精神享受为主要目的的一种文化旅行。[1]

汝百乐、徐友(2001年):茶文化旅游是利用茶叶的美学价值、历史文化价值和保健实用价值吸引旅游者进行休闲体验的一种新型旅游形式。[2]

庄佩芬、Lee Jolliffe(2005年):茶叶旅游是出于对茶叶历史、传统和消费的兴趣而产生的一种新型旅游方式。[3]

王京传(2005年):茶文化旅游是指以茶和茶文化为主题,以达到积极的休息和娱乐、获取知识和体验人生价值等为目的,而开展的形式多样、内容丰富的系列旅游活动。[4]

沈国斐(2005年):茶文化旅游是指将茶叶资源与旅游资源进行有机结合的一种旅游方式。[5]

李海平(2007年):茶文化旅游是指在休闲、放松的旅游过程中,细细品味

---

[1] 杨小泽.旅游新一族——茶文化旅游[J].农业考古,1997(2):45
[2] 汝百乐,徐友.云南茶文化旅游开发初探[J].云南师范大学学报,2001(4):62
[3] [加]Lee Jolliffe,庄佩芬.福鼎地区发展茶叶旅游初探[J].中国茶叶,2005(5):46
[4] 王京传.我国的茶文化旅游发展[J].农业考古,2005(5):1
[5] 沈国斐.杭州茶文化旅游开发探索[J].北方经济,2005(10):12

茶的文化、内涵,体味茶的风俗、礼仪,鉴赏茶叶的品质并参与其间陶冶旅游者身心的一种特色旅游项目。①

加拿大学者 Lee Jolliffe(2007年):tea tourism is motivated by an interest in the history, traditions, and consumption of tea. 即为茶旅游是人们出于对茶叶历史、茶叶习俗和茶叶消费感兴趣而产生旅游动机的一种旅游。②

谭巍、李欣(余悦笔名)(2005年)提出:从旅游者的角度来说,茶文化旅游是一种高层次的旅游活动,是旅游活动中的一种高级阶段。就如旅游是人们的一种高层次需要一样,它是一种旅游活动的高级发展阶段。对旅游开发经营管理者来说,这是一种更深层次的先进的旅游开发经营管理思想和理念,是一种可持续利用旅游资源的开发模式。对政府部门来讲,是以生态学思想为指导,保护自然和社会环境,保护原生和谐的传统文化,发展地区经济,提高居民生活质量,让居民和旅游者在休闲活动中得到教育,并自觉地保护茶文化资源的生态经济学社会系统工程,是实现旅游业可持续发展的一种重要方式。对茶叶生产、经营单位和人员来说,从生态、健康、科学立场进行茶叶资源的深层开发,以可持续发展战略的观点探索茶叶生产模式及茶叶发展的新路子,具有明显的社会效益、生态效益和经济效益,是茶叶发展的新领域。

总体来看,以上文献研究对茶文化旅游的界定各不相同,分别从旅游目的、旅游类型、主题特点、活动内容和旅游动机等不同角度给出了定义。根据各家观点我们将茶文化旅游的定义总结如下:

茶文化旅游是以茶和茶文化为主题,涵盖了茶园观光、茶叶品鉴、茶古迹游览、茶特色建筑参观、茶事劳作、茶俗体验、茶艺观赏、茶修保健、茶商品购物等多种内容,是集乡村旅游、生态旅游、文化旅游、主题旅游、养生旅游为一体的新型旅游模式。

二、茶文化在旅游中的作用

茶文化在旅游中起着十分重要的作用,旅游的六要素(吃、住、行、游、购、娱)中少不了茶的身影。茶是旅游活动中一道亮丽的风景线,茶为旅游生活增添了许多趣味,一些茶文化景点已成为重要的旅游目的地,受到众多游客的青睐。

1. 茶与游

从茶的发展历史演变来看,一种茶之所以成名并发扬光大,与产茶区的山

---

① 李海平.浙江茶文化旅游开发对策研究[J].特区经济,2007(2):55
② [加]Lee Jolliffe. Tea and tourism: tourists, traditions and transformations[M]. Clevedon: Channel View Books, 2007:9

水、人文、历史渊源息息相关。吴觉农先生在《茶经述评》指出,高山出名茶,主要由于高山云雾多,漫射光多,湿度大,昼夜温差大等因素,有利于茶叶有效物质的积累,特别是芳香物质积累较多。茶因山得名,故有"名山出名茶"之说。①

但凡有名山的地方,几乎都产有名茶。由中国国土经济研究会主办的《今日国土》杂志社评选出的中华十大名山依次为:山东泰山、安徽黄山、陕西华山、四川峨眉山、江西庐山、西藏珠穆朗玛峰、吉林长白山、福建武夷山、台湾玉山、山西五台山。位于产茶区的六座名山无一例外地出产名茶,泰山出产女儿茶,黄山出产黄山毛峰,庐山有庐山云雾,峨眉山有峨眉雪芽,武夷山有武夷岩茶,玉山有冻顶乌龙。其中黄山毛峰、庐山云雾、武夷岩茶、冻顶乌龙被不同机构评选入"中华十大名茶"。中国四大道教名山(青城山、龙虎山、武当山、齐云山)和中国四大佛教名山(五台山、峨眉山、普陀山、九华山),除山西五台山不在产茶区外,其他名山均盛产名茶。可谓名山与名茶相伴相生,珠联璧合。名湖气候湿润,也非常适宜茶树的生长,西湖出产龙井,太湖出产碧螺春,洞庭湖出产君山银针,日月潭出产阿萨姆红茶。好茶往往伴有好泉,如西湖龙井与虎跑泉、庐山云雾与谷帘泉、黄山毛峰与九龙瀑等。

茶园风光迷人,常年葱绿,与周边环境融为一体,是名山名水的有机组成部分,如庐山云雾茶与庐山风光及鄱阳湖景观、黄山毛峰与黄山自然景观、华顶云雾与日本天台宗的祖庭浙江天台山国清寺等。茶树与奇峰异石、飞泉流瀑等融为一体,密不可分。

名茶在长期历史发展过程中,形成了丰富的历史文化内涵,有着众多的茶诗、茶词、茶歌,流传着众多的优美传说。人们到杭州旅游,少不了要参观被乾隆皇帝御封的十八棵茶树。到武夷山旅游,参观天心岩的大红袍母树也是游客必不可少的旅游项目。

同时,茶文化本身也是旅游区文化内涵的重要组成部分。在第35届世界遗产大会上,杭州西湖文化景观被成功列入世界文化遗产名录,而与西湖相生相伴的龙井茶文化遗迹及其茶园景观成为这一遗产中的重要组成部分。②

茶园本身也是一道靓丽的风景线,碧绿的茶园,朝霞里似锦绣的地毯,春风里似澎湃的海涛。到这里游览的人们,陶醉在蓝天碧海之中,心情格外舒畅,引起无限遐想。如今,不少产茶区以茶园为基础,完善周边设施,开发观光茶园,吸引大批游客前来游览、休闲、度假。

---

① 吴觉农.茶经述评[M].北京:中国农业出版社,2005:30
② 王水法.龙水茶在西湖"申遗"中的地位作用[J].茶博览,2011(11):70

有些茶文化景点已经开发成熟,成为主要的旅游目的地。如位于杭州的中国茶叶博物馆集茶史、茶事、茶具、茶俗、学术交流、茶艺游览为一体,自1991年正式开放以来,吸引了大批中外游客。广东梅州雁南飞茶文化度假村是国家5A级风景名胜区,一年四季风光迷人,是拍摄摄影作品的极佳选地,每年吸引了众多游客前来参观度假。

2. 茶与食

民以食为天,餐饮是茶文化旅游的一个重要环节。不少游客将品尝各地美食视为旅行的重要环节,甚至出现了"吃货旅行",一些酷爱美食的年轻人自称为"吃货",以品尝世间美食为己任。吃货们不放过任何品尝美食的机会,异地的美食是驱动他们不断旅行的强大动力。

古代中国人最早是从咀嚼野生茶树的鲜叶开始的,后来以火生煮羹饮,《晏子春秋》载晏婴为齐国宰相时,"食脱粟之饭,炙三弋五卵,茗菜而已",晏子所食"茗菜"便是新鲜的茶叶。这种以茶代菜的风俗在某些地方还保留着,云南、四川、重庆、贵州、广西等地山区的苗、侗、瑶、傣、仡佬、土家等族人民,至今仍保存着客来请"吃茶"的习俗。云南基诺族保留着凉拌茶的饮食习俗,在茶季时,基诺族员会将刚采收来的新鲜茶叶揉软搓细,放在大碗中加上清泉流,随即投入黄果叶、酸笋、酸蚂蚁、白生、大蒜、辣椒、盐巴等配料拌匀,制作成为基诺族喜欢的"拉拨批皮",即凉拌茶。

发展到今天,用茶叶做的饭菜已超过上百种,如杭州的龙井虾仁、双龙戏珠等,北京的纯芽龙须、银针庆有余、茶饺等,广州的乌龙鸡,安徽的茶干儿,福建的乌龙茶酒,台湾的绿茶白莲、香片淋饼等,香港的茉莉香片炒海米,上海老同茂酒楼推出的碧螺腰果、红茶凤爪、龙井凤尾虾、太极碧螺羹,等等。现在一些寺院推出的素食茶宴,吸引了不少的消费者。美味可口、造型精致的茶食品令人胃口大开,能满足各种消费能力和年龄的旅游者的需要。天福茗茶开发了许多风味独特的茶食品,茶食种类多达一百多种,涉及全国各地的特色小吃和口味。

一些颇具特色的茶食品名声在外,吸引了很多人远到品尝。日月潭是大陆游客赴台"到此一游"的必选地,阿婆茶鸡蛋则是日月潭游客"到此一吃"的必选品。八十多岁的阿婆邹金盆,从二十多岁便开始在日月潭玄光寺码头旁卖茶叶蛋,一卖就是近一个甲子。她表示,从没有想到有一天,自己的茶叶蛋会因为大陆游客而一夜爆红,会被誉为"全台湾最好吃的日月潭茶叶蛋"。阿婆利用南投当地出产的阿萨姆红茶及埔里的香菇熬制茶叶蛋,风味十分独特,台湾当局领导人马英九、赴台访问的湖北省长王国生等都直夸"好吃"。阿婆生意十分火爆,很多游客慕名而来,假日经常卖上五六千颗,创造了庶民经济的传奇。阿婆的摊位意外成为观光景点,日月潭管理处也为她设计了一个美观的木造摊位。①

我国地域辽阔,形成了花样百出的饮茶方式,如客家的擂茶、蒙古族的奶茶、藏族的酥油茶、佤族的苦茶、布朗族的锅帽茶、彝族的罐罐茶、苗族的虫茶等。这些茶饮风味绝殊,能够给游客带来美妙难忘的品尝经历。

旅游者在旅游活动中,常处于精神兴奋的状态,外界环境频繁变化,参观活动量大,容易造成旅游者出现"上火"的生理反应,会出现口干舌燥、口生溃疡、食之无味等情况。因此,旅游者在旅途中饮用适量的茶水,可解酒食、油腻、消脂解毒。

3. 茶文化与娱乐

茶与戏曲有着不解之缘。宋元之时已有戏曲艺人在酒楼、茶肆中做场,及至清代开始在茶馆内专设戏台。当时剧场以卖茶点为主,演出为辅,座位只收茶钱不售戏票,观众一边喝茶,一边听曲,久而久之,茶园、戏园,二园合一,所以旧时戏园往往又称茶园。所以有人说"戏曲是茶汁浇灌起来的一门艺术"。北京最早的营业性茶楼——查家茶楼(现为广和剧场)是北京历史最悠久的剧场。当代部分茶馆继承了戏曲演出的传统,形成具有传统文化和现代功能相结合的经营特色,成为精神文明建设的重要窗口、传统文化的美丽画廊、茶艺表演的广阔舞台、大众文化的交流中心。在各地茶馆,游客能欣赏到地道的地方戏曲,如成都顺兴茶馆有川剧、变脸等表演,南昌泊园茶馆有南昌道情表演。北京天桥乐茶园每日有"天桥民众大串演"及戏剧、曲艺、武术等表演。2004年11月的一场名为"传统相声濒临失传曲目专场"的演出,在天桥乐茶园掀起了相声界的一阵旋风。似乎从那以后,即使是曾经对传统曲艺很漠然的人也在茶园找回了久违的乐子,久违的亲切,久违的老百姓的幸福生活。

纵览古今,以"茶"为名的戏曲甚多,有《茶瓶记》《茶篮灯》《茶山七仙女》《秋香送茶》等。"借茶做戏"是舞台上戏曲艺术家们的拿手好戏,如京剧《寻亲记·茶坊》中的主角是一个茶博士,他向微服私访的范仲淹揭露恶霸罪行,整个舞台洋溢着浓郁的茶文化氛围,人物对话不离"茶"字,而且表演做戏也从"茶"中得来,茶博士一手撑腰似壶把,一手弯曲象壶嘴,提足、摆身,宛如冲茶时铜壶三起三落的"凤凰三点头"。这由茶升华而来的戏曲表演身段,令观赏者耳目一新,不禁拍案称绝。

旅游中安排茶艺表演也别有一番情趣,我国各地有着风格各异的茶道表演,如唐代宫廷茶道(陕西),龙井茶礼(浙江),擂茶(湖南),工夫茶(广东、福建、台湾),禅茶(江西),友爱茶(上海),掺茶(四川),三道茶(云南),亲子茶

---

① 台湾写真:阿婆茶叶蛋的"大陆缘"[OL].中国新闻网,http://www.chinanews.com/tw/2012/07—15/4033230.shtml

(香港)等。茶艺表演涉及历史、民俗、音乐、舞蹈、书法、绘画、诗词、壶艺、花道等,集中地表现出博大精深的茶文化内涵和中华民族含蓄凝重的古典美。2011年3月,著名歌唱家关牧村在全国政协会议上提交了一份《关于国际游客入境游安排中国茶艺日程的提案》。关牧村提出,茶文化作为中国文化的重要组成部分,以其神奇的功能性和融合于儒释道的文化价值,传承、影响于世。而把中国茶艺融入旅游项目中,可以丰富国际旅游的内容,可以让世人更好地了解中国,可以从品茶中学习中国文化,有利于中国茶重新走向世界。关牧村建议,由旅游部门牵头,有关部门配合,把这件小事办好,办出大效果来。

近几年来,各地纷纷开发了与茶有关的娱乐节目,由张艺谋导演的《印象·大红袍》已经成为武夷山旅游的一张新名片,该演出以独特视角,向来自世界各地的观众展示不同的武夷"山水茶"文化。云南大理白族三道茶歌舞表演,成为大理最受欢迎的文化节目,每年给大理带来2 000多万元的旅游收入。

4. 茶与购

购物是旅游活动中不可或缺的一个要素,异地他乡购买当地土特产是很多游客的乐趣之一。茶叶具有很强的地缘性,一方水土养一方茶,茶叶是馈赠亲朋好友的极佳土特产,既具有纪念意义,又有实用价值。2013年9月,北京市旅游委正式发布《北京旅游绿皮书2013》,据北京市2012年入境旅游者购物偏好调查显示,茶叶是入境旅游者在京最普遍购买的商品,其次是丝绸、工艺品、香烟、中成药、陶瓷和字画。

旅游风景区是销售茶叶的极佳地点,许多茶厂在旅游商业街设置门市部,主打原生态品牌,吸引了很多顾客前来消费。茶厂应开发更多装潢精美、质量上乘的茶文化礼品,有效地表现茶文化内涵,系统综合地开展配套服务,扩大茶文化旅游的延伸度。不少茶文化博物馆、茶研究所、茶庄有着异彩纷呈的茶艺表演,游客在观赏茶艺、品味好茶的同时,也萌生了购买茶叶的欲望。旅游团大多有着从众心理,一旦有人购茶,其他游客往往踊跃响应,大包小包地把茶叶买回家。

好的茶产品不仅能引起旅游者的购买欲,增加旅游收入,而且也能反过来作为一种旅游吸引物。如北京马连道汇集了大大小小的茶叶店、茶具铺,是京城茶叶第一街,也是华北地区最大的茶叶集散地,年销售额达10亿元,占全国茶叶总销量的十分之一。马连道茶叶街的文化气息浓厚,吸引了不少旅游团前来参观,尤以国外的游客居多。马连道茶叶街已与王府井步行街、琉璃厂古文化街、什刹海酒吧街、南锣鼓巷、新前门大街等名街并列为十条北京游必去的风情街。目前,马连道茶叶街拟申报4A级茶文化国家旅游景区,现中国茶博物馆、北京首个茶文化主题酒店以及中国茶商大厦、马连道功能区综合服务大厅、国家茶叶质量检测中心、电子商务园等配套项目,均在筹建中。

与茶叶配套的精美茶具有一定的收藏价值。景德镇的青花瓷茶具，宜兴的紫砂茶具，浙江余姚的青瓷茶具，河北邢窑的白瓷茶具，湖南长沙的彩绘茶具，河南钧窑的玫瑰紫釉等都是与茶结伴的传统茶具。因时代的发展，茶具品种繁多，有瓷器、紫砂、竹木、金属、搪瓷、木鱼石、玻璃等不同原料制成的茶具，以满足不同的需要。

游客在旅游景点除了购买茶叶、茶具产品和一般旅游茶产品之外，新型茶叶商品的上市也拓宽了茶文化旅游者的购物空间。如茶糖、茶月饼、罐装茶饮料、茶书刊、茶字画、茶皂素洗用品等。台湾在开发新型茶产品上独具匠心，2011年包种茶节举行了百人茶席示范体验、古式炒茶表演等活动，并有茶油画线、茶香冰淇淋、冷泡茶、茶皂、茶面膜等新型茶产品售卖，吸引了很多爱茶之人的驻足。

拓展阅读

天津茶馆听相声

相声是用笑话、滑稽地问答、说唱等引起观众发笑的一种曲艺形式。相声以嬉笑怒骂通达世事、洞悉人生，它起源于北京，繁荣于天津。天津这座城市，在中国的相声发展史上，起了决定性作用。可以说，相声这门笑的艺术，已经成为天津人生活中不能缺少的一部分。

到天津"品天津三绝""听茶馆相声"已经在全国叫响。台上一块醒木、一把折扇、一条手绢，演员穿着长袍马褂，口若悬河、妙语连珠，台下数十上百位观众品着盖碗茶、嗑着瓜子，笑声不断，掌声不绝……表演原汁原味、形式贴近群众、票价相对低廉使得天津茶馆相声越来越火爆。

天津具有一定规模的相声茶馆不下十几家，其中劝业场附近的名流茶馆、估衣街的谦祥益文苑等茶馆，都有百人以上的茶座。目前在天津从事专业相声的演员有百余人，每天在不同的相声茶馆为观众们带来乐趣。在天津茶馆相声观众里，外地观众所占比例越来越大。天津茶馆相声不仅吸引了越来越多的从北京、河北、山西、山东等地专程赶来的观众，它的影响甚至还跨过了长江。"到天津听茶馆相声"已成为国内许多"80后""90后"追求时尚的一种标签。在北京青年当中，到没到过天津听茶馆相声已成为衡量其是否能够跟上时代潮流的标志之一。

天津名流茶馆是改革开放后第一家将相声重新引进的茶

馆,日平均接待本乡及外地观众千余人,成为天津传统文化艺术的展示窗口,被誉为"天津新文化品牌"。名流茶馆以"弘扬民族艺术,保护传统文化"为己任,为搞活天津演出市场,满足群众日益丰富的文化娱乐需求、展示天津地域文化特色做出了不懈努力。茶馆已经成为天津传统文化的一道亮丽风景。

2011年文化部和国家旅游局联合评选出"旅游演出类国家文化旅游重点项目名录",经几轮专家评审及社会公示,共评选出35台旅游演出项目成为旅游演出类国家文化旅游重点项目,天津名流茶馆的相声、戏曲集萃成功跻身。此外,为人熟知的《西湖之夜》《印象刘三姐》《宋城千古情》《东北二人转》《魅力湘西》等文化旅游演出项目同时入选。

天津素有"曲山艺海"之称,像名流茶馆这类相声茶馆在天津很有市场,如天华景、谦详益、明月等茶楼也是宾朋满座,每位观众20至60元不等,茶水另收费,可自带零食,可谓物美价廉,深受当地老百姓的喜爱,很多外地游客专门跑到天津茶楼欣赏原汁原味的相声和鼓曲。据业内人士指出,茶馆相声游提升了天津市旅游高达5倍以上的附加值。津城各旅游线路中,欣赏相声演出已成为主打的游览活动。许多游客来津除了听相声以外,还要进行餐饮、住宿、购物等消费,拉动了天津商贸服务业的整体发展。

第二节 茶文化旅游的基本特征

茶文化旅游内涵十分丰富,涉及多种产品,涵盖各个地区。茶文化旅游既具有旅游的共性,如消费性、休闲性、社会性、审美性等一般属性,也具有异地性、暂时性等旅游特征。同时茶文化旅游又显现出与其他旅游类型所不同的独特属性,具备以下基本特征。

一、茶文化旅游是集物质享受和精神享受为一体的旅游活动

茶树是经济作物,又是观赏树种;茶饮既能满足人们的口腹之欲,又能带来精神上的享受,这也使得茶文化旅游具有满足物质需求和精神需求的双重特性。人们在茶文化旅游活动中,既能品尝到各地风味独特的茶饮、茶食,又能获得精神上的升华。

著名美学家李泽厚将人的美感分为三个层次,即悦耳悦目,悦心悦意和悦

志悦神。同一旅游客体,不同审美主体的感受不尽相同,往往显现出多层次性,这主要是因为审美感受一方面受制于审美对象,另一方面还受制于审美个性以及历史文化等因素。悦耳悦目是指以悦耳、悦目为主的全部审美感官为体验的愉快感受,这种美感形态往往以直觉为特征,以生理快感为基础,这也是广大旅游者普遍的审美感受形态。悦心悦意是指透过眼前或耳边具有审美价值的感性形象,领悟到审美对象某些较为深刻的意蕴,获得审美感受和情感升华。悦志悦神是指主体在观赏审美对象时,经由感知、想象、情感,尤其是理解等心理功能的交互作用,从而唤起精神意志的奋昂和伦理道德上的超越,是审美感受的最高层次。李泽厚提出的"三悦法"也同样适用于茶文化旅游中,茶文化旅游产品其本身的外观能引发人们的审美感受,如游客在观看茶艺表演时,充分调动各项感官功能,观茶形、察茶色、听茶声、闻茶香、品茶味,既能大饱眼福耳福,又能大饱口福,品尝到清香醇美的茶饮、茶食。茶凝结着传统文化和地域文化的智慧结晶,游客在欣赏各地多姿多彩的茶俗、茶艺、茶歌、茶舞时,身心得到放松,获得审美感受。茶同时蕴含着无穷的哲思,细细觉茶态、悟茶质,认真辨其类、思其因,人们在茶中能够领悟到"廉美和敬"的茶德,从而获得智慧的启迪和精神的升华。

茶文化旅游是物质和精神的双重享受,其物质享受增添了旅游的乐趣,其精神享受又使其不流于世俗。茶文化旅游既能满足人们休闲娱乐的需求,又能带来精神上的愉悦和升华。茶之旅是色香味俱全的感官之旅,人们能够尽情享受茶的醇厚。茶之旅也是休闲娱乐之旅,人们在茶艺、茶歌、茶俗中获得了轻松愉快,一扫往日疲惫忧愁。同时,茶之旅又是心灵之旅、智慧之旅,人们在茶中感悟人际的和谐、文化的精髓、宇宙的大美。

二、茶文化旅游是自然旅游与人文旅游交相辉映的旅游产品

茶文化旅游以茶区优美的自然景观和厚重的人文景观为依托,将茶叶生态环境、茶生产制作、自然资源、人文资源、茶文化内涵等融为一体而进行开发,是人文旅游与自然旅游交相辉映的旅游产品。

我国茶文化旅游资源十分丰富,各产茶区各具特色,既有观光茶树、生态茶园、高山茶场等自然资源,也有着茶文化古迹、茶事活动、茶歌茶舞、茶俗等人文资源。许多知名茶文化旅游景点集优美的自然景观与厚重人文历史为一炉,既能满足人们观光、休闲、娱乐等需求,也能满足人们的求新、求奇、求异的求知欲望。

茶树外形优美,四季常青,花香怡人,本身便是优良的观赏树种。茶树对生长环境十分依赖,俗话说:"好山好水出名茶。"许多名茶产地本身便是驰名天下的风景名胜区,如庐山云雾、武夷岩茶、黄山毛峰等名茶均产于世界级名

山。茶园远离红尘喧嚣,满眼翠绿,使人赏心悦目。近些年来,不少地方投资兴建了以茶园为基地的旅游观光地,吸引了很多游客前来参观游览。

我国茶文化博大精深,涵盖文学、历史、绘画、音乐、哲学、宗教等多门学科,人们在欣赏茶事、茶艺、茶俗活动时,能领略到传统文化的魅力,在潜移默化中受到传统文化的熏陶。位于杭州的中国茶叶博物馆处处彰显了人文主题和茶文化韵味,茶史厅介绍了中国茶叶生产、茶文化的发展史,茶具厅展示中国各历史时期茶具的演变和发展,茶事厅介绍种茶、制茶、品茶的科学知识,茶俗厅介绍各地的饮茶方法和礼仪,反映中国丰富多彩的茶文化。人们在中国茶叶博物馆游览,能够全面了解茶史、茶俗、茶事,同时也能从一个侧面了解到中国文化的进程。

三、茶文化旅游是上层文化和大众文化相结合的旅游活动

茶作为一种饮品,风靡于各个阶层,早在宋代,吴自牧《梦粱录》便记载:"人家每日不可阙者,柴、米、油、盐、酱、醋、茶。"这说的南宋杭州的情形,也是后来所说的俗语"开门七件事"。茶的受众性十分广,不论是贩卒走夫,还是王公贵族,各阶层的人们都钟情于茶。茶是平民百姓不可或缺的日用品,劳作之余大口饮茶,既解渴又提神,十分快意。茶与文人雅士也有着不解之缘。茶蕴含天地灵气,富有艺术美感,为诗人所赞美。茶促文思,激发灵感,是文人雅士离不开的伴侣。

在漫长的发展历史中,茶文化兼容并蓄,海纳百川,因此具有多重审美层次。茶文化旅游已渐渐成为普通大众享有的权利,具有广泛的群众基础,茶文化旅游既有"下里巴人"的世俗,亦有"阳春白雪"的高雅,两个层面看似矛盾,实则缺一不可。茶文化旅游方式丰富多彩,既包括采茶、制茶等茶事活动,也包括富有艺术美感的茶艺活动。茶文化旅游涵括了文化旅游、休闲旅游、民俗旅游、养生旅游、农业观光旅游等多种类型,茶文化旅游是一种上层文化旅游,也是一种大众文化旅游,能够满足各个阶层、年龄段旅游者的需求。

表 1-1 茶文化旅游消费类型

消费类型	消费群体	文化载体	经济形式
娱乐型游客	大众群体	品茶	茶园旅游
商务型消费	商务人士	品茶	茶楼氛围
创意型消费	文化创意者	茶具、茶食	茶文化演出
哲学型消费	追求精神内涵者	品茶、茶书、茶画等	高端茶文化活动

在发展茶文化旅游时,要有广大的群众基础,不能过度追求高档化、艺术化。多开拓群众喜闻乐见的旅游方式,否则容易曲高和寡,不能适应市场多方面的需求。当然,也不能把茶视为一种饮品,忽视茶的文化功能、社会功能。针对不同顾客的需求,应开发多种茶文化旅游产品。

不少成功的茶文化旅游能够做到雅俗共赏,深受大众欢迎。如浙江杭州余杭区的径山被誉为"世界茶道之源、茶圣著经之地",有着源远流长的禅茶文化历史。早在唐宋时期,径山茶已负盛名。南宋后期,日本佛教界名僧先后来径山参研佛学,回国时便带去了径山茶叶和种茶、制茶技术。同时,他们还传去供佛、待客等饮茶仪式,逐渐演变成为今日日本的"茶道"。径山境内还有双溪陆羽泉,因茶圣陆羽在此汲泉烹茗而得名,据记载,公元760年,陆羽在双溪结庐,创作了世界上第一部茶叶专著《茶经》。余杭区充分发挥径山禅茶的文化品牌价值,依托生态环境优势,整合陆羽泉、径山禅寺、双溪漂流景区等资源,着力构建以径山为中心,以文化体验、文化寻根、生态养生、茶艺研习、特色餐饮、文化娱乐、特产购物为主题的"径山禅茶文化旅游区";同时,余杭区还开发双溪漂流、坐牛车乡村访古、品尝农家菜等旅游项目,将禅茶、农家乐有机结合,既满足了哲学型游客访古思幽的需求,同时也满足了娱乐型游客的休闲放松的需求。余杭区政府于2002年4月开始在双溪竹海漂流景区举办每年一度的中国茶圣节。茶圣节的节目别出心裁,能够满足各方人士的需求,在2009年中国茶圣节开幕式上,中外茶道茶艺师向游客呈现了一出出精彩的茶道表演,国外知名乡村音乐爵士乐队的演出调动了上千游客的神经,现场一片狂欢。开幕式当天,一场极具余杭民俗特色的径山庙会活动呈现在中外游客面前,展示了祭茶、径山茶展销、径山茶艺展示、民间才艺表演、民间艺术表演等项目。此项节庆活动以茶文化历史及人文景观为号召力,以当地生态旅游活动为支柱,结合新开发的少儿茶艺表演、采茶线路游等形式,每年都吸引成千上万的佛茶爱好者和中外游客参加,提高了余杭旅游的区位水平。

四、茶文化旅游是观赏性和体验性并重的旅游活动

我国的茶文化旅游资源十分丰富,能够满足人们观赏和体验的多重需求。既有着千姿百态的茶树、碧绿如海的茶园、清澈甘冽的名泉等自然资源,也有着厚重典雅的茶文化古迹、琳琅满目的古窑艺术、五花八门的饮茶民俗、异彩纷呈的茶事活动、神秘险峻的茶马古道等人文资源,这些茶文化旅游资源极富观赏性,非常适宜游客进行观光旅游,人们在游览这些赏心悦目的景点时,还能增加对茶文化的感性认识和理性认识,获得精神上的认知和提升。

茶文化旅游不同于传统观光旅游的地方在于它强烈的体验性、参与性。近些年来,体验经济发展迅猛。体验经济是由过去产品经济和服务经济发展演化而成的,在这样一种经济中,消费者所寻求的是通过投入时间和金钱去获取某种高质量的体验。近些年来,随着人们休闲意愿的加强,一种将茶文化与旅游休闲有机结合的旅游方式——茶文化体验游在我国悄然升温,人们可以到茶馆或茶店品茶、欣赏茶艺表演,顺便买点厂家精心制作的云南普洱、西湖龙井或祁门红茶作纪念品。久居都市的人们,闲暇时喜欢到茶区去旅游,客人不再只是为了购茶、品茶,"他们兴致勃勃地走进茶园,欣赏茶景,自己采茶、制茶、品茶,做'茶农'、做'仙女'甚至做'皇帝',感受茶乡风情,体验茶文化的无穷魅力,而当地人也乐于为其提供这样的条件,从而实现'双赢'或'多赢'的效果"①。

茶文化旅游观赏性与体验性并重的特征,吸引了许多都市白领的参与,人们既能安心享用健康安全的茶饮,又能体验到劳动的乐趣,躬耕自足,其乐无穷。

五、茶文化旅游是具有多种表现形式的旅游产品

茶文化内涵十分丰富,这也使得茶文化旅游呈现出绚丽多姿的多元化特色。从产品组成来看,茶文化旅游包括物质享受和精神享受;从旅游资源来看,茶文化旅游涵盖了人文资源和自然资源;从受众程度来看,茶文化旅游是上层文化和大众文化相结合的旅游产品;从旅游方式来看,茶文化旅游则是观赏性和体验性并重的旅游活动。

茶叶是农产品中文化品位最高的一种,我国开发茶文化农业旅游具有得天独厚的条件,可以提供良好的自然环境——茶园、茶山,生产资料——茶叶,生产活动——采茶、锄草、炒茶,生活方式——对茶歌、茶舞、品茗、品尝茶宴,农业文化——茶的知识、典故、赏鉴。茶产业链的各个环节,衍生出文化旅游、休闲旅游、美食旅游、绿色旅游、生态旅游、体验旅游、养生旅游等多种旅游产品,能满足人们观光、休闲、求知、体验、习艺、娱乐、商贸、购物、度假、养生等多种需求。

杭州近年来全力打造"中国茶都"形象,茶文化旅游开展得有声有色,形成了丰富多彩的茶文化之旅,使游客有着多种选择:品西湖龙井,饮虎跑泉水,以食龙井虾仁为代表的茶美食佳肴,游梅家坞生态茶村,赏茶文化遗址,观中国茶叶博物馆、中国茶叶研究所、中国国际茶文化研究会等一大批文化、科技、教育培训基地,绿色与古色交相辉映,处处茶香四溢。

---

① 龚永新.文化、创意、体验,兼论茶文化产业发展的要素构建[J].广东茶业,2012(5):6

拓展阅读

横县茉莉飘香

广西横县茉莉花是我国最大的茉莉花生产基地与茉莉花茶加工基地。面对茉莉花茶市场价格的长期低位运行,以及云南元江等其他茉莉花产地的崛起,横县茉莉花产业发展面临着日趋激烈的市场竞争压力。横县茉莉花产业发展遇到瓶颈,产业效益有待提高,亟须转型升级。茉莉花旅游开发不仅可以充分发挥横县的茉莉花资源优势,拓展茉莉花传统产业的发展空间,与茉莉花种植、加工业相结合,形成更完善的产业链,提高茉莉花的经济附加值;还可为横县旅游业的发展提供突破口,推动横县旅游业的跨越式发展。

由于茉莉花的缘故,横县人民酷爱饮茶,饮茶已经成为当地人生活的一部分,所以县城内茶馆众多。挑一家特色茶馆坐上一下午是非常惬意的。对于横县来说,整个城市的发展是以茉莉花为核心的,茉莉花在当地被称为幸福之花。在这里,可以去中华茉莉园赏玩、采摘茉莉,也可以在西南茶城了解全国最大的花茶交易市场,顺便采购些礼品送给亲朋好友,也可以在逛累的时候躲进随处可见的餐馆喝茶,然后坐上半天,体验茉莉花城人民的幸福。当然,那些远道而来的朋友们还可以顺便看看横县其他自然风景。横县山川秀美,风景如画。瀑布、森林、湖泊、建筑、花香、茶道、田园、流水、古迹、人文,交相辉映,相得益彰,构成了一幅如诗如画的美丽画卷。

一年一度的中国国际茉莉花文化节在横县举办,通常都为八月中旬,2011年的茉莉花节定在8月16、17日两天。节日期间将举办2011年中国国际茉莉花音乐节;"一会一节"开幕式;中国茉莉花茶产业发展论坛暨全国茉莉花茶产销形势分析会;茉莉花产业"五中心一平台"建设观摩活动;"一会一节"投资贸易洽谈会;"茉莉之旅——横县行"旅游观光活动以及"中国——东盟"茉莉花与茶叶商品联合展销;横县茉莉花茶标准化品种在线交易暨中国茉莉花茶获奖产品拍卖会;中国茶用香花插花艺术与盆景艺术展;"茶道茶艺表演""横县民俗文化展示"等。坐落在横县校椅镇石井村的中华茉莉园,是中国最大的茉莉花种植基地,在这里游客可以徜徉在茉莉花海中,体会中国人对于茉莉花的情结,也可以自己动手采摘,体验花农的乐趣。

横县横州城北市场有限公司(简称西南茶城)是全国四强茶叶市场之一,是目前国内最大的花茶专业市场。茉莉花交易市场主要用于交易新鲜茉莉花、玉兰花。花季期间,平均每天有2万左右花农在市场内交易。原料茶交易市场主要用于绿茶茶坯交易,有来自福建、云南、贵州、湖北、浙江等全国各地的茶商,茶叶品种繁多,成品茶市场是顺应广西无成品茶市场和广西已逐渐成为乌龙茶、红茶、绿茶消费大省以及在横县1 000多个全国各地花茶加工商要求开办的。她将依托全国最大花茶加工市场和现有的茶叶(坯)交易市场形成广西最大的成品茶销售中心。

第三节 茶文化旅游的社会功能

近几年来,茶文化旅游发展如火如荼,形成了一条"茶经济树",给整个茶业、旅游业乃至整个社会带来了诸多"正能量"。茶文化旅游的发展,扩大了茶叶影响力,刺激了茶叶消费,培育了茶叶消费,盘活了整个茶市,促进茶业健康有序地发展,茶文化旅游已经成为中国茶产业发展新的增长点。茶文化旅游直接面向市场,起着龙头作用,把茶旅景点、茶品购物、茶食餐饮、茶会娱乐、茶旅住宿、茶俗风情等旅游项目串联起来,形成以茶文化旅游为核心的茶旅游消费,极大地促进了旅游业的发展。发展茶文化旅游,使人们认识到生态环境的重要性,这在一定程度上保护了茶区生态环境,促进茶业可持续发展。古老的茶事活动也因旅游业的发展而重新焕发了生命力,一些非物质文化遗产获得了保护。茶文化的发展,带来了一缕沁人心脾的清风,将促进社会和谐发展。

一、推动茶业经济发展,提高茶区农民收入

在信息爆炸的当今社会,茶叶市场竞争十分激烈,各产茶区费尽心思宣传,以提高茶叶的知名度。但是在品牌打造过程中,知名度只是基础,关键还是要培养消费者对此品牌茶叶的偏爱度和忠诚度。通过发展茶文化旅游,为游客和茶叶提供联系纽带,能让爱茶人更了解茶叶,也让许多原本不喝茶的游客喜欢上了茶。发展茶文化旅游,对茶产地的企业而言,络绎不绝的游客能给他们带来直接的经济效益,是一种绝佳的品牌营销。

一些产茶区积极发展茶文化旅游,为古老的茶业注入了新的活力。发展茶文化旅游成为茶产业摆脱出口困境,保持健康发展的有效途径。近些年来杭州市积极推进茶旅游,发展茶经济,推出了"茶为国饮,杭为茶都"的口号,成功将茶叶转变成为经济发展强有力的推动剂。有些产茶区仅把茶叶生产作为产业方向,只重视茶叶的经济价值,忽视了其自身蕴涵的文化价值,使其综合效益尚未得到充分体现。产茶区应大力挖掘其特有的茶文化潜力,牵引地方经济迅速发展。

普通茶园投入资金较少,茶园管理粗放,茶叶单产低,而且品质也很差,缺乏市场竞争力,大多数茶农的收入不高。对茶园的投入少,茶叶的产量和质量也自然难以提高。若想走出恶性循环,必须拓宽思路,对传统的生产方式进行创新,调整经济结构。由于茶叶的采摘具有季节性,忙闲有致,为亦农亦商创造了良好的条件。茶树四季常青,茶园不仅具有经济价值,还有很高的观赏价值。不少茶园的生态环境很好,我国推广有机茶多年,茶叶是绿色食品,茶区大多无污染,广大茶农不单耕种了土地,更种植了"风景",构成如诗如画的农耕画面,这些让久居城市的人们感觉十分新鲜。发展茶文化旅游将带来一系列的经济效益,游客来茶园旅游,不只为观光游览、体验制茶等,大部分人还会购买茶叶回去品尝,实现了茶叶的终端销售。

茶文化旅游同时也带动瓜果蔬菜、家禽、鱼类等农副产品的销售。不少茶区还开设了"茶家乐"活动,开设餐馆、旅馆、娱乐场所,完善接待设施,延长游客的停留时间,增加了餐饮、住宿等项目的收入,为农村人口创建更多的就业机会,进一步利用农村剩余劳动力,成为农村经济稳步发展的经济增长点,真正把茶产业和旅游业巧妙联姻,实现产业转型升级。

2013年初,中央厉行勤俭节约之风,提出了"八项规定""六项禁令",一时间高档茶叶市场显得十分冷清,有些茶店为了促销茶叶而绞尽脑汁,无锡的一些茶店便推出"买茶送农家乐"的活动,有客人到茶老板熟悉的茶园买茶叶,则可免费提供来回接送和旅游景区的门票。

茶家乐以茶为媒,将采茶、制茶、品茶、论茶、赏茶、购茶等茶文化核心体验有机结合起来。四川雅安名山县较早开展茶家乐,2007年雅安市旅游局茶家乐给出的定义是:销售蒙顶山名茶系列(包括甘露、石花、毛峰、黄芽等系列茶);拥有固体和液体饮料(速溶茶、茶可乐、多味茶罐装茶饮料、茶酒等)、有茶叶食品(茶糖、茶叶饼干等);有茶膳系列(8~10个茶菜品);有观光茶园;有现场采茶、制茶等游客参与性强的项目。目前名山县有近30家乡村旅游接待点,茶家乐已经成为该地区茶农的重要收入来源。2007年,万亩生态观光茶园成功申报为全国农业旅游示范点,使名山万亩生态观光茶园成为名山旅游的新景观,推动了茶文化、茶产业、茶旅游、茶经济的有机融合。

2011年中国社会科学院城市发展与环境研究所发布的《中国城市发展报告No.4 聚焦民生》显示,目前我国城乡收入差距比为3.23∶1,成为世界上城乡收入差距最大的国家之一。产茶大省贵州、云南的城乡收入差距比位居全国第一、第二。"三农"问题是我国经济社会全面协调发展要面对和解决的重要问题之一,农村的稳定、农业的持续发展和农民收入的持续增加对于发展"和谐社会"意义重大。作为现代旅游业的一个新亮点,茶业旅游在促进农村稳定,农业产业结构调整,茶农致富等方面可以发挥重要作用,是解决"三农"问题的一条新途径。

二、促进旅游发展,提升旅游地形象

茶文化旅游直接面向市场,起着龙头作用,把茶旅景点、茶品购物、茶食餐饮、茶会娱乐、茶旅住宿、茶俗风情等旅游项目串联起来,形成以文化旅游为核心的茶旅游消费,极大地促进了旅游业的发展。茶以山显,山以茶名。茶文化与名山、名泉、名湖相互辉映,通过开发茶文化旅游,将茶文化与旅游有机结合,是当前提升旅游品质和弘扬茶文化的双赢策略。

茶叶具有很强的地域性,大部分名茶前往往冠以地名、山名,如顾渚紫笋、太平猴魁、君山银针等。这些名茶在传播的过程形成一定的口牌,对当地旅游业的发展也有着很好的宣传作用。一些地区具有丰富的自然资源,但旅游形象不够突出,知名度不高。通过挖掘名茶文化,利用名茶效应,举办茶文化旅游节,以茶文化旅游为龙头产品,能够吸引大众的注意力,形成连锁效应。

福建武夷山美景甲东南,拥有令人惊叹的丹山碧水,同时也拥有极为丰富的茶文化旅游资源,是大红袍的原产地。近几年,武夷山通过《印象大红袍》实景演出、茶旅促销、民间斗茶赛、禅茶文化节、国家非物质文化遗产大红袍传统技艺展示等活动,挖掘武夷山深厚的茶文化底蕴,以茶文化促旅游,以旅游带动茶产业发展,使历史悠久的武夷茶文化成为旅游和茶产业发展的新引擎,实现了茶文化与旅游业的双向良性互动。特别是通过资源整合,把400家散布全国各地的经营武夷岩茶的店号,与上千家相关联的武夷山旅行社资源叠加起来,在兜售旅游山水的同时把茶推介出去,卖茶的同时也不忘推介武夷碧水丹山。

原本安溪县的旅游景点在全国并没有明显竞争优势,但是通过发展茶文化旅游,带动了周边旅游景点的发展,使安溪县成为炙手可热的旅游目的地。人们来安溪县品茶,游览茶园,同时也领略到安溪的自然风景、闽南文化。苏州吴中区借助碧螺春茶的优质品牌和美丽的太湖山水,在太湖沿线建起以品碧螺春茶为主题的综合性休闲旅游园,并通过吴中洞庭山碧螺春茶文化旅游节,推介其优越的自然生态、深厚的人文底蕴和丰富的茶文化,较好地延伸了茶文化旅游的产业链。

节庆成为许多地方打造城市品牌的一种有效途径,不少城市通过举办茶文化旅游节,吸引了国内外媒体的关注,既宣传了当地的茶叶,也宣传了当地的旅游资源。重庆永川举办了五届"中国永川国际茶文化旅游节",已经在国内外产生了积极影响,对推动永川茶业经济乃至城市经济的健康发展有着积极的作用。2012年5月举办的第五届中国重庆(永川)茶文化旅游节,以"茶文化与城市发展"为主题,在重庆市九龙坡区举行了中国西部茶叶博览会暨"永川秀芽"万人品鉴活动,一展"永川秀芽"的独特韵味,还在贵州省遵义市举行"黔渝一家亲"城际旅游合作推进会,对永川、遵义旅游线路、旅游景区进行展览。这标志着永川茶文化旅游节已经走出永川,开始融入西部地区大旅游循环,为永川打造中国最具特色的茶文化旅游城市迈出了可喜的一步。

发展茶文化旅游还能提升旅游地形象,丰富旅游生活。旅游活动中适当安排一些茶文化的内容,如观赏茶艺表演、品名茶、观看茶歌茶舞、观赏选购茶具、品尝茶餐茶菜、自己动手学制茶学泡茶、参观和考察茶文化遗迹等,都会给游客带来新鲜感、愉悦感,既增长了知识,又愉悦了心情,满足了游客探奇求知的心理。

茶文化是一种十分高雅的文化产品。作为旅游资源,其高层次性是很明显的。其消费不是一种有形的实物性消费,而是一种艺术性的消费。这种消费追求是最大限度的精神上的满足和愉悦。因此,茶文化旅游资源的开发还将促进旅游业的发展。

三、保护茶区生态环境,促进茶业可持续发展

旅游业可持续发展是以优美环境为基础的,只有保护环境,科学合理适度地开发旅游资源,环境的持续效应才会得到发挥。因此,社区居民的旅游环保意识直接决定着旅游地生命周期的长短和生态环境的平衡。旅游业素有"无烟工业"之誉,本身又属于服务行业,茶文化旅游更是与低碳目标相吻合。低碳引导着旅游消费观念、消费习惯朝着环保、科学、理性的方向发展。

茶树的种植有利于丘陵山区的水土保持和气候调节,具有很高的生态价值。赖功欧指出:"茶是最能体现因天之时、因地之宜的自然界灵物,最符合未来生态文明的生存之道。从种植、栽培到茶饮的整个过程与方式,都极符'天道自然'的天然属性,与未来生态文明极其合拍。"①

旅游资源开发是环保意识灌输的桥梁,要使社区居民充分认识到环境保护对发展旅游和提升当地经济的重要性。不少茶区位于贫困地区,通过开发茶文化旅游,使广大村民参与到旅游项目的开发和实施中,从中获得经济收益,能促使村民更主动、有效地参与到当地自然和人文生态旅游资源的保护活动中,从而使茶文化旅游呈现可持续发展的态势。

---

① 赖功欧.提升中国茶文化学术品味的几点思考[J].农业考古,2007(5):12

2009年,为保护台北居民赖以维生的翡翠水库上游集水区,台湾慈心有机农业发展基金会开展了"饮水思源,喝茶护水库"的计划,共同推广有机健康饮食理念,号召同仁认养坪林地区纯净无毒好茶园,一起喝茶护水库,力挺阿甘精神茶农,支持友善环境农耕,实践好茶"心"运动。在农友、采茶工、专业焙艺师、基金会的义工团队及支持净源茶的消费群携手努力下,净源茶的品质逐渐改善,茶园的生态也日趋丰富自然,随处可见保育类的翡翠树蛙,潺潺溪流中不时见到小鱼游动,茶园中还活动着穿山甲、台湾蓝鹊、深山竹鸡、山羌等多种动物。为鼓励坪林茶农栽种有机茶,也让消费者能买到各自喜欢的茶,净源茶厂打破坪林以文山包种茶为主的传统,以"不苦、不涩、有香、有甜"为做茶目标,走出一条"看茶做茶"的道路,无论收到任何状态的茶菁,都能做出受欢迎的"净源茶"。该活动保护了水源,保护了茶区的小动物,也保护了茶农的健康。2013年3月全台陷入缺水危机,各地水库的水位成了目光焦点,当时,只有北部的翡翠水库令人安心。净源茶通过美国农业部USDA的验证(USDA有机验证的标准,普遍为其他国家所接受),代表净源茶迈向国际市场,对未来有机农业拓展也有着推动作用。①

四、弘扬民族艺术,保护非物质文化遗产

随着旅游资源的开发,地区的民族文化得以恢复和发掘,传统的手工艺品因市场需求的扩大又重新得到了发展,传统的音乐、舞蹈、戏剧、服装、艺术等也重新受到重视,传统生活方式、建筑风格及经济活动得以恢复、维护和管理。

有些原先几乎被遗忘的文化遗产随着旅游资源的开发又重获了新生,成为独特的文化资源。这些文化形式既是旅游者感兴趣的活动,又能使当地居民对本土文化产生自豪感。印度尼西亚的巴厘群岛风光迷人,二战以后,来巴厘岛的国际游客迅速增多,伴随着巴厘岛的迅猛发展,巴厘岛的传统文化重新走向繁荣,如加麦兰民族管弦乐、黎弓舞以及木雕等传统文化因旅游者的到来而得到新生。

我国是茶文化的发源地,也是世界上唯一由茶事发展产生独立剧种——"采茶戏"的国家。采茶戏流行于赣、鄂、湘、粤等地,直接由采茶歌和采茶舞脱胎发展而来。受电视技术的冲击,采茶戏生存困难,面临后继无人的困境。制茶技艺同样也面临着困境,现在很多茶区都使用机械制茶,手工制茶难以为继。一个好的炒茶师如同一宝,传统的好茶全靠手工制作,茶的质量取决于手上功夫。但由于手工制茶花费时间多,消耗体力大,与机器制茶的价格相差无几,年轻人不愿学,后继乏人。

---

① 慈心有机农业发展基金会网站,http://toaf.org.tw/ch/story3.asp?epaperidno=1828

表1-2 列入国家级非物质文化遗产的茶文化项目

类别	项目名称
1. 传统戏剧	采茶戏(湖北省阳新县,江西高安、抚州,广东粤北)
2. 传统手工技艺(制作技艺)	武夷岩茶(大红袍),花茶(张一元茉莉花茶、吴裕泰),绿茶(西湖龙井、婺州举岩、黄山毛峰、太平猴魁、六安瓜片、碧螺春、紫笋茶),红茶(祁门),乌龙茶(铁观音),普洱茶(贡茶、大益茶),黑茶(千两茶、茯砖茶、南路边茶、下关沱茶),白茶(福鼎白茶),茶点(富春茶点)
3. 传统音乐	茶山号子(湖南省辰溪县瑶乡)
4. 民俗	茶艺(潮州工夫茶)、径山茶宴(浙江省杭州市)、赶茶场(浙江省磐安县)

受现代技术、现代生活的冲击,越来越多的非物质文化遗产离群众的生活渐行渐远。非物质文化遗产后继乏人,其中一个重要原因是无法解决传承人的生活问题,一些传承人生活异常艰辛。因此,非物质文化遗产传承首先应解决传承人的生存问题。只有生活质量有了保障,传承人才会有发展技艺和培养继承人的热情,其他人学习技艺才会觉得有奔头。随着各级非物质文化遗产名录公布,各地发展"非遗游"的热情空前高涨,游客可以在景区欣赏到当地最具特色的民间技艺及民俗。非物质文化遗产进景区,解决了遗产传人生存困难以至于放弃传承的问题,取得了旅游开发与保护双赢的效果,发展茶文化旅游能够使这些古老的文化重新焕发出崭新的生命力,为更多的人所熟悉、传承。

近几年来,茶文化旅游节的开办红红火火,主办方不惜重金请来大腕明星,同时也会适时地穿插一些具有地方特色的茶歌茶舞表演。江西遂川出产名茶狗牯脑,坚持以文兴茶,大打茶文化牌,把茶文化融入茶叶的产、销各个环节中,举行了采茶戏晚会,隆重推出集"赏茶山风光、看茶道表演、泡清香绿茶、品绿色佳茗、讲茶言茶语、作茶诗茶画、演茶歌茶舞"于一体的"茶山文化休闲游"。一些茶艺表演也融入了地方戏曲表演,富有浓郁的地方特色。采茶戏丰富了产茶区的茶文化,其诙谐幽默的表演受到不少年轻观众的喜爱。同时,借助茶文化旅游,采茶戏获得了传播的新途径。一些研究学者提出将采茶戏运用到茶文化旅游的开发中来,如钟俊昆、魏丽英《论赣南采茶戏的旅游开发》[1]、谢娜、肖著华《论粤北采茶戏与文化旅游的结合》[2]、钟俊昆、毕剑《从戏曲旅游看非物质文化的开发利用——以赣南客家采茶戏为例》[3]等文章便探

---

[1] 钟俊昆,魏丽英.论赣南采茶戏的旅游开发[J].特区经济,2007(9)
[2] 谢娜,肖著华.论粤北采茶戏与文化旅游的结合[J].韶关学院学报,2010(4)
[3] 钟俊昆,毕剑.从戏曲旅游看非物质文化的开发利用——以赣南客家采茶戏为例[J].生态经济(学术版),2008(2)

讨了采茶戏与茶文化旅游结合的可行性。一些地区在推广茶文化旅游时,往往将茶产品与非物质文化遗产相结合,进行捆绑宣传,以浙江省为例,如余姚瀑布仙茗在进行品牌推广时结合国家级非物质文化遗产的"姚剧"为推广手段,嵊州越乡龙井茶以"越剧"为推广手段。通过与传统茶文化和其他非物质文化遗产的结合,带动茶品牌的推广,同时也扩大了非物质文化遗产的影响力。

为突出茶区的厚重文化和茶叶的制作技艺,不少茶文化旅游区设有现场制茶工艺表演,吸引了大批游客的眼球。一些茶叶店也会在门口摆放一口大锅,进行现场炒制茶叶,标榜自己的茶叶是纯手工制作,招徕了不少茶客进门。每逢春茶上市,不少地区纷纷举办炒茶擂台赛,经过紧张的角逐,评出优秀的炒茶师。炒茶擂台赛吸引了媒体和大众的关注,炒茶师之间的相互竞争也促进了炒茶技术的精进。

为更好地推广安化黑茶的历史文化和健康价值,促进安化黑茶产业的快速发展,湖南华莱与长沙琴岛合作,倾力打造了《黑茶印象》大型文化舞秀。该节目通过祭茶、种茶、采茶、制茶、运茶及远播西域、欧亚等几个重要篇章,结合琴岛专业的3D视觉效果,再现了茶马古道悠远厚重的黑茶文化。通过《黑茶印象》,观众能全面地了解到黑茶的生产过程,欣赏到富有动感的制茶画面,同时也会产生亲自品尝纯手工制作的安化黑茶的愿望。《黑茶印象》不仅是对非物质文化遗产进行保护的一种形式,更是一种推广安化黑茶人文历史的新载体。

五、丰富百姓生活,构建和谐社会

茶文化旅游具有休闲性、知识性、趣味性和康乐性,对于提高人们的生活质量、丰富文化生活有着明显的作用。通过参加茶文化旅游,人们可以缓解精神压力,使身心得以放松,以便保持充沛的精力和良好的情绪来完成工作,茶室和茶楼在日本、港澳台、内地等地的繁荣正是这一作用的具体体现。

人们热衷于茶文化旅游,不仅希望喝到正宗好茶,更渴望通过一系列茶文化旅游感受自然的美好,获得精神的愉悦。茶叶蕴含诸多美好品质,在历代饮茶中,形成了以茶会友、以茶结友的习俗,人们在茶馆喝茶,相约二三好友畅谈,能够缓解人们的焦虑;茶馆中精彩的戏曲演出能够使人紧绷的神经得以放松,幽默的相声令人捧腹大笑,将烦恼抛到九霄云外;翠绿如洗的茶园如红尘外的一方净土,令人心旷神怡,洗净心中所有烦忧;各地的饮茶民俗五花八门、千奇百怪,却都有着共同的"客来敬茶"的特点,异乡的饮茶给人独特的体验,同时还融入了纯朴的乡情;茶艺表演宁静而致远,人们在简单的一招一式中领悟到人生的至高哲理,精神得到升华。茶文化旅游既继承了传统文化的精粹,又融入了现代人的心理需求,能丰富人们的业余生活,使人们获得物质与精神的双重满足。

茶文化是我国传统文化宝库中的璀璨明珠,具有提高公民道德修养、促进社会和谐的功能。陆羽《茶经》第一章就写明:"茶之为用,最宜精行俭德之人。"陆羽把饮茶视为进行自我修养、锻炼志向、陶冶情操的重要环节。唐代刘贞亮提出茶有"十德",强调"以茶利礼仁""以茶表敬意""以茶可雅志",其核心贯穿了和谐、中庸的思想。吴觉农先生认为饮茶是一种精神上的享受,是一种艺术,是一种修身养性的手段。庄晚芳教授认为茶道是一种通过饮茶的方式,对人民进行礼法教育、道德修养的一种仪式。

在相当长的历史时期内,茶是一种生活的美化,理想的追求,宗教的超越。茶使世界美好,茶使人类更健康。"茶是平和的饮料,可以使人由激愤变得冷静,由冲动变得理智;可以使世界由动荡变得宁静,由紧张趋于缓和。"[①]因此,人们把茶称为"东方文化的守护神"。

改革开放三十年以来,我国取得了举世瞩目的发展成就,人们的生活有了切实的改善,相比充实起来的腰包,不少人显示出精神上的贫乏。整个社会急功近利,追求金钱至上,造成了信仰上的缺失,人际关系趋向功利化、冷漠化。近些年一些社会热点问题引发了人们对道德危机的大讨论,如2006年南京彭宇扶老人过马路反而被判赔,引起众人哗然。之后类似案件层出不穷,累见报端。一些人产生"救人反而会被索赔"的念头,便心安理得地见死不救,以致出现佛山小悦悦在马路上被车辆轮番碾压而路人却不作理会的悲剧。这些事件也影响了一个城市乃至一个国家的形象。

清茶一杯,以茶代酒,是古代清官的廉政之举,也是现代提倡精神文明的高尚表现。1982年首都春节团拜会上,每人面前清茶一杯,显示既高尚又文明,《人民日报》以"座上清茶依旧,国家景象常新"为题报道,表明社会主义精神文明建设取得可喜的成果,这些引起整个社会强烈反响。从此,上下仿效,遂成风气。

党的十七大提出了建设社会主义和谐社会的口号。实现社会和谐,建设美好社会,是人类孜孜以求的社会理想。和谐社会不仅有发达的生产力,也应该是民主法治、公平正义、诚信友爱、充满活力、安定有序、人与自然和谐相处的社会。十八大提出把生态文明建设放在突出地位,努力建设美丽中国,实现中华民族永续发展。

从旅游心理的角度讲,人类到居住地之外的地方旅行,往往带着冲破精神枷锁,获得心灵超越的目的;现代生活给人们带来的压力、困惑、痛苦、疲倦在

---

① 伍仁福.中国茶疗[M].北京:中央民族大学出版社,2002:1

旅行中能得到一定程度的释放。"茶文化和茶道德传播,有利于调整人际关系,平衡人的心态,解决现代人的精神困惑,对稳定社会秩序和构建和谐社会有着积极作用。"①茶传递着社会的正能量,这与古老的文明传统相吻合,茶"淡泊、朴素、廉洁"的文化品质对促进社会和谐有着积极的作用。通过发展茶文化旅游能够进一步弘扬茶文化,为百姓提供更多认识茶、爱上茶、离不开茶的途径,为心灵找一块栖息地。

以茶结缘、以茶载道,茶文化已经成为世界和谐文化的重要音符,超越国界、超越民族,为世人瞩目。人们通过参加茶文化旅游活动,实现与大自然的交流,满足了精神消费的需要,充分体现了人与自然、人与社会的和谐。

拓展阅读

梅家坞的"泡茶经济"

说起杭州,自然会想到香醇的西湖龙井茶,虽说杭城有许多喝茶赏景的好去处,但梅家坞一定位列本埠人和游客心中的前三名。梅家坞茶文化村是西湖龙井茶一级保护区和主产地之一,也是杭州城郊最富茶乡特色的农家自然村落和茶文化休闲观光旅游区。梅家坞走出了一条自己的龙井茶经济和茶文化相结合的路子。作为典型,梅家坞曾接待过苏联、美国、越南、罗马尼亚、柬埔寨等国家元首和政府首脑的参观访问。

茶,是梅家坞人的子孙饭。全村大多数农户从事与茶叶有关的事业,茶叶也因此成为当地最初的致富来源。但茶叶这种植物,受到季节、天气影响的因素太多,每年的产茶量不固定,且受到其他饮料市场的影响,使梅家坞村种茶农户的收入不均衡,"卖茶经济"一时也难有大作为。

2000年梅灵隧道的开通,为开茶楼、发展茶叶产业链提供了交通优势。梅家坞大力发展农家乐和农家茶楼,把西湖龙井茶变成发展农家乐的基础和背景,让种茶农户从农业向服务业转变,从而发展新的经济增长点,增加农户的收入。梅家坞村党支部书记朱建鸣在接受采访时说道:"同样是一斤(500克)龙井茶,别人卖500元一斤(500克),凭什么我们梅家坞却能卖出1 500元的价格呢?一斤(500克)茶叶可以泡150杯茶,假设每杯

---

① 沈佐民.中国茶文化的发展及在和和谐社会建设中的作用[J].池州学院学报,2007(2):20

茶卖10元,这样一来,同样的一斤(500克)茶就卖出了三倍的价格。而且,茶客可能还会在这边吃个农家饭,再带茶楼里卖的土特产回去。我把这个叫作'泡茶经济'。"

"泡茶经济"说穿了就是发展农家乐和农家茶楼,让当地独有的龙井茶园变成发展农家乐的基础和背景,让种茶农户从农业向服务业转变,从而发展新的经济增长点,增加农户的收入。梅家坞现在出现了淡季不淡、旺季更旺的情形,主要就是靠着卖茶和"泡茶"相结合的方式,一边建设旅游商场,向游客出售茶叶;一边就是茶楼,让游客不用出村就能品尝到最正宗的龙井茶。目前梅家坞的农家茶楼有100多家,每年总收入的增长都保持在两位数以上。一般的茶楼一年可以做到15万元左右的营业额,好的茶楼甚至可以做到上百万元。现在,梅家坞的第三产业已经超过了第一产业。原先只是单一的种茶叶、卖茶叶,现在则是茶叶产业链。

杭州市旅游部门负责人介绍说,梅家坞村的农家乐虽然依托的是龙井茶园,但它发展的道路也证明了只有把优势产业和旅游业互补,进一步形成规模经营的效应,才能取得新的成果。"发展乡村旅游事业,既要结合当地的实际情况,也要注重改善结构,打造一些独有当地特色的乡村旅游产品,这样才符合当前旅游市场的多样化需求。"杭州市旅委有关处室负责人这样说道。

第四节　茶文化旅游与其他旅游的关系

旅游,顾名思义包括旅行和游览两种行为,旅游是人们出于满足某种精神和物质享受的需要,暂时离开自己居住和工作的区域,前往某地作短期除工作以外的消遣活动。根据活动内容,旅游可分为观光旅游、民俗旅游、文化旅游、考古旅游、养生旅游、休闲旅游以及各具特色的专项旅游等。但是它们之间往往是相互交叉的,不能截然分开。茶文化旅游是现代茶业与现代旅游业交叉结合的新型旅游模式,将茶生态环境、自然资源、人文资源、茶事活动、茶俗、茶文化内涵等融为一体的产物。茶文化旅游涉及面广泛,既属于文化旅游,又属于观光旅游、民俗旅游,根据功能的不同,又可分为休闲旅游、农业旅游、养生旅游等多种形式。

一、休闲旅游

休闲旅游是指以旅游资源为依托,以休闲为主要目的,以旅游设施为条件,以特定的文化景观和服务项目为内容,为离开定居地而到异地逗留一定时期的游览、娱乐、观光和休息。在英语词源学意义上,休闲 Leisure 一词源于古法语 Leisir,意指人们摆脱生产劳动后的自由时间和自由劳动。休闲可以界定为人们在自由时间从事个人喜爱的活动,追求精神需要的满足,获得身心愉悦的行为。

旅游业是随着社会、经济、文化发展兴起的朝阳产业,随着中国经济的快速发展和人民生活水平的逐步提高,人们对于休闲的需求不断上升,我国实行了"双休""五一""国庆""元旦"以及传统节日等长假制度,使人们有更多的时间来休闲,旅游需求不断增大。国内城市居民已经拥有了每年114天的假期,即每年有三分之一的时间用于休闲。

茶馆、茶楼是休闲旅游的好去处,也是体验市民风情的绝佳之地。在茶馆,人们能品尝到具有浓郁特色的茶饮,欣赏到原汁原味的地方曲艺,感受到原生态的生活情境。成都被称为"中国最休闲的城市",在成都,茶馆林立,形成了茶馆文化。成都人爱进茶馆,是因为四川人喜欢"摆龙门阵",即在热闹的茶馆之中,一边品饮盖碗茶,一边海阔天空,茶余饭后,佐以茶点小吃和曲艺表演,谈笑风生,实为人生至乐。

二、农业旅游

农业旅游是把农业与旅游业结合在一起,利用农业景观和农村空间吸引游客前来观赏、游览、品尝、休闲、体验、购物的一种新型农业经营形态,也称观光农业、乡村旅游。农业旅游作为一项新的旅游项目,已成为世界潮流。在美国,每年参加农业旅游的人数达到2千万人次,政府还制定了相关法律法规,以保证农业旅游的健康发展。

2009年11月,国务院出台了《关于加快旅游业发展的意见》,明确提出要把旅游业作为"战略性支柱产业"来培育。"农业旅游"作为破解我国"三农问题"的一把金钥匙,应该如何创新与发展,已经成为各级政府、理论界与业界共同关注的重点和热点。

现代的都市人特别是年轻一代,很少接触农事活动,在工作余暇自然想寻找一些农事活动放松自我,享受田园风光。随着我国人民生活水平和文化素质的提高,都市居民渴望有更多时间和机会享受大自然和农村的特有风貌、生态气息,因此到农村旅游休闲的人数也逐渐增加。近年来,越来越多的年轻父母在周末或节假日全家到农村进行"庭院式"旅游度假就是很好的例证。这种浅尝辄止的劳作和藕断丝连的乡村情怀,为忙碌和烦躁的城市生活增添了不少雅趣,因此,休闲农业的形成正适应了人们这种新的旅游观念。

随着武英高速公路的贯通,湖北英山县区位优势日益明显,秀美的山水、深厚的茶文化吸引了武汉、黄石、南昌、合肥等周边大中城市居民慕名前来观光。该县坚持把旅游与农业产业相融合,围绕茶叶之乡,开展"茶之旅"活动。该县茶叶资源丰富,茶叶面积全国第四,享有"湖北茶叶大县"等美誉,以"入茶园、采茶叶、品茶水、赏茶景、观茶道"为主题的"茶之旅"旅游线路倍受青睐。在此基础上,该县还拓展举办美丽乡村游、特色农产品展示、擂台斗茶等活动,吸引了省内外知名旅行社组团前来观光,取得了良好效果,全县形成了"农旅结合、以旅促农、以农强旅"的发展格局。

三、生态旅游

茶文化旅游是一项新兴的农业生态旅游项目,农业生产与旅游活动的有机结合是生态旅游的主要内容,日益成为农业的一个新的经济增长点。

随着城市迅速发展,人类生存和生活的空间日益狭窄,城市给人们带来丰裕的物质享受外,也带来了人心浮躁、心理易于失衡等弊病。人们返璞归真、回归大自然的愿望越来越强烈,对物质文化生活的需求也向高层次和多元化发展,在此背景下,生态旅游展现出了巨大的潜力。回归自然的生态旅游日益成为旅游业的热点。

发展茶文化旅游,能使人们从名利枷锁中解脱出来,碧绿如洗的茶园、翠绿舒展的茶叶、清亮通透的茶汤、宁静悠远的茶艺,能使人们进入漫步深山、流连碧水的意韵,从而使人放松身心,得到健康、快乐、宁静。

如今,不少临近城市、环境优美的茶区开展了采茶、制茶的旅游项目,以纯手工制作茶叶、享受原生态生活为卖点,成功地吸引了许多厌倦了整日与机器打交道的都市白领。衣着光鲜的都市男女在炒茶师的带领下,认真地学习着手工炒茶技术,享受着劳动带来的喜悦和成就感。

四、专项旅游

专项旅游是指人们以某项主题或专题作为自己的核心旅游活动。在专项旅游活动过程中,人们对于旅游行为具有明显的指向性,是为了满足自身某一特殊的需要,如宗教旅游是以朝圣、求法、布道、拜佛、取经或宗教考察作为主要目的的旅游活动;科考旅游则主要是以科技交流和科学考察作为主题的旅游活动;特种旅游是旅游者为了寻求新鲜刺激,对挑战极限怀着强烈的兴趣,对神秘境地充满好奇,从而进行探险旅游活动,满足自己寻求刺激、新鲜和快感的需要。① 专项旅游的主要形式有文化旅游、民俗旅游、修学旅游、乡村旅游、探险旅游、生态旅游、红色旅游、农业旅游等。

茶文化旅游以茶和茶文化为主题,展开一系列与茶有关的旅游活动,是专项旅游的一种。茶文化作为一种旅游资源,其开发符合当今旅游市场需求变化的潮流。在国内外旅游方式由"观光型"向"专项型"转变的趋势下,茶文化旅游资源的开发无疑是响应了这种转变,顺应了潮流。

随着国民经济的增长以及人们生活水平的不断提高,越来越多的人把旅游作为生活消费必需品,而且对旅游模式的要求也不断提高。当前,"旅游观光""旅游购物""休闲娱乐"等传统旅游项目已不能满足人们的需求,参与性、体验性、文化性较强的旅游活动正引发人们越来越浓厚的兴趣。

在广东省中国旅行社的支持下,英德市旅游局、英德市茶叶局联合创办一个以宣扬中国茶文化为宗旨的茶文化专项旅游——"茶趣园"。茶趣园于1998年5月在英德市揭幕,正式向游客开放。开放以来,每天接待游客几百人次,假期高峰时达千人以上,取得了很好的社会效益和经济效益。游客游览"茶趣园",参与"茶趣园"特别安排一系列活动,以此加深对植茶、采茶、制茶、泡茶、品茶等茶事的认识,从中领略茶事的乐趣,使游客能够"乘兴而来,满载而归"。

五、养生旅游

随着物质生活水平的提高,人们对"健康、快乐、长寿"的欲望越来越强烈,但单纯的养生已难以满足人们对高品质生活的追求,融合时下发展迅猛的休闲旅游,养生旅游应运而生,并开始在国际范围内成为一种趋势。

养生一词源于道家书籍,最早出现在《庄子·内篇》。所谓生,就是生命、生存、生长的意思;所谓养,就是保养、培养、养护的意思。养生旅游是以养生为主要需求动机的空间移动活动所引起的各种关系和现象的总和,是一种融合了传统养生观和现代休闲观的旅游活动。② 养生,是根据人体生命过程规律所进行的物质与精神的身心养护活动。既包括生理层面的养生,注重身体机能的维护和康复;也包括心理层面的养生,强调内在精神的平衡与祥和。按照层次划分,生理层面的养生包括养颜、养体、养老;心理层面的养生包括养心、养性、养神。

旅游是养生的手段,养生是旅游的目的。一方面,旅游是人们与大自然亲密接触,并从中感受丰富内涵的一种健康的生活方式,游客不仅满足了好奇

---

① 李伟.旅游学通论[M].北京:科学出版社,2006:12
② 胥兴安,李柏文,杨懿,班璇.养生旅游理论探析[J].旅游研究,2011(1):41

心、增长了知识,而且促进了身心健康,是实现养生的一种重要手段;另一方面,随着人们生活水平的提高,旅游活动也朝着健康、平安、快乐的方向发展,以体现其养生的目的。

李时珍在《本草纲目》载:"诸药为各病之药,茶为万病之药。"唐代刘贞亮也曾经总结说,茶有十德:"以茶散郁气,以茶驱睡气,以茶养生气,以茶除病气,以茶利礼仁,以茶表敬意,以茶尝滋味,以茶养身体,以茶可行道,以茶可养志。"由此可见,以茶疗身心,不仅能治病养生享健康,还能品茶品味品人生。近几年来,茶的养生疗养功效受到人们的重视,茶疗旅游也应运而生。一些茶区顺势推出茶养生旅游线路,主打养生品牌。

浙江武义有"中国有机茶之乡"的称号,是国际养生旅游实验基地,也是中国温泉养生生态产业示范区。以更香公司为代表的有机茶产业养生旅游开发具有雄厚基础和良好的发展前景。近年来武义全力创建"东方养生胜地",将有机国药、养生温泉、养生茶楼和生态产业整合开发,实现区域一体化休闲农业旅游开发,打造休闲农业与养生旅游精品,创建具有国际养生旅游竞争力的品牌。

1995年在北京马连道茶叶街开设了更香茶馆,以有机餐饮、有机茶、养生保健为主要服务项目,另有属于养生保健方面的足疗保健区。更香有机茶研究院开发了俞氏养生茶,该养生茶集茶和中草药为一体,契合中医阴阳理论,注重养生功效。具有茶叶的减肥、美容、调节睡眠等功效,还可以降血糖、降血压、降血脂,对"三高"人群和糖尿病人有特效。更香公司在武义县政府的支持下,已经启动"茶乡健康养生之旅",包括有机茶休闲农业示范工程、茶艺表演、有机茶养生文化博物馆、有机茶文化论坛、休闲茶楼一条街等。"武义有机茶产业养生旅游开发,对旅游产业发展与转型升级具有重大意义,更重要的是能够通过旅游产业的生态链关联作用,极大地推进养生产业的全面发展,对武义县乃至整个区域提升核心竞争力都具有极其重大的作用。"①

普洱茶也推出了系列养生旅游产品,包括了普洱茶茶山生态观光养生游、普洱茶馆养神静心品茶体验游、普洱茶茶叶生产加工制作参观考察体验游、走茶马古道健身康体游、普洱茶乡少数民族风情游、普洱茶节庆文化游等活动。根据旅游消费者的偏好可以开发相应的旅游商品,如:普洱茶叶、普洱茶珍、普洱茶瓶装饮料、普洱茶膳、普洱茶宴、普洱茶温泉沐浴、普洱茶工艺品、普洱茶清心音乐、普洱茶艺等。从旅游者的角度出发,使普洱茶旅游产品贯穿旅游者"食、住、行、游、购、娱"六大要素中。

---

① 张跃西.基于有机茶产业的养生旅游开发探讨——以中国有机茶之乡武义为例[J].热带农业科学,2010(1):77

六、体验旅游

2001年6月,在一份关于澳大利亚旅游业发展报告中首次提到"体验式旅游"这个新概念,随之国外一些学者也给出了相应的概念。通过旅游者的参与和互动活动,旅游者能更深层次的感受旅游消费的每一个细节,体会旅游产品的内涵和魅力,获得更直观和深刻的旅游体验。如参与主题公园的庆典游园活动,参与滑草滑雪活动、小学生参与红军小指挥员的红色爱国主义教育活动等,都强调了旅游者的角色模仿和参与,旅游活动使参与者产生了身临其境的感觉。

经过了后工业社会的美国,有闲阶级要远多于中国,他们把大量时间花在制作家具、针织品、手工艺等看似"无聊"的事情上。这种生活方式,叫"Do It Yourself"。DIY风靡全球,人们在闲暇时光进行制陶、绣花、采茶等活动,体验着劳动所带来的快乐。

体验经济无所不在。人们到茶区旅游,茶区不仅向客人提供好茶,还可以提供配套茶具,茶书法绘画,茶音乐CD、VCD,茶工艺品等,加深客人的体验。到茶区,游客不只为了购茶、品茶,也可欣赏茶景、采茶、制茶、品茶,感受茶乡风情。

拓展阅读

安溪茶旅引发"蝴蝶效应"

说到以茶促旅,安溪是绝佳案例。安溪是"中国乌龙茶名茶之乡",产茶条件优越,产茶历史悠久,茶文化绚丽独特、具有全国性的地位与影响。通过发展茶文化旅游,安溪这个名不见经传的贫困县摇身变为茶文化旅游胜地。

安溪不仅拥有丰富的茶叶资源,也有着丰富的旅游资源。茶文化支起了安溪旅游的"撑竿跳"。以茶为主线,通过茶叶基地、闽南古民居、景观园林等点的链接,带动整个茶产业的文化展示。安溪县树立"大旅游、大产业、大市场"的观念,着力培育旅游精品,使安溪的旅游业得到迅速发展,从无到有,从小到大,渐成规模,现在旅游产业已经成为安溪县经济的重要增长点。

早在20世纪80年代末,福建安溪县就把发展茶业经济作为发展目标,从茶乡"斗茶"习俗发展而来的"茶王赛"吸引了海内外媒体的报道。安溪以茶文化和生态旅游为载体,实现了"新兴旅游县"的快速发展。"安溪茶文化之旅"被列为全国三条茶文化旅游黄金线路之一。如今已形成"茶文化旅游、宗教朝圣旅游、人文古迹旅游、休闲健身旅游、生态养生旅游"等五大旅游体系。

安溪县在圆潭片区投资几十亿元,高起点规划建设世界知名的茶文化旅游区和国家级茶文化产业园区"海峡茶博园";借鉴法国葡萄酒的庄园模式,建设集茶叶生产、茶文化体验、观光旅游于一体的铁观音茶庄园。八马、中闽魏氏、华祥苑铁观音茶庄园等打造铁观音茶庄园,这些都为心灵的"行走"烘托了良好的旅游氛围。此外,安溪还积极建立中华茶文化博览馆、茶叶大观园、铁观音发源地遗址等茶文化旅游景点,推出茶都观光、古迹旅游和茶园生态探幽等茶文化旅游线。

安溪根据不同时令、节点,在春、秋产茶旺季,重点推出茶文化体验旅游专线,在春节、妇女节、劳动节、端午节期间,推出"生态健康茶之旅""情暖茶乡欢乐行"特色旅游,"海西茶文化"休闲游等主题旅游活动。

随着安溪茶产业的发展,安溪县按照"跳出茶叶做大茶产业、跳出安溪铁观音做大中国茶都"的总体部署,在呵护好、保护好、发展好茶产业的同时,延伸产业链,积极构建富民强县的大产业。

近年来,安溪突出山水、茶乡、生态特色,着力推动茶旅融合,引发了"蝴蝶效应",形成了以铁观音品牌为圆心,在产业上不断向外画同心圆,与旅游休闲等产业一起形成了产业链。目前,安溪县已加快茶文化纪念品开发,生产集实用价值、收藏价值和欣赏价值于一身的茶文化旅游纪念品;积极开发适应时代要求的有机茶、保健茶以及各种茶饮料等产品,提升"茶二产"的比例。

安溪县茶业已初具全产业链雏形,涉茶项目总投资概算超200亿元,涵盖茶工业、茶旅游、茶会展、茶学教育等领域,涉茶行业总产值115亿元,农民收入的一半以上都与茶叶有关。茶旅产业互动交融,"蝴蝶效应"进一步凸显,安溪县如今已从福建省面积最大、人口最多的国家级贫困县一跃进入全国百强县,创造了中国县域经济发展的一个奇迹。

第二章

中国茶文化旅游的历史概况

中国是茶的故乡,也是茶文化旅游的摇篮,与茶有关的旅游活动最早出现在中国,我国茶业旅游一直伴随着茶叶的生产而发展。自古以来,"好山好水出名茶",许多名茶产于风景绝佳处,茶树多散见在幽谷深涧,要寻得茶的芳香,便需翻山越岭,可谓是一项极佳的山水之游。茶是旅游的最好伴侣,也是旅游活动中的重要内容之一。历代文人墨客和旅行家对茶情有独钟,在游览大好河山和名胜古迹时留下的许多文学作品,都与茶的旅游有关。

第一节　中国传统茶文化旅游的发轫

我国是茶的故乡,原始山民在不断迁徙的过程中,发现了茶的功效。可以说,茶从发现之时便与旅游结下了不解之缘。通过纳贡,茶开始进入中原人的视野。两汉时期,茶文化旅游开始崭露头角。魏晋南北朝时期,茶叶从巴蜀传入南方,成为名士啸咏山水的良伴。之后,再传入北方,到唐朝时便成了风靡全国的饮料。茶在传播过程中,经历了一次又一次奇妙的旅行。

一、野茶芬芳

中国有文字记载的历史是从商朝的甲骨文开始的,但中国最早的旅游活动应该比有文字记载的历史还要早,这从我国古代的神话传说中便能够明显地反映出来。传说中华民族的始祖黄帝经常外出旅行,一生好入名山游,曾经"东至于海,登丸山,及岱宗。西至于空桐,登鸡头。南至于江,登熊、湘。北逐荤粥,合符釜山,而邑于涿鹿之阿。迁徙往来无常处"[①]。黄帝一生没有固定的居所,游踪甚广,可以说是中华旅游文化的开山始祖。

中华民族的另一位始祖炎帝同样也是一位旅游爱好者。《神农本草经》载:"神农尝百草之滋味,水泉之甘苦,令民知所避就,当此之时,日遇七十毒,

---

① 〔汉〕司马迁.史记·五帝本纪[M].北京:中华书局,1963:6

得茶而解。"马克思指出:"任何神话都是在人民幻想中用一种不自觉的艺术方式加工过的自然界和社会形态。"之所以产生神农氏这样一个英雄似的人物,正是原始社会集体智慧的反映。神农氏处于采集狩猎生活向原始农业和畜牧业的过渡时期,他"制耒耜,教民耕作",是改造自然、发展农业经济的先民的化身。神农氏为了更好地发现自然、利用自然,进行了漫长的田野科考旅行。为了寻找到理想的居住地,他带领着先民,不断地迁徙。长期的山间流浪,使原始人结识了一座又一座峰峦,一道又一道峡谷,神农氏"尝百草"的传说故事正是原始山民不断迁徙的现实反映。在他的带领下,我国先民逐渐过上了"刀耕火种"的农业定居生活。"原始人在崇山峻岭中的奔波是人类开发空间,认识世界的最初途径,也是人类创造具有审美意味的旅行活动即旅游的必经之路。"①在长期的野外探索中,神农氏发现了茶叶的药用和食用功效。可以说,茶从发现之时便与旅游结下了不解之缘。茶的发现既缓解了野外采摘的危险,也缓解了先民对自然山水的敬畏之感,在不断地发现自然、利用自然的过程,我国先民很早便产生了乐山乐水的趣向。

"中国是茶的原产地,也是最早开始人工种植茶的国家。中国人开始认识茶,可以追溯到原始社会时期。"②据考古发现,茶树原产于西南地区。陆羽《茶经》云:"茶者,南方之嘉木也,巴山峡川生焉。"指出茶叶原产地在西南地区。有些民族还保留着茶图腾的遗痕,最为突出的当数德昂族,德昂族原称"崩龙",在他们世代相传的古歌中这样唱道:"茶叶是崩龙的命脉,有崩龙的地方就有茶山,神奇的传说流传到现在,崩龙人的身上还飘着茶叶的芳香。"德昂族将茶树视为祖先,对茶十分敬畏。西南少数民族很早就有饮茶的习俗,他们最初是生食茶叶,腌制加工茶叶,再逐渐发展到在釜中烹煮新鲜茶叶。直到今日,西南地区不少地方仍保存着古老的食茶遗风。

19世纪末,英国人威尔逊在《中国西部游记》中写道:"在四川中北部的山坡间,曾经看到普遍高10尺(约3.3米)左右的野生茶树丛。"这是首次在我国发现野生茶树的报道。接着,在云贵地区,四川、广西、广东、湖南等地,都曾先后发现高10米以上的野生大茶树。我国科学家从茶树起源的自然分布状况,到地质的变迁以及由此引起的种内变异,作了翔实的研究,得出了我国西南地区是茶树原产地的结论。

二、蜀茶风情

现存文献表明,早期记录茶饮之事主要发生在巴蜀地区。巴蜀地区茶史

---

① 章必功.中国旅游史[M].昆明:云南人民出版社,1992:4
② 余悦.中国茶饮[M].北京:中央民族大学出版社,2002:1

悠久，人们很早就懂得对野生茶叶的利用，并逐渐掌握了从野生到家植的茶叶栽培技术。根据地质学者研究，早在中生代后期，四川就有茶叶出现，而且分布很广。在地球遭受数次冰川袭击时，四川南部大娄山到横断山脉巴山一带，从冰川堆积物分布情况来看，受冰川影响较小，故这里的野生茶树历史悠久。陆羽《茶经》云："茶者，南方之嘉木也，一尺（约0.33米）、二尺，乃至数十尺。其巴山峡川有两人合抱者。"

"纳贡"是茶叶传播的早期形态。周代十分注重礼乐，有着一套"正君臣之义"的"朝聘之礼"，诸侯国必须按时朝见天子，并向天子贡献财物土产。这种官方之间的"礼尚往来"是周朝旅游的主要方式之一。周武王建立周朝后，便将自己的一位宗亲封在了巴地。巴国作为周朝的诸侯国，必须向天子周武王上贡。据晋朝常璩《华阳国志·巴志》中载："周武王伐纣，实得巴蜀之师，茶、蜜……皆纳贡之。"既是贡品，必定十分珍贵，巴王上贡的茶叶便是珍品中的珍品，故常璩特别附注了这样一笔："其果实之珍者，树有荔支，蔓有辛蒟，园有芳蒻香茗。"由此可知上贡的茶叶并非野茶，而是人工精心培植的上等好茶。通过纳贡这种形式，来自巴蜀之地的珍贵礼物——茶叶开始进入中原人的视野，这是巴蜀茶史上也是中国茶史中有关茶叶流通的最早记载。

春秋、战国时期，四川茶业也有一定的基础。秦惠王灭蜀国后，从蜀人那里得知了茶的作用，故顾炎武《日知录》云："是知自秦人取蜀而后，始有茗饮之事。"①在秦汉统一全国之后，有关茶叶的种植、加工和饮用才开始从巴蜀地区逐渐传播到其他地区。

两汉时期，四川的茶业发展较快，一些名茶及名茶产地相继问世。成都是两汉时期富庶一方的都会，与长安有"两城财富，甲于全国"之称。成都也是西南地区的文化中心，出现了大批文化名人，如司马相如、扬雄、王褒等。由于成都饮茶风气较盛，耳濡目染，这些文人也逐渐有了饮茶的爱好，这在文学作品中有着生动的体现。陆羽《茶经·六之饮》更举历代饮茶名人时说道："汉有扬雄、司马相如。"司马相如在《凡将篇》提到茶，曰"荈"；扬雄《方言》中载蜀人称茶为"蔎"。

西汉成帝时，王褒的《僮约》云："烹茶尽具，铺已盖藏。……牵牛贩鹅，武阳买茶。"武阳即今四川彭山县，说明汉时巴蜀茶叶已经转入商品化，武阳是当时著名的茶叶市场。这一史料至少证明在西汉时期，成都地区已经有一定规模的茶叶、茶具贸易，并形成了客来烹茶的习俗。

巴蜀土地肥沃，气候温和，自古有"天府之国"之美誉。张载《登成都白菟楼诗》云："芳茶冠六清，溢味播九区。人生苟安乐，兹土聊可娱。"这正是成都

---

① 黄汝成.日知录集释[M].上海：上海古籍出版社，1985：449

富庶生活的生动写照,上层阶级以饮茶和乐舞消遣,过着悠闲自得的生活,可谓是人间乐土。

至晋代,四川不仅茶叶产地增多,也出现了一些名茶,如《华阳国志·巴志》载:"涪陵郡有茶。"《桐君录》载:"巴东别有真香茗,煎饮令人不眠。"西晋孙楚《出歌》云:"姜桂茶荈出巴蜀。"西晋傅咸《司隶教》曰:"闻南方有蜀妪作茶粥卖之。"足见民间用茶已十分普遍。

三、南茶风雅

秦汉时期,茶从其原产地沿着长江南下,经巴蜀荆楚地区向长江中下游地区推进。《三国志·吴志·韦曜传》记载:"孙皓每飨宴……曜饮酒不过二升。皓初礼异,密赐茶荈以代酒。"三国时期吴主孙皓宴会群臣,以茶代酒,这是最早见于止史的饮茶记载。

魏晋时期士人追求神清气爽的风度,他们不拘一格,不为俗世所缨,以远离俗尘为贵,崇尚清淡。茶以其风雅清俭的特质受到了名士的喜爱。一些名士喜爱饮茶,并加以推广。人们出于倾慕之情,也尝试着饮茶。然而,也有种抗拒排斥的心理在其中。饮茶之事,虽颇为风雅,却往往令人闻风丧胆。《世说新语》载:

> 褚公虽素有重名,于时造次不相识,别敕左右多与茗汁,少着粽,汁尽辄益,使终不得食。褚公饮讫,徐举手共语云:褚季野。于是四坐惊散,无不狼狈。①

魏晋南北朝时期,兴起了服饵养生的风气,茶的功能已为人们所知,《陶弘景新录》云:"茶茗轻身换骨。昔丹丘子黄山君服之。"道士认为茶具有养生延年的神奇效果,因此时常饮之。茶便成为名士啸咏山水的良伴。

王羲之《蕲茶帖》云:"节日萦牵少睡,蕲茶微炙,善佳。"刘琨的家信也提到:"吾体内溃闷,常仰真茶。"饮茶令人清醒,东晋名士在清谈中常饮茶,可助清兴。饮茶逐渐成为名士的一种生活习惯,并且成了清峻通脱人格的一种象征。《晋中兴书》载:陆纳为吴兴太守时,卫将军谢安尝欲诣纳。纳兄子俶怪纳无所备,不敢问之,乃私蓄十数人馔。安即至,纳所设惟茶果而已。俶遂陈盛馔,珍羞毕具。及安去,纳杖俶四十,云:"汝即不能光益叔父,奈何秽吾素业。"

谢安乃东晋名士,权高位重,更令世人敬仰的是他的俊朗风度,能与其结交,实为殊荣。陆纳与谢安交往,重的是精神之交,以茶果招待,丝毫不显寒

---

① 徐震堮.世说新语校笺[M].北京:中华书局,1984:445

酸,更能彰显名士气度。陆俶认为茶果清俭,私设盛筵,却不料画蛇添足,打破了这种清雅之趣,难怪叔父会如此生气。陆纳以茶果招待,乃其处世之重要标识,以标榜自己不从流俗,洁身自好,可见茶叶之清趣已渐为名士所赏识。

魏晋名士通过饮茶标榜自己不从流俗,洁身自好。通过饮茶,感悟人与自然的和谐。茶脱掉了功利物质的外表,成为独立审美事项,上升为一种雅文化。任育长年少时颇有美名,但过江之后声名大跌,因不知茶茗本为一物,出了洋相,"自过江,便失志。王丞相请先度时贤共至石头迎之,犹作畴日相待。一见便觉有异。坐席竟,下饮,便问人云:此为茶为茗?觉有异色,乃自申明云:向问饮为热为冷耳"①。此时茶饮已非小众饮品,而任育长刚从北地来,不懂装懂,纰误百出,名士形象大损。由此可见茶已逐渐普及,成为名士的心头之好。不懂饮茶就像不懂山水一样,要受到名士们的鄙视。

四、北茶飘香

北方饮茶较晚,《齐民要素》将茶列于《五谷果蔬茶茹非中国物篇》,所谓中国,限于北方。茶饮在传播过程中并不是一帆风顺的。《洛阳伽蓝记·报德寺》载:

肃出入国,不食羊肉及酪浆等物,常饭鲫鱼羹,渴饮茗汁。京师士子,见肃一饮一斗,号为"漏卮"。经数年以后,肃与高祖殿会,食羊肉酪粥甚多。高祖怪之,谓肃曰:"卿中国之味也。羊肉何如鱼羹?茗饮何如酪浆?"肃对曰:"羊者是陆产之最,鱼者乃水族之长;所好不同,并各称珍;以味言之,甚是优劣。羊比齐鲁大邦,鱼比邾莒小国。唯茗不中,与酪作奴。"②

在北魏时期,鲜卑贵族对爱好饮茶之人有所轻视,称茗饮为"酪奴",认为其滋味远不如酪浆,只堪与其作奴,以饮茶为耻。人之饮食,本是习性使然,孰优孰劣,无可厚非。鲜卑贵族以此大做文章,非要以肉酪为优,极力贬抑南方饮食。此次茗饮与酪浆的优劣争论,乃是北方少数民族与汉族文化的暗自较量。茗饮与酪浆优劣之论,微妙地显示出汉族与鲜卑族的矛盾冲突,既是游牧文化与农耕文化的冲突,又同时体现了南北两地的差异。

《续茶经》载:"伯思尝见北齐杨子华作《勘书图》已有煎茶者。"黄伯思乃宋人,其《东观余论》载:"北齐时人杨子华作《勘书图》。"《通志》卷七十二著录《北齐六学士勘书图》,可知此图描绘了邢子才、魏收等北齐六学士勘书的场景。"李正文《资暇录》谓茶托始于唐崔宁,今北齐画图已有之。"又可知此图

---

① 徐震堮.世说新语校笺[M].北京:中华书局,1984:487
② 杨勇.洛阳伽蓝记校笺[M].北京:中华书局,2006:135

绘有饮茶事项,且已使用茶托。邢子才等皆北朝英杰,颇得时人敬重,可见饮茶在北朝上层社会已经兴起,成为文人们生活中的一部分。尽管彭城王对饮茶之事嗤之以鼻,然而这种风气终究散播开来了。

饮茶风尚的形成,逐渐由南向北,自上而下地普及着。饮茶之风由巴蜀之地传播至江左其他地方,再传至北方。茶叶由药用过渡到普通的饮用,进入朝野的日常生活。在两汉魏晋南北朝这一时期,饮茶风气正逐渐兴起。茶在传播的过程中,经历了一次次奇妙的旅行。

拓展阅读

古茶活化石园——景迈山古茶园

茶树的起源问题,历来争论较多,随着考证技术的发展和新发现,才逐渐达成共识,即中国是茶树的原产地,并确认中国西南地区,包括云南、贵州、四川是茶树原产地的中心。由于地质变迁及人为栽培,茶树开始普及全国,并逐渐传播至世界各地。

普洱景迈芒景千年万亩古茶园被国内外专家学者誉为"茶树自然博物馆"和"古茶活化石园",它是茶叶天然林下种植方式的起源地,是世界茶源遗产地和普洱茶祖朝圣地。由于古茶园面积最大、保存最好、年代最长,被联合国教科文国际民间艺术组织、由中国民间文艺家协会组成的中国民间文化遗产旅游示范区评审委员会评为"中国民间文化旅游遗产示范区"。

景迈村以傣族为主,芒景村以布朗族为主,各民族和谐相处,仍然保存了各自的民族语言、风俗、节庆、祭祀等文化传统。古茶园平均海拔1 400米,总面积2.8万亩(约1 866.7公顷),系当地布朗族、傣族先民所驯化、栽培,均为上千年的茶树,是名副其实的千年万亩古茶园。学术界公认布朗族是云南最早种茶的民族之一。布朗族曾经居住过的地方,都留下大面积的茶地,成为云南茶叶的主产区。所以说布朗族是千年茶农,当之无愧。据《布朗族言志》和有关傣文史料记载,古茶林的驯化与栽培最早可追溯到佛历七一三年(180年),迄今已有1 830多年的历史。明代以来,这里的茶叶已是孟连土司,乃至皇室贡品了。沿着茶马古道,茶叶远销东南亚、南亚等国。景迈山保留着许多文化遗迹,如景迈村的萨迪井(七树)、金水塘、金塔、千手观音树、茶马古道、佛泉、糯心湖、芒景村的七公主泉、神蜂树、古柏、茶魂台、八角塔等。

第二章
中国茶文化旅游的历史概况

景迈古茶树遗产是我国茶史及茶树起源、茶叶农艺起源的实证,是资源开发利用的得天独厚的科研基地,为弘扬中华民族的茶文化,开展古茶文化旅游,促进茶叶科技、学术、经济、文化交流,具有其重要的现实意义和深远的历史意义。如今,景迈古茶园正全面开发茶文化旅游,着力打造5A级旅游景区和普洱茶圣地,其核心区及周边主要有惠民景迈芒景景区、柏联普洱茶庄园及即将开工建设的普洱市边三县茶祖历史文化旅游项目——景迈茶祖文化公园。

2012年5月1日,国家旅游局邵琪伟局长为惠民景迈芒景景区举行了开园仪式。项目已组织实施了惠民旅游小镇综合建设:景迈芒景八个村寨的道路、村容村貌、民居改造、古茶园保护、旅游公共服务设施、糯干景区水库、付腊温泉开发等,主要景点有惠民旅游小镇、翁基千年布朗族古寨、糯干傣族风情古寨等。在2011年东亚第六届SPA高峰会上,景区被评为"2011中国十大休闲胜地",景区核心村落芒景村被国家农业部评为"中国十大最具魅力休闲乡村"。普洱市边三县茶祖历史文化旅游项目是依托普洱市澜沧、孟连、西盟三个县的"茶源茶祖""茶祖崇拜""民族茶俗""土司贡茶"等文化,以澜沧景迈山为核心,依托古茶园、现代茶庄园、民族村寨、茶休闲养生项目和少数民族风情文化项目,形成茶祖文化旅游综合开发项目。

景迈山古茶园是一份珍贵的人类文化遗产,对研究我国茶叶发展史、古代茶树种植、古代茶叶贸易等都有很高的历史价值和科学研究价值。2010年7月,普洱市成立了申遗工作领导机构,将申遗任务列入普洱市20个重点工作之一。2012年6月,通过了国家文物局对澜沧景迈山古茶园进行的现场考察评估。2013年,景迈山古茶园进入申遗程序,成功入选《中国世界文化遗产预备名单》,又被国务院公布为第七批全国重点文物保护单位,申遗工作取得了阶段性重要成果。2014年3月全国政协会议上,何春建议将普洱景迈山古茶园列入2016年申报世界遗产项目,该项提议得到与会者的高度肯定。

目前,普洱市旅游业处于一个蓄势待发的阶段,需要一个具有世界级吸引力的旅游产品推出,引爆和带动整个"绿三角"旅游业的发展,景迈古茶园所具有的独特性和代表性,吸引着全国和全世界的旅游者。通过发展古茶文化旅游,可以影响、带动和促进边疆少数民族地区与之相关联的多个行业发展,让旅游业真正成为让少数民族增收致富的重要产业。通过申遗,景迈山古茶园将会受到世世代代的保护,景迈山的旅游也会随着它的魅力越来越"热"。

第二节 中国唐宋的茶文化旅游

在中华茶文化史上,唐宋时期恰如一座巍然屹立的高峰,开启了此后茶文化千峰竞秀的壮观景象。唐宋的旅游活动较为活跃,大江南北,游客如织。茶文化旅游也远较前代丰富,文人墨客在游览大好河山和名胜古迹时留下的许多文学作品,很多都与茶文化旅游有关。茶文化旅游又与宗教有着密切联系,寺庙道观的茶园、茶饮、茶道成为名山旅游的有机组成部分。茶圣陆羽孜孜不倦地对各产茶区进行科学考察,湖州的茶人群体经常举行茶文化活动,这些都为唐宋茶文化旅游增添了许多色彩。

一、文士颂茶

旅游与文学有着不解之缘,人类从有意识的走出家门欣赏风景的那一刻起,就开始了文学艺术的创作,诚如南朝山水诗人谢灵运所说:"山水借文章以显,文章凭山水以传。"文人是我国古代旅游的主力军,同样也是茶文化旅游的践行者。中国古代的文士和茶有着不解之缘,没有古代文士便不可能形成以品为主的饮茶艺术,不可能实现从物质享受到精神愉悦的飞跃,也就不可能有中国茶文化的博大精深。文士们离不开茶,饮茶可激发灵感,促神思,助诗兴。文士们也爱茶,在文学作品和绘画中多有表现饮茶的内容。

唐代士大夫阶层饮茶成癖,如大诗人白居易"尽日一餐茶两碗",兵部员外郎李约"竟日持茶器不倦",连朝官办公也有一定的饮茶时间,甚至出现了以物换茶,以诗换茶的佳话。唐代是诗歌的辉煌时代,当茶道大行之时,以茶入诗也成为一种时尚。诗人们对茶不吝溢美之词,写下许多赞颂茶的诗篇。据现存的唐诗统计,其中有关咏茶之诗和有关茶事之诗达五百多首。李白在游湖北玉门寺附近的茶园时,写下了"茗生此中石,玉泉流不歇。根柯洒芳津,采服润肌骨。丛老卷绿叶,枝枝相接连"的诗句,赞美茶树的旅游观赏性和保健性。

宋代许多著名文人,都有着饮茶的爱好,他们写了大量的茶诗茶词。据后人统计,宋代茶诗茶词总共有千余首,这是留给后人的一笔宝贵财富。许多著名的诗人、词人都留下了脍炙人口的茶诗、茶词,北宋初年的王禹偁、林逋;中期的梅尧臣、欧阳修、王安石、苏东坡;后期的黄庭坚,南宋的陆游、范成大、杨万里等人都有大量的咏茶作品。

宋景祐三年,欧阳修因得罪朝中权贵,被贬峡州夷陵(今宜昌市)县令。在赴任的途中,他听闻夷陵虽偏远,却是个好地方,物产十分丰富,其《与薛少卿书》曰:"出粳米、大鱼、梨、栗、甘桔、茶、笋,而县民一二千户,绝无事,罪人得此,为至幸矣!"峡州有"春秋楚国西偏境,陆羽茶经第一州"的美誉,欧阳修是个为政风流的文官,他在公务之余,闲暇之时,或著书立说,或游山玩水,相得益彰。任职不久,欧阳修便遍访夷陵这片长江三峡西陵峡的山山水水、风土民情,诚如他所言,"携酒探幽境"是时常的事。而他往往又是"行见江山且吟咏",故写出许多优美的篇章。夷陵茶乡的美丽景色和风土人情激发了他的灵感,他一气呵成"夷陵九咏",其中第三首《虾蟆碚》赞颂了虾蟆碚泉水和夷陵茶:"石溜吐阴岩,泉声满空谷。能邀弄泉客,系舸留岩腹。阴精分月窟,水味标《茶录》。茶约试新芽,枪旗几时绿。"虾蟆碚自古驰名,早在唐代,茶圣陆羽在《茶经》里写道:"峡州(今宜昌)扇子峡有石突然,泄水独清冷。状如龟形,俗云虾蟆口水,第四。"虾蟆碚的明月水甘冽清甜,最宜泡茶,当地人编了一首山歌,歌词为:"明月水,明月水,小虾蟆吐的活宝贝。泡茶茶碗凤凰叫,煮酒酒杯白鹤飞。十里闻香人也醉。"欧阳修的这首《虾蟆碚》不仅描写了虾蟆碚的自然景观,也写出了他对明月水烹茗的钟爱情怀,他满心期待来年春天茶树萌发新芽时一试泉水,整首诗清新流畅,一扫郁郁不乐之情。

二、庙观寻茶

茶与佛很早就结下姻缘,据《庐山志》记载,在东汉时,庐山僧侣劈岩削谷,取诸崖壁间栽种茶树,焙制茶叶。南北朝时南方寺院饮茶已很普遍,唐代陆羽曾在寺院学习烹茶术七八年之久,所撰《茶经》记载的"煎茶法"即源于丛林佛教僧众聚居之所。随着禅宗兴盛于北方,禅僧饮茶,从而也推动了北方饮茶。据封演《封氏见闻记》载:"开元中,泰山灵岩寺有降魔师大兴禅教。学禅务于不寐,又不夕食,皆许其饮茶。人自怀挟,到处煮饮,从此转相仿效,遂成风俗。"

"天下名山僧占多",大凡名山,必有名寺,而名寺多产有名茶,茶是僧侣道士修行时不可或缺之饮品,也是他们用以款待香客、游客的必备佳品。古时旅游不甚发达,许多山川人迹罕至,唯有寺庙道观散布其间,故寺院道观兼有接待游客的功能,一杯热气腾腾的香茗,能迅速解去游客的疲惫,赋予他们无穷的灵感。历史上许多名茶往往出自禅林寺院。在我国南方,几乎每个寺庙都有自己的茶园,而众寺僧都善采制、品饮。住持往往召集大批僧尼开垦山区,广植茶树。而一般寺院的四周都环境优异,因而适宜茶树的栽种。故历代寺院都名茶辈出,像南京栖霞寺、苏州虎丘寺、福州鼓山寺、泉州清源寺、武夷天心观、衡山南岳寺、庐山招贤寺等,在历史上都出产名茶,名噪一时。

从大量文献记载来看,最早重视茶的精神功能的还是道家。著名道士陶弘景曾作《杂录》,说茶能轻身换骨,所以传说中的神仙丹丘子、黄山君都饮茶。由于饮茶有所谓"得道成仙"的神奇功能,是修炼时的重要辅助手段,故《天台记》中说:"丹丘出大茗,服之羽化。"皎然的《饮茶歌送郑容》有诗句:"丹丘羽人轻玉食,采茶饮之生两翼。"历代著名道人不仅以茶养生、乐生,"他们还将其居住之地打造成为养生之仙境乐园,道家以茶养生,以栽茶品茶为生活之乐趣"①。

历史上许多著名的旅游胜地,往往又是香火旺盛的宗教道场。大凡名山,必有名寺,而名寺多产名茶。旅行家徐霞客在《徐霞客游记》中,多次提到在庐山、黄山旅游与品茗的意境。山僧修持,茶禅一味,以茶供佛,出了很多"茶百戏"和"分茶"艺术的高手。许多文人与僧侣、道士来往密切,经常深入深山古刹寻师拜友,坐道论禅,品茗寻茶,寺庙道观的茶园、茶饮、茶道成为名山旅游的有机组成部分。

唐代著名道家茶人首推女道士李冶(又名李季兰),她与陆羽交情很深,德宗朝时与陆羽、皎然在苕溪组织诗会。有论者认为:"完全有理由说,是这一僧、一道、一儒家隐士共同创造了唐代茶道的格局。"②道士们还以茶待客,大历年间,淄州刺史王园等登泰山,"时真君道士卜皓然、万岁道士郭紫徽,各携茶、果相候于回马岭"(《道家金石略·岱岳观碑》)。萧祐游石堂观,享受了"碧瓯浮花酌春茗,嚼瓜啜茗身清凉"(《游石堂观》)的美好礼遇,给他留下了难忘的印象。后来,茶叶在道士手中使用得更为频繁。元代著名散曲家张养浩游泰山时,在道观里品茗,留下了"鼎铛百沸失膏火,凤水万里忘萍逢"的诗句。

与丝绸之路、瓷器之路一样,还有一条绵延亘古的"茶之路"。唐贞元二十年(804年),日本高僧最澄(767—822年)到天台山学佛,翌年经明州回国时,带去经文127部347卷,还有浙东茶树和茶籽,从此中国茶便跨出国门走向世界。据日本《日吉神道秘密记》云:"公元805年,从中国求法归来的最澄带回来中国茶种,并撒播于日吉神社之旁,成为日本最早之茶园。""茶之路"与"丝绸之路"一样古老和通达,联结起中国和世界。

径山是著名茶区,唐太宗贞观年间,僧人法钦偶遇过此山,爱其秀丽奇拔,留恋不已,后在此创建寺院。法钦在寺院旁种下几株茶树,采叶以供佛,不久茶林便蔓延山谷,鲜芳殊异。径山寺自此香火不绝,僧侣上千,并以山明、水秀、茶佳闻名于世,有"江南禅林之冠"的誉称。寺院里饮茶之风极盛,僧侣们

---

① 李文杰.道家与茶文化资源研究[J].茶叶通讯,2008(4):46
② 王玲.中国茶文化[M].北京:中国书店出版社,1992:143

常在宏伟的殿宇楼阁之下,聚会研经,并汲山中清泉,煎水烹茗。每年春季寺内经常举行茶宴,以品新茶。招待贵宾时,自然也要举行茶宴。南宋时,日本佛教高僧圣一禅师,曾于公元 1235 年来径山结庐憩息,研究佛学,并学径山茶的碾饮之法,之后他将此法和茶具传到了日本。公元 1259 年,南浦昭明和尚来中国,拜径山虚堂和尚为师。日本僧人也把径山茶宴的精神带去了,并逐渐发展成为日本的"茶道"。如今,日本学术界也普遍承认:"茶道是发源于中国,开花结果于日本的高层次生活文化。"(仓泽行洋语)

寺庙历来有"客来奉茶"的习俗,但一些僧侣却不能贯彻众生平等的理念,往往将好茶留待尊贵客人。故传出这样一段趣闻:苏东坡曾经到莫干山游玩,甚是疲乏,打算休息一会儿,便走进了一座庙宇。刚进寺庙,方丈见其衣着寻常,只淡淡说:"坐。"又转身对小和尚喊:"茶。"小和尚端上了一杯普通的茶。稍事寒暄后,方丈感觉来人谈吐不俗,气度非凡,便改口"请坐",并喊小和尚"敬茶"。经过一番深谈,方丈得知来者乃大诗人苏东坡时,情不自禁地说:"请上坐。"接着又喊小和尚"敬香茶",并研墨铺纸以求墨宝。东坡先生一思忖,提笔写了副对联。上联是"坐,请坐,请上坐";下联是"茶,敬茶,敬香茶"。方丈看罢,满脸通红,羞愧难当。

三、茶圣访茶

古人提倡"读万卷书,行万里路",把旅游视为探索自然、考察社会、实现人生自我价值的重要途径。司马迁不满足于书本知识,有目的有计划地到广阔的社会中去作实地考察,其《太史公自序》曰:"二十而南游江淮,上会稽,探禹穴,窥九嶷,浮于沅湘,北涉汶泗,讲业齐鲁之都,观孔子遗风,乡射邹峄,厄困鄱、薛、彭城,过梁、楚以归。"通过四处游历,司马迁获得了极为丰富的知识,故王国维《太史公行年考》将司马迁之游称之为"宦学之游"。

茶圣陆羽一生中曾游历了我国南方多个茶叶产区,为撰写《茶经》提供了大量的一手资料,也因此他才能在书中对我国不同地方所产的茶叶进行对比和评价。陆羽性好山水,酷爱旅游,"远墅孤岛,通舟必行;鱼钓梁矶,随意而往"。每次出游,必穿纱巾藤鞋、短褐犊鼻。特别喜爱弄舟流水,造访山寺,探幽林壑,出入无人之境。他又经常独行旷野,徘徊月下,吟诵古诗,兴尽便痛哭而返,颇有魏晋名士阮籍的那股痴劲。陆羽精通茶道,这一特长显然是在他山处野居的旅游经历中锤炼出来的。

陆羽高风清节,不慕名利,一生好入名山游。唐天宝十三载(754 年),陆羽学有所成,开始了他长达数年的茶乡茶事考察活动。他由近及远,首先考察了古老的山南道茶区、淮南道茶区,走遍了山南东西两道和淮南道的各州,对茶区茶树的生态环境,茶园的培育、管理,茶叶的采摘、焙制工艺以及制茶工具和种类、规格等进行了较为全面的调查研究。后又沿长江南岸东下,对常州、湖州、越州等产茶区进行了实地考察。安史之乱后,他又远离家乡,顺江而下,结识了僧皎然、刘长卿等友人,畅谈茶事,研讨禅理,同时还考察了沿途产茶区。公元760年,陆羽在盛产名茶的湖州苕溪结庐隐居,闭门著书。于顾渚山,置茶园,作《顾渚山记》,在长兴县境内考察当地茶叶的生产状况。每至茶季,他就往来于江浙诸州深山中采制春茶,并向茶农学习经验,积累了丰富的茶叶知识和技能。

陆羽遍游各地,获得了极为丰富的茶叶信息,并身体力行,亲自采制烹饮茶叶,还通过广交朋友,由友人寄送新茶,传递信息。经过广泛的实践和深入的研究,终于写出了人类文明史上第一部茶学专著——《茶经》,从而极大地推动了茶文化的传播。完成《茶经》后,陆羽已是名满天下,皇帝下诏征他为太子文学,但他不慕名利,不肯就职,仍然过着饮茗赋诗、放迹山水的自由生活。在他的建议下,顾渚紫笋茶被朝廷列为贡品。

宋代大诗人梅尧臣《次韵和永叔尝新茶杂言》一诗对陆羽的成就给予高度评价:"自从陆羽生人间,人间相学事新茶。"陆羽在当时就为人奉为茶神、茶仙,他孜孜不倦地推广茶道,一生事茶,躬身实践,四处考察各产茶区,广采博收茶人经验,将毕生心血皆融进了《茶经》,在世界茶文化史上树立起一座不朽的丰碑。

陆羽走访了中国大部分的茶区,他足迹所到之处,已经成为茶道爱好者心向往之的旅游目的地,也成为取之不尽、用之不竭的茶文化旅游资源,各地纷纷打造与陆羽有关的茶文化旅游景点。陆羽茶文化旅游的核心景点在全国有几十处之多,集中于陆羽的老家湖北天门和第二故乡湖州。"陆羽茶文化在茶文化旅游领域产品非常丰富,形成了一个产业链。以陆羽茶文化旅游为龙头产业,将茶旅线路、茶旅景点景观、茶品购物、茶食餐饮、茶会、茶旅住宿等项目串联起来,形成以陆羽茶文化为核心的茶旅消费。"①

四、湖州会茶

湖州地处太湖南岸,素有鱼米之乡的美誉,饮茶和产茶的历史颇为久远,有关茶文化的记载始于汉:"有王姓者,栖茗岭之阳,课童艺茶。"这茗岭就是现在的湖州长兴县白岘乡,三国孙皓"以茶代酒"、东晋陆纳"以茶待客"的故事都发生在湖州。湖州是中国最早的贡茶生产中心,是陆羽撰写《茶经》的地方,这里汇集了钱起、皎然等热爱茶艺的诗人,最早提出了茶道的概念,对中国品茗艺术的发展起了巨大的推动作用,还有一些如颜真卿、李萼等热心茶事活动

---

① 李文杰.陆羽茶文化产业论析[J].南宁职业技术学院学报,2013(1):11

的行政官员,组织领导了湖州地区的茶文化活动,从而推动了全国茶文化事业的发展。"因此说湖州是'唐代的茶都'是符合历史实际的,是当之无愧的。"①

湖州盛产名茶,顾渚紫笋茶即产于湖州长兴县的顾渚山,在茶圣陆羽建议下,由当地官员将其推荐给皇上,并成为贡品。唐安史之乱时,湖州因远离动乱,相对安宁,故许多避难的文人汇集于此,陆羽、皎然等先后隐居湖州,以皎然和陆羽为中心,逐渐形成了一个茶人群体。颜真卿任职湖州后,以其文才和威望吸引了众多文人墨客,一时之间,湖州群星璀璨,汇聚了大批茶人俊秀,成为东南文薮。这个群体人才济济,包括了皎然、陆羽、颜真卿、韦应物、顾况、权德舆、张志和、刘长卿、钱起等知名人士。湖州文人集团可以说是一个茶人群体,除了个人的独自饮茶、品茶、考察茶、写茶诗茶文,甚至种茶外,就是彼此间以茶为纽带、为媒介、为共同爱好,往来酬唱、交游、聚会、共同创作等文化活动②。湖州文人集团的盟主是时任湖州刺史的颜真卿,二号人物为历史上首次提出茶道概念的诗僧皎然。陆羽对湖州文人集团的形成与特色起了画龙点睛的作用。由于重量级人物陆羽的加盟,湖州文人集会可以说得上是我国古代茶文化旅游的一次盛会。

湖州掀起了一场诗歌与茶的盛会,频繁地进行品茗论道、游赏玩乐、宴集唱和,创作出众多联句作品。其中颜真卿等人即兴所做的《五言月夜啜茶联句》传为茶史美谈,创造了两个"第一",既是第一首吃茶联句,也是第一首无"茶"字之茶诗:

> 泛花邀坐客,代饮引清言。(陆士修)
> 醒酒宜华席,留僧想独园。(张荐)
> 不须攀月桂,何假树庭萱。(李萼)
> 御史秋风劲,尚书北斗尊。(崔万)
> 流华净肌骨,疏瀹涤心源。(颜真卿)
> 不似春醪醉,何辞绿菽繁。(皎然)
> 素瓷传静夜,芳气满闲轩。(陆士修)

遥想月色如水,志趣相投的友人相聚品茗谈心,诗由茶所兴,茶因诗添兴,既各显其能、对峙不下,又同心同德、融合统一,何其闲适优雅,回味无穷!

公元770年,朝廷决定湖常两州分山造茶,同时上贡紫笋茶一万八千四百斤。湖州与常州刺史为了保证贡茶质量,在两州毗邻的顾渚山上设有"境会亭",每年立春后45天,湖州刺史和常州刺史都要在境会亭举办盛大茶宴,并

---

① 李新玲,陈文华.湖州茶人对中国茶文化的重大贡献[J].农业考古,2008(2):120
② 施由民.论唐代湖州茶人群体对中国茶文化的贡献[J].农业考古,2011(5):28

邀请当时的社会名流共同品尝和审定贡茶的质量。每年的境会亭热闹非凡,可谓是一年一度的茶文化高峰论坛。官员们商议分山造茶,并与社会名流品茗斗茶,采茶姑娘采摘青茶,茶农们繁忙加工贡茶。两州刺史还带歌舞剧队来表演,增彩添趣,助兴加油。从春分到清明要经历雨水、惊蛰、春分等四个节气,约57~58天,而立春后45天到清明只有12~13天,可见"境会亭"峰会至少要热闹3天,将"急程茶"督造加工完毕,留下10天路程时间送到长安。当时境会亭督、品茶活动规模浩大,仅品茶研讨要摆20多桌,另有戏台歌舞表演助兴。

唐宝历(825—827年)年间,常州贾刺史和湖州崔刺史共同邀请时任苏州刺史的白居易赴境会亭茶宴,可是嗜茶的白居易因病不能参加,为之十分惋惜,于是写下了《夜闻贾常州、崔湖州茶山境会亭欢宴》:"遥闻境会茶山夜,珠翠歌钟俱绕身。盘下中分两州界,灯前各作一家春。青娥递舞应争妙,紫笋齐尝各斗新。自叹花前北窗下,蒲黄酒对病眠人。"

唐中晚时期的湖州茶人集会、境会亭茶宴是湖州文化史上一大奇特的现象,也是古时茶文化旅游史的一次奇迹。湖州是唐代名副其实的"茶都",吸引了众多茶人前来朝圣。他们所留下来的咏茶诗篇,已经成为茶文化旅游的重要资源。

拓展阅读

跟着陆羽去旅游

陆羽在茶叶界是个顶级品牌,家喻户晓,具有超高的品牌知名度。陆羽一生极富传奇色彩,他的足迹遍布各产茶区,他被后人尊为"茶圣""茶仙""茶神"。茶乡安溪、凤冈、贵定、遂川纷纷建成陆羽雕像,湖州苕溪、余杭苎山、南京栖霞山为争《茶经》撰写地而面红耳赤。陆羽已经成为茶文化旅游产业的金字招牌,各地纷纷打造与陆羽有关的旅游景点。

天门作为茶圣陆羽的故里,是一个新兴的发展中的年轻的旅游城市,拥有众多宝贵的茶文化遗存。历代留下来的有关陆羽的名胜古迹有14处,如陆羽纪念馆、陆羽故园、陆羽亭、文学泉,它们都尽显一代茶圣遗风,也是缅怀悼念茶圣陆羽的场所,充满了浓郁的茶文化气息,这是天门得天独厚的资源。

近年来,天门市委市政府提出"打好茶圣陆羽牌,打造中国茶城"的战略目标,全市围绕茶圣陆羽的研究、宣传取得一些成果;围绕陆羽茶文化产业招商实现一些突破;与陆羽相关的基础设施逐步完善,种茶与饮茶形成一定氛围。

天门市投资2.5亿元兴建了陆羽故园,园内建有陆羽纪念馆。天门正在规划建设中国(天门)陆羽茶生态科技园。整个项目计划总投资30亿元,占地1 100亩(约73.3公顷),包含四个子项目,即茶业质量标准(全国)检测中心;茶产品交易市场,包括中南地区茶叶现货交易市场和中国内陆首家茶叶期货交易市场,计划占地约300亩(约19.9公顷);茶叶生态园及观光基地,占地约250亩(约13.3公顷);茶产品加工园区,计划占地约500亩(约33.3公顷)。在天门市看来,如此大手笔谋划,是通过打造一个陆羽文化群落,丰富当地百万人民和中外游客游览参观和休息娱乐,也是将这一得天独厚的文化资源优势转化为旅游经济优势,擦亮城市品牌。

作为陆羽的第二故乡,湖州也大打陆羽牌。湖州长兴投资近一个亿兴建了大唐贡茶院和陆羽阁,并兴建了陆羽茶文化景区,景区内建有陆羽墓、三癸亭、慕羽坊等纪念性建筑。湖城滨河路的青塘茶室曾是茶圣陆羽的故居地,也是湖州重要的历史文化景点。但随着时代的发展,其现有的功能、布局等都已不能满足广大茶文化爱好者需求。因此,市政府决定将原先的青塘茶室拆除,并在青塘茶室现址的对面新建一座陆羽茶文化展示馆,供茶文化爱好者学习、交流。据介绍,该项目包括陆羽茶文化展示厅、湖州名特优茶产品展示厅、茶道表演厅以及湖州陆羽茶文化研究会相关业务用房等。建成后,这里将成为市民休闲的一个新去处。

2009年,浙江湖州举办首届陆羽茶文化节,此次节会的主题是"大唐茶都、茶缘天下",主要活动包括中国国际茶文化研究会成立15周年纪念大会、大唐茶都国际摄影大赛、紫砂工艺作品大赛、大唐贡茶院落成典礼、描写茶圣陆羽生平的电影《茶恋》首映式、国际茶道表演、国际茶人拜谒陆羽墓、古茶山寻踪、"茶道与商道"东方智慧与现代经营国际论坛等,节会旨在全面展示湖州和长兴的深厚历史文化底蕴,弘扬茶文化,发展茶产业,推动经贸交流合作。根据浙江大学CRAD农业品牌研究中心发布的《2010中国农事节庆影响力研究报告》显示,湖州陆羽国际茶文化节在众多农事节日的影响力中名列前十。

陆羽曾在上饶茶山隐居,又自号为东岗子、茶山御史。为了考察茶事,陆羽走遍了信江两岸、武夷山中的山山水水。2010年

12月,江西上饶投资2.4亿元打造的陆羽公园正式开工。公园将按照"生态、滨水、休闲"的设计理念,打造成上饶市的"迎客厅"。

2012年,一座集茶文化展示、体验、观光休闲、餐饮、娱乐、商业服务为一体的多功能茶文化特色商业区——陆羽茶文化旅游园在河南信阳落成了。这是中国北方一座独一无二的茶文化博览园和茶文化体验区,也是中国北方最大的茶文化主题多功能商业街区。信阳陆羽茶文化旅游园有着全球最高,达99米的茶圣陆羽雕像,还以高标准、高档次兴建了国际茶文化博物馆、万国茶楼、五星级商务酒店,将为市民、为旅游者提供一个上等的文化休闲、娱乐、观光胜地,为商务客人提供一个开展商务活动或投资兴业的乐土。

茶文化旅游少不了住宿,杭州余杭修建了陆羽山庄度假酒店,酒店位于国家4A级风景名胜双溪竹海漂流区内,此处不仅风景秀丽,历史文化积淀亦十分浓郁。"茶圣"陆羽在此深研茶事,毗邻茶道发源地——径山寺,与陆羽泉隔溪相望。酒店附近还有良渚文化村、山沟沟、安吉茶博园等景区。

第三节 明清茶文化旅游

明清旅游呈现前所未有的活力,出现了一股普及化、大众化的旅游热潮。其中,茶文化旅游是明清旅游的重要组成部分,为这股旅游热潮锦上添花。茶文化旅游受到社会各阶层的普遍欢迎,世俗百姓频频出入茶馆,在茶馆娱乐消遣,优游度日;文人雅士追求饮茶的乐趣,注重品茗的环境,时常结伴至山清水秀处瀹茶论道;在全民旅游的盛况下,帝王也不甘寂寞,康熙、乾隆等皇帝在巡游时,也将饮茶赏茶安排进了行程;更有一些痴情旅游如徐霞客者,不畏艰险,长途跋涉,深入深山野林、西南边陲、茶马古道,记录下别具风情的各地茶饮。

一、世俗茶娱

明清时期,伴随着社会经济的发展,市镇文化的繁荣,旅游活动盛况空前,成为一股不可忽视的社会文化现象,产生了广泛而深远的社会经济效应与文化影响。"像明朝中后期那样如醉如痴举国若狂的旅游热潮,更为历史上所罕见"[①],明清时期商业发达,上层社会兴起了一股奢侈享乐之风,从饮食起居至游山玩水,成为社会之时尚。普通市民百姓追逐效仿,出入风景游乐场所,这种越礼逾

---

① 滕新才.明朝中后期旅游热初探[J].北方论丛,1997(3):17

制现象,本身就是对传统礼制社会的冲击,成为明清时期社会风尚的独特风景。

由于商业性旅游服务的存在,旅游这种文化活动自古就表现出一定的经济属性。交通消费、食宿消费、赏景消费、购物消费、娱乐消费、祀神消费等现象始终贯穿于整个旅游活动。明清时期的旅游热,带动了食店、酒肆、茶馆、旅舍、戏院等旅游相关行业的发展,许多人以此为生。江南地区旅游与交通、餐饮、娱乐、商贸、旅舍、戏院之间的联系更为密切。王士性曾指出:"西湖业已为游地,则细民所借为利,且不止千金。有司时禁之,固以易俗,但渔者、舟者、戏者、市者、酤者咸失其本业,反不便于此辈也。"①据《杭州府志》记载,明嘉靖年间,杭州城内有李姓商人开一茶馆,茶客盈门,络绎不绝,获利丰厚,引致远近各处茶馆涌现,旬月之内达50余所。

饮茶在广大民众中的普及,最为重要的体现是茶馆、茶楼的普遍存在。明代茶馆十分繁盛,清代茶馆的数量、种类、功能皆蔚为大观,完全融入了中国各阶层人民的生活。清人徐珂《清稗类钞》载:

乾隆末叶,江宁始有茶肆,鸿福园、春和园,皆在文星阁东首,各据一河之胜。日色亭午,坐客常满,或凭栏观水,或促膝以品泉,皋兰之水烟,霞漳之旱烟,以次而至。茶叶则云雾、龙井,下逮珠兰、梅片、毛尖,随客所欲。

为了招徕顾客,不少茶馆请来女子当垆而坐,杭州府富阳县"城中则风气稍靡,男女服式皆趋时尚,茶酒之肆竞以女子当垆"。(清《富阳县志》卷十五)

明清世俗百姓的出游,不像文人雅士注重精神内涵,而是实实在在的吃喝玩乐,茶酒纷陈,管弦竞奏,因而在风景地,围绕游人饮食购物的消费需求,出现了大量以接待游人为主的客栈、茶馆等。茶馆多建于风景极佳处,茶馆品茗也是旅游的一项重要内容。如《儒林外史》述马二先生游西湖时,对这"天下第一个真山真水的景致"浑然不觉,茶馆倒是光顾了不少:

步出钱塘门,在茶亭里吃了几碗茶……又走到隔壁一个茶室吃了一碗茶,买了两个处片嚼嚼……又出来坐在那个茶亭内,上面一个横匾,金书两屏两字。吃了一碗茶,柜上摆着许多碟子,桔饼、芝麻糖、粽子、烧饼、处片、黑枣、煮栗子,马二先生每样买了几个钱的,不论好歹吃一饱。

马二先生仅仅围着西湖溜了一圈,就已经吃了6个茶馆的茶。可见杭州茶馆之盛。至清代,杭州城已有大小茶坊800多所。

饮茶真正的生命来自民间,源于民间,并一直根植于民间。世俗饮茶并不

---

① [明]王士性.广志绎[M].北京:中华书局,1981:47

像文人追求幽静高雅之趣,而是喜欢淳朴自在、随心所欲,老百姓们在日常饮茶中不仅品味着茶的清香滋味,也在品味着生活的甘甜滋味。故饮茶常与娱乐消遣结合在一起。清代戏曲繁盛,茶馆与戏园同为民众娱乐常去之所。好事者将二者合二为一,财源自然滚滚来。宋元之时已有戏曲艺人在酒楼、茶肆中做场,及至清代才开始在茶馆内专设戏台。

茶馆、茶摊人气十足,人们聚集一处,一边饮茶,一边侃大山,天南地北,奇闻逸事,无所不谈。茶增进了人际的交往,也促进了信息的传播。公元1672年4月,蒲松龄偕友游历崂山时,所患足疾复发,只得就地借居养病。他趁机空闲整理了刚收集到《崂山道士》《香玉》《野狗》的素材,为其创作巨著《聊斋志异》做准备。他还就近采制当地茶涧所产的野生茶叶,摆茶摊供路人喝茶,以换取他们的口述故事。

妇女旅游已是一种较为普遍的现象,她们艳妆冶容,什伍成群,遨游山水,是明清旅游热潮的一道靓丽的风景线。妇女的游览活动丰富多彩,参与者众多。特别是嘉兴,更有一种意味深长的浪漫情调,张岱曾极写嘉兴莺泽湖旅游服务业之盛:"湖多精舫,美人航之,载书画茶酒,与客期于烟雨楼。客至则载之去,舣舟于烟波缥缈。态度幽闲,茗炉相对,意之所安,经旬不返。"① 同样活跃于该湖上的另类女子恐怕就不仅仅属于声伎之辈的情色服务者,还有一些达官显宦的家眷:"莺泽湖中多精舫,美人航之,载书、画、茶、酒,与客期于烟雨楼,客至则载之去,舣舟于烟波缥缈,柳湾桃坞,痴迷伫想,若遇仙缘,洒然言别,不落姓氏"②。若逢节庆,更是万人空巷,旅游景点则游人如织,蔚为壮观,如苏州中秋夜时,妇女皆盛装出游,互相串门,名为走月亮:"有终年不相过问,而此夕款门赏月,陈设月饼、菱芡,延坐烹茶,欢然笑语。"③

二、文士茶趣

以文人士大夫为核心的一批旅游精英分子,他们热衷旅游的先锋模范行为起到了推波助澜的作用。④ 明清文人追求天人合一,热爱山水,崇尚自然,因政治斗争之激烈,他们往往隐居山林,不问世事,放情茶事而忘忧,借笔墨以自命清高。茶是文士山水之游必不可少的伴侣,清芬的茶与幽净的山水相得益彰。文人茶饮对环境、氛围、意境、情趣的追求,体现在许多文人著作当中。如

---

① 〔明〕张岱.陶庵梦忆[M].上海:上海远东出版社,1996:174
② 〔清〕李斗.扬州画舫录[M].扬州:江苏广陵古籍刻印社,1984:241
③ 〔清〕袁景澜.吴郡岁华纪丽[M].南京:江苏古籍出版社,1998:259
④ 陈建勤.明清旅游活动研究——以长江三角洲为中心[M].北京:中国社会科学出版社,2008:154

第二章
中国茶文化旅游的历史概况

明代著名书画家、文学家徐文长描绘了一幅品茗的理想环境:"茶,宜精舍、云林、竹灶、幽人雅士,寒宵兀坐,松月下,花鸟间,清白石,绿鲜苍苔,素手汲泉,红妆扫雪,船头吹火,竹里飘烟。"茶,在文人雅士眼中,乃至洁至雅之物,徐文长的这段文字,列举了许多宜茶之境,无一不体现出"清""静""净"的意境:窗明几净的房屋,品性高洁的友人,明照松林,秉烛夜谈。清丽女子,汲泉扫雪,船泊江上,边饮边行,竹影婆娑,悠然自得。此境此景,可谓深得品茗奥妙。

明代宁王朱权寄情山水,鼓琴读书,著述不辍,"或会于泉石之间,或处于松竹之下,或对皓月清风,或坐明窗净牖,乃与客清谈款话,探虚玄而参造化,清心神而出尘表。"他从山水中参禅,从茶中探真义,将山水、禅、茶三者有机结合。明代改团饼煎煮之法为散茶冲泡之法,更是崇尚自然之美。除了追求茶叶本身的天趣——真味和清香之外,明人还强调饮茶环境的自然和谐美。明人饮茶重视品水,有些茶痴不惜千里致水,或就名泉而品饮。如惠山泉名扬天下,有善饮者不远千里赴惠山汲水烹茶,或以水相赠,如李梦阳《谢友送惠山泉》诗曰:"故友何方来,来自锡山谷。暑行四千里,致我泉一斛。"

文人饮茶还十分注重品饮人员,明代陆树声的《煎茶七类》曰:"煎茶非浪漫,要须人品与茶相得。故其法往往传于高流隐逸、有烟霞泉石磊块胸次者。"与高层次、高品位而又通茗事者款谈,才是其乐无穷。

明清旅游尤以江南一带为盛。江浙一带经济发达,气候宜人,人文昌盛,景观多样,为旅游开发创造了优越条件。史称:"吴人好游,以有游地、有游具、有游友也。"①明清时期,江南地区产茶兴盛,名品众多。加之江南人文兴盛,品饮论茶者多出江浙。费振钟在《江南士风与江苏文学》一书中写道:"明清文人为自己设置了一个自适性情的自由天地,然后在其中品味山水自然、草木虫鱼,品味美食、茶事,以及品味世俗人情,等等,以此清闲遣兴,作为疏离社会政治生活的一种'寄寓'。"

在江浙地区,形成了一批志趣相近、彼此投缘的茶人茶客组成的若干文人饮茶集团,更重要的是,这些饮茶集团引领着明代文人饮茶活动的风尚,从而加深了对茶文化深层次内涵的认识,使茶成为一种特殊的文化符号和精神载体。② 其中,最为有名的是苏州地区出现的茶人集团,代表人物有沈周、吴宽、朱存理、唐寅、文徵明、顾元庆等人,参与其中者有近百人之多。

唐伯虎嗜爱饮茶,曾不惜倾囊买舟,前往洞庭湖,用翠峰"悟道泉"之水煮东山茶,开怀畅饮。其《翠峰游》一诗便盛赞碧螺春:"自与湖山有宿缘,倾囊

---

① 〔清〕顾禄.清嘉录[M].北京:中华书局,2008:90
② 胡长春.明朝文人茶事概述——兼论明代江浙地区的文人饮茶集团[J].农业考古,2008(2):57

则可买吴船。纶巾布服怀茶饼,卧煮东山悟道泉。"唐伯虎曾绘有《事茗图》,画的是翠峰上云雾缭绕,飞瀑奔流,巨石峋嶙,参天古松旁,一间精雅茅室,室中有人正煮茗烹茶,室外有应邀前来品茗的老翁正杖策前来。画面左侧,题诗写道:"日长何所事,茗碗自赍持。料得南窗下,清风满鬓丝。"诗情画意,流露出孤芳自赏、超凡脱俗之意。

文徵明喜用名泉煎名茶,尤好惠山泉。文徵明与其他六位当世名流来到惠山时,正值春茶见新,人们煮茶品茗,吟诗作赋,促膝清谈,极一时之雅兴。为纪念这次盛会,文徵明作《惠山茶会图》以纪其事。画面人物共有七人,三仆四主,山房内竹炉已架好,侍童在烹茶,正忙着布置茶具,亭榭内茶人正端坐待茶。有两位主人围井栏坐于井亭之中;一人观水静坐,一人展卷阅读,还有两位于曲径通幽处交谈。整个画面极尽幽静闲雅之美,观赏这幅名画,仿佛清风徐来,颇生淡泊宁静之志。从画中可领略到明代文士茶会的雅兴情趣,可见明代文士崇尚清韵、追求意境的茶艺风貌。

三、帝王茶巡

历代帝王爱好旅游者甚多,帝王巡游排场盛大,辐射面广。帝王巡游具有明显的政治意图,但也兼有经济、军事、文化意义,还有个人娱乐的目的。历朝历代帝王喜饮茶者颇多,中国历代皇帝,大都爱茶,还有不少有好茶之痴:有的嗜茶如命,有的好取茶名,有的专为茶叶著书立说,有的还给进贡名茶之人封官加爵,茶文化已成为整个宫廷文化的组成部分。如宋朝徽宗赵佶在位,不问朝政,但他却工于书画,通晓百艺。他不仅爱茶,品茶赋诗,还研究茶学,尤其是对茶叶的品评颇有见地。

作为一国之君,帝王的影响力自是不同凡响。凡是经帝王赞赏的事物,便立刻身价百倍。帝王足迹所至,也为后代游客所津津乐道。不少历史名茶的产生便与帝王巡游密切相关。清末大学者俞樾曾经记叙过:"今杭州龙井茶,苏州洞庭山之碧螺春,皆名闻天下,而在唐时,则皆下品也。"皇帝的品题,使得这两种茶叶地位迅速上升,远近闻名。

碧螺春茶出产于风光秀丽的洞庭湖畔,已有一千多年的历史,碧螺春茶名的来历富有传奇色彩,传说东山有妖精,到里头砍柴的好几个乡亲都有去无回,胆大心细的渔家姑娘便想进去看一看。她越往山里头走,就越闻到一股奇香。她顺着香味寻找着,突然发现了香味原来是碧螺峰的石缝里的一棵茶树发出来的,她采了几片嫩叶,塞在怀里,哪知那嫩叶贴在身上,香气愈发浓烈,她一边走一边喊:"吓煞人哉,吓煞人哉!"当地乡亲取这种嫩叶制成了茶,称为"吓煞人香"。康熙皇帝下江南时,巡游到太湖,当地官员敬献此茶,皇上觉得此茶名字太俗,因"此茶出自碧螺峰,茶色泽绿如碧,茶形卷曲如螺,又只在早春采摘",遂命名为"碧螺春"。从此之后,此茶声名大振。

太湖碧螺春茶因有皇帝的品题而身价百倍,长期以来有"天下第一茶"之誉。前人写诗赞曰:"从来隽物有嘉名,物以名传愈自珍。梅盛每称香雪海,茶尖争说碧螺春。"清代的另一位皇帝乾隆也十分嗜茶,他对品茶鉴水,独有所好。他品尝福建安溪的一种茗茶后赞誉不绝,便赐名为"铁观音",从此安溪茶声名大振,至今不衰。

清代乾隆皇帝,在位当政60年,终年88岁,传说他在85岁让位时,一位老臣不无惋惜地说道:"国不可一日无君呵!"一生好品茶的乾隆帝却端起御案上的一杯茶,说:"君不可一日无茶。"这是幽默之语,含有"我应该退休闲饮"之意,但也可见其爱茶之深。

民间流传着很多关于乾隆与茶的故事,涉及种茶、饮茶、取水、茶名、茶诗等与茶相关的方方面面。乾隆皇帝六次南巡到杭州,曾四度到过西湖茶区游览,品尝龙井茶,并下旨把龙井茶作为每年的贡品。他到西湖龙井村观茶、采茶、品茶,并留了多首咏茶诗词,体现了一代帝王的茶乡情结。据说乾隆在龙井茶乡游览时,听太监报告太后生病,情急之中顺手将采摘的茶叶放进口袋便赶回了京城,回京后将带回的茶叶泡与太后,太后喝了觉得肝火顿消,病也好了,连说这龙井茶胜似灵丹妙药,这使乾隆很欣喜。为此,乾隆下旨将胡公庙前的18棵茶树封为"御茶",并派专人看管,年年岁岁采制进贡到宫中,"御茶"至今遗址尚存。他写有《观采茶作歌》,其中有"地炉微火徐徐添,干釜柔风旋旋炒。慢炒细焙有次第,辛苦功夫殊不少"的诗句。皇帝能够在观察中体知茶农的辛苦与制茶的不易,也算是难能可贵。

乾隆尤其对沏茶的水质十分讲究,每次出巡都要带着一个特别的银质小方斗,命侍从"精量各地泉水",再以精确度很高的秤称其重量,结果品出京师西山玉泉山泉水最轻,定为"天下第一泉"。他还亲自撰文,立碑刻石以记其事。乾隆外出巡游,"每载玉泉水以供御",在沿途为保持水的质味不变,还使用"以水洗水"之法。他在避暑山庄消夏期间,每天命人收集荷露烹茶。他还命令以梅花、佛手、松子制成"三清茶",并写诗记此事。

四、驴友茶考

明清时期旅游风气极盛,游人辈出,出现了李时珍、袁宏道、徐光启、王思任、张岱、徐霞客等著名旅行家。徐霞客寓科学考察于旅行游览之中,"不避风雨,不惮虎狼,不计程期,不求伴侣,以性灵游,以躯命游,亘古以来,一人而已!"[①]他毕生从事旅游文化事业,用脚丈量大地,可谓是驴友界的鼻祖。

---

① [明]徐霞客.徐霞客游记[M].上海:上海古籍出版社,1980:1268

徐霞客在游记中,多次提到在庐山、黄山旅游与品茗的意境。也记载了各地特色茶饮,如游感通寺,"乔松修竹,间以茶树。树高皆三四丈(1丈约3.3米),纯以桂相似,时方采摘,无不架梯升树者。茶味颇佳,炒而复曝,不免黝黑"①。这里记录了感通茶的生存环境、采摘方法和制作方法。香气四溢的茶缓解了旅途的劳累,激发了写作的豪兴。

徐霞客游山时常栖止于寺院,据统计,现存《徐霞客游记》记录的出游日数共达1 070天,其中,在寺观投宿日数最多,占总出游投宿的30.5%。② 寺院僧侣很多是知识人,少数还曾为官为将。他们尚未脱去文士气,好聚友引类,喜啜茶待客。徐霞客云游四方,自命霞客,在精神上应当说与僧侣是相通的。他对佛道极为感兴趣,友人杨名时说他"意趣所寄,往往出入释老仙佛",他和许多僧道交往都很投缘。在《徐霞客游记·滇游日记》中,共提到茶、茶果、茶庵、茶房等59处,其中,茶房、茶庵、舍茶寺等16处,与寺庙或茶庵有关的共51处。可以说,茶与寺庙密不可分。③

徐霞客受到僧侣的殷勤招待,山中生活清苦,僧侣饮食唯有就地取材,所食以蔬菜瓜果为主,所饮以茶为多,广西德胜观音庵"乃奉主僧满室命,以茶来迎",宜山黄村庵"惺一瀹茶竹笋以待",云南筇竹林"侍者进茶,乃太华之精者,茶列而兰幽,一时清供,得未曾有"……他常常与僧道"瀹茗剧谈",谈禅,谈诗,也谈物产、旅行、世事。徐霞客旅游经费有限,大多寺庙对他分文不取,不少僧侣还赠之以礼物,其中有一些茶食,可谓礼轻情义重,如在贵州普安有一僧人影修送他一坛茶酱,游湖广时,有僧"乘宗仍留茶点,且以仙桃石馈余"。云南丽江解脱林,纯一禅师"馈以古磁杯、薄铜鼎、并芽茶为烹瀹之具"。

徐霞客在云南近两年时间,踏遍了大半个云南的山山水水,他对这些民族进行直接观察,记录了民族分布、衣食住行、生产交换、风俗习惯等方面的情况,为研究明朝时期云南少数民族提供了宝贵的第一手资料。云南民族地区独特的山珍野味和各种风味食品,大理白族的茗茶和饮茶艺术,丽江纳西族八十道菜的丰盛宴席,都给徐霞客留下深刻印象;"味有香气"的香笋、"味颇似鸡肉"的菌类珍品、风味独特的三道茶,在徐霞客笔下溢出香气。

"天气常如二三月,花枝不断四时春"的云南大理,是白族的发祥地,素有"文献名邦""妙香佛国"的美称。每逢四时八节或举办庆典活动,热情好客的"白子白女",总要用白族三道茶款待贵客嘉宾。早在南诏王时期,即作为款待各国使臣的一种高贵礼节。徐霞客晚年两次在中国"五大佛教名山"之一的大

---

① 〔明〕徐霞客.徐霞客游记[M].上海:上海古籍出版社,1980:928
② 张勇.徐霞客旅行中的食宿问题[J].江南大学学报,2006(6):46
③ 杨帆.《徐霞客游记》与明末云南茶文化[M].北京:学苑出版社,2001:109

理宾川鸡足山游览考察,前后居住近六月。崇祯十一年(1638年)元宵节,徐霞客第一次上鸡足山时,对徐霞客的道德文章、品格修养极为推崇的鸡足山高僧宏辩,就用白族三道茶款待他。徐霞客对这种品茶方式作了较完备的记述:"宏辩诸长老邀过西楼观灯。楼下采青松毛,铺籍为茵席,去桌趺坐,前各设盆果注茶为玩,初清茶,中盐茶,次蜜茶"①。这是最早记载三道茶的文献,喝茶时为表示隆重,地上铺有松毛,主客席松毛而坐。喝茶时佐之以茶果。徐霞客多次提到各种茶果,如在复吾处茶果有:蜜炙山参、孩儿参、桂子、海棠子、栗、枣、松子、胡桃等,在妙宗师处"佐以鸡葼茶果",在玄明处"嗓茗传松实",可见用以佐茶的多为山间现采之果蔬。崇祯十三年(1640年),已身患重病的徐霞客由丽江知府木增土司派专人护送回南直隶江阴(今江苏省江阴市)。徐霞客在家养病和整理后来成书的《徐霞客游记》书稿期间,就仿照云南鸡足山白族三道茶的"配方配料",在与云南大理相距数千里之遥的江苏江阴老家,品尝"白族三道茶"……

徐霞客记载了滇西浪穹县铁甲场的边际贸易情况:"其氓惯走缅甸,皆多彝货,以孩儿茶点水飨客,茶色若胭脂而无味。"孩儿茶点即"儿茶",是用一种豆科植物的心材熬制的茶膏,有清热、生津、化痰之功效。也记载了茶马古道的一些民族以茶易物的场景,滇西的景颇族、傈僳族,或"以茶、蜡、黑鱼、飞松四种入关易盐、布",或"负茶、蜡、红藤、飞松、黑鱼,与松山、固栋诸土人交易盐布"。

明崇祯十二年(1639年)八月,徐霞客从凤庆走到高枧槽(今马庄)时已黄昏,他走到路边的一间草屋叫开了竹门,走出一位老人将徐迎进家中安排食宿。当晚徐霞客在火塘边与老者聊天,得知老人姓梅,当梅姓老人听说徐霞客是从江苏远道而来,即以百抖方式煎烤出有名的太华茶招待他。当晚徐霞客在游记中写下:"过一村,已黄昏,又下二里,而宿于高枧槽,店主人梅姓,颇能慰客,特煎太华茶饮予。"三百多年过去了,梅姓老人及草屋火塘已不复存在,只剩下梅姓老人家屋后的青松依然常青,有关部门将在原地再现当年的徐霞客的品太华茶之景象。徐霞客所写到的"太华茶"在同一时期谢肇制的《滇略·产略》亦有记载,云南有三种名茶,太华茶、感通茶、普茶。太华茶也便因一部伟大游记而成为名扬千古的茶叶。后来凤庆的"凤山春蕊""迎春雀舌""太平寺茶""明前春尖"也借此远销中国西南和东南亚各国,凤庆茶也成为中国茶叶中的一个响亮品牌。为了宣传凤庆茶,凤庆拍摄了微电影《茶王》,故事主要讲述了我国古代旅行家徐霞客与凤庆县结缘的历史典故,描绘行者的传奇,再现茶王成长的传奇岁月、情感风云和爱情故事,展示凤庆人民的淳朴热情和美好情感。

---

① 〔明〕徐霞客.徐霞客游记[M].上海:上海古籍出版社,1980:853

第四节 近现代茶旅游

到了近代,品茶在一定意义上摆脱了贵族气和书卷气,饮茶风气在社会上更为普及。近现代以来,具有浓郁地方特色的各种茶俗得到定型和发展,最终把综合性的茶馆文化推到了最高峰。品尝在一定意义上摆脱了贵族气和书卷气,真正走入千家万户,踏进寻常巷陌。

一、茶馆闲情

晚清上海城市的近代化,导致娱乐消费群体的多元化。作为领潮流之先的上海,在同治初年,出现了一些最早的茶楼如"一洞天""丽水台"等。这些茶楼一般高阁三层,轩窗四敞,自晨至夕,茶客如云。晚清时,茶馆数量激增,甚至还有日本人开的"三盛楼"茶社,"当炉煮茗者为妙龄女郎,饮茶一次,取银资一二角"。这种茶馆逐渐遍设于各租界,后为驻沪领事所禁。

过去,茶馆是男子娱乐消遣的休闲场所,晚清风气渐开,妇女也屡屡涉足其间。上海开风气之先,"春秋佳日,士女出游,多萃于西园。园有茶寮十余所,莲子碧螺,芬芳欲醉,时来丽人,杂坐成群"①。

《申报》对此多有报道:"惟上海洋场之烟馆、茶肆则不止不入流品之妇托足其间,即良家亦有之,以其足以供憩息,恣游览,见所未见故也。"同治年间,江苏巡抚丁日昌严禁妇女入茶馆饮茶,他认为妇人入茶馆饮茶有违妇德,理由是"贞淫为风化之首,男女宜授受不亲";"即使瓜李无嫌,而履写交错,亦复成何事体?伤风败俗,莫此为甚"②。

上海地方官与租界工部局会商,同意在四马路一带繁华之地张贴告示,严禁妇人至茶肆饮茶,希望达到"保全妇女,亦可以保全子弟的目的"③。然而,这一纸禁令已不能约束思想逐渐开放的妇女。晚清时的上海茶馆遍地,女子入馆饮茶、看戏,与男子共享同一消费空间的情况早已司空见惯。尽管官府在告示中信誓旦旦:"严拿究处,女坐其夫妇,妇坐其夫,僧道容隐,不行举发,解院重责,枷示不贷。"表示违禁令者"枷号两月,游街示众",但实际情况并非如此,总巡等治安人员并未惩处其夫或者父母,而只是对茶博士枷示游街了事。据《清稗类钞》记载,同治、光绪年间,谭叙初在苏州任藩台时,曾"禁民家婢及女仆饮茶肆,然相沿已久不能禁"。谭一日出门,见有一女郎娉婷而前,将入茶

---

① 〔清〕王韬.海陬冶游录[M].上海:世界书局,1936:2
② 《严禁妇入馆饮茶》,《江苏省例》,同治己巳年(1869年)江苏书局刊本
③ 《书禁革浇风示后》,《申报》1885年8月9日

肆。于是喝令追问,原来是一大户人家的女仆。谭勃然大怒,并说:"我已禁矣,何得复犯?"强令女郎脱鞋光着小脚回去,并说:"汝履行如此速,去履必更速也!"但是,卫道士的淫威,假道学的嘴脸,岂能改变得了茶俗的普及和深入呢?

女弹词选择茶楼作为演出场所,"上海之茶楼不但可以适口,而且可以怡情,或则邀请校书、词史弹琵琶,唱京调,以动人听闻。此等茶楼其意专注于书场,不过借茶以为名而已。而大茶楼亦多有借以广招徕者,或则邀说书、摊簧之流,夜以继日演说以为常,而倾听者亦颇有人"①。

南京在乾隆年间就有著名茶馆"鸿福园""春和园",日午则坐客常满。茶叶有云雾、龙井、珠兰、梅片、毛尖等,同时供应瓜子、酥烧饼、春卷、水晶糕、猪肉烧卖等,南京秦淮河夜间还有茶市。

近代社会动荡不安,时局不稳,人们更加想了解各方面信息,关心国家前途和自己的命运。而茶馆历来是信息的集中地、传播地,人们到茶馆喝茶,既可暂时放松一下,又可了解到各方消息,因此上茶馆喝茶的人也多起来了,然而人们很难有过去的文人雅士们品茗时的从容自在。

由于其所处的特殊时代,茶馆原有的雅致、清静的特点逐渐减弱,甚至消失,而其消极作用越来越明显。有些茶馆成为藏污纳垢之地,成为浮华子弟、市井无赖的寻欢作乐之地。如上海的茶馆,集茶馆、鸦片烟馆、妓院为一体。有一批贫困人家的少女,在茶楼卖唱、卖身,强颜欢笑,为茶楼招徕顾客。茶馆也是各种社会帮派组织的重要活动场所,甚至有些茶馆就是他们开办的,成为社会帮派的接头地点。

因中西文化撞击,茶馆文化呈现出了新的特点,规模更大,装潢更豪华,功能更多样化,呈现出中西合璧的特点。在一些茶馆里,甚至用从西方传入的汽水泡茶,可谓是别出心裁。有些高档茶楼的包间,装饰得颇为洋化,一律设沙发,挂西洋油画,有的放西洋的爵士乐。西方的糕点、饮料也大量进入中式茶馆。

近代茶馆的社会功能也得到了加强,特别是信息的交流、集中的特点。国家大事,商品信息,乃至小道消息,花边新闻,都可以在茶馆中打听到。在茶馆里,还有一类人专门打听消息的,他们出入神秘,进行暗探活动,他们一边喝茶,一边到处打听人们的谈话。

《沪游梦影》中载:"夫别处茶室之设不过涤烦解渴,聚语消闲,而沪上为宾主酬应之区,士女游观之所,每茶一盏不过二三十钱,而可以亲承款洽,近抱丰神,实为生平艳福。"②当年上海不少著名茶馆茶楼都位于繁华处,来往佳丽

---

① 《论上海无益之耗费》,《申报》1892年5月17日
② [清]池志澂.沪游梦影[M].上海:上海古籍出版社,1989:159

颇多,在茶馆里吃茶,既可细品佳茗,又可结交朋友,实在无趣时还可看窗外之车水马龙、红男绿女。既可独自品茗,寻找一份清欢雅趣,在茶中体味人生;也可在茶馆里读书看报的,了解纷纷扰扰的世事。

有些茶馆专设书场,评弹奏艺,王韬《蘅华馆日记》云:"近佐茶肆中,有桂香女郎说平话,甚佳。"一些老茶客经常聚集在这些设有书场的茶馆里听书赏曲,凡外地来上海说书的艺人,总要先到城隍庙的茶楼说上几场书亮亮相,借以扩大影响。

二、茶贸繁盛

在中外经济文化交流史上,"丝绸之路"曾经享誉世界,引起国际学术界的广泛关注与研究。而"茶叶之路"完全可以和"丝绸之路"并称而兼美。

早在唐代,饮茶风尚就开始传入吐蕃、回纥、西域、北疆。通过贡使、僧侣、留学生传入朝鲜半岛和日本。随着海外贸易的发展,茶叶开始输出到南洋诸国。明清时期,以南洋诸国为中界地通往地中海和欧、非各国的海上"茶叶之路"和"走口外"经西伯利亚通往欧亚大陆腹地的陆上"茶叶之路"发展繁荣起来,茶叶成为18世纪直至19世纪后期中国最重要的出口商品。在海外,因国际茶叶市场对华茶需求剧增,雍正十年(1732年)起,每当春夏之交,瑞典商船以酒、葡萄等物品来广州易货买茶叶、瓷器,至初冬回国。清道光二十年(1840年)至清光绪十二年(1886年)是中国茶叶生产的兴盛时期。在国际市场需求的拉动下,华茶供不应求,使之中国茶园的种植面积、产量不断扩大。

在一个很长的时期里,在欧洲各国形成了一种"中国热",以追求、享有中国物品为时尚。在这个"中国热"中,用中国瓷器饮用中国茶是其中的一个重要组成部分。欧美庞大的茶叶消费需求带动了中国茶叶的出口。中国外销茶叶主要有红茶和绿茶,而以红茶为多。红茶主要产于福建、广东,绿茶产于安徽、浙江、江苏。

在中国与欧洲茶叶贸易的前期,向欧洲出口的主要茶叶品种是福建的"武夷茶"。武夷茶名著海外,盛极一时。中国每年的茶叶出口量都十分巨大,并且处于不断增长的趋势。19世纪前期,每年茶叶的出口量竟然占到中国茶叶生产总量的五分之一。根据东印度公司档案的记载,1817—1833年广州口岸出口的茶叶占出口总货值的60%左右。直到19世纪中后期,茶叶一直是中国占第一位的出口商品,其出口值在有些年份甚至占中国总出口值的80%以上。有学者估计,晚清时期直接投入茶叶出口产业的人力至少在1 359万人以上,这还不包括材料生产、水运、金融等其他辅助部门的从业人员①。

---

① 仲伟民.茶叶、鸦片贸易对19世纪中国经济的影响[J].南京大学学报,2008(2):106

饮茶,不仅仅是消费一种饮料,而且成了一种生活方式,成了一种普遍流行和接受的民间文化。从这个意义上说,近代西方大规模的茶叶贸易,正是中华文化传播的一种特殊方式和渠道。但是,正如布罗代尔所说的:"茶传入欧洲的过程既漫长又艰难:必须输入茶叶、茶壶、瓷质茶杯,然后引入对这一异国饮料的嗜好。"①

近代对外茶叶贸易的繁盛,使得很多产茶地出现异常繁荣的景象。南来北往的船只、车辆穿行如梭,在茶叶之路沿途,出现了大量茶叶交易重镇。茶叶之路有着大量的物质遗留,这些都是不可多得的旅游资源。宁波是"海上茶路"的重要起点和门户,鸦片战争后,宁波被列为五个通商口岸之一,此后四十年间,宁波出口了全国七分之一的近两万吨珠茶。为发展宁波旅游,宁波提出"杭为茶都,甬为茶港"的口号,并举办了多次学术研讨会,促进人们对"甬为茶港"的进一步认识,继而提升宁波作为海上茶路起航地在国内的影响力和美誉度。

三、茶学交流

我国茶叶种植的历史十分悠久,但历代有关茶叶的种植、加工、销售、品茗等茶业知识和技术主要是通过商品交易、师徒相传、文献记载而流传开来。茶学真正作为一门学科,并发展成为独立的教育体系,却是近代的事情。

鸦片战争之后,中国被迫打开国门,与世界的交流日渐频繁起来。一方面,茶叶贸易因海外的需求产生了繁荣景象。另一方面,英国、荷兰在南亚尝试着种植茶树,并不时从中国购买茶种并聘请技工前去指导。然而,当南亚的茶树种植大获成功后,并大规模使用西方先进制茶机器,中国在茶叶外销的优势逐渐丢失,由发展的顶峰坠落到衰败的低谷。因此,中国茶业走上近代改革,实质上是一种失败的痛苦求进②。

在这种大环境下,一些先进人士"睁眼看世界"。19世纪末,维新派创办的刊物上刊载了一些介绍近代西方茶叶改革和茶叶科技的文章。1898年,张之洞在《饬江汉关税务司设立厂所整顿茶务札》提出,要整顿茶务,挽回茶利,关键是要抓住"栽种必明化学,焙制又须机器"这两点。《农学报》从1897年到1898年,每期都刊登有关茶叶的奏折文札、茶事报道和国外科技,梁启超在《农学报·序》曰:"近师日本,以考其变通之所由;远撷欧美,以得其立法之所目。"为了改变茶业困境,清廷多次派人出国学习西方制茶先进技术,清光绪二

---

① 〔法〕布罗代尔.15至18世纪的物质文明、经济和资本主义[M].北京:生活·读书·新知三联书店,1992:291

② 夏涛.中华茶史[M].合肥:安徽教育出版社,2008:240

十四年(1898年),福建商人至印度学习机器制茶,来年便出口四万箱茶叶,获利极厚。1905年,两江总督派郑世璜赴印度、锡兰考察茶叶的烟土税则,回国后对印度、锡兰茶业的情况进行详细介绍,并对中国茶叶的改革和发展,提出了不少切实合理的建议。这次考察被认为是中国考察国外茶叶的先声。1890年以来,一批茶场、茶叶公司相继建立,进行了茶叶经营管理与技术推广改革的尝试。

清末民初,我国公派的一批留学生中,不少在茶学上颇有建树。如1914年云南朱文精赴日本学习茶技,1919年浙江吴觉农、葛敬应等也被派往日本。这些留学生回国后,发挥了积极作用,为中国近代茶业的发展、人才培养等方面做出诸多贡献,其中不少人取得了重大科技成果,成为著名茶学专家。

著名茶学家吴觉农先生曾留学日本,在农林水产省茶叶试验场学习。他一生致力于茶学研究,早在1923年,他便撰写了《茶树原产地考》,首次论述了中国是茶树的原产地,在国际学术界产生巨大反响。在1934—1935年两年间,曾先后到印度、锡兰(今斯里兰卡)、印度尼西亚、日本、英国和苏联考察,回来后撰写出版了三份考察报告,并大力提倡吸取国外的先进技术和经验。经过认真的考察,吴觉农认为振兴茶业必须培养大量专业科技人才,1940年,他在重庆复旦大学创设了第一个茶业系,不久他在武夷山麓建立了第一个茶叶研究所,并亲任所长,开展了对茶的种植、加工制造、贸易的系统研究。

参加和组织博览会,是促进茶叶生产和茶叶科学技术发展的一个重要方面,在1900年的巴黎世界大博览会中,台湾茶受到了参观者的特别嘉许,这是中国茶叶首次参加世界博览会。1904年,清廷派团参加了美国圣鲁易博览会。此后,清末民初,政府先后在江宁和北京举办了博览会。中国茶叶在国际博览会上多次获奖。博览会把中国茶的生产贸易带入近代机制,推动了科学技术的交流,对中国茶叶生产特别是制茶科技,起到了显著的促进和推广作用。

四、茶文怡情

饮茶是中国文人反复书写、常写常新的话题。近现代时期,我国发生了天翻地覆的变化。整个社会动荡不安,对于很多人来讲,喝茶代表着一种清福。现代和当代文人中,由于生活中的种种反差和顺逆,生活环境变化多端,因而茶事、茶趣更多。文人们钟爱品茶饮、泡茶馆、逛茶园、观茶迹,茶在他们生活中占据着十分重要的作用,因此,描写茶事的文学作品的数量特别多,体裁也十分多样,以散文为主,并出现了茶戏剧、茶小说等新形式。

现代茶事散文异常繁荣,其数量远超历代茶文总和。文人嗜茶爱茶,在散文中有着诸多表现。一代文豪鲁迅先生,在其日记中,从1912年到1936年,每年都有一些茶事记载,据统计,共有100多处。鲁迅平时除在家喝茶外,还爱去茶馆啜茗,以茶联谊。在北京时,常去的茶社是观音寺的青云阁和中山公园的四宜轩;到广州为陆园、北园、陶陶居等茶楼的座上客;居上海,则去 ABC 茶店和北新书屋。每次他一般都邀三两友人或亲属同行,见记的名人就有钱玄同、刘半农、许钦文、孙伏园、徐悲鸿和鲁迅先生的二弟周作人、三弟周建人、夫人许广平等。他往往与人边品茗,边谈心乃至研究写作。

鲁迅的弟弟周作人酷爱饮茶,他认为喝茶的目的就是休闲,他十分讲究饮茶的意境,曾说:"喝茶当于瓦屋纸窗下,清泉绿茶,用素雅的陶瓷茶具,同二三人共饮,得半日之闲,可抵十年的尘梦。喝茶之后,再去继续修各人的胜业,无论为名为利,都无不可,但偶然的片刻优游乃正亦断不可少。"周作人对品茗环境的诉求与传统茶文化并无不同,认为清山秀水中方能品得茶之真味,他把茶作为休闲生活的意象,在茶中感受明清文人特有的闲适情怀。

学贯中西的学者林语堂,对喝茶有着自己独到的看法。在《茶和交友》写道:"我以为从人类文化和快乐的观点论起来,人类历史中的杰出的新发明,其能直接有力地有助于我们的享受空闲、友谊、社交和谈天者,莫过于吸烟、饮酒、饮茶的发明。"

当代作家中,许多知名作家都曾写过茶散文,老舍、冰心、秦牧、陆文夫、贾平凹、张抗抗都有精彩的茶文流传。一些作家还亲自去茶园、名泉采风,姚雪垠《惠泉吃茶记》便记述了到惠山泉去品茶的事,张抗抗《守望西湖的青藤》描写了两位女子执着地经营杭州西湖畔的青藤茶馆的故事。老作家尧山壁壮年戒酒后喝起了茶,几年来遍尝各地名茶,不下二三百种,他的《君山品茗》便记述了在岳阳君山上品茶之事,并细致描绘了茶艺师冲泡君山茶的美好情形。

戏剧对茶也有诸多表现,大文豪郭沫若在《孔雀胆》中,通过剧中人物的对白和表演,细致地介绍了武夷茶的传统烹饮方法。著名茶学家胡浩川于 1937 年创作了剧本《祁门红茶》,述说了祁红茶叶制作的过程。最有名的茶戏剧莫过于老舍的《茶馆》,剧中故事全部发生在北京的老裕泰茶馆里,细致再现了茶馆里发生的各种人物的遭遇,以及他们最终的命运,揭示了社会变革的必要性和必然性。《茶馆》是北京人民艺术剧院的经典剧目之一,后被改编为同名电影、电视连续剧。

现代小说中,茶事活动频频出现。沙汀的短篇小说《在其香居茶馆里》的整个故事都发生在茶馆。现代第一部茶事长篇小说是陈学昭的《春茶》,描写了西湖龙井茶区从合作社到公社化的历程,同时也写出了茶乡、茶情、茶趣、茶味。代表当代茶事小说最高成就的非王旭烽的《茶人三部曲》莫属,《茶人三部曲》获得中国具有最高荣誉的文学奖项——茅盾文学奖,分《南方有嘉木》《不夜之侯》《筑草为城》三部。作品展示了杭州一个茶叶世家的兴衰沉浮,着

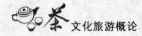

重通过忘忧茶庄三代茶人的命运悲欢的展示,对茶的精神、茶人精神的透视,演绎出中华民族所不可或缺的具有永恒价值的中国人文精神、民族精神、人类文明精神,塑造了中华民族之魂。

第三章 当代中国茶文化旅游的理论基础

全球化、市场化、信息化、安全化的加快发展,使当代中国茶业面临着越来越多的挑战。传统茶业竞争日益激烈,茶产业转型升级迫在眉睫。大力发展茶文化旅游,有利于茶业的多元性,能促使传统茶业向现代茶业转型。

茶文化旅游具有明显的社会效益、生态效益和经济效益,是茶产业发展的新领域。在大力发展茶文化旅游时,相关部门应遵循一定的自然规律,运用国内外前沿理论知识,坚持走可持续发展道路,保护茶区生态环境,挖掘茶业的文化性,实现人与自然的和谐、人与社会的和谐,充分挖掘利用中国茶文化资源,加快茶业旅游的发展,推动我国茶业建设和旅游开发。

第一节 可持续发展理论

目前,我国面临严重的环境资源危机,首当其冲便是要维护生态平衡,以满足社会未来发展的需要。茶产业应以茶叶质量与效益并重,力争恢复绿色饮品的本来面目,让茶业融入大农业乃至社会的可持续发展中。充分发挥茶文化的先导作用,利用丰富的茶业旅游资源,通过科学的规划、有效的监管,茶文化旅游资源的开发可达到良性循环,各要素相互联系又相互促进,从而实现可持续发展。

一、可持续发展理论的概念及特征

可持续发展(Sustainable development)是一种注重长远发展的经济增长模式。1972年6月联合国在斯德哥尔摩召开的"人类环境大会"上,首次号召各国在全球范围内采取共同行动来维护地球生态资源的平衡。1987年以布伦兰特夫人为首的世界环境与发展委员会(WCED)发表了报告《我们共同的未来》。这份报告正式使用了可持续发展概念,可持续发展被定义为:"能满足当代人的需要,又不对后代人满足其需要的能力构成危害的发展。它包括两个重要概念:需要的概念,尤其是世界各国人们的基本需要,应将此放在特别优先的地位来考虑;限制的概念,技术状况和社会组织对环境满足眼前和将来需要的能力施加的限制。"该报告在全球范围产生了广泛的影响。

可持续发展有两个最基本的要点:一是强调人类追求健康而富有生产成果的生活权力,应当是和坚持与自然相和谐方式的统一,而不应该是凭借着人类手中的技术和投资,采取耗竭资源、破坏生态和污染环境的方式来追求这种发展权力的实现;二是强调当代人在创造与追求今世发展与消费的时候,应承认并努力做到使自己的机会和后代人的机会平等,不能剥夺后代人发展与消费的机会。可持续发展使经济达到发展,同时要保护好人类赖以生存的土地、大气、淡水、海洋、森林、矿产等自然资源和生态环境,建立人类与自然的和谐关系,使经济走上良性循环的发展道路。可持续发展理论含义深刻、内容丰富,是对人类与环境系统关系变化的一种规范。

我国古代有着极为丰富的保护自然资源的思想,我们的祖先在生存斗争中十分注意改善环境与保护环境,早已懂得在向自然界索取资源时,一定要有节制,要注意时令,要按一定的季节进行捕鱼、猎兽等生产活动。

夏、商、周三代的农牧业有较大发展,生产力的发展、社会的进步,使人们模糊地认识到利用生物资源不能采取一网打尽的灭绝性方式。《史记·殷本纪》载:

汤出,见野张网四面,祝曰:"自天下四方皆入吾网。"汤曰:"嘻,尽之矣!"乃去其三面,祝曰:"欲左,右。欲左,右。不用命,乃入吾网。"诸侯闻之,曰:"汤德至矣,及禽兽。"

这是成语"网开一面"的历史典故,也是古代君侯保护鸟类的最早记载。公元前11世纪,西周颁布了《伐崇令》,其中规定禁止采集鸟卵和禁止用毒箭狩猎。孔子主张"钓而不纲,弋不射宿"(《论语·述而》),意思是说只用一个鱼钩的钓竿钓鱼,而不用网捕鱼;只射飞鸟,而不射巢中歇宿的鸟。孟子曰:"不违农时,谷不可胜食也;数罟不入洿池,鱼鳖不可胜食也;斧斤以时入山林,材木不可胜用也。谷与鱼鳖不可胜食,材木不可胜用,是使民养生丧死无憾也。"(《梁惠王章句上》)孟子告诫统治者,"仁民爱物",重物节物,才可能维系人类的持续发展。

100多年前,恩格斯在考察古代文明的衰落之后,针对人类破坏生态与环境的恶果,曾指出:"美索不达米亚、希腊、小亚细亚以及其他各地的居民,为了想得到耕地,把森林都砍完了,但是他们做梦也想不到,这些地方今天竟因此成为荒芜不毛之地,因为他们使这些地方失去了森林,也失去了积聚和储存水分的中心。"恩格斯告诫人类:"我们不要过分陶醉于我们对自然界的胜利。对于每一次这样的胜利,自然都报复了我们。每一次胜利,在第一步都确实取得了我们预期的结果,但是在第二步和第三步却有了完全不同的、出乎预料的影响,常常把第一个结果又取消了。"

目前世界和我国的生态环境形势十分严峻,生态破坏的范围在扩大,程度在加剧,危害在加重。我国的生态破坏与本身的生态环境脆弱有关,但更多的是由人为的破坏造成的。大气及土壤污染严重,水土流失严重,荒漠化现象加剧,大部分水系污染严重,固体废弃物污染严重,崩塌、滑坡、泥石流、地面塌陷、沉降、海水倒灌等地质灾害频发。全国野生动植物物种丰富区的面积不断减少,珍稀野生动植物本息栖息地环境恶化,生物资源总量下降,近岸海域污染严重,海洋渔业资源衰退,面临着严重的资源短缺。生态环境继续恶化,将严重影响我国经济社会的可持续发展和国家生态环境安全。

近几十年来经济的高速发展,致使中国环境的问题日显严峻。当前生态环境恶化的原因,从源头上说,我国改革开放之前,走的就是旧型工业化道路,集中力量发展高投入和低效率产业。严酷的现实告诉我们,如果再沿着旧工业化道路走下去,再过 50 年,人类就没有鱼吃。在无休止的索取之下,作为长江"原住民"的鱼类面临着逐渐消亡的困境。目前长江鱼类的天然捕捞量不足 5 万吨,资源量已不足以支撑长江流域 14 万多渔民的基本生活。日益严重的过度捕捞、水利工程建设、水域环境污染和挖沙的无序化,严重破坏了鱼类生存环境,由此,长江的水生生态系统面临崩溃的危险。① 长久以来,长江哺育和支撑着一代代的中华儿女,长江的鱼殇困境令人痛心疾首,为使后代有鱼可吃,不少专家便提出全长江流域十年禁渔的提议。

三百年的工业文明,以人类征服自然为主要特征。世界工业化的发展使征服自然的文化达到极致,一系列全球生态危机,说明地球再没有能力支持工业文明的继续发展,需要开创一个新的文明形态来延续人类生存。

1997 年的中共十五大把可持续发展战略确定为我国"现代化建设中必须实施"的战略。可持续长久的发展才是真正的发展。使子孙后代能够永续发展和安居乐业,也就是江泽民同志指出的:"决不能吃祖宗饭,断子孙路。"

二、旅游与可持续发展

可持续发展战略涉及经济可持续、生态可持续和社会可持续等三个方面,

---

① 长江鱼竭:难支撑 14 万渔民生活,长江三鲜几近绝迹[OL].中财网,http://www.cfi.net.cn/p20130404000062.html

旅游资源的开发必须讲究经济效益,关注生态平衡,追求社会公平,实现三者的有机结合。

旅游活动以旅游资源、旅游环境为载体,旅游业的发展既要促进社会经济的发展,也应与资源和环境协调发展。1992年联合国环境与发展大会通过了《21世纪议程》,我国政府做出了履行《21世纪议程》等文件的庄严承诺。1994年3月《中国21世纪议程》经国务院第十六次常务会议审议通过。该议程涉及各处行业,也对旅游提出了明确的要求,规定要"开辟新旅游专线,加强旅游资源的保护,发展不污染、不破坏环境的绿色旅游,加强旅游与交通、机场建设以及其他一些服务行业(包括饮食业)的合作,解决旅游景区污水排放处理及垃圾收集、运输、处理、处置问题,解决好旅游景区有危害的污染源的治理与控制"。1995年4月,联合国教科文组织、环境规划署和世界旅游组织等在西班牙召开了"可持续旅游发展世界会议",制订了《可持续旅游发展宪章》和《可持续旅游发展行动计划》两个重要文件,提出可持续旅游发展的实质就是"要求旅游与自然、文化和人类生存环境成为一个整体"。

过去,人们对旅游业的功能的认识局限于其经济贡献,进入新世纪以来,人们逐渐将目光转向其社会意义。政府更关注旅游业对整个国民经济素质的提升和关联带动作用,对"动力产业"特性的关注强于对"支柱产业"的定性;在旅游与环境之间的关系上,逐渐从"旅游无烟工业"向"环境友好产业"发展,把发展旅游业与保护生态环境置于同等重要的位置上。

2009年《国务院关于加快发展旅游业的意见》中指出:旅游业是战略性产业,资源消耗低,带动系数大,就业机会多,综合效益好;要"把旅游业培育成国民经济的战略性支柱产业和人民群众更加满意的现代服务业";"坚持节能环保,合理利用资源,实现旅游业可持续发展";推进节能环保,"倡导低碳旅游方式"。这是在节能减排的大环境下,国家为配合低碳经济发展而进行产业结构调整的一个信号,也是对旅游业发展的目标做出的清晰定位。

旅游环境不单是旅游经济发展的物质基础,其本身便是经济资源,但开发利用是有代价的,因此,旅游资源的开发利用必须做到开发与保护并举。对于那些不易破坏旅游资源和环境的项目,要以开发利用为主,大力开发建设;对于稀缺的、不可再生的旅游资源,应以保护为主,在不破坏资源的前提下,实施科学的有限开发战略。

三、茶产业与可持续发展

人类千年的饮茶历史和现代科学证明,茶是绿色、生态、健康的日常饮品,茶是愉悦精神、传承文化的重要载体,茶产业必将是打造大健康产业的主力军。赖功欧便提出:"茶即为可持续发展之路途中的最佳物种之一。何以见

第三章
当代中国茶文化旅游的理论基础

得?茶人当知,茶本为自然之物,在大自然物种中具备一种自然价值,此其一,其二,像茶这一不具副作用的物种,其对人的健康之意义也是毋庸置疑的。"①

茶树地缘性很强,大自然土壤、水、光、热、地形等诸多因素都会影响茶叶的品质。目前有些地区的茶园,为短期获取高产,急功近利,长期大量施用单一的氮肥,还使用含有重金属元素的过磷酸钙,对土壤造成不良影响。同时,化学防治在茶叶生产中被广泛使用,如除草剂的大量使用,对茶树的生长代谢带来负面影响,甚至会导致茶树干枯死亡。杀鸡取卵的生产方式使生态环境日益恶化,如果仅仅依靠茶叶自身的高投入、高消耗、低质量、低产出来发展,势必会加剧土壤资源、环境、社会、人口与茶业经济之间的矛盾。现代茶业正深受农药残留的严重威胁,我国是茶叶农药残留最严重的国家之一,近几年出口茶叶遭拒收、退货时有发生,蒙受巨大的经济损失,制约了茶产业的发展。越来越多的国家尤其是发达国家使用绿色壁垒作为新的贸易保护措施,改变或增多对我国茶叶出口的农残检测标准或项目,我国茶叶出口遭遇"绿色壁垒",对欧盟和日本的茶叶出口全线下降。

面对危机,我国茶业应摆脱靠牺牲环境进行发展,力争恢复绿色饮品的本来面目,让茶业融入大农业乃至社会的可持续发展中。作为茶叶贸易大国之一,我们更是要重视绿色壁垒对我国茶叶贸易的影响,提高生产水平,进行国际认证等对策来有效地规避绿色贸易壁垒对茶叶出口的影响,提高我国茶叶在国际市场上的竞争力。

近些年来,人们愈加认识到茶业可持续发展的重要性,各地纷纷召开相关的会议,专家学者献计献策。为了使茶园具有良好的可持续发展能力,应从茶园的建设、布局、茶树的栽培管理等方面入手,利用生态学原理对农、林进行统筹安排,合理布局,增加茶园生态多样性,增加茶叶天敌对害虫的自然控制力,减少农药喷施的污染,从而改善茶叶品质,提高综合经济效益。② 近年来,一些茶叶采取奢侈化的营销方式,出现价格过高的现象,在一定程度上夸大茶叶的价值,使之背离了作为饮品本身的物质价值。任由游资的炒作扰乱茶叶市场的正常秩序,会影响茶业的可持续发展。对过度的炒作要保持警惕。

如今,越来越多的茶企走向可持续发展的道路,从茶树的种植、采摘、制作等一系列过程实施可持续发展战略。台湾台中鹏景茶园依靠科技创意,茶园新开发的"原矿家农法",利用的是天然硅藻土和甲壳素等原料。施用后,会在植物叶面形成物理保护层,可防止各类昆虫、蚜虫、线虫及螨虫的侵袭并能促进光合作用,茶叶不施农药也能防虫。由于甲壳素具备抗菌、防霉、改善土壤

---

① 赖功欧.提升中国茶文化学术品味的几点思考[J].农业考古,2007(5):12
② 赵晓峰.茶产业可持续发展对策研究[J].中国管理信息化,2012(9):60

结构等机能,对地气也能起到保护作用。对这片茶树已经用新农法种植三年,成本和传统农法差不多,但茶叶品质却好得多。

《广州市限制商品过度包装管理办法》对茶叶的包装做出了特别规定:茶叶的包装禁止使用木材、金属、纺织物,包装空隙率不得超过30%,包装层数必须在2层或以下;包装成本总和不得超过商品销售价格的10%。《办法》还要求,商品生产者和销售者在生产、使用、销售过度包装商品的,将被责令限期改正,并处2 000元以上2万元以下罚款;情节严重的,处2万元以上10万元以下罚款。

在"归安德化"黑茶的包装设计中,设计者践行了可持续发展的设计理念,采用纯天然的竹质包装材料,内部用干燥竹叶进行填充,外包装可供循环使用,即使丢弃也不会对环境造成污染。

四、茶文化旅游与可持续发展

中国茶产业涉及了三大产业。第一产业是农业,包括农场、茶场、各初制、精制厂,其中大型国营精制厂部分省属轻工业管理。这是中国茶业传统产业的基础,包括中国六大茶类的初精制产品,现在仍然是产业的支柱,总产值约330亿元。第二产业是食品、轻工业,20世纪70年代出现的速溶茶,20世纪80年代出现的茶饮料和20世纪90年代出现的茶叶浸提物,包括茶多酚、咖啡因、茶色素等时尚产品,发展迅猛,已占半壁江山,总产值约430亿元。第三产业是茶馆、茶餐饮、茶吧等服务行业,通过服务行业传播茶文化、繁荣市场,目前产值约120亿元。两者累加,远超茶叶第一产业330亿元的产值总额。①通过发展茶第二、三产业能促使茶业走向健康有序的可持续发展道路。

不少茶区位于贫困地区,通过开发茶文化旅游,使广大村民参与到旅游项目的开发和实施中,从中获得经济收益,能促使村民更主动、有效地参与到当地自然和人文生态旅游资源的保护活动中,从而使茶文化旅游呈现可持续发展的态势。"茶园的生态旅游资源与环境和社区居民的利益紧密相关,只有保证其在旅游业发展过程中获得利益,社区居民才会积极参与当地旅游资源与环境保护,只有居民和茶园生态旅游之间建立起正向的互动关系,才能从根本上解决茶园环境保护和经济发展相矛盾的难题"。②

茶业走可持续发展道路也对旅游有一定的促进作用。不少地区纷纷改善茶园的生态环境,改变大面积茶园单一种植的格局,兼顾林业和农牧业的发展。逐步减少或不用化肥、农药,提高茶产品安全、卫生水平和质量。并对天

---

① 李闽榕,杨江帆.中国茶产业研究报告2011[M].北京:社会科学文献出版社,2011:11
② 邱海蓉,冯中朝.茶园生态旅游资源可持续开发模式研究[J].生态经济,2006(1):273

然生态茶园加以开发,生态茶园环境好,土壤、空气、水体无污染。茶园不使用现代科技,不追求速生高产,虽产量较低,但整个生态环境极佳,游客可以参加采茶、炒茶的活动,施农家肥、种绿肥。生态有机茶园不是单纯以提高茶叶产量为目标,而要把环保、经济综合起来考虑。因环境好,能吸引更多的游客,形成良性循环,使生态、社会、经济效益有机地结合。

我国现在的食品安全令人担忧,人们对食品安全越来越不放心。为了生存,人们将消费转向无污染的自然,形成一股绿色食品消费潮。绿色食品是遵循可持续发展原则,按照特定生产方式生产,经专门机构认定,许可使用绿色食品标志商标的无污染的安全、优质、营养类食品。粗粮、野菜受到城里人的追捧,人工速生食物则遭到冷落。在节假日时,人们千方百计地逃离生活的城市,到大自然中享受闲暇时光。茶叶是典型的绿色食品,有机茶园保留着较原始风格的生产活动,对现代都市的人们有特别的吸引力,采茶、锄草、炒茶等活动让城里人眼前一亮。人们通过亲自到茶园参观,能够对茶叶的质量放心,喝起来也格外舒心。通过发展旅游,茶园的收入大增,可以用高水准的生态旅游来养茶园、养环境。

通过科学的规划、有效的监管,茶文化旅游资源的开发可达到良性循环,走茶文化与茶产业相结合的道路是茶业旅游可持续发展的必由之路。

拓展阅读

凤冈茶旅一体化:让茶业成为发展旅游的突破口

凤冈县位于贵州东北部,是遵义的东大门。近年来,凤冈县先后获得"中国富锌富硒有机茶之乡""中国名茶之乡""全国重点产茶县""全国特色产茶县"等称号。目前,全县已拥有茶园总面积达31.2万亩(约2.08万公顷),年产茶叶1.5万吨,产值达9亿余元。现有的3.18万亩(约2 119.9公顷)有机茶园,是迄今西南地区最大的有机茶生产基地。茶已经成为凤冈县群众增收致富来源最大、覆盖面最广的产业。

凤冈原是一个名不见经传的地方,旅游发展较为滞后,直到2006年5月,凤冈县旅游局方才正式成立,如何寻找发展旅游的出口摆在首要位置。凤冈有着极其丰富与独具特色的茶文化底蕴,但当时在旅游业中并没有得到很好地反映与展示,地方茶艺、茶俗逐渐淡化。因此,挖掘与展示凤冈的茶文化成了重要任务。凤冈旅游局意识到依托凤冈种种茶文化习俗,可开展以茶文化作为内涵的茶业生态旅游,可让游客置身于飘香的生态茶园和浓厚的少数民族茶文化氛围中,通过开展观赏独具特色的民族茶艺等丰富多彩的活动,使游客感受到头顶蓝天白云、背靠青山绿水的惬意和体会到回归自然、亲近自然的情趣。

从2006年开始,凤冈县以永安镇田坝村为中心,开始着手打造凤冈"茶文化乡村旅游区"。田坝村坐落在茶海之中,又拥有万亩茶园,故也被称为"西部茶海之心"。如今,这里不仅种植有机茶,还在茶园中套种桂花树,依靠茶林相间的独特精致,逐步从单一的茶产业向茶旅一体化方向发展。茶海之心被评为国家3A景区,茶园被自然的地形分割,高低错落,深浅有致。茶中有林、林中有茶、树中有花,茶林相间,行走在茶海之心,在惊叹这里茶气飘香、百花争艳的同时,游客们还可以亲手摘茶、制茶,喝上自己动手制作的茶叶,并将劳动果实带回家让亲朋好友品尝,充分感受到无穷的乐趣。

目前,茶海之心拥有陈氏茶庄、仙人岭茶庄、迎春茶院等近40家生态茶庄,这些茶庄各具特色,大大"给力"茶叶生态旅游业的进一步发展,一次接待游客住宿可达600余人。精致茶庄的发展,已成为凤冈乡村独特的旅游配套服务设施。茶庄主人系列化的"原生态"待客环节,如今已成为游客修身养性、休闲娱乐的极好之地。

为营造茶乡氛围,凤冈县将茶文化元素融入城镇化建设当中来,绘制茶文化标语,形成"茶树"遍地、"茶"字遍街,处处茶影的茶乡特色。目前,田坝、太极洞、中华山等景区茶叶覆盖面积达到80%以上。同时,选择部分土地打造人文景观,如祥龙、凤凰、太极等种植图案。建成观光体验茶园1万余亩(约666.7公顷),人文景观40余处,形成"茶中有林、林中有茶"的独特景观。并重点挖掘以茶为重点的历史民俗文化,包装成符合现代旅游理念的原生态文化。

八年来,凤冈县在坚持大力发展茶叶产业的同时,积极打造"中华茶旅第一镇",实施"茶区景区一体化、茶旅基础设施一体化、茶旅文化一体化、茶旅品牌一体化、茶旅茶品一体化"的生态旅游发展模式,成功打造了"春采茶、夏观荷、秋览桂、冬游林"式的四季有风景、移步亦换景的旅游大景区,构建了茶区集"一观、二闻、三采、四炒、五品、六膳、七娱、八购、九学、十住"于一体的体验式旅游,受到全国各地游客的青睐。

凤冈县旅游局副局长熊玉飞介绍,当地茶旅一体化规划的重点体现出"茶"字,即要以茶为中心,又要以凤冈民族茶文化为重点,结合茶叶生产的特点,宣传当地的民俗与茶叶风情,让客人在"游"中真正领略到博大精深的茶文化。凤冈县探索出"走进茶海之心·感受茶庄心灵之旅"生态旅游发展特色之路,从事业接待型迈上了市场化发展的道路。"茶旅一体"的发展模式丰富了旅游活动内容,也适应了居民消费的升级需要,在带动茶农脱贫致富的同时,促进了农业产业结构的调整。在凤冈田坝,每年因旅游带来的茶叶的销售收入在 5 000 万元左右。在茶叶种植加工快速发展的基础上,凤冈茶产业从简单的"种茶""卖茶""喝茶"向茶叶生产、加工、销售、休闲、娱乐一体化发展转变,茶产业与加工业、文化业、旅游业、服务业相融合,围绕茶形成了一条完整的产业链。

当地传承和利用民间原生态以推推灯、丝弦灯、长短唢呐为主的茶庄歌舞表演和土家族油茶体验活动,深受游客喜爱,成为推介凤冈茶旅产业的名片。"茶旅联姻"则是凤冈旅游产业的又一发展趋势。凤冈正在利用茶海之心景区环境优美,特别适合自驾游、山地自行车运动、登山健身、徒步等休闲体育项目这一实际,积极发展体育项目,积极探索"旅游产业与体育产业相结合"的发展之路。

第二节 生态旅游理论

生态环境是人类赖以生存和发展的基础,生态文明是生态旅游的灵魂,生态旅游是生态文明的载体。茶文化旅游与生态环境相辅相成,互相促进,一方面,茶园生态系统是整个大自然生态体系的一部分,维护茶园生态环境,能促进茶业可持续发展,稳固生态体系,吸引大批游客前来参观;另一方面,通过发展旅游,使茶农获得经济效益和社会效益,也会促使茶农自觉地维护生态环境。

一、生态旅游

生态环境是人类赖以生存的基础。要实现可持续发展,人类必须对生态环境进行合理的开发和保护。基于生态环境的不断恶化,一些环保人士提倡开展生态旅游。生态旅游是由国际自然保护联盟(IUCN)特别顾问谢贝洛斯·拉斯喀瑞(Ceballas Lascurain)于1983年首次提出,包括两个要点,一是生态旅游的对象是自然景物,二是生态旅游的对象不应受到损害。20世纪中后期,美国提出发展生态旅游,营造"除了脚印什么也不留下,除了照片什么也别带走"的生态旅游氛围,并制定了相应的法规和条例。其他欧美国家也纷纷仿效,取得了良好的效果,扼制了生态环境的进一步恶化。

生态旅游是以保护环境为目的的旅游,生态文明是生态旅游的灵魂,生态旅游是生态文明的载体。生态文明表达了保护环境、优化生态与人的全面发展的高度统一性,表达了人类社会经济与自然可持续发展的高度一致性,揭示了工业文明转型的演化方向,符合人类社会的根本利益。从发展趋势上来说,生态文明将逐渐成为21世纪的主流社会经济形态。

生态旅游成为被广为倡导的一种旅游形式,1999年被国家旅游局定为"生态环境旅游年"。节假日去大自然旅游已成为一种时尚。过去,西方游客喜欢到热带海滨度假,热带海滨独有的温暖阳光(Sun)、碧蓝大海(Sea)和舒适沙滩(Sand),使游客的身心得以放松,这便是著名的"三S"旅游。随着生态旅游的开展,游客环境意识的增加,西方游客的旅游热点从"三S"转向"三N",即到"大自然(Nature)"中,缅怀人类曾经与自然和谐相处的"怀旧(Nostalgic-adj)"情结,融入自然"天堂(Nirvana)"的最高精神境界。从"三S"到"三N",标志着人类从身体享乐为主的旅游追求转变为以精神追求为主的生态旅游追求。"三N"追求的是自然景物的精神消费,真正使游客与大自然融为一体,成为探寻大自然神奇、感受大自然幽静、观赏大自然奇特的心灵之旅。

在全球范围,生态旅游处于快速发展阶段,生态旅游的年均增长率已高于世界旅游业的平均增长速度。加强生态环境保护成为社会共识,生态旅游的理念深入人心。生态旅游作为生态文化产品之一,已成为当前世界旅游产品体系中最受旅游者欢迎的重要产品,具有强大的市场趋势性。据2002年在巴西召开的世界生态旅游大会介绍,生态旅游给全球带来了至少200亿美元的年产值。据估算,生态旅游年均增长率为20%~25%,是旅游产品中增长最快的部分。

二、旅游业与生态

旅游与生态环境是密不可分的。一方面,良好的生态环境是旅游经济新发展的前提和基础;另一方面,旅游的实质就是利用优美的自然环境条件满足人们不断增长的旅游需求。生态旅游不仅是一种以欣赏和研究自然、野生动植物以及任何文化特点为目的的所进行的有助于自然保护的自然旅游;同时又是一种计划性活动,依赖于严格的管理以防止严重的环境危害,所以事先要进行影响和效益评价,避免传统旅游因计划不周而带来的环境负效应。

我国在发展旅游业的过程中,走了不少弯路。有些地方为了当前的利益,不顾国家明令禁止,急功近利地开发旅游,常常是开发一片,破坏一片,使我们本来就稀缺的自然资源受到严重的损毁。有些旅游景区中,游客严重超载,超出了自然保护区的生态承载力。缺乏统一规划,盲目发展,人造景观和设施泛滥,大兴土木工程。

不少地方政府在开发旅游资源时并未进行深入调查研究和全面的科学论证,便匆忙开发,为追求经济效益而忽视了对环境的保护。如九寨沟具有独特的景观资源、丰富的生物资源和传统的藏民俗资源,有着"人间天堂"的美誉。随着旅游的开发,九寨沟的生态环境受到很大的破坏,由于上游和周边森林大面积被砍伐,使得湖泊水位逐年下降,景区内大量建设宾馆,打破了生态的平衡。自2000年后,每年有超过100万人次的游客涌入,并且数量年年递增。除了游客的破坏,有一些剧组出于商业利益,纷纷选择到九寨沟拍摄,使得九寨沟不堪重负。如张纪中拍摄《神雕侠侣》时到九寨沟取景,剧组多次下水拍摄。据知情者指出,在张纪中的要求下,这部戏的选景都是九寨沟最美的地方,包括著名的珍珠滩瀑布。他向媒体透露:"张纪中不懂得怜香惜玉,让摄影师来回在水中走动,还让马匹在里面拼命折腾,这些都伤害了九寨沟的水环境。在没人管的状态下,工作人员也肆意破坏,把珍珠滩瀑布四周的青苔踩得七零八落,有些地面甚至已是一片空白,连植被都被破坏了。"这个消息引起了公众一片哗然,张纪中本人对此颇感遗憾,提出愿意免费为九寨沟拍摄耗资80万元的宣传片作为补偿。

我国首批列入世界自然遗产名录的张家界,曾因在主要景区内兴建大量商业建筑而被联合国遗产委员会出示红牌,勒令整改。云南玉龙雪山也因建索道砍伐了数千平方米的原始森林,加上游客的大量涌入,导致了小气候变化,使原本终年积雪不化的雪山出现了夏秋两季雪山无雪的恶果。山东滨州市中海水利风景区斥资上亿仿造航母,无人光顾成"水泥疙瘩"。部分旅游企业过分关注自身利益,没有把社会、经济、环境效益结合起来进行整体规划,对旅游资源重开发、轻保护,造成许多不可再生的、贵重的旅游资源的损毁。西岳华山,为修建一条山路,毁千年绝壁,埋溪流泉水,把6 000米长的山道上的树木包括千年古树一起砍光,造成不可估量的损失。

中共十七大第一次明确地把"建设生态文明"作为全面建设小康社会的奋斗目标,把建设生态文明同建设物质文明、政治文明、精神文明统一起来,具有划时代的意义。处理好人与自然的关系,保护环境,保护生态,建设资源节约型、环境友好型社会,走可持续发展的道路,是党和政府重大的政治任务。中共十八大报告提出"把生态文明建设放在突出地位,努力建设美丽中国,增强生态产品生产能力",把生态文明建设摆在了一个前所未有的突出位置。报告强调,要把生态文明建设融入经济、政治、文化、社会建设的各方面和全过程,努力建设美丽中国,"给自然留下更多修复空间,给农业留下更多良田,给子孙后代留下天蓝、地绿、水净的美好家园"。

三、茶与生态

生态保护是茶文化旅游可持续发展的内在要求,通过生态保护来巩固茶文化旅游的自然、人文基础,早在1978年,邓小平同志便亲自批示,要求保护武夷山的生物自然资源。

庄晚芳先生提出从生态学角度来研究茶文化,认为"人与茶、人与自然环境之间的关系也包含着茶文化内容",强调"在饮茶方面还要环境美,茶具美,水质美,沏茶美,这也是茶与生态、自然之间的关系。"① 茶树的种植有利于丘陵山区的水土保持和气候调节,具有很高的生态价值。赖功欧指出:"茶是最能体现因天之时、因地之宜的自然界灵物,最符合未来生态文明的生存之道。从种植、栽培到茶饮的整个过程与方式,都极符'天道自然'的天然属性,与未来生态文明极其合拍。"②

茶区的生态环境在很大程度上决定茶产品的品质。婺源两千多年的绿茶发展历史始终是建立在与生态环境协调统一的基础上的。婺源要发展壮大茶产业和旅游业,并保持优质绿茶的声誉和"中国最美的乡村"的地位,就必须加强对婺源生态环境的保护,否则茶产业、旅游业将会受到制约。在上晓起茶文化第一村,生态茶园里的茶树形同野生植物,参差不齐,甚至是杂草丛生,当地茶农这些茶称为野茶树,这种放任自流的农作方式正是崇尚自然本性的体现。

云南各级政府部门不再片面追求茶叶的单产,而是强调茶园的生态环境,把无公害茶园、有机茶园、生态茶园作为未来的主体来抓。普洱茶高举生态与健康大旗,普洱市被誉为"生长在茶林中的城市",于2010年提出了生态战略构想:预计用三年的时间,将全市茶园纳入生态、绿色、有机的系统工程进行改造,使普洱茶成为百分之百的绿色食品。

茶树的根系较浅,大面积连片种植会造成严重的水土流失问题。著名女作家毕淑敏在《冻顶百合》一文中写道:

> 冻顶乌龙可卖高价,很多农民就毁了森林,改种茶苗。天然的植被遭到破坏,水土流失。茶苗需要灭虫和施肥,高山之巅的清清水源也受到了污染。人们知道这些改变对于玉山是灾难性的,但在利益和金钱的驱动下,冻顶茶园的栽培面积还是越来越大。她没有别的法子爱护玉山,只有从此拒绝喝冻顶乌龙。

---

① 庄晚芳,王家斌.研究茶文化,振兴茶业,促进物质和精神文明[A].王冰泉,余悦.茶文化论[M].北京:文化艺术出版社,1991:89

② 赖功欧.提升中国茶文化学术品味的几点思考[J].农业考古,2007(5):12

人们为了栽培冻顶乌龙茶,不惜毁坏山林,给玉山带来灾难。一些有识之士为避免玉山受到更大破坏,从而拒喝冻顶乌龙。民间有谚语云:"顶上戴帽,底下穿鞋,中间一根裤腰带。"说的是一座茶山顶上、底下和中间都要留出一些土地种上树,目的就是为了保持水土,防止水土流失。新中国成立后,我国不少地区未能遵守自然规律,而付出了沉重的代价。一些产茶区毁林种茶,大力宣传"金山银山不如开茶山",茶园开发热导致许多良好的森林植被被毁,生态环境受到严重破坏,造成山体滑坡、水土流失等安全隐患。近些年来,浙江安吉白茶热销,茶农们解决了温饱、奔上了小康,甚至过上了富裕的生活,许多茶农不愿意在茶山种没有经济效益的树,以致生态破坏的红线步步紧逼。如今意识到这句话重要的茶农在安吉已经越来越多,当年口号是在发展中保护,现在变成了在保护中发展。在2009年,安吉县政府决定将白茶种植面积控制在10万亩(约6 666.7公顷)以内,并鼓励茶农在茶园中套种一些根系较深的阔叶林,以免造成严重的生态环境破坏。2013年夏天浙江遭遇大旱,不少茶山上的茶树枯死,而那些"上戴帽""下穿鞋"的却都安然无恙。

面对茶山开垦带来的安全隐患,一些专家提出在茶园植树留草,茶木共生,保持原生态,引山泉水用于自动化灌溉,既维护了茶园生态环境,使茶农获得更多的经济利益,又美化了茶园风景,可谓一举两得。广西凌云县拥有13万亩(约8 666.7公顷)茶园,大多位于连绵群山之上。茶山按欧盟有机标准进行经营,茶树间套种着八角等经济林和桂花等观赏树,到处绿树葱郁,花开不断,景致让人心旷神怡。层层茶树"堆"起来的茶山,酷似一座座绿色"金字塔",被外界称之为"凌云金字塔"。当地政府和制茶企业发现了其中的商机,在茶山上建设步行便道、观景亭台、餐馆茶楼、住宿山庄等,还在茶山上建造雕塑、碑文、园艺等展示中华茶文化。开辟为旅游景区的茶山,有尾气排放的车辆全部停在大门外,游人进入茶园连抽烟也不被允许,以保证茶山空气质量。原本偏僻山野成了国家4A级景区和全国农业旅游观光示范点,吸引了大批游客前来观光。在茶山,游客们可以细品有着千年历史的瑶家么罐茶,聆听动人的壮、汉、瑶敬茶山歌,亲自采摘和手工制作茶叶,呼吸富含负氧离子的清新空气,感受纯天然、原生态的茶山之美。

四、茶文化生态旅游

"尊重自然、亲近自然、敬畏自然、爱护自然"的生态旅游思想与中国茶文化中"天人合一"的思想不谋而合。近些年来,我国各地纷纷开展茶文化生态旅游。茶文化生态旅游是茶业旅游和生态旅游相结合的一种旅游形式,它是将茶生态环境、茶生产、自然资源、茶文化内涵等融为一体进行旅游开发。茶文化生态旅游的出现与开发即是对现代人回归自然需求的一种有效迎合,也是对茶叶经济发展的一种内涵扩展。① 在推介茶文化的同时,可提高游客的生态与环保意识,有利于生态旅游的可持续发展。发展生态旅游的初衷是开展"以不破坏环境为宗旨的旅游活动"。可这些年的实践表明,繁荣的生态旅游也会带来对生态环境冲击。其中原因之一就是与生态旅游者素质修养、缺乏保护意识有紧密的关系。茶文化可给游客以积极向上的文化享受,将使旅游者较容易接受保护生态观念。

一般的生态旅游要形成一定的特色必须经过精心的开心和培育,而茶文化生态旅游投资少、见效快、收益高,无须经过事前烦琐的开发,即可利用现有茶业资源。只需将一片生态茶园加入规划设计与管理便能满足旅游者的需求,大大降低了开发成本,使其经济收益大大增多。发展茶文化生态旅游具有重要的社会意义。

(1)发展茶文化生态旅游,有利于提高茶叶产品的附加值、优化茶叶产业结构、改善当地生态环境质量,充分利用农业村剩余劳动力资源,推动茶农思想观念的转化,同时,茶文化生态旅游也是农村可持续发展的重要途径。

(2)发展茶文化生态旅游,能倡导人们善待自然,更好地保护好茶生态旅游资源,使茶生态旅游资源能作为一种财产永远保留下去,永存于自然中,并使其越来越和美,以造福社会、造福子孙。

(3)茶文化生态旅游打破了产业的界限,对第三产业的发展起到促进作用,同时,还带动了第一、二产业的发展,从而带动了整个产业结构的调整和优化。

(4)发展茶文化生态旅游,可使生产与流通相统一。不仅提高了农业专业水平和技术水平,而且将第一、二、三产业融为一体,既提高流通效率又实现重复增值。企业与农民建立了利益共同体,在一体化经营体系内部进行利益互补,农民除了可以得到种植、养殖业的收入外,还可以分享旅游业和服务业的部分利润,从而增加农民收入。

(5)发展茶文化生态旅游,开发有利于茶产业与茶文化等生态旅游资源的发掘保护与利用,有利于茶品牌创建和茶业经济发展,更有利于丰富优化区域生态旅游产品结构,提高区域生态旅游的整体竞争能力。

旅游业素有"无烟工业"之誉,本身又属于服务行业,茶文化旅游更是与低碳目标相吻合。低碳引导着旅游消费观念、消费习惯朝着环保、科学、理性的方向发展。作为低碳旅游产品,茶文化生态旅游无疑会受到旅游者和旅游企业的青睐。

北部湾世外茶园位于具有"中国荔枝之乡"之称的广西灵山县那隆镇,占地6 000亩(约399.9公顷),其前身是八一茶场,园区内群山连绵,溪流纵横,

---

① 杨江帆,管曦.茶业经济与管理[M].厦门:厦门大学出版社,2008:524

保留了良好的原始生态环境。园区大多为梯形茶田,环境十分优美。园区规划设计遵循"以人为本、重在自然、贵在和谐、精在特色"的原则,强调人与建筑、建筑与自然和谐相处。坚持生态优先原则,实现旅游开发与生态环境的良性循环。尽量保持茶园现有自然风貌和建筑风貌,严格保护和充分发挥茶园建筑景观资源特色和优势。游客可以坐在半山茶廊内,一边品茶,一边观赏万亩茶田的秀美风光,此番此景,确实有"世外桃源"的意境。

湖南沅陵十分重视茶文化生态旅游产业资源的软环境建设,2012年4月成功举办了"中国·武陵山(沅陵)首届生态茶文化旅游节",依托茶文化生态旅游资源优势,推动沅陵茶叶产业的快速发展。婺源是我国首批生态旅游示范点,位于中国绿茶金三角核心产区,"绿丛遍山野,户户飘茶香"。婺源的绿茶发展始终建立在与生态环境协调的基础上。

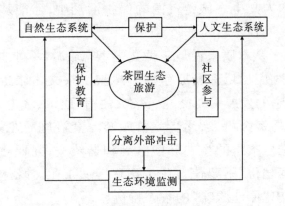

图3-1 茶园生态旅游资源可持续开发模式

(资料来源:邱海蓉,冯中朝. 茶园生态旅游资源可持续开发模式研究[J]. 生态经济,2006(1):273)发展茶文化生态旅游时应注意以下事项。

(1)茶区多属于生态环境较为脆弱的地区,遭到破坏后需要几年甚至更多的时间才能恢复。在开发茶区生态旅游时首先要加强从业人员的教育,使其接受系统的生态环境保护教育和生态道德教育。

(2)限制游客数量,遵循旅游循环经济原则,重视资源再循环经济原则,尽量使用地热、沼气、太阳能等清洁能源,努力实现污染物零排放。

(3)茶树对生态环境有特殊的要求,茶叶种植区要减少宾馆、餐馆的建立,控制机动车辆的数量和尾气排放,对生态环境脆弱地区应禁止游客进入。同时茶区要防止人工设施和人工景观过多过滥,实行参观销售分离进行。保护茶叶自然景区的真实性和完整性。

(4)发展茶叶生态旅游不仅涉及自然资源的合理利用,还涉及农村产业结构调整和农村劳动力转移的问题,因此,要将其纳入规范而有序的管理,在政

（5）全球重要农业遗产项目具有重大保护价值而又格外容易受到冲击和破坏，在茶文化生态旅游开发时需要慎之又慎。在开发过程中需要采取生态环保等先进的理念，避免资源浪费和简单粗暴使用，杜绝对环境的破坏性开发，要构建低碳旅游体系，确保高起点、可持续发展。

（6）发展茶文化生态旅游要求旅游从业人员和旅游者必须具有较高的文化和良好的生态环境意识。旅游者在生态旅游活动中，不仅仅进行观赏和娱乐，还要主动参与到更多保护环境的实际行动中。

（7）在开发茶文化生态旅游时应充分考虑当地居民的需求和利益。通过开发茶文化旅游资源使当地居民获得经济收益，通过完善交通、旅游接待设施、医疗设施等，使居民能够从中获得社会利益，从而促使他们更主动、有效地参与到当地自然和人文生态旅游资源的保护活动中，才能从根本上解决茶园环境保护和经济发展相矛盾的难题。

（8）茶文化旅游从本质来说是一种文化生态旅游，不能脱离其生存土壤和文化背景，在开发时应尽量保持原生态的风貌。茶文化旅游是一项带动性很强的交叉性行业，它的发展需要交通、餐饮、住宿、通讯、水电、卫生等配套设施的支持，需要一定的资金投入，逐步完善旅游配套设施。在完善旅游设施时，应尽量使旅游设施与茶园的生态环境做到和谐统一，并要注意避免茶乡旅游接待设施的过度高档化，不要使农业生态环境城市化。既然是主打生态旅游牌，就应充分体现出"原汁原味"的茶园特色。

拓展阅读

华祥苑茶园七年生态之路①

7年前，华祥苑还是茶行业中的后起之秀，肖文华先生清楚地认识到，源头基地是确保茶叶高品质的关键所在，是赢得消费者认同、做大做强的必由之路。为此，严格按照生态模式，建设自有茶山基地，成为一切经营活动的重中之重。

7年间，在安溪龙涓珠塔、水云波等地，华祥苑已经建有现代化生态茶庄园近万亩。这些地方，无开垦史，方圆30里（1.5千米）内无任何工业污染源，肥力较高，天然环境优越，生物多样性丰富。经有机食品认证机构严格审查，属于无污染、纯天然的有

---

① 7年生态之路，树立行业标杆[OL].大众网，http://www.dzwww.com/xinwen/xinwenzhuanti/2008/ggkf30zn/201304/t20130428_8415496.html

机茶园,被推选为中国高规格有机茶基地,享有"十佳最美生态茶园"的美誉。

茶山建设与种植:保护环境、生态平衡、物理防治是核心。

生态平衡:开山之初,采用"林、路、水、保、景"的综合治理模式。建设中,开垦山体中部,完整保留山顶与山底原有森林植被,保持生物多样化和自然生态圈。

虫害防治:生态多样化避免虫害单一;利用生物链引进天敌,一物降一物;栽种大茶树引开虫害,保护小茶树;利用灭虫灯、黏虫板、物理灭虫、糖醋诱杀等自然方法防治虫害。

天然肥力:使用比普通茶园高昂许多的肥料,如有机肥、农家肥、饼肥等,其中羊肥直接来自内蒙古天然牧场。

生态多样性:数万株如桂花、香椿等名贵树林,近千亩鲁冰、百喜草等绿肥植物。

全面监控:利用 GPS,每年两次收集土壤,勾画养分平衡图,实现精确与定量化栽培管理;建有气象台掌控天气,做好维护管理;全球眼监控系统监控茶园,一旦出现虫害,迅速采取措施去除。

山泉灌溉:从千米高山引入符合饮用水标准的天然泉水,兼顾滴灌与喷灌,前者使水分直入根部,营养直达核心,后者滋润着土壤与茶叶,遇到高温和干旱,还能调整茶园温度,让茶树在温床中长大。

听音乐:茶树每天都要听音乐。专家们反复论证的曲目,既让茶树体内多种酶素变得更加活跃,又增大叶片表面气孔,吸收更多二氧化碳,促进光合作用,快乐地成长。

通过水云波,华祥苑将百岁茶界泰斗张天福尘封了半个世纪的种植科技——《梯层茶园表土回园条垦法》付诸实施,全面导入他的七大种植技术:表土回园、心土筑埂、深挖条垦、缓路横沟、良种壮苗、条植绿化、等高梯层。

水云波茶基地建成之后,被广泛誉为一代宗师级有机茶园。华祥苑与张老珠联璧合,为全行业打造出示范基地,树立起最高标杆,进而推动着整个安溪茶产业种植的进步。

第三节 文化旅游理论

文化是旅游的灵魂,发展旅游业的过程实质上就是一个不断挖掘与传播文化的过程。茶文化旅游一定是要经茶文化的熏陶和洗礼,方可称得上茶文化之旅。茶文化是茶业旅游的吸引源,物质文明和精神文明建设的发展,给茶文化和茶业旅游注入了新的内涵和活力。对于茶业来说,源远流长的文化脉络正是其经济价值挖掘的一条有效路径。

一、文化旅游的概念及特征

文化作为人类文明的载体,体现着人类丰富多样的生存方式,构成了人类文明的完整性。《世界文化遗产多样性宣言》提出:"文化在各不相同的时空中会有各不相同的表现形式。这种多样性的具体表现形式,便是构成各人类群体所具有的独特性和多样性。文化的多样性是交流、革新和创作的源泉。对人类来说,保护它就像与保护生物多样性进而维持生物平衡一样必不可少。"

从旅游动机、旅游活动形态角度出发,旅游可分为观光型、度假型和特种旅游等。其中文化旅游是集文化、经济于一体的一种典型的特种旅游形态,著名旅游学家瓦伦·史密斯便把文化旅游作为六种旅游形式之一。从时间维度上看,文化旅游可分为历史文化旅游和现代文化旅游;从活动形态上看,文化旅游则涵盖了教育、科学考察、访古、宗教等。从物质形态来看,文化旅游则包括茶、竹、酒等。

旅游是一种文化现象。从旅游动机的心理细分来看,旅游动机的产生或因好奇,或因逃避现实,或因四重刺激(文化学习、宗教信仰、人际接触、生理需要),或因安全、自尊、自我实现等其他需求,无不显示出文化的作用。一个国家、一个地区为游客提供的旅游吸引物、食品、工业品、艺术品、交通、旅馆以及旅游服务水平等,无不反映出这个国家和地区的文化氛围、民俗风情和生活方式。中国有句古话:"读万卷书,行万里路。"古代士子将旅行视为一种扩充阅历、积累知识的很好途径。

18世纪中叶,欧洲兴起了一股所谓"壮游"(Grand Tour)的风潮。许多欧洲贵族特别是英国贵族开始对其子女进行游遍欧洲大陆的教育,而拥有无上辉煌历史荣光的雅典、罗马、佛罗伦萨、威尼斯,成为当时欧洲首屈一指的旅游目的地。旅游能给人们带来大量的知识财富,人们在旅游中学习文化,理解文化,消费文化,传播文化。因此可以说旅游业是一项文化产业。

20世纪80年代以来,世界旅游市场出现了文化旅游热。人们已不仅仅热衷于游览单纯的自然山水,当代旅游已经是一种物质与精神兼备的活动。仅仅在山水之间寻幽探胜是远远不够的,人们需要知晓、理解、体验和评判更多的文化内容。这些文化包括历史、传统、宗教、艺术、科技、民俗等。与此相适应兴起了文化旅游市场。这一热潮首先兴起在美国,得到公众的热烈响应,开始风靡全球。文化旅游的定义指通过旅游实现感知、了解、体察人类文化具体内容之目的的行为过程。泛指以鉴赏异国异地传统文化、追寻文化名人遗踪或参加当地举办的各种文化活动为目的的旅游。寻求文化享受已成为当前旅游者的一种风尚。有资料显示,在欧洲旅游的旅游者中有65%的人进行文化旅游。

过去,人们对旅游的研究一直侧重于旅游业对国民经济的发展所做的贡献。20世纪80年代以来,人们开始强调"旅游也是一种文化现象",强调要提高旅游者和旅游经营者的文化素质,以利于经济发展与环境保护的同步进行;在设计观光旅游产品时,注重对景点历史文化背景的解释;在设计度假旅游产品时注重对度假区风土人情的介绍等,这些都可称作是文化旅游创意。

表3-1 文化旅游产品(吸引物)类型

静态吸引物	动态吸引物
文化古迹: 　　宗教建筑、公共建筑 　　历史建筑、宫殿城堡 　　园林公园、陵寝建筑	历史文化活动: 　　宗教节日 　　世俗节日 　　民间节日
博物馆: 　　民俗文化博物馆、艺术博物馆	艺术活动: 　　艺术展览(表演) 　　艺术节日
旅游专题线路: 　　文化历史专线、艺术专线	
主题公园: 　　历史文化主题公园 　　考古类主题公园 　　建筑公园	

"文化旅游"作为一种突出旅游吸引物文化气息的创意,可以融入各种形式的旅游产品中去。人类文化由于各方面的原因,往往带有不同的民族色彩和地域色彩。而在旅游过程中往往也就是这些不同点吸引着各方游客的目光和注意。在我国,发展旅游业,开展文化旅游是相当重要的,它不仅可以增强产品的吸引力,提高经济效益,还可以大力弘扬中国文化,让世界了解中国,同时也可改变目前越来越多的中国人不懂中国文化这一状况。作为旅游文化范畴中的一个重要组成部分,文化旅游的发展和繁荣又可以极大地丰富旅游文化的内涵。

二、文化与旅游的关系

文化是旅游的灵魂,发展旅游业的过程实质上就是一个不断挖掘与传播文化的过程。对于茶业来说,源远流长的文化脉络正是其经济价值挖掘的一条有效路径。杨小泽便认为茶文化旅游是将茶业资源与旅游资源有机结合,进行综合开发和深度开发的新型项目,是以得到茶业物质享受和茶文化精神享受为主要目的的一种文化旅行。①

文化与旅游是不可分割的整体,两者之间的关系可以从以下两个方面来认识:一方面,文化要通过旅游宣传、认识,升华文化品位。旅游的实质是体验和文化消费,文化竞争是旅游业竞争的最高境界。文化是旅游的灵魂,是旅游产品的生命力所在。文化的品位决定旅游产品的品质,文化特殊性决定旅游产品的个性,旅游产品的个性决定对游客的吸引力。文化底蕴是一个地区旅游业长盛不衰的关键;另一方面,旅游需要文化来衬托、渲染,提高旅游档次,没有文化的旅游是没有灵魂的旅游。从文化角度来看,旅游业是文化的载体,文化是旅游业的灵魂。发展旅游业的过程就是一个不断挖掘传统文化,弘扬先进文化,传播优秀文化的过程。人们对旅游的需求,便充分体现了人们对优秀文化的追求。

素称"音乐之都"的维也纳,凭借众多著名音乐家的遗迹成为欧洲著名的文化旅游中心。布拉格、戛纳、巴黎罗浮宫等也分别以音乐会、电影节或艺术节而成为举世闻名的文化旅游胜地。在形式多样的文化旅游中,以亲身体验虽已消失但仍然留在人们记忆中的某些生活方式为主题的怀古文化旅游,是当今颇为风行的专题游览项目之一。

中国是一个有着五千年悠久历史文化的文明古国。中华民族凭借其勤劳和智慧创造了举世瞩目的中华文化,也正是这些文化引起了世界各国人民的兴趣。北京、西安、洛阳、开封、杭州、苏州、丽江、平遥等历史文化名城有着深厚的文化积淀,故宫、长城、兵马俑、布达拉宫、敦煌莫高窟等景点凝聚着华夏民族的智慧,这些都令海外游客惊叹,是他们心仪的旅游目的地。

各类非物质资源,如诗词曲赋、神话传说、文学艺术等。这些非物质资源依附于物质资源而产生,两者的结合往往能产生更大的旅游吸引力。如西湖断桥和镇江金山寺,若无白娘子和许仙之间缠绵凄美的爱情故事烘托,那可能仅仅是一座桥和一尊塔而已,旅游者也不会对其产生浓厚兴趣。正是因为有这段爱情故事的注入,桥和塔才有了活的灵魂,才能吸引大量的旅游者去品味人蛇传奇之恋。

---

① 杨小泽.旅游新一族——茶文化旅游[J].农业考古,1997(2):45

从20世纪50年代开始,人类开始迎接第三代生产力。第三代生产力的显著标志是文化与经济崭新关系的建立,其重要特征便是"文化的经济化"和"经济的文化",以及由之产生的当代文化经济一体化趋势。旅游可以说是文化与经济的共同生成事物。对于旅游者来说,旅游活动是经济性很强的文化活动,但对于旅游经营者来说,旅游业则是文化性很强的经济事业。旅游业不但包括经济中的文化含量,也包含文化中的经济因素;既需要"文化搭台,经济唱戏",更需要"经济搭台,文化唱戏"。

三、茶产业与文化

文化性是旅游的灵魂,它既决定着旅游地的生命力,也决定了对旅游者的吸引力。中国既是世界上最早发现茶的价值、最早利用茶叶的国家,又是茶文化的主要发祥地。早从先秦时期,我国茶文化便开始萌芽,把饮茶与科学、道德、审美艺术、社会礼俗等有机地结合在一起。茶凝聚着丰富的人文意义,给人们带来精神上的愉悦,满足人们的文化需求,是文化和文明的综合体现。在一定意义上说,茶文化是中国文化的一个缩影。茶文化是一种中介文化,以茶为载体,以能体现中国传统思想道德、人文精神为宗旨,包括有关茶的礼仪、风俗、茶规、茶技、茶艺、历史典故、茶歌、茶舞、茶诗词等。茶文化是一种综合文化,涉及建筑、音乐、民俗、历史、哲学、舞蹈、绘画、戏曲、服饰、饮食、医药等诸多文化领域。从文化发展高度而论,茶文化在中国诸种饮食文化中可谓独占鳌头,大放异彩。

茶文化促进了茶叶经济的发展,20世纪60年代以后,茶文化的弘扬扭转了台湾二百余年来茶业发展的走向,从以外销为导向转向了以内销市场为导向。台湾1980年年人均消费茶叶0.34千克,1993年上升到1.22千克。1993年生产罐装茶饮料8.2亿罐,销售额达5亿美元,占总的饮料市场的三分之一,超过了可口可乐在台湾的销售额。

17世纪中叶至18世纪初,英国几乎同时引进了茶、咖啡、可可这三种进口饮料,而茶却战胜了其他饮料,独占鳌头,成为受人追捧的"贵族饮料"。茶之所以如此受英国人的青睐,很大一部分原因缘于他们对东方文化的崇拜心理。从茶碗、茶器等工艺美术品直至沏茶方法、饮茶方法以及风俗习惯等,茶都闪耀着历史悠久的传统文化的光辉。而咖啡、可可都没有这种文化背景,至少缺乏激发欧洲人崇拜心理的文化力量,这一点咖啡、可可与茶有着根本性的区别。因为文化的吸引力,茶迅速成为西方人钟爱的饮料。

全世界约有60个国家种植茶树,160多个国家和地区消费茶叶,但是只有少数几个国家有茶文化。我国是茶叶的故乡,也是茶文化的起源国。在漫长的饮茶历史中,我国形成了博大精深的茶文化。茶既是一种饮料,又是极富艺术感的审美对象。茶农崇敬茶,在劳动过程中积累了多种多样的茶事经验;历代文人赞美茶,写下了无数关于茶的诗、词、曲等文学作品;平民百姓生活离不开茶,形成了丰富多彩的饮茶习俗。茶,虽是片片简单的绿色树叶,却涵盖了历史、文学、绘画、哲学、宗教、建筑、经济、科技、民俗等诸多文化,蕴含着无穷的东方智慧和魅力。人们从茶中可以窥见整部中国文化史,可谓"一花一世界,一树一菩提"。

茶文化极具感染力和折服力。品名茶,在感官上只能品到茶的色泽、香气、滋味,当有人介绍茶的历史、典故、生产环境时,品茶者便能了解到它的色、香、味形成的实质。当有人教导品茶者如何泡好这杯茶、如何品评这杯茶,品茶者便能较全面地了解它、享用它,能够获得"物质文明"和"精神文明"的双重美的享受。

1664年,东印度公司运回一箱中国茶,这些茶成了凯瑟琳皇后的嫁妆,受到英国王室及上流社会的普遍欢迎,成为一种身份的象征。此后,茶成为英国的"国饮"。中国茶从英国开始,与世界有了一种极其奇妙的结合。2007年3月26日,国家主席胡锦涛率中国代表团出访俄罗斯,出席了俄罗斯举办的"中国年"活动,期间普京总统主动提出要欣赏中国茶艺,中国姑娘献茶两国领导人,胡主席以"太平猴魁"和"六安瓜片"等国礼名茶相赠,茶以和平、美好的象征演绎了又一段茶传友谊的佳话。2013年年底,英国首相卡梅伦来到四川成都,这位英国首相给成都市民留下的印象,除了很"爱吃",而且还特别"好喝"。他到杜甫草堂品饮三花茶,又到锦里买了二两(0.1千克)青茶。这在老百姓看来是颇为俗套的一个举动,却折射出中英两国文化交融的历史渊源。

近些年来,我国重新掀起了一股茶文化热。人们认识到:中国茶文化承载了中国悠久的历史,是两千年来中国茶业发展的积淀。当前,对茶文化的关注达到空前高度,各地纷纷挖掘古代茶文化的深刻内涵,特别是产茶区将本地茶业发展与茶文化紧密联系起来,从而增加了产品文化价值,增强了产品的竞争力。

香港茶艺中心经常举办书法、国画、戏曲、文艺、壶艺、棋艺等艺术欣赏雅集,使人们认识到茶不仅是日常的开门七件事之一,同时也是与诗书画并列的高雅之事,茶文化是中国传统文化的一个组成部分。南昌泊园茶馆便以文化为卖点,将禅、画、书、香熔为一炉,体现出浓浓的文化雅趣。

范增平指出:"茶,已经不单纯是作为人类解渴的饮料,它是健康食品、能量食品、多层次的饮料,如果仍然把茶当作人类生理的解渴饮料或调味食品,那么,茶业将没有什么前途可言,终将遭到淘汰的命运。"[①]如果只重视茶给人

---

① 范增平.走向21世纪的茶文化[J].广西民族学院学报,1996(2):78

带来的生理满足,那么这样的茶只是"解渴的蠢物"。茶这一饮品之所以历久而弥新,便在于其中的文化传承,人们爱茶、敬茶、歌颂茶,把茶视为"心灵鸡汤",在烦尘中随时可以品出那份潇洒从容。

四、文化在茶文化旅游中的作用

我国茶文化是取之不尽、用之不竭的宝藏,是发展当代茶文化旅游的主要源泉。在文化资源与旅游业的不断结合与发展中,茶文化作为一种蕴涵着中华民族精神的资源已经得到旅游界的广泛关注。

著名茶文化专家舒曼认为,茶文化旅游主要有两个层面:一是茶文化的人文旅游,以源远流长、博大精深的中华茶文化为脉络。让旅游者在深刻感受茶历史的同时,感受到一种文化上的启悟与收获;二是茶文化的自然旅游,自古名山出名茶,神州处处有好茶。诸多名山大川中的茶蕴含着土地灵气。茶文化旅游一定是要经茶文化的熏陶和洗礼,方可称得上茶文化之旅。

我国茶文化旅游资源十分丰富,既有原始茶树、生态茶园、高山茶场等自然资源,也有着茶文化古迹、茶事活动、茶歌茶舞、茶俗等人文资源,能满足游客的物质和精神的双重需求。资料显示,2011年我国茶园面积3 300万亩(约219.9万公顷)、产量155.7万吨,均居世界第一。随着近年新建茶园进入盛采期,预计到2015年,我国茶叶将会出现供大于求的局面。不少地方加快茶产业向多元化转型,大力发展茶文化旅游。地方政府和茶企日益认识到,采茶、摘茶、卖茶等旅游项目新意不够,应在"茶文化"上大做文章,全面挖掘茶文化的内涵,提高茶叶的附加值,充分发挥茶文化的先导作用,利用丰富的茶业旅游资源,走茶文化与茶产业相结合的道路。

真正懂得品茶的人,不但要品出茶的滋味,或其中几丝所谓的人生感悟;更重要的是要品出其中的文化韵味来,并融入其所营造的氛围,站在一个新的视角,去认识我们伟大民族的悠久历史与智慧,感受我们的先人以及与我们同时代而生活于不同地域人们的生活状态。[①] 茶叶是农产品中文化品位最高的一种,在发展茶文化旅游时不能等同于农家乐,在开发观光茶园时不仅要安排摘茶、制茶等环节,也要注意融入文化内涵,如开发极具观赏性的茶艺,介绍茶的历史、文化等。

广东潮汕地区具有丰富的旅游资源,有历史文化名城潮州、特区汕头、花岗岩地貌、优美海滨、潮汕文化、潮汕美食等,在开发潮汕的旅游资源时便要综合考虑,寻求最有开发价值的点。潮汕的花岗岩地貌和海滨风光可以与国内许多地方相媲美,但其开发程度和知名度却较差。而潮汕文化独具特色,如潮

---

① 王勇.游走茶乡[M].北京:中国对外翻译出版公司,2006:1

雕、潮瓷、潮菜、潮绣、潮茶、潮剧、潮州大锣鼓等均富有浓郁的地方特色，构成丰富多彩的文化旅游资源，兼有众多的潮汕华侨作为目标市场，因此潮汕地区的特色和优势应放在潮汕文化方面。喝工夫茶是潮州人的日常习惯，有潮州人的地方就有工夫茶，独特的潮州工夫茶文化已成为潮州文化的精华。潮州工夫茶艺是中国工夫茶道最古老型种的遗存，于2008年列入中国非物质文化遗产，凤凰山是中国乌龙茶之乡和畲族的发祥地，山上有树龄超过700岁的凤凰单丛。潮汕的茶文化旅游资源十分丰富，完全可以在凤凰山打造潮州工夫茶旅游区，弘扬茶文化旅游品牌，但考虑到梅州市的雁南飞旅游度假村在这点已做得比较成功，潮州工夫茶旅游区要避免与之雷同，故在开发时应突出自己的特色，一是底蕴浓厚的潮州文化气息，二是潮州工夫茶的茶艺，可开发具有体验性的茶艺表演活动。

福建安溪县历史悠久，境内山川秀丽，文物古迹众多。近年来，安溪县委、县政府致力于建设现代山水茶乡，为打响"中国茶都"品牌，先后投资建设了茶叶大观园、茶叶公园、生态观光茶园、铁观音发源地遗址等旅游景点，一些餐饮业还开发了深受游客喜爱的茶糕、茶点、茶叶套餐。安溪茶文化旅游线路被列入全国三大茶文化旅游黄金线路和福建省八大旅游品牌，年接待国内外游客140多万人次，旅游收入5.6亿元。

茶文化旅游开发应兼顾精神需求和物质需求，面对不同客源安排不同的旅游项目，如游客偏爱人文艺术，那么茶文化旅游应更多地组织旅游者观看技艺精湛的茶艺表演，使旅游者学到择、冲泡、品茶的高超技艺，体会其中所包括的茶道精神和茶文化内涵，在物质上和精神上获得美的享受。

拓展阅读

顾渚贡茶大打文化牌

"山实东吴秀，茶称瑞草魁"（杜牧《题茶山》），浙江顾渚山蕴灵藏秀，具有深厚的文化积淀。陆羽多次到顾渚山茶区考察，发现此地的茶"芳香甘洌，冠于他境，可荐于上"，其《茶经》曰："阳崖阴林，紫者上，绿者次，笋者上，芽者次。"故将此茶命名为"紫笋茶"，并在宗广德年间将其推荐给皇帝，受到皇帝的嘉赏。

大历五年（770年），紫笋茶被列为贡茶，同时金沙泉水也一并作为贡品以供皇家享用。同年在顾渚山建有中国历史上第一座专门为朝廷加工茶叶的"皇家茶厂"——大唐贡茶院，当时占地约10亩（约0.6公顷），3万余茶农采摘茶叶，加工茶叶人员达千余人之多。每年谷雨前,皇帝诏命湖长两州刺史到顾渚山督造贡茶,《吴兴志》载:"急程递进,取清明到京。"唐代诗人李郢《茶山贡焙歌》便生动地反映了当时贡茶的情形:

春风三月贡茶时,尽逐红旌到山里。焙中清晓朱门开,筐箱渐见新芽来。凌烟触露不停采,官家赤印连帖催。朝饥暮匐谁兴哀。喧阗竞纳不盈掬。一时一饷还成堆,蒸之馥之香胜梅,研膏架动声如雷。茶成拜表贡天子,万人争啖春山摧。

担任过湖州刺史的颜真卿、杜牧等人先后来顾渚山督造贡茶,在山上刻石题字。陆龟蒙、皮日休、皎然等诗人也慕名而来,留下诸多摩崖石刻。

唐贞元十七年(802年),湖州刺史李词将武康吉祥寺匾额移到顾渚,实行"寺院"合一,由寺僧守护贡茶院。从唐大历五年至清代,紫笋茶作为贡品的历史长达876年,这是我国历史上生产规模最大、作贡时间最长、茶叶品质最好、贡茶数量最多的茶叶。贡茶院坐落于太湖之滨的顾渚山,三面环山,一面环水,今遗址保存完好,现为国家重点文物保护单位。

在相关部门的努力下,大唐贡茶院在旧址旁重建,占地约100亩(约6.7公顷)。整个建筑群依山而建,气势恢宏,全木仿唐建筑结构。由陆羽阁、吉祥寺、东廊、西廊、茶艺厅、茶宴厅、作坊展厅等组成。陆羽阁展示了茶圣陆羽的生平,与吉祥寺南北对峙,昭示着禅茶一味的境界。西廊由名人典故、摩崖石刻、二十八刺史三大部分组成;东廊的贡茶制作、品茗三绝、贡茶知识、宫廷茶艺表演等内容则反映了贡茶的历史渊源。贡茶院西侧有品茶雅室,可使游客体验到大唐皇家贡茶的高贵与典雅。贡茶院内部展览既有古代历史的传承,又体现出时代的气息,通过各种科技手段演示古老的茶艺术,游客可以了解到贡茶制作、贡茶递送、品茗三绝、贡茶知识、茶艺流传等诸多知识。重建后的大唐贡茶院既展现了博大精深的唐代茶文化历史,同时又为广大游客提供了品茗休闲的好去处。

顾渚文化旅游区已陆续恢复了霸王潭、境会亭、寿圣寺、金山摩崖石刻等有影响力的景点,并修复新建了陆羽山庄、金沙泉、忘归亭、清风楼、枕流亭、木瓜堂、圊里茶园等景点。每年4月顾渚村都会举行一些茶文化节庆活动,包括祭茶圣陆羽、无我茶会、茶文化研讨、寻觅茶圣踪迹、招商会等活动。

顾渚村全力打造"品唐代贡茶、享农家乐趣"的旅游品牌。顾渚村被评为"浙江省首位魅力新农村""2007浙江美丽乡村",处处修篁遍地,树木葱郁,有"天然氧吧"之美誉。近几年,顾渚村大力发展农家乐,收费不高,40~50元即可包吃包住一整天。不少农家菜与茶有联系,如"金沙香茗""香茶"等。春天顾渚村旅游最佳时节,游客可以参加采茶、炒茶、品尝等活动,顾渚村根据季节开发了丰富的农事活动,如各式时鲜瓜果采摘、挖笋、钓鱼、抓泥鳅、摸螺蛳、打年糕、磨豆腐等,这些农事活动参与性很强,具有乡土气息,受到广大游客的欢迎。

目前,顾渚山陆羽茶文化风景区管委会正进一步完善功能布局,五星级酒店对外营业,并建设有民国特色街道、茶文化风情小镇。禅茶精舍等项目正在建设,将于2015年正式对外开放。

第四节 人与自然和谐理论

茶文化植根于我国农业文明,在千年的历史演变中,受到儒、道、佛三家思想的影响,形成了"天人合一"的人文内涵,体现出"以和为贵"的民族精神。和谐思想对中国的茶文化精神影响深远,和谐是中国茶文化的灵魂,弘扬茶文化,能有效地促进人的心理和谐、人与人的和谐、人与自然的和谐、人与社会的和谐。发展茶文化旅游,倡导茶为国饮,是构建社会主义和谐社会切实有效的途径之一。

一、人与自然和谐理论

自然界在人类出现之前就客观地存在着,作为自然界长期发展的产物——人,一刻也不能脱离自然界而生存。恩格斯指出:"我们连同我们的肉、血和头脑都是属于自然界,存在于自然界的。我们对自然界的整个统治是在于我们比其他一切动物强,能够认识和正确运用自然规律。"

勇敢的人类从洪荒时代走到了文明的世纪,运用智慧创造了经济的奇迹,然而无知与贪婪却留下了可怕的后果。环境污染,生态恶化,地球发出了痛苦的呻吟,人与自然和谐共处,是地球可持续发展的唯一出路。当今世界和谐主题的日益突显,和谐理论的研究逐渐成为我们这个时代的显学。绿色浪潮正席卷全球,冲击着人类的生产方式、生活方式和思维方式,人类重新审视自己的行为,建立与大自然和谐共处的绿色文明。

工业文明时代对经济效益的片面追求,导致了人对自然的掠夺式开发,造成了人与自然关系的尖锐对立,引发了声势浩大的"绿色运动"。20 世纪 80 年代,伴随可持续发展理念的提出,人们在以往有关成果的基础上,开始了全面地实现人与自然和谐的理论建构和实践探索。经济与环境的协调发展已经成为国际社会日益关注的焦点问题。在国际贸易中,WTO 组织也给予环境保护和可持续发展更多的关注,环境标志产品的标准正在替代关税与配额壁垒,成为国际贸易中越来越重要的绿色壁垒——为保护有限资源环境和人类健康而采取的限制甚至禁止贸易的措施。

和谐是中华民族传统文化的精髓,"天人合一"是我国哲学的基本精神。老子曰:"人法地,地法天,天法道,道法自然。"道家的"天人合一"是人与自然之天的合一。庄子在老子的基础上提出"天地与我并生,而万物与我为一"(《庄子·齐物论》),他认为天地、人、万物是统一在一起的,相生相容的,表现出人与自然万物(包括天、地)相互依存的思想。儒家同样主张"天人合一"思想。孔子主张人与自然相谐相生,他所理解的天是具有生命意义的自然界。荀子强调自然之天地是人类生存的根本:"天地者,生之本也。"汉代大儒董仲舒在《春秋繁露》也提到人与自然是一个统一的整体,人的生存不能离开自然,即:"天人之际,合而为一。"尽管先哲们对"天人合一"的理解不尽相同,但他们注重的"合"却是毋庸置疑的。1988 年初,75 位诺贝尔奖得主在巴黎聚会,发表了宣言,宣言中说道:"人类要在 21 世纪生存下去,就要从 2 500 年前孔子那里去汲取智慧。"

二、和谐是中国茶文化的灵魂

和谐思想对中国的茶文化精神影响深远。陈香白先生认为:"在所有汉字中,再也找不到一个比'和'更能突出'中国茶道'内涵、涵盖中国茶文化精神的字眼了。"[①]中国茶道精神的核心是"和"。"和"意味着天和、地和、人和,意味着宇宙万物的有机统一与和谐,并因此产生实现天人合一之后的和谐之美。历代茶事活动中,天与人、人与人、人与境、茶与水、茶与具、水与火,皆以"和"为最高审美追求。茶文化与儒家思想融合,形成了以茶养廉、以茶示敬、以茶雅志之风;茶人将道家"天人合一"的思维融入茶文化中,在茶事活动中追求自然、淡泊、静寂的审美旨趣;茶文化与佛家"众生平等"的理念相融,孕育出禅茶的"和",体现为"六和敬":身和同住、口和无诤、意和同悦、戒和同修、见和同解、利和同均。

和谐是中国茶文化的灵魂。"茶"这个字便充分体现了人与自然的和谐,

---

① 陈香白.中国茶文化[M].太原:山西人民出版社,2002:43

上面是草,下面是木,中间包容着人,人与草木亲密无间,人与自然相互依存、相互欣赏。陈香白指出:"基于天人合一的观念,中国茶道美学总是要从人与自然的统一之中去寻找美,中国茶道美学思想的基础就是人道。"①茶得阴阳交和之气,育自然天成之美。晋代杜育《荈赋》曰:"灵山唯岳,奇产所钟。厥生荈草,弥谷被冈。承丰壤之滋润,受甘露之宵降。"好山好水出名茶,茶所生长的环境多是生态极佳之处。沈德符《野获编》曰:"茶加香物,捣为细饼,已失香味。"明太祖朱元璋爱惜民力,下令减少制茶环节,要求民间以茶芽交易或进贡,于是人们开始泡饮原生态的茶叶,"取初萌之精者,汲泉置鼎,一瀹便啜"②。饮茶用产茶之地的水为佳,水以清、轻、甘、洁为美,名茶配好水,珠联璧合,陆龟蒙有诗云:"闲来松间坐,看煮松上雪。"煎茶之水取自松间白雪,翠白相衬,极为清艳,饮之令人心旷神怡。乾隆十分讲究饮茶的水质,在承德避暑山庄时常收集荷露烹茶,"平湖几里风香荷,荷花叶上露珠多。瓶罍收取供煮茗,山庄韵事真无过。"(《热河志卷四》)烧水用的柴火也往往取自林间,多用木炭、坚实耐烧的木柴,罗大经《鹤林玉露》云:"松风桧雨到来初,急引铜瓶离竹炉。待得声闻俱寂后,一瓯春雷胜醍醐。"茶室往往建在风景绝佳处,室内饮茶,清新淡雅,通过窗、栏、帘等取景,更显隽永清新,仿佛一帧帧绝妙山水画,湖光山色扑面而来,鸟兽自与人亲。当代著名作家峻青在《品茗谈屑》中谈道:"我在独自品茶时,却总是感到有一种山川的灵秀之气,与茶香一起涌来。所以我想:这茶就是山川的灵毓所钟,也可以说,这山川的灵秀之气,就是茶之魂、茶之魄。"

我国古人品茶时注重与自然环境,汲泉煮水,倚松傍石,与自然相融,明月朗朗,清风徐来,营造与自然相亲相爱的品茶氛围。徐渭注重人品与茶品,认为上品的煮茶法须传给那些热爱山水之人:"高流隐逸、有烟霞泉石磊块于胸次间者。"同时他指出宜茶的理想环境:"精舍、云林、竹灶、幽人雅士,寒宵兀坐松月下、花鸟间,清流白云,绿鲜苍苔,素手汲泉,红妆扫雪、船头吹火,竹里飘烟。"人们通过品茶臻于人格的完善,达到天人合一的境界。汤入口,香入鼻,味入舌,意入心,心悟道,充分体现了"人与自然的和谐"的至高境界。"古代文人对品茗境界的追求,体现了一种超越世俗却又积极的人生态度,即以敬畏之心、热情之心走进自然、倾听自然、感觉(不是感受)自然、欣赏自然,在大自然真实的美好中净化日渐蒙尘的心灵,忘却更超越世俗的纷繁芜杂,人与天地融为一体,没有伟大与渺小,也没有短暂与永恒"③。

---

① 陈香白.茶道即人生——中国茶道思想分析[J].农业考古,1995(2):109
② 孙正容.朱元璋系年要录[M].杭州:浙江人民出版社,1983:444
③ 王俊暐.生态视角:中国茶文化研究创新的可能[J].农业考古,2011(5):14

仓泽行洋提出"茶文化是东方自然本位主义所派生出来的最伟大最精粹的文化"①,日本茶道集美学、宗教、艺术、文学及建筑设计等为一体,通过茶事活动来修身养性,达到一种人与自然和谐的精神意境。茶庭内有涓涓溪流、古朴草庵、苍翠古木,充分体现了人与自然融于一体的和谐氛围。茶食崇尚简素之美,所以色彩一般比较素雅。日本茶道集美学、宗教、艺术、文学及建筑设计等为一体,通过茶事活动来修身养性,达到一种人与自然和谐的精神意境。日本人家家辟有茶室,工作之余可退而反省人生。日本近代美术创立者冈仓天山在《茶之本》一书说道:"茶道是存在于日常生活的烦琐行为之中,以崇拜美为基点的一种仪式。它交给人们纯真与调和,相互慈爱和崇高,社会秩序的浪漫主义。"

三、茶文化与社会和谐

人与自然的和谐不可能单兵独进,需要人与人之间的和谐作为社会条件,以人自身的和谐作为主体条件。只有人与自然的和谐(生态和谐),人与人之间的和谐(人态和谐)以及人自身的和谐(心态和谐)三态的和谐才是真正的和谐。党的十六届四中全会提出了构建社会主义和谐社会的目标,和谐社会的建设涉及社会的各个层面。胡锦涛指出:"我们所要建设的社会主义和谐社会,应该是民主法治、公平正义、诚信友爱、充满活力、安定有序、人与自然和谐相处的社会。"

改革开放三十年来,我国取得的经济成就世人共睹,然而部分中国人却出现严重的信仰危机,社会频频出现不和谐音符。当代社会处于一个各种文化相互碰撞和交融的时期,社会兴起强调物质享受的不良风气,拜金主义横行,不少人唯金钱至上,以致出现了"宁愿坐在宝马车上哭,也不愿在自行车上笑"等类似言论。随着人们道德信仰的缺失,很多人纵酒狂饮,外媒评选出"世界上最爱喝酒的国家",中国位居第二。② 英国卫报则报道中国人酗酒成风,酗酒已成为中国严重的社会问题。

饮茶能令人心平气和,不少茶人便提倡通过茶道来修身养性,庄晚芳教授认为茶道是一种通过饮茶的方式,对人民进行礼法教育、道德修养的一种仪式。台湾从20世纪70年代实施改革开放政策,经济建设发展迅速,许多人因此暴发,赚了很多钱。于是,酒食征逐的犬马声色生活弥漫,精神生活匮乏,社会风气败坏,道德沦丧,文化发展呈现失调现象。为了匡正这股歪风,于是提

---

① [日]仓泽行洋.东方文化与茶道[J].农业考古,1995(2):107
② 世界10大最爱喝酒的国家出炉[OL].新浪网,http://sh.sina.com.cn/citylink/jk/t_sjbj/2013—03—20/1656181902.html

倡"以茶代酒",鼓动大喝茶,建设"书香、茶香、花香的社会",范增平喊出"喝茶的男人不会变坏"的口号,引起了社会不少的回响。茶是很好的精神食粮,对身体的保健有很大的帮助。因此,茶活动逐渐成为台湾人民追求具有中国传统优美文化的现代生活之一,而台湾的社会风气也渐渐好转。

　　茶文化的核心是和谐,其中的精神内涵已与各地的民族意识、民族气质、民族品格水乳交融,向世人展现了一幅幅人与自然、人与人和谐相处的生活画卷。茶被称为"清友",茶文化的精髓为"清",其味平淡冲和,醇香绵远,饮茶令人心骨皆净,神清气朗,与天地合一,与自然冥合。古代茶文化和谐精神也为现代茶人所继承,王旭烽指出:"中国茶人,是和谐的拥戴者,和谐的实践者,和谐的保卫者。这和茶本身所具备的中庸的、中和的、亲和的品质密不可分。"①

　　茶文化是人际关系的润滑剂,人们视茶为"礼貌和纯洁的化身"。客来敬茶是中国人的普遍待客之道,"敬"包含着"和为贵"的姿态,是热情好客的国民性格体现。婚丧嫁娶的仪式少不了茶,如以茶聘婚,象征家庭和睦;以茶祭祀,表达对祖先的敬仰。茶是人际关系之间的润滑剂,节日的茶话会,建立起了一个群体之间人与人之间的祥和。人们"以茶会友",在饮茶中结交友谊。茶楼多是宁静的场所,为人们提供了祥和安逸的交流环境。爱尔兰剧作家萧伯纳曾说过:"红茶是产生灵感的催化剂,当我提起笔来的时候,若无红茶相伴,便不会有一种清心安定的感觉。茶真的是有一种不同于酒和咖啡的蕴藏美和和谐美。"

　　茶是友谊的使者,著名科技史专家李约瑟曾说:"茶是中国继火药、造纸、印刷、指南针四大发明之后,对人类的第五个贡献。"中国人把芬芳的茶叶传播到世界各地,同时也把真诚的友谊撒遍人间。2005年4月,中国国民党主席连战先生到大陆来访,受到大陆同胞的一致欢迎,他亲自参观了民族文化沉淀深厚的老舍茶馆,并挥笔题写了"弘扬茶文化,祥和两岸清"十字对联,此联寓意极为深刻,其中"和"即以茶为媒,体现了两岸人民对祥和环境的美好向往。2013年11月,英国公主卡特里娜来到云南滇红之乡凤庆,在滇红集团厂区种下了代表着中英两国友谊的古茶树,并为"中英友好茶园"授牌。

　　茶文化具有教育功能,能潜移默化地影响人们的思想道德和行为规范,陆羽称茶"最宜精行俭德之人",意思为饮茶对自重操行和崇尚清廉俭德之人最为适宜。茶性俭,古人把茶视为廉洁的代名词,历代以茶表清廉的例子不胜枚举。东晋陆纳以茶代酒,传为美谈,北宋司马光游山只携茶水,时人赞其"俭德,世无其比"。朱德、陈毅、许世友等老一辈革命家爱喝茶以清心,毛泽东酷爱喝茶,外出开会视察往往自带茶叶,喝过地方上提供的茶叶后一般都会付

---

① 王旭烽.茶与和谐[J].茶博览,2007(6):13

钱。几年前杭州市纪委约干部到茶楼进行廉政谈话,开创"喝茶反腐"的新形式。著名茶人庄晚芳将"中国茶德"概括为"廉美和敬",廉即"廉俭育德",清茶一杯,可收敛奢欲,去浮存真。

随着我国社会转型的加速,不稳定因素大大增加。传承茶精神,弘扬茶文化,积极开展健康、文明的茶文化活动,在全面体现社会和谐和构建社会主义和谐社会的今天,有着积极的意义和不可估量的作用。

四、茶文化旅游与自然的和谐

茶文化是一种中介文化,是物质文化与精神文化的完美结合。茶能够传递社会的正能量,并与古老的文明传统相吻合,茶"淡泊、朴素、廉洁"的文化品质对促进社会和谐有着积极的作用。人们在观看茶艺表演时,可以仔细感受表演者举手投足之间透露出来的和谐之美。在茶馆喝茶,聆听悠扬的音乐,放飞心情。在茶园参观时,可以与大自然做亲密接触,感受大地母亲的芬芳和甘甜。

发展茶文化旅游,能够进一步弘扬茶文化,为百姓提供更多的认识茶、爱上茶、离不开茶的途径,给心灵找一块栖息地。在茶楼品茶,人们可以增进交流;到茶园欣赏绿色风景,能够缓解心理焦虑,减少亚健康带来的危害;参观茶文化博物馆,能够了解博大精深的中国文化;观赏茶艺表演,能够获得心灵的平静;工作之余饮茶,能够偷得浮生半日闲,身居闹市,而有山林之思。人们通过参加茶文化旅游活动,实现与大自然的交流,满足了精神消费的需要,充分体现了人与自然、人与社会的和谐。

茶文化是中国传统文化的一个重要组成部分,经过几千年的历史积淀,融汇了儒、道、释三家的精髓,掺揉着大自然的真意,是东方文化艺术殿堂中一颗璀璨的明珠。茶之馨香源于心灵对自然的感悟和契合,手心捧着的茶汤并不仅仅是解渴的饮品,更是一剂心灵鸡汤,人们在茶中体会到清新的风景、浪漫的艺术、厚重的历史、高深的哲学以及生命的真谛。

茶为南方之嘉木,绿色叶片挟带着山林气息,令人心平气和;茶文化注重自然之道,茶艺表演一程一式都透露着山水的写意,令人心有所悟;茶文化旅游,则让都市人回归大自然,让人心旷神怡。在茶文化旅游开发中,要营造人与自然和谐的氛围。观光茶园在对外开放时,要尽量泯去人工的痕迹,建筑不能过于现代化。在茶艺表演中,不要哗众取宠,而要做到神韵双绝。在开发茶俗表演时,要充分挖掘原生态文化的内涵。

只有敬畏大自然,才能真正与自然和谐共存。茶文化旅游的热潮,在很大一定程度上顺应了人们对自然向往的心境。近些年来,不少地区的茶文化旅游产品,能做到绿意盎然、野趣横生,充满大自然的气息。

杭州是一个生活气息浓厚的城市,杭州人偏爱茶馆,偏爱精致和谐,所以过于浓情热情的咖啡馆、酒吧在杭州是敌不过闲情满溢的茶馆的。杭州茶馆讲究名茶名水之配,讲究品茗赏景之趣,有一种风雅、诗意的情致。据统计杭州目前坊巷间有700多家茶馆,这样的密集度在全国都是数一数二的。杭州茶馆各有特色,在门耳茶坊内,最吸引人的莫过于棵棵富有生机的绿色植物了。茶坊每年投资在盆栽、盆景上的费用非常庞大,所有植物都必须是活的,健康的,并且摆放在显眼的地方,曙光路门耳茶坊(吉祥坊)背倚杭州植物园,以"温馨、典雅、环保"为特色,品茗环境营造上拜自然为师,坊内野树、山竹、溪石、冬草、藤蔓、水池、盆景、红鱼,处处野趣盎然,被茶客称之为"生态环保型文人茶坊"。从开门耳茶坊的第一家店起,茶坊的主人就努力追求环境艺术的和谐,精致而不失内敛。在门耳茶坊的第一家武林店里,就挂有这样一副对联:"茶艺非茶艺,妙在有意无意间;客闲非客闲,恰在有闲无闲之时。"横批为"尽可随意"。在门耳饮茶,虽居闹市,却可尽享啸咏山林的随意。

拓展阅读

武夷山"3S"式旅游

武夷山开展了中国式三S休闲旅游,三S取自"山——shan、水——shui、树——shu"拼音中首声母,山——孕育文化;水——滋养生命;树——依木而休。

武夷山旅游有限公司的总经理余泽岚认为阳光海水沙滩咖啡酒吧的欧式休闲并非适合中国国情的经常化的休闲方式,他在接受同程网采访时说道:

在中国象形字中已经写得很明白:人+木=休,中国人的体质适合依木而休,无缘在阳光下长时间曝晒,充其量只能到海边游游泳戏戏水而已,不能像欧美人那样光着身子享受日光沐浴。而山水森林乡村田园酒楼茶馆却是中国人永恒的福地。中国自古有为官退位后解甲归田、退隐深山赋闲之说,文人墨客到依山傍水的亭台楼阁吟诗作赋之说,北京的老舍茶馆,上海的湖心亭茶楼……这也许是古代最原始最古老的休闲方式了。现今有更多的城市人工作之余到街巷酒楼茶馆浴室休闲,周末假日则走出家门到郊区甚至离开当地到异地乡村休闲体验田园生活吃农家菜,住农家房,放松工作带来的紧张,缓解生活压力。[①]

---

① 武夷山余泽岚谈中国式休闲旅游的"3S"理论,http://travel.people.com.cn/GB/41636/41642/9103603.html

余泽岚提出武夷山休闲旅游的产品建设力争做到四个结合:

(1)高低结合,也就是高端与低端兼顾即有高尔夫、度假会所,也有平民化的休闲街区酒肆茶楼,如乌镇的东栅、西栅。

(2)动静结合就是激情运动型体验与平和享受型养生结合,如武夷山皮划艇、户外拓展项目的勇士乐园,在大红袍母树下的茶亭静静品茶。

(3)中西结合,以中国文化为主题的同时要适当结合国外休闲项目,满足中国人的求异心理也满足外国游客的求同需求,如咖啡厅酒吧。

(4)内外结合就是把当地居民的休闲与外来游客的休闲相结合,相得益彰。

具体说,山——依托森林山水的户外休闲;水——依托溪流湖泊的水上与滨水休闲;乡村——依托乡村田园的村落休闲;街巷——依托城镇街巷休闲;楼堂——依托楼堂馆所的休闲。酒楼茶馆浴室公园棋牌麻将……

从中可知,武夷山的"3S"式旅游有着极为丰富的茶文化元素,在山水之间静静品尝大红袍的清香,在茶馆中感受民俗风情,茶树正是连接山与水的纽带,使国人得以缓解工作的压力,获得心灵的放松。

第四章

当代中国茶文化旅游的产生与发展

我国是一个茶文化旅游资源大国,有着许多优美茶园、茶文化古迹、茶艺茶俗、茶歌茶舞,合理地开发茶文化资源,对茶文化旅游的健康发展有着巨大的促进作用。茶文化旅游是我国具有世界独特性和垄断性的旅游资源,中国也将成为世界最大茶文化旅游目的国与各国共享。

第一节 茶文化弘扬与茶文化旅游的提出

在新时期,古老的茶文化历久而弥新,在当代社会得到了迅速发展。随着茶文化的弘扬,"茶为国饮"的观念日益深入人心。与此同时,中国的旅游业出现前所未有的繁荣。为适应人们多元化需求,茶文化旅游顺势而出,各地纷纷推出各具特色的茶文化旅游产品,茶文化旅游成为新兴的旅游项目,受到游客的喜爱。

一、茶文化的弘扬

我国的茶文化源远流长,在几千年的发展历史中,中国的茶文化有过灿烂的辉煌,也有过低潮和衰落。在新时期,古老的茶文化重新焕发出生命力,在当代社会获得了迅速发展。

20世纪70年代,茶文化热在台湾兴起。从20世纪70年代实施改革开放政策以来,台湾经济建设发展迅速,许多人一夜暴富,过着酒食征逐、犬马声色的生活,精神生活极度匮乏,社会风气败坏,文化发展出现失调现象。为匡正这股歪风,中华茶文化学会理事长范增平提倡"喝茶的男人不会变坏"的理念。他大力提倡"以茶代酒",建设"书香、茶香、花香的社会",从饮茶的体验中能认识"先苦后甘"的茶道精神,继而体会"先忧后乐"的人生哲学,享受优美的中国传统文化。此举引起了社会不少的回响,1980年,台湾成立了陆羽茶中心,它融商业与文化为一体,举办各种茶学讲座,至今为止已毕业 1.5 万人以上。1982 年,台湾茶艺协会成立,宗旨为宣传茶艺文化,提倡饮茶风气。1988 年,台湾中华茶文化学会成立,该学会的成立标志着台湾茶文化发展进入整合阶段。此外,台湾还有中华茶艺文化事业联谊会民间茶艺团体,宗旨是交流茶艺馆经验,举办大型茶艺活动,推动台湾全岛茶艺文化的发展。饮茶活动逐渐成为台湾人民追求具有中国传统优美文化的现代生活之一。

20 世纪 80 年代以来,随着拨乱反正和思想解放,随着经济建设为中心和茶叶产业的需要,随着中国文化传统的复兴与弘扬,茶文化在中国内地引起了关注并逐渐兴起。不少学者、专家有意识地将茶从农产品、加工业产品甚至是一般商品的角色中升华出来,倡导品茶、饮茶是美雅生活方式,从而开辟出一个崭新的消费领域。30 年来,我国茶文化运动如火如荼,取得了许多令人瞩目的成就。

1. 茶文化研究机构、团体纷纷建立

为适应和推动茶文化运动的不断深入进行,许多有识之士因势利导,很快建立起茶文化研究机构、团体和博物馆,创办了一批刊物。1982 年 8 月,在著名茶人庄晚芳先生倡议下,杭州筹建了"茶人之家",这是中国第一个有组织性的茶文化组织。1983 年,湖北天门成立"陆羽研究会",这是中国第一个地区性茶文化研究组织。1990 年,浙江湖州成立地方性群众学术团体陆羽茶文化研究会,宗旨是研究发掘陆羽在湖州的史迹和有关茶事活动,开发旅游资源,开展"陆学"学术交流,弘扬中华茶文化。

1990 年北京成立了全国性民间群众团体中华茶人联谊会,宗旨是团结中华茶人,增进茶界友谊,促进中国茶叶科技、生产、贸易、消费和文化的发展,共同振兴中华茶叶事业。1993 年中国国际茶文化研究会成立,这是茶文化作为一个机构独立存在的标志。

这些茶文化组织、社团的建立,为弘扬中华茶文化、普及茶文化知识、开展国内外茶文化学术交流与研讨、推动茶文化事业的发展等,发挥了积极的作用。

2. 各种茶文化活动频繁展开

1989 年 9 月,北京举办了首届"茶与中国文化展示周"。1990 年起"首届国际茶文化学术研讨会"召开,并形成惯例每两年举行一次国际性的茶文化研讨会。从此,全国各种专题性、全国性或国际性的茶文化活动及学术研讨会纷纷举行,极大地推动了茶文化研究的开展。这些活动弘扬了茶文化,也促进了经济贸易的发展。各地还举办了各种形式的茶会、斗茶会、茶宴、品茗会、无我茶会等。这些活动以茶为载体,深受老百姓的欢迎。

许多学者把茶文化作为一个特定对象来研究和开展工作,这使茶文化的研究更加深入,茶文化论著也相继出版。1991年4月,由王冰泉、余悦主编的《茶文化论》和王家扬主编的《茶的历史与文化》两本论文集出版,集中发表了一批有影响的茶文化论文。江西省社会科学院曾在全国率先把"中国茶文化研究"作为重点学科,并进行了两期建设,拥有一批在全国和海外有影响的中国茶文化研究专家。江西省社会科学院主办的《农业考古·中国茶文化专号》,是全国最具权威性的茶文化学术刊物。出版20年来,为中国茶文化学科建设和人才培养做出了重要贡献。

3. 泡茶技术和茶艺表演技艺精湛

改革开放30年以来,我国的泡茶技术有了较大发展,许多古老茶艺得以恢复。各种茶的冲泡更加艺术化、科学化,各种茶艺表演经常出现在各种茶文化活动中。仿古茶艺、民俗茶艺、宗教茶艺、工夫茶艺、民族茶艺等风格各异,赏心悦目。这些茶艺表演已成为宣传茶文化的有力工具,逐步成为休闲文化的重要组成部分。不少地区纷纷举办了茶艺大赛,有力地推动了我国茶文化的蓬勃发展。

4. 茶文化专业人才大量出现

各地各类职业学校和培训班培养了一大批具有茶文化素养和职业技能的中、高级茶艺师。国家劳动和社会保障部委托江西省社会科学院陈文华、余悦研究员负责,由余悦研究员作为总主笔,完成《茶艺师国家职业标准》,并在通过审查后向全国颁布执行。后又委托陈文华、余悦研究员主编全国统一的《茶艺师》培训鉴定教材。

与此同时,不少高等院校还开设了"茶文化学"的相关课程,中国农业科学院茶叶研究所、浙江大学、安徽农业大学、湖南农业大学等每年都招收一定数量的茶学,茶文化与经济等方向的博士生、研究生和本科生;一些职业技术学院和中等专业学校也招收大、中专茶叶和茶文化专业学生。由台商投资创办的天福茶职业技术学院于2007年秋季招生,这是全球首座茶业专业学院。学院培养茶业经营管理和生产技术人才,下设商学院、生物科技学院、文化创意学院、茶学院等四个二级学院。其中旅游管理系是培养旅游管理的专门人才,为了做好与茶学教育的结合,该系在课程设置中安排了"茶学应用知识""中国茶史""茶文化""茶文化旅游""茶艺服务技巧""茶与健康""茶业实践"等多门与茶学有关的课程,目的是培养出具备旅游管理专业知识和茶学专业基本知识的综合性人才。

这些举措,有力地促进了茶文化人才的培养,给茶产业发展注入了新的活力。

5. "茶为国饮"的观念深入人心

经过多年的倡导,"茶为国饮"的观念已深入人心。随着经济的发展、时代的进步,近年来,茶馆业发展迅速,在北京、上海、广州、成都等地,茶馆、茶坊已成为地方文化的一种标识,各种以茶为名的饮品店更是层出不穷。据有关部门统计,目前全国有十二万五千多家茶馆,从业人数达到二百五十多万人,已然成为中国休闲文化产业的一支生力军。

许多年轻人热衷追求时尚,在一定程度上喜欢饮用方便的各种外来饮料,如可乐、雪碧等碳酸饮料。但调查表明,越来越多的年轻人开始喜欢茶饮料。现在市场上已出现很多携带方便的瓶装茶饮料,如绿茶、红茶、乌龙茶、奶茶、花茶等,价格适中,很受欢迎,饮茶风尚已基本普遍化。

二、茶文化旅游的兴起

20世纪90年代,传统的茶文化正面临着一场新的冲击和挑战。外来的洋饮料如咖啡、可乐、雪碧之类充斥市场,中国人年均茶叶消耗量只有150克,而日本是1 000克,英国是4 000克。同时我国茶产业形势不容乐观,我国平均茶价比印度低4成,比斯里兰卡低6成多,甚至比肯尼亚的茶叶价格还要低20%。随着印度、斯里兰卡等产茶国的兴起,出口市场的门槛不断加高,我国茶叶出口主要市场不断缩小,在国际的竞争力不断下降。重振我国茶叶雄风,再创辉煌,提高我国茶叶产品在国际市场上的竞争能力,是我国茶叶界面临的紧迫任务。

在内外打击中,我国茶文化曾一度陷入低谷。而同时,旅游业在我国的发展如火如荼,旅游观念已深入人心。每到黄金周前后,报纸、电视等众多媒体都竞相宣传有关旅游景点的特色报道,即使是在平时,大小旅行社的业务也从未中断过。旅游的兴盛带动了茶业市场的发展,为茶业、茶文化的发展提供了广阔的空间。

茶文化旅游自古有之,古人到茶产地旅游,茶树、茶园是人们心驰神往的胜地。茶文化旅游,更是了解异地风情的最佳去处。改革开放以来,我国旅游业蓬勃发展,成为世界旅游业发展最快的国家之一,旅游业成为拉动经济增长的重要动力。茶文化资源是旅游资源中不可或缺的部分,具有很好的发展前景。一些茶文化资源丰富的地区以茶为媒,率先推出一些与茶有关的特色旅游项目,受到游客的欢迎。茶文化旅游作为一种专项旅游发轫于20世纪80年代末90年代初。

1987年,随着大理州经贸、旅游事业的发展,白剧团与下关宾馆携手合作推出了白族民俗"三道茶礼"歌舞晚会,晚会的节目丰富多彩,包括了茶礼表演、民歌演唱、民俗表演、婚俗表演、配合献茶的伴歌等,这台晚会的出现受到各方面的关注,得到观众的普遍欢迎,一位来自日本的客人称道:"想不到中国白族的三道茶礼这么丰富,比我们的茶道还讲究。"晚会不仅表达了对宾客的热情和敬意,也是介绍大理、宣传大理的一个窗口,同时还是发展旅游业的一座桥梁。

1987年由国家旅游局、浙江省和杭州市人民政府共同投资兴建的中国茶叶博物馆,列为国家"七五"期间重点旅游项目之一。经过三年的筹建,于1991年4月正式开放,这是我国当时唯一的专题博物馆,是中国茶和茶文化的缩影和窗口。杭州旅游部门根据灵隐、龙井游客密集的特点,推出了茶叶采摘、炒制、品尝、购买一条龙的旅游项目,让游客在共同参与之中增加游兴、形成消费,深受游客的好评。杭州双峰村大做茶文化、旅游文章,1992年接待海外游客达12万人次,又投资5 000万元兴建外宾接待大楼和"双峰旅游茶庄"。

我国民间有着极为丰富的茶礼,在1991中国黄山旅游节上,黄山民俗茶仪登台亮相,为海内外宾客献演了二十七场次,受到来宾们一致赞誉,正如一位日本客人所说:"我从未看到过内容如此丰富的茶道。"然而,不少地方政府及旅游部门尚未充分认识到的茶文化资源的重要性。1993年2月的香港《文汇报》"旅行家"专栏批评道:"黄山市政府所在地屯溪,何以仅在大节日才应景表演茶道、平时无茶道踪迹?"此时茶道未被当地有关人士视为有开发价值的旅游文化资源,当然更谈不上如何而使之成为旅游产品。

1993年,云南思茅成功举办了首届中国普洱茶国际学术研讨会、中国古茶树遗产保护研讨会和中国普洱茶叶节,以茶会友,广交天下,不仅弘扬了茶文化和国饮,也极大地促进了思茅经济的连续发展。1994年云南省茶叶公司组织的"吉茶苑"民族茶饮表演队赴北京等地作巡回表演,小试即露锋芒,不少中外人士看过表演后都异口同声地发出"茶艺扬五洲,滇茶香四海"的赞叹。勐海县爱伲人(哈尼族支系)居住的南糯山是著名的茶山,也是世界茶树的原产地之一。长期以来爱伲人只知采茶叶,从未想到别的办法利用这古老的茶山。改革开放把爱伲人的心变活了,爱伲人利用茶树原产地的优势,开展起茶文化旅游。爱伲人给每位游客一只竹篮,带他们上山参观古茶树,引路的爱伲姑娘一边介绍南糯山茶树的传说,一边教客人采茶。休息时,山边传来山歌,导游的爱伲姑娘应声答唱,进行青年男女对歌。回到寨子后,爱伲人用新采的茶制出香气扑鼻的绿茶,用爱伲人"茶道"招待客人。该项活动受到国内外游客的欢迎,成为爱伲人的一项新行业。

1998年5月,广东英德市茶趣园在英德市茶树良种繁育示范场挂匾,正式向游人开放,游客通过参与植茶、采茶、制茶、泡茶、品茶等一系列茶事活动,加深对茶和茶文化的认识,从而达到宣传茶、弘扬茶文化、促进茶叶经济发展的目的。

这些活动,可以说已经拉开了茶文化旅游的序幕。

进入新世纪以来,"茶为国饮"的观念深入人心,加之旅游业的勃兴,茶文化旅游呈现出前所未有的活力,各地纷纷举办茶文化旅游节、兴建观光茶园、茶文化博物馆、茶文化主题公园,开发特色茶文化旅游项目,整合茶文化旅游线路,吸引了大量的游客。茶文化旅游成为旅游业的一支劲旅,极大地推动了旅游业和茶产业的良性发展。

三、茶文化旅游概念的提出

"茶文化旅游"作为一个独立概念首次出现在1992年郑宝润发表的《闽北风景资源及其旅游开发》①一文中,作者分析了闽北地区丰富的旅游资源,提出了一些旅游开发设想,针对闽北茶文化旅游资源丰富的特点,作者提出大力发展茶文化旅游:观光茶园、品啜岩韵、研究茶效、演唱茶歌、吟诵茶诗、评鉴茶质,开展形式多样、丰富多彩的茶文化旅游,为中外旅游者增添乐趣。同年,叶惠民《香港茶艺在前进》②一文介绍了香港茶艺中心近些年的发展趋势,并介绍了香港茶艺与文艺、旅游活动相结合的活动,如经常举办茶文化旅游活动,组织茶友回归大自然去,到大陆、台湾的著名茶区观赏风景名胜,就地品饮,参观茶叶、茶具的生产、制作过程,以丰富茶友们的感性知识。

1994年,许宗元发表的《论徽州旅游文化与文化旅游》③一文提出充分认识徽州文化的旅游功能,挖掘其旅游资源,使其迅速成为文化旅游产品。作者阐述了茶文化资源的旅游开发的可行性及策略:切实可行的首要之举是开展茶乡旅游,领略茶园风情,观看采茶、制茶表演,了解茶农生活、习俗。还可用当地山泉——天下一品之泉水沏刚制成的新茶,即兴品啜。这种融名山、名水、名茶为一体的旅游,实为集自然美、社会美、艺术美为一的美举。作者还提出进行茶风俗专项旅游,恢复茶亭、斗茶、古茶风表演等。在旅游景点广建让茶道大显身手的茶室,对国内游客可收提倡国饮之社会效益;以不同风格的茶室,给不同审美情趣与旅游需求、不同性别与年龄的海内外游客以美的享受。使茶文化迅速转化为旅游产品,实为徽州文化圈当务之急。同年,王林君《关于建立天台山旅游度假区的思考》④一文阐述了天台山旅游度假区开发的一些设想,文章提出天台山的茶文化源远流长,是世界茶道的源头。稍加整理后的"天台山茶礼"表演赢得了行家与游客的广泛好评。作者建议建设"天台山茶道中心",有助于促进中外茶文化的交流,也能为游客提供一个高雅的活动场所。王旭烽《茶之旅》⑤用优美的文字向读者描绘了充满诗情画意的杭州茶

---

① 郑宝润.闽北风景资源及其旅游开发[D]."全国区域旅游开发研究"会议,1992
② 叶惠民.香港茶艺在前进[J].农业考古,1992(4):86—88
③ 许宗元.论徽州旅游文化与文化旅游[J].江淮论坛,1994(4):93—94
④ 王林君.关于建立天台山旅游度假区的思考[J].东南文化,1994(2):284—286
⑤ 王旭烽.茶之旅[J].农业考古,1994(2):166—168

之旅,"要识山水真性情,不妨选一茶室,凝神半日,湖光山色,自然沁脾。"她设计了一条独具匠心的茶之路:望湖楼——抱朴茶室——茶人之家——龙井路——龙井茶室——龙井村——十八株御茶树——梅家坞——中国茶叶研究院——虎跑泉。作者还提出了兴茶论:提高对杭州及浙江茶旅游资源的认识和开发、全面提高茶叶旅游的档次、提倡茶为国饮。

1996年1月,杭州召开了陆羽《茶经》故里——湖州杼山旅游文化研讨会,会议围绕着茶圣陆羽撰写世界上第一部茶文化专著《茶经》的故里——湖州杼山旅游文化资源的开发建设进行了热烈的研讨。王家扬、陈桥驿做了重要讲话。王财林就杼山的现状和今后的开发设想做了汇报,引起了广泛兴趣。部分代表还赴湖州妙西乡考察了陆羽《茶经》故里——杼山,并对其开发建设提出了宝贵建议。

1996年,刘贵芳、黄池娥《论提高我国茶叶产品在国际产品在国际市场上的竞争能力》[1]一文指出加强茶叶综合开发,具有四个层次的含义:第一层含义强调对主产品的深加工和精加工,提高产品的附加值。第二层含义强调对副产品的综合利用。如利用茶籽榨油、毛油再精炼为食用油;茶籽饼提取皂素,皂素制造洗发香波;去皂饼粕作精饲料或肥料。第三层含义是加强茶叶与相关行业的横向联合,积极开发经营茶叶的相关产品和相关项目。如茶餐饮、茶具、茶文化旅游、茶文化娱乐等。第四层含义就是茶叶的社会效益和生态效益。我国茶叶历史悠久、名茶众多,且大多数名茶与名山、名水、名人相映成趣,茶文化源远流长、丰富多彩。加强茶文化对外宣传,开发茶文化旅游,经济大有可为。

1996年,范增平《走入21世纪的茶文化》[2]一文认为茶文化发展到一定程度就要发生变化,走向21世纪的茶文化将发展为与旅游、休闲相结合的生活文化;茶艺活动将成为达到身、心、灵整体健康的媒介。为此,将茶园景观设计、农村生活文化,与茶艺活动相结合,提供观光休闲农业的题材,展现茶的民俗特色,配合茶园附近的古迹、名胜与风景点,让人民更喜爱去接触茶艺,认识茶的整体面貌,认知各地不同茶文化的内容与背景,这将是茶业再造生机,迈向新里程的机会。最后,范增平指出:"在走向21世纪的茶文化到来时,顺应时代潮流,才能开创茶业崭新的前途,迎接茶文化辉煌灿烂的新页。"

1997年杨小泽《多元化的茶叶消费》[3]一文介绍了目前国内茶叶消费的诸

---

[1] 刘贵芳,黄池娥.论提高我国茶叶产品在国际产品在国际市场上的竞争能力[J].茶叶通讯,1996(2):16—19
[2] 范增平.走入21世纪的茶文化[J].广西民族学院学报,1996(2):78—80
[3] 杨小泽.多元化的茶叶消费[J].农业考古,1992(2):178—182

多新方式,作者介绍了一些地区的茶文化旅游,提出完全可以在此基础上,按照旅游业务的一般规律,设计、推出一套特色旅游项目——茶文化旅游,并设计了几条特色茶文化旅游线路。李祝舜、王海云《茶文化与旅游》①一文提出"弘扬和发展茶文化,不仅促进茶业经济的发展,同时还具有与旅游相互促进的社会功能和社会意义",作者从茶与饮食旅游、茶与游览、茶与购、茶与娱、茶文化专项旅游等方面论述了茶在旅游业中的重要作用,认为茶文化会在旅游业的促进与带动之下不断革新、发展和弘扬光大。同时中国的茶文化将为我国的旅游业锦上添花。

1997年杨小泽《旅游新一族——茶文化旅游》②一文介绍了新兴的茶文化旅游,作者从旅游线路、旅游观光景点、购物和服务、餐饮、娱乐、住宿等旅游要素向读者展现了一种全新的茶文化旅游,使人耳目为之一新。作者认为在"九五"计划开始实施的时候,提出开发茶文化旅游项目的设想是适宜的,并指出:"因为茶业需要龙头项目,旅游业需要新的特色项目;消费者生活越好,越离不开茶,也越讲究旅游。茶业与旅游业相结合、共发展,将如虎添翼,前途无量。"

《旅游新一族——茶文化旅游》这篇文章首次将"茶文化旅游"视为独立研究对象的论文,标明茶文化旅游的概念已初步成形,茶文化旅游作为一种独立的旅游方式进入到新阶段。

截止到2014年5月,搜索中国知网,以"茶文化旅游"为篇名的期刊论文共284篇,其中20世纪共3篇,新世纪以来共281篇,以茶与旅游为主题的论文共785篇。特别是2010年以来,相关论文呈井喷状态,茶文化旅游的研究已成为一门显学。新世纪是茶文化旅游的分水岭,之前的茶文化旅游在局面地区展开,茶文化旅游是杭州、黄山、武夷山、大理等知名度高景点的有效补充。之后的茶文化旅游在全国遍地开花,茶文化不只是旅游的点缀,更是一种特色的旅游项目。在一些地区,茶文化旅游成为当地旅游业的支柱。一些地区以茶为媒,大力发展茶文化旅游,使茶文化旅游成为促进茶业、旅游业发展的推动剂。

我国的茶文化旅游的发展如火如荼,各地纷纷举办茶文化旅游节,推出观光茶园,兴建茶文化博物馆、茶文化主题公园,开发茶艺表演和茶俗风情,特色茶文化旅游项目层出不穷,茶文化旅游线路不断涌现,吸引了大批游客前来参观。

茶文化旅游作为旅游业中的新兴一族,以其独特的吸引力,在我国乃至世界引发了新一轮的文化旅游热潮。徐永成指出:"中国茶文化已经在国际上产

---

① 李祝舜,王海云.茶文化与旅游[J].农业考古,1997(4):17—21
② 杨小泽.旅游新一族——茶文化旅游[J].农业考古,1997(2):45—48

生影响。预计到2020年中国综合国力将跻身世界三强,在这宏观经济形势推动下,中国也将成为最大茶文化旅游目的国,与各国共享茶文化。"①

拓展阅读

漳浦天福茶博物院

　　天福茶博物院位于中国福建省漳州市漳浦324国道旁,占地80亩(约5.3公顷),始建于2000年初,2002年元月建成开院。是目前世界最大的茶博物院,荣获国家4A级旅游景区,首批全国农业旅游示范点。

　　走近"天福茶博物院",迎面一座斗拱三跨的牌楼高大雄伟,气势恢宏。这座牌楼的高度,大约在18~20米。匾额上有李瑞河先生亲手提写的六个大字"天福茶博物院",门柱上的对联"发乎神农,闻于鲁周,茶史溯源追亘古""经见陆羽,歌传卢仝,茗风欲胜看今朝",道出了整个茶叶的发现、发展及传播的历程。在牌楼两旁写着"清和""精俭",背后是"诚敬""美伦",这八个大字是代表着茶道精神,也是茶博物院的景区质量口号。在牌楼的左侧,有一座5米高、15米长的照壁,正面浮雕刻有五位对中国茶文化做出重大贡献的人物:神农、陆羽、苏轼、蔡襄、乾隆。

　　博物院内有四大主馆,八大景观,主展馆建筑面积3 000平方米,两层中式仿古。展出了茶叶科技、茶叶发展史、世界茶情、世界茶文化、现代茶艺、各式各样的名贵茶壶、茶与诗、茶与画、茶与人类健康及茶叶多元化利用等有关的茶知识,并以图文并茂的方式介绍天福的发展史,不仅可以了解茶文化史,而且还能欣赏到天福独有的"陆羽无我茶会""台湾四序茶会""唐宋煮茶听诗""清朝宫廷茶礼""云南少数民族茶礼"及"日本茶道"等茶艺表演。院内有5幢主建物:

　　主展馆:以生动的模型、灯箱及图片展示中国云南野生大茶树群落、中华茶文化、世界各国茶情及茶文化、民族饮茶风情、现代茶艺、茶与诗、茶与书画、茶与健康及茶业科技等;附设天福史馆展示天福集团的发展历程。

　　茶道教室:一楼设有茶艺表演厅和溢香轩、品茗阁等环境优雅的品茗场所,兼作茶道教学;二楼为设施先进的国际会议厅。

---

① 徐永成.中国将成为最大的茶文化旅游目的国[J].中国茶叶加工,2005(2):10

日本茶道馆（福慧庵）：日本式庭院及茶室，设有精亭（四叠半）、俭亭（八叠）、敬亭（立礼席）分别代表三个不同时代风格的日本茶室。

韩国茶礼馆：按照韩国传统茶室的建筑风格，采用原杉木构建而成。

书画馆：一楼有典藏书画厅展示本馆收藏字画，活动展厅不定期举办个人或主题书画展；二楼设联谊厅不定期举办笔会及现场挥毫；附设奇石斋，展售各种奇石、雕刻等工艺品。

院内还有汉亭、唐山、宋桥、元塘、明湖、清池、兰亭曲水、武人茶苑、茗风石刻等景观。环境幽雅自然，是一个聚学术研究、文化传承、教育娱乐为一体的综合景点，使参观者能在娱乐中获得茶学知识，认识茶叶，了解茶艺及传承茶文化。

2013年，天福茶博物院实现了总接待游客68.3万人次，其中境外游客5.2万人次，旅游直接经济收入近8 514万元。为了进一步提升景区旅游资源，更好地弘扬中华传统茶文化，天福集团总管理处这几年来先后再投入9 000多万元，对天福茶博物院、石雕园两个景区进行全面统一整改、扩建，争取尽快获评"漳浦天福茶博物院——石雕园国家5A级旅游景区"的荣誉称号。

"漳浦天福茶博物院——石雕园景区"现已投入5 000多万元兴建了"开元楼"；以四星级标准重新改建了宾馆"丹岩山庄"；扩建"天鹅湖宾馆"；扩建景区内游客服务中心、门票售票处；扩大停车场、旅游步道、景区绿化面积；改善导览图、指示、警示、标示牌等配套设施。石雕园景区目前正在建设的"闽南文化城"（总建筑面积为17 319平方米，总投资约4 500万元），将建有休闲茶庄、特色餐饮、闽南文化展示馆、台湾文化展示馆等功能区。

第二节 茶文化旅游的自然资源

旅游资源是旅游业产生及可持续发展的物质基础，是旅游产品和旅游活动的基本要素之一，是旅游活动的客体。自然旅游资源是指由自然地理要素（地质、地貌、水文、气象、气候、动植物）相互作用，长期演变而构成的有规律的典型的综合体,是可供人类旅游享用的自然景观与自然环境。①

我国地大物博,具有诸多得天独厚的旅游资源,其中茶文化自然资源十分丰富。我国是茶树的故乡,在云南,保留着许多完整的古茶树林。我国的茶园面积和茶产量均为全世界第一,美丽的茶园遍布大江南北。茶园与祖国的大好河山交相辉映,一起组成了"好山好水出好茶"的和谐共处的美丽景象。

一、观赏茶树

我国是茶树的原产地,茶树经过长期的自然变异和人工选择,产生了丰富的品种、品系,表现出不同的生理和形态特征,赋予了茶树丰富的观赏价值。

我国的茶树种质资源十分丰富,茶树种类丰富(有1 000多个品种)。形态多样(有灌木、乔木、小乔木等),有些茶树还有特殊的形状,如奇曲种,枝条细软如藤,弯曲有序,呈规律的"S"形,整个植株曲折多姿,盘旋若龙。筍绮种的芽有双芽和多芽合一,同一茶树的叶形有椭圆形、卵形、扇形,也有奇缺不全的。又如佛手叶,树姿呈开张状,分枝稀疏,叶片大,芽有紫红和淡绿两种。这些特性在其他园林种植中不多见。茶树色彩多样,如安吉白茶种的白叶、黄金菊种的黄叶、紫娟种的紫叶。茶树也是切叶的良好材料。冬季将剪下的茶树枝条插于盛水的花瓶中,仍能正常孕蕾、开花,叶色亮绿,一个多月不落叶。茶树秋冬季开花,花期长(60~80天),茶树的花虽不大,但花数多,白色的花瓣、黄色的雄蕊、珍珠般的花蕾,嵌于透亮的绿叶之间,十分赏心悦目。有资料显示,茶树多花者每平方米茶蓬上达3 500多朵,更多者甚至达9 200朵。茶树的花一般为白色,少数呈浅黄色、浅绿色、浅红色,近年来云南勐腊县发现一株稀有茶树,其花瓣色泽为粉红色,当地人称之为红花大树茶。

将茶树作为园林植物,还可弥补园林中冬季花少的不足。另外,由于茶树花期和果实成熟期较长,在同一株茶树上,常常既可看见茶花,又可看见茶果,可花果共赏,这在其他植物中也不是多见的。茶树易造型,茶树枝条上着生有大量的不定芽,并有明显的顶端优势。茶树修剪后,枝杆上的不定芽能很快萌发,从而塑造出不同形状的树冠。如将茶树作为园林植物,则完全可根据需要将茶树树冠塑造成球形、杯形等。茶树非常适合作为行道树、造型树、色块、绿篱等园林树种,观花、观叶植物和盆景材料。

中国园林在漫长的发展过程中,与茶树和茶文化有着十分密切的关系。茶是药用和饮料植物,同时也是观赏植物。东晋常璩《华阳国志》记载,周武王(公元前1066年)时已有茶叶作为贡品,并有"园有芳蒻、香茗"的记载,可见三千多年前园囿中便有人工种植的茶树,将其作为观赏植物了。斯里兰卡最早

---

① 赖良杰.旅游资源开发与规划[M].北京:高等教育出版社,2005:9

引进的茶树,也是首先种植于植物园内的。

茶树同时还具有古树名木的特殊价值。我国西南地区是茶的发祥地,分布在云南、贵州和广西壮族自治区的许多野生大茶树被列入我国《珍稀濒危保护植物名录》,如千家寨1号、澜沧大茶树、巴达大茶树和广西博白大茶树等。云南原始森林群落里,有数百年、甚至上千年的"茶树之王",邦崴、巴达山、南糯山等大茶树并列为中国三大茶树王,它们分别是野生型、过渡型、栽培型茶树王,是我国古茶树最珍贵的遗存,是活的文物。九甲有两片近万亩古茶树群落,高20米的古茶树随处可见。2013年11月,云南省住建厅收到住建部最新《中国国家自然遗产、自然与文化双遗产预备名录》,云南普洱野生茶林暨古茶园被列入预备名录。截至2013年10月,中国国家自然遗产预备名录名单共有28处,按照世界遗产申报相关规定,每个国家每年申报一个自然遗产、一个文化遗产,而且这些项目必须先列入遗产预备名录。这意味着云南普洱野生茶林暨古茶园将有资格排队申报世界遗产。

茶不仅是珍贵的特色商品,也是重要的风景资源。张家界代表景观黄石寨是台地地貌,顶部的台地遍布松杉,间夹茶园,恍如条条绿色花边,茶园种植着数十种茶树,包括了高山云雾茶、生态苦丁茶、杜仲茶等,茶树翠绿欲滴,散发着清香,让人觉得神清气爽、心旷神怡。浙江杭州狮峰山下的胡公庙前,有用栏杆围起来的"十八棵御茶",在当地茶农的精心培育下,长得枝繁叶茂,吸引着众多游客驻足。"十八棵御茶"是龙井茶历史的活化石,承载着丰厚的文化内涵。1999年的昆明世界园艺博览设有茶园展区,以造型和种类不同的茶树为背景,配之以茶文化史、制茶工艺技术和茶的综合利用等,开辟"精品园"集中展示中外茶树精品,展现了茶树作为风景园林植物的魅力及其所拥有的文化和经济内涵。尽管北纬30度以北难以种茶,但在北京门头沟区,黄芩茶开发黄芩树叶的茶用功能,并让京郊黄芩茶旅游成为可能。

茶树对于弘扬茶文化,丰富旅游景点的文化气息可起到画龙点睛的作用。出产武夷岩茶的武夷山由三十六峰、九十九岩及九曲溪所组成,自成一体。岩峰耸立,群峰连绵,山回溪折,有"曲曲山回转,峰峰水抱流"之貌。沿溪两岸,群峰倒影,尽收碧波之中,山光水色,交相辉映,实为碧水丹山、人间仙境。明代徐火勃《茶考》所述"武夷山中土气宜茶"。适宜的土壤,造就出岩茶的优良内质。到武夷山,茶是必有的观光主题。武夷山多悬崖绝壁,茶农利用岩凹、石隙、石缝,沿边砌筑石岸种茶,有"盆栽式"茶园之称。行成了"岩岩有茶,非岩不茶"之说,岩茶因而得名。生长在天心岩九龙窠岩石壁崖上的六棵大红袍母茶树是游客必游之地,根据联合国批准的《武夷山世界自然与文化遗产名录》,大红袍母树作为古树名木列为重点保护对象。有些爱茶之人不辞辛苦,远到三坑两涧寻找岩茶清韵。

二、观光茶园

我国茶园区大部分分布在优越的自然环境中,产茶区内群山连绵,丘陵起伏,林木葱茏,花草繁茂,清泉长流,雾滋露润,景色十分宜人,中国的茶园所处的环境大多是开发旅游的极好自然资源。茶树既是经济作物,也是颇具美感的观赏植物,茶园风光秀美迷人,棵棵茶树郁郁葱葱,片片茶园碧绿如染,重重茶山接上云天,构成一幅自然天成的山水风景画。茶园远离城市喧嚣,淡淡泥味野趣盎然,缕缕茶香沁人心脾,使人进入"天人合一"的境界。

江西婺源是著名茶乡,境内群山连绵,云烟缭绕,处处小桥、流水、人家,被称为"中国最美的乡村"。婺源气候温润,雨量充沛,十分适宜茶树的生长,早在唐代这里就是"绿丛遍山野,户户飘茶香"的著名茶区。婺源群山皆产茶,茶园大多分布于大樟山国家自然保护区及国家森林公园灵岩洞、文公山、鸳鸯湖境内,是风景区的有机构成部分。早春时节,茶芽如冬雷惊笋,吐出新芽,穿着鲜艳的采茶姑娘唱着茶歌,穿梭于茶丛间,周边流水淙淙,绿树婆娑,野花缤纷,粉墙黛瓦,又有大片盛开的油菜花田,好一派乡村田野风光!

日本有名的冈山后乐园茶园是日本的三大名园之一,园内茶树修剪成浪状,与濑户内海的景观十分协调,园内各处设有茶室和寄托着历代藩主祈愿的祠堂,用园路、水路将宽阔的草坪、池塘、假山、茶室连成一体,漫步园中可观赏四时景色变化,而庭园中心的泽之池可眺望备前富士以及冈山城,视野堪称一绝,美不胜收。冈山后乐园茶园每年吸引了无数游客,大大促进了茶叶消费,弘扬了日本茶道。在惜土如金的新加坡,也十分重视开辟观光旅游茶园,那里的年收益超百万美元,不到两年就收回了投资,取得了可观的经济效益。

洞庭碧螺春产区是中国著名的茶、果间作区,茶树与桃、李、杏、梅、柿、桔、白果、石榴等果木交错种植,茶树、果树枝丫相连,根脉相通,茶吸果香,花窨茶味。明代《茶解》云:"茶园不宜杂以恶木,唯桂、梅、辛夷、玉兰、玫瑰、苍松、翠竹之类与之间植,亦足以蔽覆霜雪,掩映秋阳。"正是由于各种果树花香的熏陶,造就了碧螺春的不同之处,泡出来的茶水喝到嘴里有股花果香的味道。碧螺春茶园临近太湖,万顷碧波,水气蒸腾,空气温润,"碧螺飞翠太湖美,新雨吟香云水闲"。徜徉其间,在赏茶的同时,还能看到百花齐放的景致。

这些茶园风光迷人,有着浓郁的地方特色,与周围环境融为一体。经过相关开发,如完善接待设施,在茶园设置休息长椅、茶亭,安排茶艺表演等,便可吸引众多的游客前来品茗观光,亲自体验采茶、制茶的乐趣。

三、名茶产地

我国自古以来便有"好山好水出好茶""高山云雾孕好茶"之说。许次纾

《茶疏》云:"天下名山,必产灵草,江南地暖,故独宜茶。"茶的好坏决定于山水,古人认为茶无异种,视产处为优劣。产处不同,优劣自有胜负。生于幽野,或出烂石,至时自茂,是为上等。宋徽宗《大观茶论》曰:"至若茶之为物,擅瓯闽之秀气,钟山川之灵禀。"传统名茶如西湖龙井、武夷山铁观音、庐山云雾、洞庭碧螺春等,都得益于山水之灵秀。茶树原生长在多雨潮湿的原始森林中,在长期的历史进化中,逐渐形成了喜温、好湿、耐阴的生活习性,名山自然条件优越,降水丰富,山高林密,土壤肥沃深厚,日照短,云雾多,冬无严寒,夏无酷暑,茶树得云雾之滋润,无寒暑之侵袭,蕴成良好品质。

"天下名山僧占多",茶与佛教很早就结下不解之缘。自唐朝始,僧人坐禅以茶提神,"饭后三碗茶"是佛寺的"和尚家风"。名山极佳的生态环境适宜茶树生长,许多寺院僧侣开辟茶园,《庐山志》载:"东汉时佛教传入我国,当时梵宫寺院多至300余座,僧侣云集,攀危岩,冒飞泉,竞采野茶以充饥渴。名寺亦于白云深处劈岩削谷,栽种茶树焙制茶叶,多云雾茶。"许多名茶便是由寺院僧侣栽种制作,如碧螺春由北宋时期苏州洞庭西山水月庵山僧采制的水月茶演变而来,黄山毛峰、休宁松萝、西湖龙井、普陀佛茶、径山茶、惠明茶等名茶最初都产于寺院或由僧人创制。

不少名茶产于风景名胜区,是风景名胜区的有机组成部分。《解放日报》1999年1月16日刊登的中国十大名茶:江苏碧螺春,西湖龙井,安徽毛峰,安徽瓜片,恩施玉露,福建铁观音,福建银针,云南普洱茶,福建云茶,江西云雾茶。美联社和《纽约日报》2001年3月26日同时公布:西湖龙井,黄山毛峰,洞庭碧螺春,安徽瓜片,蒙顶甘露,庐山云雾,信阳毛尖,都匀毛尖,安溪铁观音,苏州茉莉花是中国的十大名茶。《香港文汇报》在2002年1月18日公布:西湖龙井,江苏碧螺春,安徽毛峰,安徽瓜片,福建银针,安徽祁门红茶,都匀毛尖,武夷岩茶,福建铁观音,信阳毛尖是中国的十大名茶。目前茶业界把云南普洱茶、台湾冻顶乌龙茶也列入十大名茶之列。

表4-1 名茶产地与风景区

	所在地区	世界遗产地	世界地质公园	A级风景区
西湖龙井	浙江杭州	世界文化景观		西湖5A
苏州碧螺春	江苏苏州	世界文化遗产		5A
苏州茉莉花茶	江苏苏州	世界文化遗产		5A
黄山毛峰	安徽黄山	世界自然遗产	√	5A
祁门红茶	安徽祁门			
六安瓜片	安徽六安			齐云山4A
安溪铁观音	福建安溪			

(续表)

	所在地区	世界遗产地	世界地质公园	A级风景区
福建银针				
福建云茶				
武夷岩茶	福建武夷山	自然与文化遗产	√	5A
庐山云雾茶	江西庐山	世界文化景观	√	5A
君山银针	湖南岳阳			洞庭湖君山4A
蒙顶甘露	四川雅安	世界自然遗产（四川大熊猫栖息地）		蒙顶山4A
都匀毛尖	贵州			
信阳	河南信阳			信阳大别山4A
普洱	云南普洱			
冻顶乌龙	台湾			

从表格中，我们可得知我国许多名茶产自风景名胜区，其中有七种茶叶来自世界遗产地，茶地本身便是风景绝佳处，不少被列入为5A、4A旅游景点。

四、茶事井泉

许次纾《茶疏》曰："精茗蕴香，借水而发，无水不可与论茶也。"张大复《梅花草堂笔谈》云："八分之茶，遇十分之水，茶亦十分矣；八分之水，试十分之茶，茶只八分耳。"名茶、名山、名水三者缺一不可，相互映衬。"自古以来，大凡名茶，包括历史的，或是新创制的名茶，几乎全长于名山之坡，汲于名泉之水"。①水为茶之母，茶的色、香、味、形，总是通过水的冲泡，方能得到展示与体现。人们常把"石泉佳茗"并提，以享受饮茶的真味，古时帝王将相、文人骚客、僧侣道士，为了品得一杯好茶，不惜重金"千里致水"，发出"平生于物原无取，消受山中水一杯"（张一元《饮龙井》）的感慨。名泉、名湖、名瀑这些宜茶之水，都是宝贵的茶文化自然资源。杭州的虎跑泉水质纯净，甘冽醇厚，用虎跑水泡龙井茶，清香溢口，沁人心脾，被誉为西湖双绝。

济南是中国的泉城，"家家泉水、户户垂杨"，据统计有四大泉域，十大泉群，733个天然泉，是举世无双的天然岩溶泉水博物馆，趵突泉被康熙誉"天下第一泉"，金代著名诗人元好问认为趵突泉"以之瀹茗，不减陆羽所第诸水云"。明朝刘敕在《跂王用生趵突泉诗》中写道："香烟半杂茶烟，树色遥连山色。即蓬阁阆苑，不胜于斯。"以趵突泉水泡茶，比甘露还要甜美，能够消减尘

---

① 姚国坤，张莉颖．名山名水名茶[M]．北京：中国轻工业出版社，2006：57

世的庸俗。同时济南又是"北方茶都",茶叶经济繁荣,茶文化底蕴深厚。但长时间以来,一直没有一个活动把泉水文化与茶文化有机结合起来。2013年借着第十届中国艺术节、济南泉水节两大盛事都在济南举办的契机,泉韵茶香博览会应运而生。博览会于8月31日至9月1日在泉城广场和济南府学文庙举行,精选全国名优茶叶品牌现场设展,进行品牌展示、茶艺表演、斗茶比赛、品茗颂泉活动。同时还举办茶具、紫砂、字画、健康饮水品牌和净水机等相关行业展示,并现场邀请专家鉴定。博览会现场将设立茗茶品鉴区,举办"万人品茗"活动,让参与市民能够上午赏泉亲泉,下午品茗赋诗,晚上欣赏茶艺表演和文艺演出。博览会分三大展区,涉及水类、紫砂茶具及茶业产品文化。泉韵茶香博览会是首届济南泉水节的重要组成部分,对弘扬泉茶文化,推动茶叶经济发展,提升济南城市形象有积极作用。

贵州石阡有"中国苔茶之乡""中国矿泉水之乡""中国温泉之乡"等诸多称号,石阡苔茶为"贵州三大名茶"之一,具有栗香持久、滋味醇厚等特点。石阡地热资源富含氡、锂等微量元素,既可饮用又可医用,境内有自然出露泉眼20处36个,其矿泉水中富含氡、硒、锶、锂、锌、偏硅酸等人体所需微量元素20余种。石阡还有着千姿百态、保存完好的生态自然旅游资源、神秘古朴的古夜郎文化、风情各异的民族民间文化等人文旅游资源,通过大力开发茶文化旅游,带动周边旅游资源,使石阡成为贵州东线精品旅游线路。2011年9月举办了"中国苔茶之乡石阡首届苔茶文化旅游节"。致力打造"贵州省长寿之乡""中国最佳休闲旅游目的地""中国营养健康产业示范基地"。

拓展阅读

福鼎山水美、中国好白茶:福鼎茶旅融合新格局

福鼎产茶历史悠久,是全国十大产茶县(市)之一,也是全国茶树优良品种福鼎大白茶、福鼎大白毫的发源地,被授予"中国白茶之乡""中国名茶之乡""中国茶文化之乡"的称号。福鼎白茶先后成功入选"奥运五环茶""中国世博十大名茶",连续四年进入中国茶叶区域公用品牌价值十强,被评为"2011年消费者最喜爱的中国农产品区域公用品牌"福鼎白茶制作技艺也列入了第三批国家级非物质文化遗产保护名录。

近年来,福鼎市委、市政府立足自身独特的茶叶资源、特点和优势,坚持以弘扬茶文化、发展茶产业为主线,按照"做强产业、打造品牌、促农增收、服务民生"的发展思路,积极引导广大茶企、茶农共同打造福鼎白茶公共品牌,有效推动福鼎白茶产业

的又好又快发展。

　　山水和茶是福鼎最重要的两张烫金名片。为了充分发挥好这两大天然优势,近年来,福鼎依靠秀美的山水与茶叶两大资源,尝试在两个产业的发展中相互借鉴、相互造势,逐步摸索出一条以旅带茶、以茶带旅、茶旅互动的"茶旅结合"新路子,"百姓富、生态美"是福鼎茶旅结合的终极目标。

　　在近年的各类推介会上,福鼎都将旅游和茶叶紧紧捆绑在一起。在旅游推介会上,少不得有各类茶叶展示,而在茶叶推介会,福鼎展区的背景中也绝对缺不了太姥山等景区图片。此外,近期福鼎还将通过统一规划、统一广告、统一标识,推出一批独具福鼎特色的茶叶、茶具、茶食品为主的茶旅产品。2013年1月,中央电视台电影频道、北京中视远图影视传媒有限公司和福鼎市联合拍摄的电影《高手》,取景于太姥山、嵛山岛、翠郊古民居等风景名胜区,全面演绎福鼎白茶文化,极大促进了福鼎白茶文化与电影艺术、旅游产业的深度融合。

　　福鼎还在自身旅游线路的设置上,旅游活动内容的安排上,将茶产业和旅游业结合得更加紧密,出台优惠政策鼓励各茶叶企业学习借鉴法国葡萄酒庄园的生产经营模式,建立集茶叶生产、观光旅游于一体的茶叶观光体验园,着力打造一批集生产、加工、文化传播、旅游观光、品牌营销、形象展示为一体的精品生态茶园旅游观光区。同时,大力弘扬茶乡独特的民俗风情,开发茶文化旅游产品,树立具有地方特色、充满民俗风情茶旅品牌形象。截至目前,已有品品香白茶庄园和绿雪芽白茶庄园落户建成,还有一批庄园正在加快规划建设中。

　　2014年2月9日,福鼎市首次召开了以"互融互动、共谋发展"为主题的茶旅座谈会。会上达成了5条共识:成立一个茶旅发展机构、形成一条茶旅发展思路、开辟一批茶旅旅游路线、推出一批茶旅产品、培训一批茶旅宣传队伍。据悉,2014年福鼎市在茶旅产业发展上将会有一系列的举措,在全国各项旅游推介上,将会有福鼎白茶的身影,而福鼎白茶在广州、天津、济南等6大城市的展会上,也会有太姥山形象的亲密相伴。

　　2014年,以"清新福建·茶香九州"为主题的寻找福建最美茶乡系列茶旅活动日前在海交会上启动。海峡两岸茶业交流协会联合茶企与旅行社首次发布了"福鼎白茶之旅""武夷山大红袍金骏眉之旅""安溪铁观音之旅"等3条我省"最美茶乡之旅"

线路。据了解,这些旅游线路设计包括了名山寻茶、制茶工艺欣赏、制茶体验、参观茶庄园、品茗茶会、寻访茶乡风土人情等精品内容。其中,"福鼎白茶之旅"有两日游和三日游两种线路。"福鼎白茶之旅"线路涵盖了"海上仙都"太姥山、"华夏古建筑活化石"白琳翠郊古民居、福鼎白茶庄园、中国白茶第一村——点头镇柏柳村、千年古刹资国寺等著名景点。

第三节 茶文化旅游的人文资源

人文旅游资源是指古今社会人类活动所创造的具有旅游吸引力,为旅游业所利用,产生经济、社会、生态效益的物质和精神财富,是历史现实与文化的结晶。大自然赋予了我国丰富的茶文化自然资源,劳动人民则集体创造了丰厚的茶文化人文资源,除了大量文化景观之外,还有大批的非物质文化遗产,目前被列入国家级非物质文化遗产名录的分属传统戏剧、传统手工技艺、传统音乐和民俗四大类。茶文化古迹、茶事活动、茶文学作品、茶俗、茶歌茶舞是我国传统文化的瑰宝,也是茶文化旅游中的宝贵人文资源。

一、茶文化古迹

古迹指"人类社会发展历史过程中留存下来的活动遗址、遗迹、遗物及遗风等"[1]。我国饮茶已有数千年历史,现仍保留着不少古代用作栽茶、制茶、评茶、制作茶器、进行茶事活动的场所遗址。这些茶文化古迹铭刻着茶文化的古老故事,是世界茶文化的宝贵遗产,也是茶文化不可再生的重要资源。

茶文化古迹具有很强的审美特征,也是传统茶文化的实证依据,保留了古代茶文化的原本面貌,可谓是"天然茶叶博物馆"。近些年来,各地的考古调查发现,挖掘出土的有关茶的文物、古迹不断有报道,在陕西法门寺出土了一套唐代宫廷御用的金银茶具;在浙江长兴顾渚山,发现了唐代贡茶院遗址、金沙泉遗址和一些茶事摩崖石刻;在福建建瓯,发现并考证了记载宋代"北苑贡茶"摩崖石刻八十字全文;在河北宣化出土的古墓中发现有辽代的古茶具和不少有关煮茶、奉茶、饮茶的壁画。这些考古发现,对研究茶的历史、文化具有重要的意义。

在今天,人们通过这些珍贵的茶文化古迹遗存,可以窥探出各个历史时期茶事活动和茶俗风情。随着时代的发展,很多人产生怀旧心理,凭吊怀古已经

---

[1] 甘枝茂,马耀峰.旅游资源与开发[M].天津:南开大学出版社,2005:124

第四章
当代中国茶文化旅游的产生与发展

成为非常重要的旅游动机。通过参观茶文化古迹,能使游客对茶史有更为直观的感受,满足文化寻根、怀古思幽之情。姚国坤等人更指出:"搜集和挖掘中国茶文化遗迹,进而进行整理和修复,这对繁荣茶文化事业特别是对促进茶业旅游经济的发展,既有现实作用,又有深远意义。"①

在现存的中华茶文化遗迹中,在历史有过重大作用的、具有较大影响力的有近百处。在这些遗迹中,既有 2 000 年以前的名山皇茶院、邛崃文君井等,又有 1 000 年以前的天台山葛玄炼丹茗圃、长兴贡茶院、法门寺地宫茶具、茶马古道、赵州观音院、辽代茶壁画等,至于 500 年以上历史的茶文化遗迹为数更多。

福建建瓯北苑御茶园遗址保护完好,位于东峰镇凤凰山,凤凰山的"北苑凤翼庙"建于北宋年间,是历代茶农、茶工祭祀被尊为茶神的北苑御茶园始祖张延晖的庙宇。御茶园发现了凿字岩摩崖石刻,石刻高约 3 米,长约 4 米,宽约 2.5 米,岩石下面刻有楷书八十字,为北苑茶园纪事文:

建州东,凤凰山,厥植宜茶,惟北苑。太平兴国初,始为御焙。岁贡龙凤上。东东宫,西幽湖,南新会,北溪属,三十二焙。有署暨亭榭,中曰御茶堂。后坎泉甘,宗之曰御泉。前引二泉,曰龙凤池。庆历戊子仲春朔柯适记。

根据石刻落款,已明确表明石刻为宋仁宗赵祯庆历八年(1048 年)之作,即北苑御茶园最盛之时所刻。"凿字岩"石刻为考查北苑贡茶(龙凤团茶)的历史提供了有力的实物依据。北苑还发现北苑六角井遗址一处和作坊遗址多处。其中六角井遗址是否为原北苑的"龙凤池""乘风堂",尚待进一步的考古发掘加以证实。

河北宣化发现的辽代古墓有煮茶、奉茶、饮茶的壁画,内容都与宋代推行的点茶有关。在六座辽墓中,出土随葬品 300 余件,其中属于茶器类的,约四五十件,表明这些墓葬的主人,生前十分爱茶。这些壁画和茶具是墓主人生前生活的反映,也是中国北方民族饮茶习俗的真实写照,具有很高的研究价值和审美价值。

我国人民除了讲究茶叶的形、色、香、味,水的清、活、轻、甘、冽之外,还十分讲究茶具的选用。茶和茶具是珠联璧合的文化载体,茶具有着极为丰富的茶文化内容。1987 年陕西扶风县法门寺地宫出土了一系列唐代宫廷金银茶具,这是我国目前所知时间最早、组合最完整、等级最高的成套茶具,也是世界上发现时代最早、等级最高的宫廷茶具。这套茶具现陈列于法门寺珍宝馆,包括了茶碾子、茶罗子、银火箸、银坛子、结条笼子等,分别对应了烘焙、研磨、过

---

① 姚国坤,姜培发,陈佩珍.中国茶文化遗迹[M].上海:上海文化出版社,2004:1

筛、烹煮、饮用、贮藏等唐朝宫廷茶道的全过程，完全印证了陆羽写的《茶经》中的有关内容，用实物讲述了中国茶文化的源流和发展过程。法门寺博物馆建立了"茶文化历史陈列厅"，恢复"清明茶宴"，编排"宫廷斗茶"表演，吸引了大批游客，成为非产茶区具有极高文化品位的旅游产品。

古茶园是古老农业生态系统和农业生物多样性的重要见证。近几年，我国陆续发现了多处古茶场。2005年，浙江磐安发现一处有着上千年历史的古茶场，其现存建筑为清乾隆年间集资修建，分为茶场庙、茶场管理房和茶场三大部分，结构保存完好，建筑面积达1 500平方米。2006年国务院公布玉山古茶场为全国第六批重点文物保护单位，玉山古茶场称得上是茶业发展史上的"活化石"。2012年，经专家考证，安徽岳西县温泉镇资福村为宋代榷茶制度下的"六榷货务十三场"中的舒州罗源场所在地。罗源场的发现，佐证了宋代潜山县汤池畈茶叶生产和贸易的史略。

我国茶区辽阔、历史悠久，各地有待挖掘和保护的与茶有关的历史遗迹很多，如摩崖石刻、建筑、古墓、器具、碑、亭、井、园等，凡有保存价值的，都应力求保护好、管理好。

二、茶事活动

从茶树的种子、枝干到果实，从一片叶子到杯中的饮料，关于茶事，历代茶人进行了无数次探索和尝试。古往今来，茶之种、之制、之器、之藏、之饮、之用各有其术，各有其道，各有其情，形成了异彩纷呈的茶事活动。

国务院先后于2006年、2008年和2011年公布了三批国家级非物质文化遗产名单，共评选出1 291项国家级非物质文化遗产项目。在"传统技术"类别中，每批的名单中都不会少了茶的身影。绿茶、红茶、乌龙茶、黑茶、青茶、白茶、花茶制作工艺赫然在列。

"非物质文化遗产"是文化遗产的重要组成部分，是历史的见证和中华文化的重要载体，蕴含着中华民族特有的精神价值、思维方式、想象力和文化意识，体现着民族生命力和创造力。我国种茶、制茶已有数千年的历史，制茶技艺凝聚着劳动人民智慧的结晶，本身极富美感，不少茶文化旅游区便有现场制茶工艺表演，吸引了众多游客的眼球。

2013年5月，国内首个黑茶文化舞秀《黑茶印象》在长沙隆重公演，这是湖南省第一次将国家级非物质文化遗产——安化黑茶搬上舞台。为更好地推广安化黑茶的历史文化和健康价值，促进安化黑茶产业的快速发展，湖南华莱与长沙琴岛合作，倾力打造了《黑茶印象》大型文化舞秀。该节目时长20分钟，通过祭茶、种茶、采茶、制茶、运茶及远播西域、欧亚等几个重要篇章，结合琴岛演艺中心专业、强大的影音特效和3D视觉效果，高品质、高规格地再现了茶马古道悠远厚重的黑茶文化。而为突出黑茶文化的神秘和独特,节目中更是多次采用高难度的杂技表演,充分展现了安化黑茶的文化内涵。比如在采茶环节,背着背篓的茶农攀爬至山崖高处,摘下一支新茶,淋漓尽致地诠释了"安化黑茶,山崖水畔,不种自生"的意境;还有茶仙子从天而降,用力量和柔美传递黑茶的健康理念;节目最后的飞天飘舞,则寓意了安化黑茶必将享誉全球。

表4-2 列入非物质文化遗产名录的制茶技艺

编号	项目名称		申报地区或单位
Ⅷ-63	武夷岩茶(大红袍)制作技艺		福建省武夷山市
Ⅷ-147	花茶制作技艺(张一元茉莉花茶制作技艺)		北京张一元茶叶有限责任公司
Ⅷ-148	绿茶制作技艺	西湖龙井	浙江省杭州市
		婺州举岩	浙江金华市
		黄山毛峰	安徽省黄山市徽州区、黄山区
		太平猴魁	
		六安瓜片	安徽省六安市裕安区
Ⅷ-149	红茶制作技艺(祁门红茶制作技艺)		安徽省祁门县
Ⅷ-150	乌龙茶制作技艺(铁观音制作技艺)		福建省安溪县
Ⅷ-151	普洱茶制作技艺	贡茶制作技艺	云南省宁洱县
		大益茶制作技艺	云南省勐海县
Ⅷ-152	黑茶制作技艺	千两茶制作技艺	湖南省安化县
		茯砖茶制作技艺	湖南省益阳市
		南路边茶制作技艺	四川省雅安市
Ⅷ-203	白茶制作技艺(福鼎白茶制作技艺)		福建省福鼎市

非物质文化遗产与旅游有一种天然的渊源,将制茶工艺开发成旅游产品,即可以作为独具特色的旅游吸引物促进旅游事业的发展,又可以作为保护和传承这些非物质文化遗产的重要手段。

我国有着异彩纷呈的茶事活动,早在唐末,福建闽南地区民间便有"斗茶"的习俗。"斗茶"又称"茗战",即比赛茶叶质量的好坏。安溪"茶王赛"可上溯至明清,是宋元民间"斗茶"传统风俗的文化遗存。每逢新茶上市时,茶农挑选自制的上好茶叶,自带炭火、茶器和山泉水,现场生火煮水冲泡,一溜十几个、数十个排成一行,进行斗形、斗色、斗香、斗味,由茶师轮流品鉴所有参赛者泡制的香茗,从中评出高低。通过一次次斗茶,有助于提高制茶行业的水平,增添生活情趣。现代安溪的"茶王赛"既保留着传统的一面,又赋予了时代新的内涵。举行各种茶事活动中,茶王获得者披红戴绿坐上茶王轿,鼓乐开道,踩街绕村,风光无限,沿袭了"行行出状元"的传统。同时,茶王赛还结合了茶歌、茶舞、文艺踩街、茶王拍卖会、产品展销会、安溪铁观音定点企业授匾等内容,全面展示了安溪铁观音茶文化的风采,大大地提高了安溪的知名度。

三、茶文学作品

"琴棋书画诗酒茶",茶与文学艺术结下了不解之缘。茶人诗词、茶人画、茶人书法、茶人戏、茶谚、茶楹联等,茶与艺术的交融,从古至今都广为流传。茶极富审美内涵,唐代诗人元稹曰:"茶,香叶,嫩芽,慕诗客。"饮茶可激发灵感,促神思,助诗兴。以茶益思,诗词歌赋自是广为流传。人们往往以诗词、绘画、书法、戏曲、小说等多种文学形式表现茶的魅力。我国历代著名诗人、文学家大多写过茶诗,如李白、皎然、卢仝、白居易、范仲淹、欧阳修、苏东坡、黄庭坚、陆游、王士祯等诗人都有赞茶颂茶之作。从西晋到当代,茶诗作者约八百七十多人,茶诗达三千五百余首。从一定意义上说,茶叶审美首先繁荣了文学艺术。

从出土文物和博物馆收藏品来看,初唐时已有表现茶事的绘画,对研究饮茶习俗有很高的价值。饮茶能使画家妙笔生花,明代著名书画家文徵明的传世佳作《品茶图》就因与友人品尝新茶而萌动了创作的欲望,他在署款时写道:"嘉靖辛卯,山中茶事方盛,陆子傅过访,遂汲泉煮而品之,真一段佳话也。"正是由于与好友煮茶品茗,促膝清谈,极一时之雅兴,才有此风流蕴藉的雅作流传于世。

我国古代小说中有着丰富的茶文化内涵,如《红楼梦》《镜花缘》《金瓶梅》等对茶俗、茶道、茶疗、茶事等有着细致的描写。王旭烽"茶人三部曲"获得第五届茅盾文学奖,茅盾文学奖是中国具有最高荣誉的文学奖项之一,影响力深远。"茶人三部曲"有机地把茶的盛衰与茶人杭氏家族的命运遭遇和国家民族的兴衰融合在一起,同时生动地再现了中国博大精深的茶文化,将茶文化与民族的精神、民族的性格和文化品格接通了。"茶人三部曲"宣传了杭州的龙井茶文化,目前,三部曲之一的《南方有嘉木》正拍摄为电影,搬上大银屏之后,将会推动杭州乃至全国的茶产业发展。

茶文学作品提高了茶叶的知名度,其本身也是旅游资源。庐山钟灵毓秀,受到众多文人士大夫的青睐,共流传下 4 000 余首描写庐山山水的诗词曲赋。庐山茶叶也与文人结下了不解之缘。相传东林寺高僧慧远以自种之茶招待陶渊明,与其吟诗饮茶,叙事谈经,终日不倦。白居易贬官江州司马后,过着半隐半宦的生活,时常往游庐山,称"匡庐奇秀甲天下山"。在庐山众多山峰中,他对香炉峰情有独钟,以其"云水泉石,胜绝第一",故在香炉峰遗爱寺附近修建"三间茅舍向山开,一带山泉绕舍回"的草堂。在草堂,白居易与大自然和谐共处,"药圃茶园为产业,野麋林鹤是交游"(《重题》),他亲自辟茶园、种茶,"架岩结茅宇,斫壑开茶园"(《香炉峰下,新置草堂,即事咏怀,题于石上》)。白居易酷爱饮茶,据统计,《白居易集》中关于茶的诗歌便有60余首,白居易嗜茶,早晚都离不开茶,喜欢饮茶以促诗兴,"移榻树阴下,竟日何所为?或饮一瓯茗,或吟两句诗"(《首夏病间》)。1994年考古队在洛阳白居易故居发现了唐代瓷器有壶、杯、茶托、茶碾、茶碾槽等13种,总共有800余件,其中大部分为茶器。① 在香炉峰草堂,白居易过着"飞泉植茗,就以烹燀,好事者见,可以永日"(《庐山草堂记》)的闲适生活,临走时仍念念不忘。1987年,庐山管理局将白居易在香炉峰的草堂重修在花径亭附近的莲池畔。著名茶文化专家陈文华认为庐山应该建一个茶文化主题公园,并建议将"花径"改造成为"白居易茶文化公园",利用现有的景观增添茶文化内容,就近移植茶树,再现白居易植茶品茗的生活场景,在园内开辟一个茶诗画馆,用来展示历代名家的诗画作品。

四、茶歌茶舞

茶与民间歌舞有着不解之缘,人们在长期的茶事活动中,形成了极为丰富的茶歌茶舞,这些茶歌茶舞是珍贵的非物质文化遗产。

表4-3 列入国家级非物质文化遗产的茶歌茶舞

类别	项目名称
1. 传统戏剧	采茶戏(湖北省阳新县,江西高安、抚州,广东粤北)
2. 传统音乐	茶山号子(湖南省辰溪县瑶乡)

我国是茶文化的发源地,也是世界上唯一由茶事发展产生独立的剧种——"采茶戏"的国家。采茶戏,是流行于江西、湖北、湖南、安徽、福建、广东、广西等省区的一种戏曲类别。在各省,每每还以流行的地区不同,而冠以各地的地名来加以区别。如江西的"赣南采茶戏"、广东的"粤北采茶戏"、湖北的"阳新采茶戏"等。这种戏,尤以江西较为普遍,剧种也多。如江西采茶戏的剧种,即有"赣南采茶戏""抚州采茶戏""南昌采茶戏""高安采茶戏""武宁采茶戏""赣东采茶戏""吉安采茶戏""景德镇采茶戏"和"宁都采茶戏"等。这些剧种虽然名目繁多,但它们形成的时间,大致都在清代中期至清代末年的这一阶段。江西采茶戏,主要发源于赣南安远、信丰一带,采茶戏与采茶有关。明朝时期,赣南、赣东、赣北茶区每逢谷雨季节,劳动妇女上山,一边采茶一边

---

① 赵孟林,冯承洋,王岩,李春林.洛阳唐东都履道坊白居易故居发掘简报[J].考古,1994(8):693

唱山歌以鼓舞劳动热情,这种在茶区流传的山歌,被人称为"采茶歌"。由民间采茶歌和采茶灯演唱发展而来,继而成为一种有人物和故事情节的民间小戏,由于它一般只有二旦一丑,或生、旦、丑三人的表演,故又名"三角班"。采茶戏表演欢快,诙谐风趣,载歌载舞,喜剧性强,富有浓郁的乡土气息,颇受群众喜爱。江西的许多现代民乐也深受采茶调的影响,著名的有《斑鸠调》《江西是个好地方》等,就连电影《闪闪的红星》的插曲也吸收了采茶调风格。陈宾茂、万安安、吴燕城等三人作为采茶戏的代表被列为第四批国家非物质文化遗产传承人。

采茶戏与茶文化有着天然的联系,采茶戏直接产生于劳动人民的采茶活动,如果没有采茶和其他茶事劳动,也就不会有采茶的歌和舞;如果没有采茶歌、采茶舞,也就不会有广泛流行于我国南方许多省区的采茶戏。所以,采茶戏不仅与茶有关,还是茶叶文化在戏曲领域派生或戏曲文化吸收茶叶文化形成的一种灿烂文化。采茶戏既展现了茶叶生产劳动的场景,也展现了风土人情。采茶戏丰富了产茶区的茶文化,其诙谐幽默的表演受到不少年轻观众的喜爱。

同时,借助茶文化旅游,采茶戏获得了传播的新途径。一些地区在发展茶文化旅游时,便重新打造采茶戏这一古老戏种,如江西遂川召开茶文化旅游节时,便在晚会上表演具有浓郁特色的采茶戏,受到外地游客的一致赞赏。一些研究学者提出将采茶戏运用到茶文化旅游的开发中来,如钟俊昆、魏丽英《论赣南采茶戏的旅游开发》[1],谢娜、肖著华《论粤北采茶戏与文化旅游的结合》[2],钟俊昆、毕剑《从戏曲旅游看非物质文化的开发利用——以赣南客家采茶戏为例》[3]等文章便探讨了采茶戏与茶文化旅游结合的可行性。

在其他的戏曲活动中,茶也成为演员的道具、观众的饮品、戏曲作家提神醒脑的必需品。汤显祖在其传世佳作《牡丹亭》吸收了采茶歌的曲调,并以茶为名创立了著名的艺术流派"玉茗堂派"。茶与戏曲有着不解之缘。宋元之时已有戏曲艺人在酒楼、茶肆中做场,及至清代才开始在茶馆内专设戏台。当时剧场以卖茶点为主,演出为辅,座位只收茶钱不售戏票,观众一边喝茶,一边听曲,久而久之,茶园、戏园,二园合一,所以旧时戏园往往又称茶园。所以有人说"戏曲是茶汁浇灌起来的一门艺术"。

茶山号子是瑶民在劳动生活中所形成的一种极为特别的民歌演唱形

---

[1] 钟俊昆,魏丽英.论赣南采茶戏的旅游开发[J].特区经济,2007(9)
[2] 谢娜,肖著华.论粤北采茶戏与文化旅游的结合[J].韶关学院学报,2010(4)
[3] 钟俊昆,毕剑.从戏曲旅游看非物质文化的开发利用——以赣南客家采茶戏为例[J].生态经济,2008(2)

式。茶山号子主要分布在辰溪县的黄溪口镇、罗子山瑶族乡、苏木溪瑶族乡、土蒲溪瑶族乡一带。茶山号子源于明清,是几千年来繁衍在这里的瑶族人民在秋季挖茶山时为解除疲劳、振奋精神、统一劳动节奏而创作出来的独具特色的民间歌谣。真正有记载的是从一代歌王舒黑娃(1909年)始。当时"茶山号子"已经无人能唱,舒黑娃从老一辈口述中吸取了一点经验,从小勤学苦练,摸索和掌握了一套演唱"茶山号子"的方法。但因"茶山号子"发音奇高,很难掌握,让人望而生畏,至目前,会唱"茶山号子"的人已寥寥无几。

在民间歌曲中,也有着丰富的茶文化元素。以安徽贵池罗城民歌为代表的贵池民歌分为山歌、号子和小调三大类。其中"秧歌""慢赶牛"形式独特,它以山、茶、水等为内容,反映民间劳动和生活情景,具有浓郁的江南乡土风情和韵味,且兼有歌舞说唱,形式活泼、生动,节奏自由,曲调悠长。

五、茶风茶俗

民俗,即民间风俗,是一种传承的社会文化现象,包括居住、服饰、饮食、生产、交通、工艺、家庭、村落、民间职业、岁时、婚丧嫁娶、宗教信仰、各种禁忌等,它是在共同地域、共同历史的作用下,形成积久成习的文化传统。民俗是活跃的旅游资源,民俗具有鲜明的地方性。民俗对各地旅游者有一种新奇感,与生活贴近,最易使人认同。

云南是我国少数民族最多的省份,茶文化旅游有着浓郁的民族特色,到大理旅游,游客都会品尝白族的"三道茶",在其他民族聚居区,游客还可以感受各种少数民族的饮茶风俗,如苗族的虫茶、彝族的烤茶、纳西族的龙虎斗茶、傈僳族的油盐茶、傣族的竹筒茶、氐族的偎茶、布朗族的青竹茶等。七彩云南多姿多彩的茶俗,令游客耳目一新,饱足口福,也增长了许多见识。

六、茶古道

茶是重要的物资,古时交通不便,在一些山区和边疆,为了方便茶叶运输,开辟了多条茶古道,这些古道通过人力、马匹、独轮车等方式,将茶叶从原产地源源不断地输入广袤的大地,远涉边疆,有些甚至远达国外。茶古道不仅是茶的运输通道,也是民族、国家之间友谊的桥梁。这些茶古道是非常重要的茶文化旅游资源,沿途有着数不清的美景和古迹。近些来,西南茶马古道、中俄茶叶之路、海上茶叶之路的价值重新获得了肯定。宁德三都澳正在筹备申报"海上茶叶之路"世界文化遗产,而泉州和宁波也多次提出各自发展"海上茶叶之路"的证据。

茶马古道源于唐宋时期,是内地与藏区茶马贸易的古代交通线路,茶马古道主要有川藏、滇藏两条线,全长数千千米,穿行于世界著名的横断山脉。

茶马古道分布着灿若繁星的古村镇,这些古村镇,有的已列入世界遗产,有的已列为历史名城、名镇,而有的至今还原生态地躺在古道深山。茶马古道有丰富的文化宝藏,有著名的德格印经院、藏传佛教寺庙塔林、年代久远的摩崖石刻、古色古香的唐卡壁画和芒康古盐井等。茶马古道有雪山、峡谷、草原,被称为"世界上唯一的综合性地质博物馆",集险、峻、奇、伟、秀为一体。专家评估这是条世界级的旅游线路,川、滇、藏三省区已经着手打造这一世界级旅游绝品。

拓展阅读

武当山八仙观道茶之旅

武当山是道教名山和武当拳的发源地,被誉为"亘古无双胜境,天下第一仙山"。武当山地处鄂西北秦巴山区,十堰市的竹山和房县西南部山区古称巴国之地,正是陆羽《茶经》里所说的茶的产地巴山之地,是道茶文化的发祥地。

武当道茶,因其武当太和山,亦名太和茶。道人饮此茶,心旷神怡,清心明目,心境平和气舒,人生至境,平和至极,谓之太和,由此,成为名茶和贡品。武当道茶源远流长,博大精深。但由于历史的沧桑,武当茶树在新中国成立前夕,除深山中野生的茶树外,树龄上百年的家植茶树所剩不多,武当道茶的制作工艺则也隐藏于道人或武当山民间。

1984年湖北省茶叶协会组织专家学者来八仙观等村,通过对八仙观村的土壤、气候、茶叶内质等进行考察论证,认定武当名山出名茶,结合绿化美化景区,撰写出了关于建立武当山名茶基地的报告,丹江口市决定在武当山八仙观村等建立名茶基地。1986年,八仙观村在村主任王富国带领下复垦了荒芜的茶园,结合荒山绿化、退耕还林和发展旅游观光林业,兴建茶园1 000亩(约66.7公顷)。为弘扬道茶,创名茶,王富国苦读陆羽《茶经》,向武当道人求艺,先后向全国20多名著名茶叶专家拜师,考察近百家茶场,引进优质茶树,分期分批将20多名年轻员工送往农业大学和茶叶研究所等学习,结合武当道茶特色,潜心研究,探索出了一套八仙观茶叶总场独特的制茶工艺,生产出了武当系列名茶。由于武当山八仙观独特的地理环境,科学施用有机香饼肥料,2001年所产道茶一次性通过欧盟绿色有机食品认证,又因其武当道茶在国内外享有盛名,2002年被国家农业部授予

"中国道茶之乡"。据2013中国茶叶区域公用品牌价值评估显示，武当道茶品牌价值评估14.57亿元。

多年来，八仙观村按"支部+企业+农户"的集体经济模式，创新发展思路，以武当道茶文化为依托，大力发展旅游经济，打造文明和谐武当道茶文化旅游村，将道茶表演与武当文化完美结合，与武当武术文化、武当民俗文化、武当民歌表演、生态有机茶园、旅游观光农业文化结合一起，并有效延伸武当道茶产业链。

"道茶出自道人，道人传承茶道"，武当山八仙观茶叶总场不仅把道家制茶和现代制茶工艺融为一体，潜心研究道茶养生之术，研制了久负盛名的武当道茶系列，而且还不断挖掘整理了道茶茶艺，在中国茶叶博物馆多位茶艺教授的帮助下于1991年成立了武当道茶茶艺团，先后为同行和社会培训茶艺师200多名，现有20名高级茶艺师。本团在做大做强武当道茶产业过程中，以铁棒磨绣针和苦练武当剑的毅力，成功地练就了武当针井、武当银剑、武当工夫茶等系列道茶茶艺，曾近百次参加省部级农业博览会和茶叶界茶艺表演比赛等大型活动，多次荣获"优秀茶艺表演队"称号。基于此，该团以武当工夫茶茶道为特色文化扩大交流，不断创新，培植有机茶出口基地，打造武当知名品牌在国际市场上的"创牌"。

武当道茶表演还有其独到之处，就是融道家的"天人合一""道法自然""修性养生"，并与宗教文化、武当武术文化、宫观道乐、道教医药、武当名山秀水等融为一体，其茶艺更为独特绝妙。武当工夫茶沏泡十八道工艺表演：焚香静气、火沸甘泉、孔雀开屏、请客酬宾、大彬沐壶、青龙入宫、高山流水、春风拂面、乌龙入海、重洗仙颜、天女散花、道法自然、再注甘露、真武巡城、三军点兵、珠联璧合、鲤鱼翻身、捧杯敬茶。

近年来，随着旅游经济的发展，武当山八仙观茶叶总场代表湖北省知名品牌产品，先后赴日本、马来西亚、新加坡、泰国及香港地区参加经贸洽谈会和茶文化交流会，受到高度称盛赞。"问道武当山，品茶八仙观"，一些海内外知名人士、茶道专家、文艺影视界、武术名家慕名来八仙观村寻访武当道茶，听道茶故事，观光生态茶园。同时，武当道茶还引起了国内外电影、电视剧组的慕名取景与摄制。2008年先后有中央电视台《问道武当》电视纪录片、美国好莱坞著名导演克里斯蒂·里比执导的《圣山》电影、中国著名导演张纪中执导的新版《倚天屠龙记》电视剧等慕名来八仙观取景拍摄,宣传武当道茶文化。

随着武当山旅游经济的发展,八仙观村也成了生态旅游观光的好去处。八仙观村借助武当山旅游环保车在村里固定停靠的契机,投资180余万元,兴建了长达近两百米1 500多平方米的武当道茶文化茶艺长廊,方便游客在此品茶听歌看表演,欣赏民俗文化和购买土特产,成为武当仙山琼阁的一道亮丽的风景线。

第四节 茶文化旅游的理论探索

改革开放以来,我国旅游业的发展进入一个新纪元。20世纪80年代末至90年代初,一些茶文化资源丰富的地区开展茶艺表演、茶俗参观、茶园观光等活动,一些专家陆续提出发展茶文化旅游的建议。

1992年,"茶文化旅游"作为一个独立概念首次出现在郑宝润发表的《闽北风景资源及其旅游开发》①一文中,作者分析了闽北地区丰富的旅游资源,针对闽北茶文化旅游资源丰富的特点,提出开展形式多样、丰富多彩的茶文化旅游,为中外旅游者增添乐趣。1997年杨小泽《旅游新一族——茶文化旅游》②一文介绍了新兴的茶文化旅游,作者从旅游线路、旅游观光景点、购物和服务、餐饮、娱乐、住宿等旅游要素向读者展现了一种全新的茶文化旅游。这篇文章首次将"茶文化旅游"视为独立研究对象的论文,标明茶文化旅游的概念已初步成形,茶文化旅游作为一种独立的旅游方式进入到新阶段。2007年,加拿大学者Lee Jolliffe撰写了《茶与旅游:游客、传统和转变》(*Tea and Tourism: Tourists, Traditions, and Transformations*)③一书。书中论述了中国、印度、斯里兰卡、肯尼亚、加拿大、英国等几个重要茶叶生产和消费的国家和地区开发茶旅游资源的潜力。作者对我国几个主要的茶产区做了考察,提出中国未来作为茶文化旅游目的地有着巨大的潜力。

虽然茶文化旅游研究起步较晚,仅有20年的研究历程,但发展迅速,取得了一定的研究成果,研究内容已较为广泛,研究视野逐渐开阔。截止2014年5月,搜索中国知网,以"茶文化旅游"为篇名的期刊论文共284篇,其中20世纪共3篇,新世纪以来共281篇,以茶与旅游为主题的论文共785篇,特别是

---

① 郑宝润.闽北风景资源及其旅游开发[J].1992年区域旅游开发研究会议。
② 杨小泽.旅游新一族——茶文化旅游[J].农业考古,1997(2):45—48
③ [加]Jolliffe, L. Tea and tourism: tourists, traditions and transformations [M]. Clevedon: Channel View Books, 2007.

2010年以来,相关论文呈井喷状态;期刊来源主要有《农业考古》《中国茶叶》《茶叶科学技术》《安徽农业科学》《商场现代化》《中国茶叶加工》《福建茶叶》《茶叶通报》《贵州茶叶》等。出版了一部茶文化旅游专著。各地纷纷举办茶文化旅游研讨会,全国各地举行了多次国际性和地方性茶文化旅游节与茶博览活动,以茶为主题的学术及商业活动也层出不穷,这表明茶文化旅游正处于一个蓬勃发展的阶段,茶文化旅游的研究已成为一门显学。

学者在立足现实的基础上,纷纷献言献策,为茶文化旅游的发展添砖加瓦。学者的理论探索与现实紧密结合,具有实践性、运用性等功能,许多真知灼见对茶文化旅游的开发起到了很好的指导作用。综合前人的研究成果,茶文化旅游研究的内容主要有以下几个方面。

一、开发茶文化旅游的意义

史延廷《振兴茶业的关键所在是发展茶文化旅游》[①]一文指出我国茶产业及茶产品在自身发展壮大中产生了一些问题,如近年来茶产量质量下降、茶叶市场萎靡不振等情况,提出要振兴茶产业,搞茶文化旅游不失为一条捷径。并指出发展茶文化旅游有以下益处:"①弘扬祖国优秀文化,特别是推介、展示中国的茶文化,可给游客以积极向上的文化享受。②开展茶文化旅游可以培育茶人,有利于拓展旅游市场和茶业经济。③在推介茶文化的同时,可提高游客的综合文化素质,客观上可以培养和造就一大批潜在的茶叶消费客源。④由于茶文化旅游本身就直接面向了市场,它所起到的龙头作用、关联带动作用等一下子把茶文化旅游线路、茶旅景点景观、茶品购物、茶食餐饮、茶会娱乐、茶旅住宿等项串联起来,形成以文化旅游为核心的茶旅游消费,无疑刺激了茶叶消费、培育了茶叶消费,也打通了茶业中的呆滞环节,激活了茶市,促进了中国茶产业的良性循环,盘活了资源、资产,带动了整个茶产业的快速发展。仅从此说,茶文化旅游的功劳与贡献是巨大的。"

徐国强、吴华《开发茶文化旅游振兴茶业经济》[②]提出以旅游为龙头,将"茶文化"作为旅游的一个特别项目,将会进一步拓宽黄山旅游发展的路子,旅游兴市,振兴茶业,二者可齐头并进。文章提出一些开发黄山市茶文化旅游的具体构思:提高市民茶文化素质、规划立体生态茶公园、开辟"茶家乐"旅游专线、兴建茶文化特色一条街、开发绿色茶饮旅游产品、兴办黄山国际茶文化节等。

高旭晖、刘桂华《茶业、茶文化与旅游业》[③]一文探讨了茶业、茶文化与旅

---

① 史延廷.振兴茶业的关键所在是发展茶文化旅游[J].农业考古,2000(2):106—108
② 徐国强,吴华.开发茶文化旅游、振兴茶业经济[J].茶业通报,1998(4):39—40
③ 高旭晖,刘桂华.茶业、茶文化与旅游业[J].农业考古,2003(4):59—62

游业之间的密切关系,认为三者是相辅相成的关系,"茶业、茶文化作为特殊的旅游资源已引起了海内外的广泛关注,吸引了大量的游客,促进了旅游市场的形成。旅游的兴盛又带动了茶业市场的发展,并且为茶业、茶文化的发展提供了广阔的空间。所以,茶业工作者及茶文化研究人员应抓住机遇,与旅游部门的同志合作,积极探索茶业、茶文化旅游市场的运行规律,最终达到两个市场有机融合,协调发展,蒸蒸日上。"

林朝赐等《茶文化旅游与茶业经济发展》[①]一文从生态农业旅游中的茶文化旅游的背景、内容及其实践,探讨与分析茶文化旅游与茶产业的关系,并探索了茶文化旅游对茶业经济的影响,认为发展茶文化旅游能够"提高茶产业附加值、推动茶业经济发展、促进茶产品质量提高"。

谭巍、李欣(余悦笔名)(2005)[②]第一次有体系地阐述了茶文化旅游产品,指出茶文化旅游开发,准确定位是至关重要的,并分别从观念定位、客源定位、功能定位、消费定位和融资方向定位几方面对我国茶文化旅游进行了定位研究。

宁晓菊、刘清荣(2005)[③]以江西省作为典型案例进行分析,认为完整的茶文化旅游产品体系由三部分构成:①茶文化旅游核心产品,包括茶文化资源、乡土景观、景区接待与服务等;②茶文化旅游辅助产品,包括与茶文化资源配套的周边环境、古建筑与民间制茶作坊、钓鱼、登山、农业生态园等;③茶文化旅游扩张产品,包括网络信息服务、售后服务等。

二、区域茶文化旅游研究

目前我国茶文化旅游研究的重点在区域茶文化旅游,截止至2014年5月20日,查询中国知网,以"茶文化旅游"为篇目的论文有284篇,除去新闻性、介绍性文章及内容雷同者,有价值的论文共有138篇,其中有大量是立足于研究区域茶文化旅游的论文。

表4-4 茶文化旅游期刊论文一览表

北京	鲍宁《公共空间与城市文化产业旅游——以北京茶文化旅游发展为例》。
山东	宁双、徐伟莲《日照茶文化旅游开发论析》;施荣连、施建林《临沧茶文化旅游资源开发战略构想》;施荣连、赵家泉《临沧茶文化旅游SWOT分析》;阚文文《泰山茶文化旅游资源的开发策略与路径》。

---

① 林朝赐.茶文化旅游与茶业经济发展[J].中国农学通报,2008(2):385—388
② 谭巍,李欣.茶文化旅游的定位与开拓[J].农业考古,2005(2):13—15
③ 宁晓菊,刘清荣.江西茶文化旅游开发论析[J].农业考古,2005(4):10—18

(续表)

陕西	张巧宁《汉中茶文化旅游开发策略》;张巧宁《基于休闲学视角的汉中茶文化旅游开发》;张巧宁、何红《汉中茶文化旅游开发意义与策略》。
河南	于兰兰《信阳茶文化旅游深度开发研究》(硕士学位论文);毕剑、尹郑刚《河南信阳茶叶节发展中的茶文化旅游开发研究》;罗艳玲《论开发信阳茶文化旅游的意义、优势及其策略》;沈克《茶文化开发探析——以信阳市茶文化旅游开发为例》;李迎君《信阳茶文化旅游开发初探》;祝喜、吴郭泉《信阳茶文化旅游开发研究》;渠爱霞《信阳市茶文化旅游产品开发初探》;余兵《信阳茶文化节发展中的茶文化旅游开发研究》;郭文茹《信阳茶文化旅游发展SWOT分析》;罗伟、刘保丽、程丛喜《信阳市茶文化旅游可持续发展研究》。
江苏	陈学林、黄阳《江苏省茶文化旅游产品完整体系的构建研究》;杨舒舒《无锡市茶文化旅游开发初探》;冯卫英、朱世桂、黎星辉《基于层次分析法的茶文化旅游资源评价——以江苏宜兴阳羡茶文化博览园为例》;冯卫英、王玉花、黎星辉《苏州洞庭碧螺春茶文化旅游资源的经济价值评估》;刘传广、王吉梅《赣榆茶文化旅游开发浅析》。
浙江	李海平《浙江茶文化旅游开发对策研究》;沈国斐《杭州茶文化旅游开发探索》;赵浪平《发展杭州茶文化旅游》《发展杭州茶文化旅游(续)》;魏丽英《杭州茶文化旅游发展研究》;瞿葆《浅析杭州茶文化旅游》;杨妮《茶文化初探——以杭州茶文化发展为例》;徐祖荣《杭州茶文化旅游开发研究》;董捷等《杭州茶文化旅游开发研究》;占春萍《杭州茶文化旅游境外市场的拓展——以日本为例》;田佳《杭州茶文化旅游探析》;宗敏丽、祁黄雄、吴健生、冯喆、黄秀兰《茶文化模式研究及开发策略——以浙江顾渚村为例》;魏遐、周倩雯、林枫《茶文化旅游体验质量评价研究——以长兴县顾渚村为例》;罗建其《区域旅游发展理论视角下的长兴茶文化旅游研究》;蔡敏华《丽水茶文化旅游资源的开发》;董葆营《发展新昌茶文化旅游》;包毓敏《湖州茶文化旅游开发的策略与研究》;石秀珍《基于旅游地屏蔽理论的金华茶文化旅游开发研究》(华东师范大学2009年硕士论文)。
安徽	曹霞《安徽茶文化旅游的现状、问题及对策》;钟晓鹏《安徽茶文化旅游产品开发探析》;胡付照、张光生《"茶乡石台"养生茶文化旅游商品开发初探》;程晓丽《池州茶文化旅游开发研究》《九华山佛茶文化旅游开发研究》;钱树伟、苏勤《霍山县茶文化旅游初步研究》;朱生东《黄山市茶文化旅游的现状与发展对策》;张琴《安徽六安茶文化旅游开发研究》(硕士学位论文)。

(续表)

江西	宁晓菊、刘清荣《江西茶文化旅游开发论析》;万红燕《利用江西茶业资源,开发江西茶文化旅游》;乔秋敏、袁林《江西茶文化旅游发展研究》;胡泰斌《江西茶文化旅游资源的开发研究》;李志强《休闲视角下江西茶文化旅游的发展》;史术光《基于消除九江茶文化旅游发展成长上限的管理对策研究》《九江茶文化旅游发展的基模分析及对策思考》;乔秋敏、吴若飞《九江茶文化旅游产品组合性开发研究》;刑庆来《开发庐山茶文化资源,发展庐山茶文化旅游》;孟令凤《庐山云雾茶文化旅游深度开发研究》;杨云仙《庐山云雾茶文化旅游深度开发问题分析》;虞文霞《婺源茶文化旅游开发研究》;王艳《婺源茶文化旅游开发探析》;汪松能《开发婺源茶文化旅游的构想》;马建海《赣南客家茶文化旅游开发探析》;蔡定益《景德镇——浮梁茶文化旅游开发论析》《论景德镇——浮梁茶文化之建设及茶文化旅游之发展》;郭长生《狗牯脑茶文化旅游的开发》;王柳芳、孙伟《论井冈山茶文化旅游资源的开发与利用》。
湖南	朱海燕、王秀萍、张静、向勇平《湖南茶文化旅游资源探研》;田亚平、周喜娟、李国兵《湖南省茶文化旅游资源的开发与对策》;李童贞、徐仲溪《依托生态茶文化旅游,助推沅陵茶产业发展》;朱海燕、朱桅帆、刘蓉、刘仲华《安化黑茶文化旅游资源与开发模式探研》;许艳、吴自力《对益阳黑茶文化旅游资源开发的新思考》;阎友兵、戴月珍《安化茶文化旅游开发初探》;彭保发、董明辉、成秋姣《桃花源擂茶文化旅游资源开发的对策建议》;王晓光《君山岛茶文化旅游开发现状与建议》。
湖北	刘晓航《开发茶文化旅游线,促进湖北茶产业发展》;焦巧《湖北茶文化旅游开发对策研究》;龚永新《抓住机遇,应势而兴,发展宜昌茶文化旅游》;张进华《宜昌茶文化旅游发展探讨》;胡书玲、曹诗图《宜昌茶文化旅游开发研究》;张正荣等《武当道茶文化旅游开发研究》;王娜《咸宁市茶文化旅游的发展探析》。
福建	王小丹《福建省茶文化旅游发展研究》(福建农林大学2009年硕士论文);刘琳燕、孙云《福建茶文化旅游开发论析》;周霞、黄庆华《福建省茶文化旅游产业开发研究》;徐虹钗、吴志峰《福建茶文化旅游开发探析》;吉世虎《安溪茶文化旅游形象研究》(华侨大学2011年硕士论文);徐南眉《浅谈安溪的茶文化旅游》;郭丽妮《安溪茶文化旅游开发研究》;陈蕃《安溪茶文化旅游开发》;李勇泉《安溪县茶文化旅游精品线路的设计》《安溪县茶文化旅游的推广策略研究》;胡赛强《安溪茶文化旅游资源及开发策略》;吉世虎、余化利《安溪茶文化旅游形象设计研究》;郭伟锋《武夷山大红袍茶文化旅游的开发与特色品牌打造》;赵红莉《武夷山茶文化旅游开发探索》;赵红莉、赖启航《武夷山茶文化旅游开发的对策研究》;郭伟锋、王中华《武夷山茶文化旅游探析》;巩志《武夷山水与茶文化旅游》;吴小霞《论武夷山茶文化旅游的发展策略》;薛亚丽《下梅村茶文化旅游构想》;郑春霞《基于游客感知的旅游体验质量提升——以闽南工夫茶文化旅游为例》;胡柳梅、谢红彬、胡荔香《"坦洋工夫"茶文化旅游开发探讨》;朱樱《漳州地区茶文化旅游资源的开发研究》。

(续表)

广东	周晓芳《广州茶文化旅游资源的开发利用》;周可华《浅谈广州茶文化资源的开发》;杨佩群、周林《潮州茶文化旅游开发研究》。
广西	黎晓霞《浅谈广西茶文化旅游的开发》;黄力旬、李丰松《广西茶文化旅游资源开发研究》;黄月玲《基于游客满意度调查的桂林刘三姐茶园茶文化旅游深度开发》。
贵州	胥思省《贵州茶文化旅游开发探析》;罗庆芳《浅谈贵州茶文化旅游》;岳龙《贵州茶文化旅游资源的开发利用》;罗时琴、廖凤林《贵州茶文化旅游资源的开发现状与发展建议》;杨丽《遵义市茶文化旅游产品开发探析》;吴廷柱《发展湄潭茶文化旅游》;刘苏萍《余庆县小叶苦丁茶文化旅游品牌建设探析》;石伟昌《黎平侗乡茶文化旅游开发论析》。
四川	段敬丹《浅议四川茶文化旅游资源的开发》;黄进《四川茶文化旅游开发的困境、构想和价值》;刘珊珊《茶文化旅游深度开发探析——以四川省老峨山旅游区为例》;余玫《关于峨眉山茶文化旅游的一些思考》。
重庆	易文丽《永川茶文化旅游发展对策研究》(重庆师范大学2011年硕士论文);周坤、王进《从休闲学视角审视我国茶文化旅游开发与发展——以重庆市永川区为例》;杨维《区域性节事活动促进城市发展的措施探讨——以"中国重庆(永川)国际茶文化旅游节"为例》。
云南	汝百乐、徐友《云南茶文化旅游开发初探》;陆世军《云南茶文化旅游资源开发研究》;宋惠平《云南茶文化旅游开发浅论》;李维锦《茶文化旅游:一种新的文化生态旅游模式——以云南茶文化生态旅游为例》;朱建青、柴正群《云南普洱茶文化旅游的可行性与存在问题分析》;陈红伟《西双版纳的普洱茶文化旅游资源》;幸岭《普洱市茶文化旅游的发展研究》;张玉静《西双版纳普洱茶文化旅游的开发与特色品牌打造》;文南熏《普洱市茶文化旅游发展探讨》《茶文化旅游产品组合性开发研究——以普洱茶文化旅游产品开发为例》《论加快普洱市茶文化旅游的开发》;贾秀禹、梁永宁《云南普洱茶文化旅游可行性分析与建议》;李雨蓉《德昂族茶文化旅游资源开发的现状、存在的问题和优势——以德宏州三台山为例》;高红萍《易武发展茶文化旅游产业的思考》;刘春丽、彭磊、王元元、周玲、居倪萍、郝宗蕾《剑川县茶文化旅游发展探索》。
海南	卢耿华《海南茶文化旅游开发研究》。

从以上列表可见,学者侧重于产茶大省的研究,其中福建22篇,江西19篇,浙江18篇,云南15篇,河南10篇,贵州、湖南、安徽各8篇,湖北6篇,江苏5篇,山东、四川各4篇,重庆、广东、陕西各3篇,海南、北京各1篇。

由王勇策划推出的《游走茶乡系列丛书》，包括中国册和分省系列，《游走茶乡·浙江》是第一本，记录了湖州、长兴等18个重点茶叶地区，从旅游者视角出发，以茶为线索，分别介绍了茶乡地理位置、历史名茶、地方茶俗、当地茶馆、历史名人、旅游景点，突出了地理历史与社会文化气息。这套系列丛书出版，给茶文化旅游开拓了新的局面，对茶文化旅游无疑是有一定的指导和参考意义。

三、整体茶文化旅游研究

这类研究立足全国，以宏观的视野对全国的茶文化旅游进行梳理，总结了茶文化旅游的特点，并提出相应的发展策略。

由郑剑顺主编的《茶文化旅游设计》①一书是目前唯一一本茶文化旅游的专著，该书探讨了茶与旅游、茶学教育与旅游、茶乡生态旅游、茶艺茶道与旅游、茶博物馆与旅游、茶馆与旅游、茶文化遗迹与旅游、台湾的茶业与茶文化旅游等，研究了茶文化与旅游的结合点和将茶文化旅游资源转化为旅游产品应具备的条件、项目设计、旅游设计及实例等。该书是茶文化知识和旅游知识为基础的交叉融合，侧重从旅游资源分类对茶文化旅游进行论述。

刘勤晋主编《茶文化学》②专列一节《茶文化与旅游》对茶文化旅游进行论述，作者总结了茶文化旅游的特性：大众化、群众性；区域化、集中性；多样化、丰富性；人性化，传承发展性；休闲化，体验性。并提出了拓展茶文化旅游市场的开发思路：①突出茶文化旅游的文化内涵；②加强茶文化旅游区建设；③不断开发茶文化旅游新产品；④发掘茶文化宗教民俗风情资源；⑤开发更多的茶文化旅游纪念品；⑥以茶叶博览会、茶文化节为载体，提高旅游知名度。

王京传《我国的茶文化旅游发展》③一文分析了我国茶文化旅游发展的现状，指出我国茶文化旅游发展中的问题，并提出了我国茶文化旅游发展的五条对策："①不断探索茶的物用价值，加强对茶的文化价值和社会功能的研究，进一步丰富我国茶文化的内涵。②不断提高茶文化旅游产品的文化内涵，增强其吸引力。③以市场需求为导向，突出特色，开发适销对路的茶文化旅游新产品。④利用多种渠道和形式，全方位、多层面地宣传和推销茶文化旅游。⑤开展茶文化研讨会、茶文化旅游节等大型茶文化活动，刺激茶文化旅游的发展。"

吴乔、郭雅玲《台湾休闲农业发展对大陆茶文化旅游发展的启示》④一文

---

① 郑剑顺.茶文化旅游设计[M].厦门：厦门大学出版社，2011
② 刘勤晋.茶文化学[M].北京：中国农业出版社，2007：145—155
③ 王京传.我国的茶文化旅游发展[J].农业考古，2005(5)：1—5
④ 吴乔，郭雅玲.台湾休闲农业发展对大陆茶文化旅游发展的启示[J].台湾农业探索，2012(1)：16—19

介绍了台湾休闲农业的发展历程,总结了其成功的经验,文章还探索了台湾休闲农业对大陆茶文化旅游发展的启示,提出政府要发挥积极引导和扶持的作用、健全法制建设以保证茶文化旅游健康有序发展、整合茶区资源、合理利用网络改善服务质量等发展策略。

周岚《关于茶文化旅游的探析》[①]提出了进一步开发茶文化旅游的思考:增创茶文化旅游产品的开发,充分利用茶叶原产地的生态魅力,培养一批既懂旅游又懂茶文化的复合型管理人才,开发并创新茶文化旅游宣传和营销。

由四川省茶艺研究会出品的中国首本"茶旅"杂志《茶旅中国》创刊号,于2013年3月举办的第九届蒙顶山国际茶文化旅游节暨蒙顶山春茶交易会上正式发行。《茶旅中国》创刊号分"会茶、鉴山、拜祖、读城"四大主题,对蒙顶山进行了多角度解读和展示。《茶旅中国》倡导"以茶为媒,展示中国,连接世界;以茶为题,营销城市,促进旅游;以茶为礼,对接圈层,整合资源"。是一本服务于政府、茶行业、旅游业、文化、艺术界、爱茶者的高端圈层人文杂志。

四、主题茶文化旅游探讨

2012年中国茶叶大会暨"首届中国茶文化旅游发展论坛"于4月11日在浙江新昌县隆重举行。论坛围绕"以茶兴旅、以旅兴茶"这一主题,采取专家报告和嘉宾对话的形式进行。论坛重在实体案例解剖,总结了一批茶与旅游互促发展的成功案例,为其他正在打造茶文化旅游的政府和企业提供了借鉴,对挖掘茶产业价值、拓展旅游业内涵产生积极推动作用,对茶产业与旅游业融合互动具有重要意义。

中国·重庆(永川)国际茶文化旅游节是茶业与旅游业联姻的盛会,自2003年起,永川国际茶文化旅游节已成功召开了五届,逐步成为永川旅游文化的名片,逐步形成文化搭台、旅游牵手、经济唱戏的成熟品牌活动。2003年,中国国际茶文化研究会首次在中国西部举办的重庆·永川国际茶文化旅游节以"绿色、自然、健康、休闲"为主题,是永川档次高、规模大、跨区域、国际性强,集特色旅游、茶文化、茶产业开发为一体的重要涉外经贸活动;2005年举办的重庆·永川国际茶文化旅游节,以"茶、经济、人、自然"为主题,是永川以加快西部茶产业发展为目的,进一步推进我国茶产业结构调整,促进茶产品优质化、标准化、规范化进程,推动区域经济发展的国际性盛会;2007年,重庆·永川国际茶文化旅游节活动主题是"人文、生态、和谐、发展",该茶旅节被列入了2007年重庆市生态旅游年100项营销活动之一,成功承办了庆祝直辖十周年首届重庆文化艺术节永川分会场活动。第四届重庆·永川国际茶文化旅游节

---

① 周岚.关于茶文化旅游的探析[J].中国集体经济,2010(6):58—61

是历届茶旅节规模最大、档次最高、国际性最强的一次盛会,还成功举办了第十一届国际茶文化研讨会。2012 年,第五届茶旅节以"茶文化与城市发展"为主题,整个旅游节包括开幕式暨华夏茶歌会颁奖晚会、"财富新永川"第二届永川经贸投资洽谈会、永川问茶旅游发展论坛、中国西部茶叶博览会暨"永川秀芽"万人品鉴活动等 16 项活动。5 月 19 日将首次举办永川问茶旅发展论坛,国内知名学者纪连海等就茶文化与城市发展主题进行了交流。

2007 年 3 月举行了首届"千岛玉叶"名茶节暨 2007 千岛湖"国际茶旅"高峰论坛,专家、学者、茶人纷纷发表了看法,认为"旅游不等于娱乐,不是在茶区里面打牌就行的,应该是一次心灵的行走。"茶旅相融成了大家的共识。

武义每年举办"有机茶文化养生论坛",邀请有关专家就"有机茶技术创新""有机茶品牌整合""茶乡健康养生旅游开发"等有机茶文化和有机茶产业发展与功能延伸的学术问题进行研讨。这对于有机茶文化养生产业的创新发展具有重大的指导意义和重要的促进作用。2009 武义举办了中国武义·国际养生旅游高峰论坛,三大主题活动之一的有机茶养生论坛别具特色,十几名专家相会主题现场,畅谈有机茶与养生。太极茶艺与健康的有机茶相得益彰、香溢满堂,吸引了多位专家驻足品鉴。

研究视角:研究者分别从文化生态旅游、旅游地屏蔽理论、体验经济、区域旅游发展理论视角、低碳经济、游客满意度调查、层次分析法、休闲学视角、农业遗产保护背景、城乡差异、SWOT、生态保护等角度对茶文化旅游进行了细致的研析。

张耀武、龚永新《低碳经济背景下的茶文化旅游》[1]通过分析有代性的茶文化旅游案例,指出发展低碳茶文化旅游是实现茶区原有生态和旅游经济同向共生发展的明智之举,进而提出了在低碳经济背景下发展茶文化旅游的基本策略:切实做好科学规划、认真开展示范推广、合理选择运营模式、大力提倡绿色消费。

五、茶文化旅游研究的问题与不足

综上所述,茶文化旅游研究已取得了很多成果,但仍存在一些问题与不足。

(1)研究内容上,理论研究滞后于实践发展,研究内容繁杂,重复性研究工作较多,如杭州、武夷山、安溪、普洱的研究论文较多;其他地区的茶文化旅游研究较为有限。

(2)理论研究上不够深入,尚处于起步阶段;现有研究基本属于资源型研

---

① 张耀武,龚永新.低碳经济背景下的茶文化旅游[J].旅游研究,2011(2):39—42

究,基本是结合具体案例的旅游资源开发趋势及发展现状,并提出一些开发策略;具体研究内容而言,对茶文化旅游存在问题的分析缺乏理论上的支撑和阐释,提出的应对策略缺乏可操作性和科学论证。对茶文化旅游的基本特征、社会功能及与其他旅游的关系未能作深入阐述。

(3)研究方法上,多采用结合具体案例的实证性研究方法,定性研究多,定量研究少,研究方法和手段较为单一和表层,高校和科研单位是当今茶文化旅游研究的主导力量,研究方式和参与研究的主体较为单薄与狭窄。目前,对茶文化旅游者、经营管理模式、开发影响、理论基础、开发模式、规划与设计、管理与教育的研究较为匮乏。

(4)研究区域尺度上,具有显著的地域特色,研究案例基本围绕资源丰富、知名度较高的产茶区而展开,杭州、安溪、武夷山、普洱、黄山、婺源、信阳是关注的焦点,而对更需理论指导的处于起步期或具有开发潜力的名茶,则较少涉猎。存在许多空白点,如古代茶文化旅游、海外茶文化旅游的资源与特色等。

拓展阅读

祁门红茶文化旅游

祁门地处黄山西麓,与江西毗邻,位于安徽最南端,是安徽的南大门,属古徽州"一府六县"之一,是一个"九山半水半分田"的山区县。生态、文化和祁红是祁门县最具优势、最具特色的三大品牌。祁门红茶是世界三大高香名茶之一,也是中国十大名茶中唯一的红茶,有"祁门香""群芳最""茶中英豪"之美誉。祁门在2001年被国家有关部门授予"中国红茶之乡"称号。祁门因生态特色与乡土文化著名,素有"茶戏之乡"的美誉。

作为中国传统文化中的一道独特风景,茶文化具有相当丰富的历史内涵。祁红除了自身的品质优良外,百年祁红造就孕育了深厚的祁红茶叶文化,形成了祁门红茶独特的茶礼、茶道、茶俗,特别是祁门现有的大量遗存是了解祁红、了解祁门最好的场所。祁门被世人称赞为"中国茶叶的皇宫""茶叶专家的摇篮"。

近年来,祁门县以促进乡村生态旅游发展,做到"以茶富乡,以旅富民"。深入挖掘祁红文化、御医文化、戏曲文化内涵,新建了祁红文化展示馆、御医展览馆。积极打造一批以祁红发展公司、一顶天红、祁红文化展示馆等为代表的祁红文化休闲体验产品,打造一批以坑口、珠琳古戏台和目连戏、傩舞为代表的戏曲文化体验项目,打造一批以历溪御医展示馆为代表的医药康体养生项目,打造一批以环砂、渚口、历溪等为代表的古村落文化探秘旅游项目,促进文化与旅游的深度结合。祁门县坚持旅游推介与城市形象宣传、公众推介相结合,包装旅游新线路,创新营销新模式,积极开展旅游"三进"活动,切实增强旅游宣传针对性、专业性和有效性。成功举办了祁门国际红茶节、茶乡厨艺大赛、九龙登山大赛、牯牛降原始森林观光节、油菜花节等系列声势大、影响广的节庆活动。在不断创新的方式方法中,有效提升了旅游对外的知名度和美誉度。

祁门县依托良好的生态环境,做好茶旅文章。全县已建有白塔、金山、凫峰、黄荆、环砂、新岭等百亩以上生态高效茶园基地2万多亩(约1 333.3公顷)。同时,该县还充分发挥丰富资源优势,做好茶旅文章,利用各地生态茶园基地发展休闲观光体验游,带动农民增收致富。在白塔生态高效茶园基地里建设了观光步道,徽派茶园休闲廊、亭,对基地周边进行了绿化、美化、硬化。现在白塔生态高效茶园基地不仅让企业得到发展、茶农得到实惠,还为许多市民和游客提供了一个良好的休闲观光场所。

历口镇有祁门红茶创始地之称,历口祁门红茶早已经深入人心。清末祁门红茶创始人之一的余干臣来祁,最早开茶号,试制祁门红茶成功,名满天下的祁门红茶由此发端,历口成了祁红重要产区。从品质上说,历口所产祁红向来优异,据说1915年巴拿马博览会上获金奖的祁红,就是历口茶号选送。历口旅游资源十分丰富,拥有古祠、古民居、古树林、武陵古道、古桥、古碑等历史遗存资源。历口红茶茶场生态环境极佳,风光迷人,是游客休憩的好去处。

位于祁门县华扬工业园的祁门红茶产业园,拥有近80亩(约5.3公顷)示范工厂和祁门红茶博物馆,是目前祁门县最大的祁门红茶生产商,整体设计是徽派建筑风格。红茶博物馆馆内设资料茶史馆、茶艺馆、表演车间等,使中国红茶博物馆成为一个集采摘、制作加工、品茗、购茶于一体的多功能综合旅游休闲度假区。随着祁门红茶和牯牛降旅游两大品牌的知名度和美誉度不断提升,落户祁门县的天方茶旅公司顺应市场发展需求,将茶产业与旅游产业有机结合,致力做大做强茶、旅结合文章,积极打造体验古徽道、感悟新茶商的黄金旅游线。

第五章

当代茶文化旅游的类型与开发模式

茶文化旅游作为新兴旅游产品,充满了蓬勃朝气,各地依靠茶文化旅游资源优势,纷纷打造形式多样的茶旅游产品。涌现出老舍茶馆、泊园茶馆、中国茶叶博物馆等成功的范例。茶文化旅游开发应遵循旅游开发的一般原则,同时结合茶产业的特点,对茶文化旅游资源进行地域背景的分析,彰显出地方特色。茶文化旅游,已成为推动茶业、旅游业可持续发展的一股重要力量。

第一节 茶文化旅游的主要类型

近年来,随着国内旅游业和茶产业的迅速发展,茶文化资源作为一种新型的旅游资源也得到了越来越多的认可,全国多地对于开发茶文化旅游都表现出了极大的热情,各种茶旅产品百花竞艳,大致可以分为以下四类。

表 5 - 1 茶文化旅游的主要类型

亚类	基本类型
自然风景	名茶原产地旅游、观光茶园、古茶园、茶事井泉、茶文化公园
文化古迹	茶事遗址、茶路古道、茶人足迹、古窑遗址
茶事建筑	特色茶馆茶楼、茶叶工厂、茶博物馆、茶文化酒店、茶交易市场、茶文化街
社会风情	茶文化村、茶俗风情、茶艺表演、茶事节庆

一、自然风景

由于茶叶对环境的要求极高,故大多数茶区的自然风景十分迷人,茶园本身便是不可多得的旅游资源。特别是名茶原产地,既有着得天独厚的自然条件,又有着深厚的文化氛围。近些年来,不少产茶区纷纷开发观光茶园,成为都市人休憩的好去处。

1. 名茶原产地旅游

我国名茶大多位于环境优雅的风景名胜区,在漫长的历史时期,积累了丰富的历史文化内涵,为了扩大影响,各茶产地利用现有资源,纷纷开发相关的茶文化旅游。武夷山是世界自然和文化遗产,武夷山溪流九曲,环流其间,构成山乡水国,具有独特、稀有、绝妙的自然景观。武夷山的"古闽族""闽越族"文化遗存是业已消逝的古代文明的历史见证。武夷山是历史悠久的武夷岩茶原产地,武夷岩茶的自然和文化有着独特之处。茶文化景点有御茶园遗址、水帘洞古代制茶作坊、武夷茶事石刻、宋兵部尚书庞擅吃茶处等。此外,西湖龙井茶、安溪铁观音、洞庭碧螺春、黄山毛峰、太平猴魁、庐山云雾、信阳毛尖、都匀毛尖、凤凰单丛、古丈毛尖等名茶原产地,都有着自己独特的风景区,是茶文化旅游胜地。

2. 观光茶园

观光茶园是把观光旅游与茶园结合在一起的一种旅游活动。一般是在城市近郊或风景区附近开辟特色茶园,让游客采茶、制茶,享受田园乐趣。观光茶园利用茶园景观、自然生态及环境资源,结合茶叶经营活动、茶文化及家庭生活,经过规划设计与建设,使游人体验茶园及茶农生活,达到休闲、观光、娱乐的目的。

我国华东、华南、西南等地盛产茶叶,其中不少被开发成观光茶园,吸引了很多游客前来游览。观光农业近年来发展迅速,久居城市的人们,更愿意在闲暇时回归大自然,到田野中享受泥土的芳香,寻求心灵的平静,油菜花田观光、果实采摘、庄稼劳动等成为都市白领青睐的活动。生态茶园已成为生态观光农业中的一个新亮点,是集茶园观光、茶艺表演、自采和自制茶叶、餐饮娱乐购物等于一体的新型休闲观光场所。

广东英德茶趣园,以茶叶良种示范基地为基础,设计了观赏茶园风景、讲解茶文化知识、安排采茶、制茶、茶艺表演、品尝茶餐、销售名茶和茶具等一系列活动。游客在欣赏优美茶园风光的同时,还能从茶事劳动中获得乐趣。

3. 茶事井泉

茶与水的关系密不可分,"欲治好茶,先藏好水"。好茶与好水相得益彰,相生相伴,但凡出产名茶的地方,便有名泉名井。但凡有名泉名井处,便有着许多风雅的茶事活动。随着茶文化旅游的兴起,历史上的名泉名井也成为旅游热点。庐山谷帘泉、西湖龙井泉、虎跑泉、济南趵突泉、镇江中泠泉、北京玉泉、长江金沙泉等名泉都是文化底蕴极深的茶事井泉。被陆羽誉为"天下第二泉"的无锡惠山泉是历代文人钟爱的泉水,许多文人墨客、达官贵人纷纷到此品茗游玩、题咏不绝,使惠山成为远近闻名的旅游胜地。

4. 古茶园

中国是茶树的原产地,中国的西南地区,包括云南、贵州、四川被确认是茶树原产地的中心。如今,在西南地区还保留着大片的古茶园,这些古茶园是茶起源于中国的有力佐证,也是珍贵的旅游资源。云南西双版纳大力开发了古茶园游,易武、倚邦、攸乐(基诺)、漫撒、蛮砖和革登等六大茶山风光迷人,少数民族风情浓郁。景迈山古茶园是世界上保存最完好、年代最久远、面积最大的人工栽培型古茶园,被国内外专家学者誉为"茶树自然博物馆"。

5. 茶文化主题公园

茶文化公园占地面积大,风景优美,通过游园的形式,使游客可以获取相关的茶文化知识,欣赏到自然美景。近年来各地纷纷修建茶文化公园,如浙江江山、余姚、安吉,江苏茅山,福建仙游、福安,江西上饶狮山,贵州贵定,广东大埔,四川成都茶店子,云南普洱市佛莲山等地修建了风格各异的茶文化主题公园,吸引了大批游客前往游览。

二、文化古迹

历史古迹是先民遗留下来的遗迹、遗物和遗址,是往昔历史的见证。它们是前人留给后代的宝贵遗产,是不可再生的有限资源。我国产茶历史悠久,在不同历史阶段,不同领域留下了数不清的茶文化古迹。

1. 茶文化遗迹旅游

我国饮茶已有数千年历史,现仍保留着不少古代栽茶、制茶、评茶、制作茶器、进行茶事活动的场所遗址。这些茶文化古迹是茶文化的物质载体,能满足人们探古寻根的求知欲望。随着茶文化的弘扬,各地对茶文化古迹纷纷加以保护和开发。湖州的茶文化历史久远,现存遗址有陆羽墓、三癸亭、大唐贡茶院等。湖州是茶圣陆羽的第二故乡,唐朝上元初年,陆羽隐居湖州苕溪,撰写了世界上第一部茶叶专著——《茶经》。陕西法门寺茶具博物馆展览了法门寺出土的唐代宫廷金银茶具,福建武夷山修复了元代贡茶院遗址和古代茶事摩崖石刻等茶文化古迹,使之成为游客访古寻根的好去处。

2. 茶古道游

茶古道不仅是茶的运输通道,也是民族、国家之间友谊的桥梁。这些茶古道是非常重要的茶文化旅游资源,沿途有着数不清的美景和古迹。如今,一些茶古道的价值得到了大众的认可,成为含金量极高的旅游产品。其中最具代表性的有西南茶马古道、中俄茶叶之路和海上茶叶之路。为了重现人类历史中的重要轨迹,许多地区联合起来进行开发,重新开启伟大的茶叶之路。

2013年4月,由内蒙古茶叶之路研究会、二连浩特市人民政府主办的重走"茶叶之路"系列活动拉开了帷幕,120峰骆驼从二连浩特市出发,在国内徒步行走8个省市自治区,返回二连浩特之后启用车队接棒驼队穿越12个国家,到达终点法国巴黎后举办"世界茶叶大会"及"中国茶叶宣言"。2013年12月

28日,在云南、四川、西藏三省区申报中国茶马古道世界文化遗产首次联席会议上,滇、川、藏三省参会人员共同签署了《丽江宣言》。在联席会上,与会各方围绕深入研究、保护、传承、弘扬茶马古道文化,认真开展茶马古道申报世界文化线路遗产工作,采取有效措施切实加快推进联合申遗进程为主题,进行了广泛而富有成效的探讨和交流。与此同时,宁德、泉州、厦门、宁波等地为申报"海上茶叶之路"世界文化遗产争得不可开交,一片沸腾。相信在不久的未来,茶古道会成为炙手可热的世界级旅游热线。

3. 茶人足迹

著名茶人的足迹也成为众茶人的旅游目的地。各地纷纷开辟了茶圣陆羽足迹游,一些地区为《茶经》写作地争得面红耳赤。为了纪念吴觉农,上海兴建了茶圣吴觉农纪念馆,馆内陈列着当代茶圣吴觉农先生生前从事革命和茶叶事业活动的两百余幅珍贵照片和文稿、书籍等实物资料,通过图片、文字、实物简洁明快地介绍了吴觉农光辉的一生,也表达出了茶人对茶圣的敬仰之情。吴觉农故居位于浙江上虞,上虞龙山是吴先生的长眠之处,龙山地处百官东南,西邻曹娥江,风景秀丽,碑额为陆定一题写,基座上刻着先生的生平事迹。许多茶人怀着崇敬的心情来到上虞参观,并为先生之墓敬上一束鲜花。

4. 茶具遗址

茶具遗址指的是历史上茶具生产、加工的场所,如江西景德镇古窑、吉州古窑,福建宋代建窑遗址,江苏宜兴紫砂茶具古龙窑遗址等。古人十分讲究茶具,宋代流行斗茶,建窑、吉州窑所生产的黑釉能衬托茶沫的洁白,为世人所痴迷。名茶与名窑往往相生相伴,如武夷岩茶与遇林窑址、浮梁仙芝与景德镇古窑、宜兴阳羡与紫砂古窑均是天作之合。一些地区在开发茶文化旅游时,参观古窑是不可或缺的项目。

三、特色建筑

建筑是建筑物和构筑物的总称。茶文化特色建筑是以喝茶休闲为目的的建筑,以展示茶文化为目的的场所,其室内设计、装饰、图案、功能等都体现出茶文化主题特色。

1. 特色茶馆茶楼

茶馆茶楼是茶文化的物质载体和表现形式。"千百年来,茶馆一方面充当着民间知识交流的载体,一方面又成为人们身心休息的处所;既是大众文化传播的渠道,又是多种民事活动的场所。茶馆已成为人们生活中不可缺少的重要场所。"①茶馆在城市旅游中占据着重要地位,不仅是人们停顿休憩的场所,

---

① 余悦.茶馆闲情——中国茶馆的演变与情趣[M].北京:光明日报出版社,1999:1

也是感受纯粹地方文化的窗口,不少茶馆有着原汁原味的地方戏曲表演。茶馆又被称为"阳光下的交际场所",很多人把茶馆作为休闲和人际交往的纽带与场所。据粗略统计,全国有各类茶馆、茶楼、茶坊、茶室5万多家,北京、上海、广州、成都、杭州等城市的茶馆、茶楼最多。

当代茶馆已形成具有传统文化和现代功能相结合的经营特色,成为精神文明建设的重要窗口,传统文化的美丽画廊,茶艺表演的广阔舞台,大众文化的交流中心。如上海湖心亭茶楼始建于明嘉靖年间,到清咸丰五年(1856年)开设茶楼,从此,湖心亭历尽沧桑,一百多年茶客常聚,茗香永飘。其建筑继承和发挥了传统特色,茶楼外观飞檐斗角、玄瓦朱窗,内部堂口红木桌椅、紫砂茶具,顶悬宫灯,壁陈字画,古风犹存,新意更浓,成为中外宾客品茗、观光的好去处,湖心亭茶楼称得上是"中华第一茶楼"。

成都素以餐饮文化发达著称,餐有川菜,饮有茶馆,故有"食在成都、饮在成都"之说。"头上青天少,眼前茶馆多",成都人爱到茶馆饮茶,这便形成了众人聚集同饮的盛况,如人民公园的鹤鸣茶社便有上千张竹椅。"一城居民半茶客",喝茶成为品味成都的最佳方式,"慢下来,走进来"这样的招牌时常在茶馆出现,闲适的茶馆是成都慢步生活的意象。茶馆保留着历史文脉,是城市风格的外在表现和依托载体。在茶馆,人们可以欣赏到变脸、喷火、吹灯等四川绝技。在茶馆,可以窥得众生相,人们搓麻将、聊天、嗑瓜子、看报、打盹,或者静默不语。2013年《中国梦之声》第二期选择在成都顺兴老茶馆布景,这是遵循了原版《美国偶像》以地标为景的原则。导演侯捷向外界透露了选景原因:"按照原版《美国偶像》节目,会在不同城市录制,突出当地特色。在成都站选景时,我们导演组跑过许多家茶馆,觉得这里有古朴和现代气息的结合,有着浓厚的成都特色。"

2. 茶文化博物馆

茶博物馆包括了茶博物馆、茶博物院等。茶文化博物馆以茶文化的展示和相关活动为重点,使参观者能够在获得茶文化相关知识的同时,也获得美感的享受。有些茶博物馆为参观者提供参与机会,使参观者能够身临其境,获得体验的乐趣。目前不少茶文化博物馆免费对外开放,成为大众的文化殿堂,各地兴建了各类专题性博物馆,满足了人们的求知欲望。

表5-2 各地茶文化博物馆一览

地区	博物馆
北京	茶文化国家博物馆
山东	崂山茶文化博物馆
内蒙古	呼和浩特茶叶之路展览馆

（续表）

地区	博物馆
浙江	中国茶叶博物馆（杭州）、长兴贡茶博物馆、宁波茶文化博物馆
江苏	江南茶文化博物馆（苏州）、雨花茶博物馆（南京）
上海	四海壶具博物馆、杨育新古茶器博物馆
安徽	工艺造型茶博物馆（黄山）、黄山·中国茶博园、红茶博物馆（祁门）、徽茶文化博物馆（黄山）、黄山松萝茶文化博物馆
江西	浮梁茶叶博物馆、修水茶博物馆
福建	天福茶博物院（漳浦）、安溪茶文化博物馆、武夷山茶博物馆、闽台茶史馆（泉州）、大红袍博物馆
湖南	白沙溪黑茶博物馆、韶山茶文化博物馆
贵州	贵州茶文化生态博物馆（湄潭）
云南	云南茶文化博物馆、中国普洱茶古六大茶山茶文化博物馆、下关沱茶博物馆、普洱茶膏博物馆（昆明）、茶马古道博物馆（丽江）、云南茶文化大观园
四川	夹江天福茶博物馆、麻将与茶文化博物馆（成都）、中国藏茶博物馆（雅安）、世界茶文化博物馆（蒙山）、青城山茶业博物馆、四川顺兴茶文化博物馆
重庆	永川茶文化博物馆
广东	中国茶宫茶博物馆（深圳）、广州市荔湾区普洱茶文化博物馆、广州恒福茶文化博物馆
台湾	坪林茶业博物馆、天仁茶文化馆、三墩石茶壶博物馆（台北）、大友普洱茶博物馆（台北）
澳门	澳门茶文化馆
香港	香港茶博物馆
日本	金谷町茶之乡博物馆、大丰町碁石茶博物馆、静冈茶故乡博物馆
韩国	雪绿茶博物馆（济州）
英国	川宁红茶博物馆
德国	诺顿市东弗里西亚茶博物馆、莱尔宾亭茶博物馆

3. 茶叶工厂

茶叶工厂是专门用以生产茶叶产品、货物的大型工业建筑物，是通过展示茶叶生产加工的机械、工艺流程而成为了解茶叶科学技术及其文化的最佳场所。近几十年来,全球兴起了工业旅游的热潮,参观工厂、感受工业时代的魅力成为很多旅游者的兴趣所在。通过参观茶厂,可以使人们全面了解茶叶产品的生产、制造、管理、鉴评的整个过程。一些茶企打开大门,欢迎旅行社组团前来参观。一些遗弃的茶厂也变废为宝,开发成怀旧茶厂之旅,正如台湾、斯里兰卡的老茶厂之旅,极富怀旧气息。

4. 茶文化酒店、餐厅

茶文化主题酒店,是以茶文化为主题来体现酒店的建筑风格和装饰艺术,以及特定的文化氛围,让顾客获得富有个性的文化感受;同时将服务项目融入主题,以个性化的服务让顾客获得欢乐、知识和刺激。婺源茶博园、峨眉雪芽酒店、青岛又一村酒店、雅安西康大酒店都是以茶为主题的特色酒店。杭州陆羽山庄度假酒店是中国首家以茶圣、茶经为特色主题文化的五星级度假酒店,位于著名的国家4A级旅游风景区——双溪竹海漂流景区内,历史文化气息浓郁,风景清新秀丽。当年"茶圣"陆羽在此种茶论道,著就《茶经》。酒店毗邻日本茶道发源地径山寺,与陆羽泉隔溪相望,附近有良渚文化村、山沟沟、安吉竹种园等景区。

茶文化元素也在餐厅频频出现,目前各地出现了一股开办茶文化主题餐厅的热潮,如北京、上海、广州的盛天下茶文化主题餐厅,长沙0731茶文化主题酒店,江苏丹阳忆江南茶文化餐厅,北京吴裕泰内府茶文化创意餐厅等便以浓郁的茶文化氛围取胜,受到消费者的欢迎。

5. 茶交易市场、茶文化街

地方政府努力开拓旅游市场,瞄准不同层次的游客,发展各类茶文化旅游,满足不同地区、不同收入水平的游客的需求,为游客购买茶叶提供方便,修建了许多茶文化街,把各地茶叶品牌宣传到海内外,带动了茶业经济的发展。北京马连道茶城——素有"中国茶叶第一街"之称。这里拥有包括几乎所有茶叶、茶具品类和周边产品。目前街区内共有几十个茶叶市场,商户近万家,这里也因此成为全国茶客到北京标志性的目的地之一。郑州北茶城位于郑州古玩城(北区)文化广场,建筑风格各异,有江南小镇、苏州城郭、云南风情,等等。每家店都有独特的文化韵味,如品牌文化、茶道文化、民族文化、武学文化、酒文化。

四、社会风情

社会风情主要是指民间风俗习惯,泛指一个地区的居民在特定的自然环境下,在生产、生活和社会活动中所表现出的风俗习惯,是广大中下层劳动人民所创造和传承的民间文化,是在共同地域、共同历史作用下形成的积久成习的文化传统①。我国的茶文化社会风情异彩纷呈,有充满浓厚生活氛围的茶文化村、独具风情的茶风茶俗、精致高雅的茶艺表演、热闹非凡的茶节庆都成为旅游吸引物。

1. 茶文化旅游村

茶文化旅游村以村落为依托,融合了优美的田园风光,古老的建筑群,古朴的生活方式和淳朴的民风民情,顺应了人们返璞归真的愿望。游客们在茶园与农民一起采摘新鲜的茶叶,参与制茶过程,体验茶农的生活,享受劳动的快乐。浙江杭州市郊的梅家坞生态文化村、广东梅州雁南飞茶田度假村、南京江宁黄龙岘茶文化特色村等村落交通便利、地理位置优越,凭借茶文化资源成功地吸引来了周边城市的游客。

总体来看,各种茶文化旅游资源类型并不能截然分开,往往是你中有我,我中有你。一些成功的茶旅产品往往囊括了多种元素,如江西婺源上晓起村有"中国茶文化第一村"之美誉。村屋多为清代建筑,群山环绕,绿树参天,茶园遍地,茶亭等古建筑保存完好,一些古老制茶工具仍在使用,"古今茶画展览室"展出了一百多幅古今茶画,茶园、茶亭、茶室、运茶古道、灵泉古井、茶作坊、制茶机械、运茶独轮车,处处与茶关联,处处显扬着茶文化的无穷魅力。

2. 茶风茶俗

文化的根基在民间,茶俗的根基在大众。茶俗是日常生活中奥妙无穷的赏心乐事,是达到自我完善境界的至情至性的人伦绝唱。绚丽多姿的茶俗,贯穿在茶叶生产、经营、品饮的每一个环节中。一个地区的生活方式与文化精神的诉求,已深深融入茶事活动中。强烈的地域文化与品茶习惯成为该地区特有的饮茶方式,最能体现地区的特性。

有些地区虽不产茶,但当地百姓却酷爱喝茶,形成异彩纷呈的茶俗。我国五十六个民族中,除赫哲族人很少喝茶外,其余各民族都有饮茶的习俗。少数民族地区的饮茶风俗,从烹饮方法来看,主要有烤茶、奶茶、酥油茶、油茶、擂茶、罐罐茶、盖碗茶等,有些地区还保留了生食茶叶的古老遗风。因物产不同、地域差异、季节变化,茶的配料丰富多样,如高山族柑茶、苗族虫茶、朝鲜族人参茶、黎族芎茶、达斡尔族荞麦粥茶、京族槟榔茶等,极富民族特色。茶饮的风味也是多种多样,佤族爱饮苦茶,高山族、布朗族喜食酸茶,仡佬族、藏族、维吾尔族喜饮甜茶,纳西族、怒族喜好盐巴茶,侗族、苗族、土家族喜爱的打油茶则具有鲜香咸辣等多种口味。

茶文化已与各民族人民的生活水乳交融,难解难分。众多特色鲜明、文化底蕴深厚的茶风茶俗对四方游客充满着诱惑。出于求新求奇的心理,也许游

---

① 李燕琴,张茵,彭建.旅游资源学[M].北京:清华大学出版社,2007:223

客并不习惯各地古怪茶饮的味道,但并不妨碍他们为之一试的愿望。为促进茶业发展,许多旅游区充分挖掘当地茶风茶俗的文化内涵,吸引远到而来的游客。到藏地,人们一定要喝上一杯香浓的酥油茶;在潮汕,来一壶醇香的工夫茶必不可少;去英国,慵懒闲适的下午茶不可错过。品尝当地特色茶饮、感受特色茶风茶俗是旅途的精华之处。

3. 茶艺表演

各民族、各地区都有丰富多彩的茶艺。在云南大理白族自治州旅游,三道茶艺深受欢迎。国务院前总理朱镕基在云南洱海乘游船观看了白族三道茶表演,并赞不绝口。目前,大理州有三道茶歌舞表演资质的旅游文化企业7家,每年的演出收入达2 000多万元,从业人员200多人。三道茶歌舞表演逐渐成长为一项文化产业。福建安溪茶艺具有安溪乌龙茶乡的独特风格,融传统茶艺与现代风韵为一体,加以艺术润饰,使人们在品茶过程中,加深了解沏茶艺术,得到美的享受。安溪茶艺表演有16道程序,还有独特的集体表演,有安溪旅游就有茶艺表演。

为了发展旅游业,一些古老失传的茶艺表演被恢复。宋代,在蒙顶山结庐修行的禅慧大师在总结蒙顶茶文化历史的基础上,创立了蒙顶茶技、茶功、茶艺三绝。虽然现在有很多技艺已经失传了,但蒙顶山风景名胜旅游区组织专家学者经数年挖掘、整理后,让失传已久的"龙行十八式""风行十二品"等绝技重见天日。同时,还组建了一支"蒙山派"茶艺表演队伍,多次在旅交会表演,并在多家电视台亮过相。蒙顶山的"龙行十八式"茶技与传统的茶道大异其趣,表现出一种刚健向上的艺术风格,以阳刚之美独树一帜,是我国茶艺的一朵奇葩,曾在上海世博园大放异彩,为全世界所赞叹。2010年4月,国家主席胡锦涛在上海世博园四川馆欣赏了蒙顶山茶技"龙行十八式"表演。美国、日本等20多个国家的政要,来自全世界10余万游客,到四川馆欣赏了蒙顶山茶技"龙行十八式"表演。

4. 茶文化研讨会、艺术节

为扩大影响力,许多地方城市通过召开各种形式的茶文化研讨会、艺术节成功地吸引了海内外的媒体。如今,茶文化艺术节日益成为地方政府宣传茶产业和旅游业的重要举措。

国际茶文化研讨会是世界茶文化界高规格的国际会议,被誉为"茶界的奥林匹克运动会"。每两年一届,已经分别在杭州、昆明、广州、西安、永川、湄潭、韩国首尔、马来西亚吉隆坡等地成功举办了十三届。中国国际茶文化研究会倡导"茶为国饮",一直坚持通过举办茶事活动,带动茶文化旅游,促进茶经济发展,造福广大茶农。

2013年6月6日至7日,第二十届上海国际茶文化旅游节暨中国三峡第三届茶文化艺术节在湖北省宜昌市夷陵区成功举办,以"品三峡茗茶、享幸福生活"为主题的三峡茶文化艺术节,主要开展了包括开幕式、斗茶大赛、经贸洽谈会、楚红专家评审会、茶文化文艺会演、闭幕式等在内的7项活动。参会嘉宾观看了茶产品展示和斗茶大赛,现场品鉴了"楚红"红茶,参观了茶叶龙头企业和茶叶交易集散中心,感受了夷陵茶叶的现代加工工艺和制作技术。本届茶艺节吸引了来自上海、湖北等地的60多家知名茶叶企业和200多个茶叶经销商前来品茗洽谈,分别与夷陵区签约茶叶购销、产业配套和经贸合作等项目30多个,涉及茶叶、旅游、文化、科技等多个领域,达成交易额105亿元,创下了茶文化艺术节历史交易纪录。以"茶风、茶韵、茶情、茶歌"为主题的特色茶文化文艺演出,不仅再现了中国茶文化的历史雅趣和文化精髓,展现了三峡夷陵浓郁的人文风情和深厚的茶文化积淀,同时也展示了当前中国茶产业发展的先进理念和最新成果。

拓展阅读

蒙顶山茶文化旅游异彩纷呈

自古以来,四川就是我国栽培茶树最早的地区,三千多年前的西周初期,就以盛产茶而著称于世。蒙顶山为蜀郡种茶的发源地,也是我国名茶的发祥地。早在两千多年前的西汉时期,蒙顶山茶祖师吴理真开始在蒙顶山驯化栽种野生茶树,开始了人工种茶的历史。唐宋时期是蒙山茶的极盛时期。从唐玄宗天宝元年(724年)蒙山茶被列为贡品,作为天子祭祀天地祖宗的专用品,一直沿袭到清代,历经一千二百多年而不间断。"扬子江中水,蒙山顶上茶"千古流传,"茶祖故里,世界茶源"扬名中外。

蒙顶山旅游主打"茶文化"牌,正是"茶离不开旅游,旅游离不开茶"的完美诠释。蒙顶山旅游开发始于1999年,名山县政府聘请四川省旅游规划设计所专家编制了《名山县旅游发展总体规划》;2003年聘请专家对蒙顶山景区进行规划,规划总面积73平方千米。规划体现了"仙茶为媒,延续万年华夏之根;一祖三宗,演绎千年神州故事"的理念,既以茶文化为主线,同时又反映了中国祭祖文化、佛教文化和儒教文化。

2004年以来,名山县抓住雅安市举办第八届国际茶文化研讨会暨首届蒙顶山国际茶文化旅游节、第三届四川旅游发展大会、创建中国优秀旅游城市等历史性机遇,按照"政府出资源,企业出资金;政府管规划,企业搞建设和自负盈亏经营"的运作模式,投入5亿多元资金打造"世界茶文化圣山"和"中国茶城"。完成了蒙顶山景区农户拆迁和景区旅游公路沿线房屋"穿衣戴帽"形象工程,对蒙顶山旅游公路进行建设,规划建设公共厕所,对天盖寺核心景区、茶坛、收费山门和形象山门、蒙顶山游道、亭廊、花鹿池、索道等进行维修和改造。

2005年,蒙顶山成功创建为国家4A级风景旅游区,名山县抓住创建中国优秀旅游城市和筹办第三届四川旅游发展大会的机遇,投入1.5亿元,实施蒙顶山二期开发工程,新建世界茶文化博物馆、红军百丈关战役纪念馆、"天下第一壶"等设施和人文景观,加大对名山万亩生态观光茶园的打造力度,拓宽改造旅游道路12.8千米。2007年起,名山万亩生态观光茶园被国家旅游局评为"全国农业旅游示范点",名山县以茶产业为载体,大力发展乡村旅游的大幕自此拉开。

2008年,名山县充分利用茶文化资源,将农家乐"变脸"茶家乐,成功打造了槐溪山庄、葡萄园等首批以茶文化为核心的二、三星级茶家乐,将农耕文化、蒙顶山茶文化与现代文明巧妙融合起来。同年,《名山县茶家乐旅游规划》(2008—2012年)出台,名山旅游部门首次评选表彰了12家星级茶家乐。如今,35家星级茶家小院、茶家乐上档升级,茶家休闲旅游品牌效应突显。2010年,蒙顶山镇和茅河乡香水村分别获得省委农工委、省旅游局授予的"四川省乡村旅游示范镇"和"四川省乡村旅游示范村"称号。

2010年,以"人、茶、诗、水"为主题的名山县千米文化体育长廊建成并投入使用。该长廊凝聚了名山历史文化和人文风貌,体现了名山源远流长的茶文化,配合吴理真广场等城市建设,名山县"中国茶城"的形象、品位大大提升。

名山县连续多年坚持举办蒙顶皇茶祭天祀祖、万人同品蒙顶春茶、蒙顶山茶品尝推介等活动,2012年举办了第八届蒙顶山国际茶文化旅游节开幕式、蒙顶山茶文化笔会等茶事活动。

名山以茶为特色,因茶而闻名。名山县依托茶叶资源禀赋和自然条件,坚持走茶产业与旅游相结合的绿色生态之路。现在,名山县已建成以国家级品牌蒙顶山、名山万亩生态观光茶园、百丈湖等龙头旅游企业为重点,以"茶家乐""茶家小院"为品牌,以茶旅游活动为平台,以茶文化为媒质,具有名山特色的茶旅游产业。

第二节 茶文化旅游的开发原则

茶文化旅游开发应遵循旅游开发的一般原则,同时结合茶产业的特点,对茶文化旅游资源进行地域背景的分析,彰显出地方特色。寻求差异、突出特色是旅游资源开发的灵魂,在组合茶旅游产品时,要突出产品的独特性,满足主体追求殊异的旅游审美期待。茶文化旅游开发应以市场为导向,以满足游客的心理需求为终极目标,打破传统观光、采茶等模式,做到综合开发。同时,也应注重保护生态平衡,做到经济效益、社会效益和环境效益相统一。

一、彰显地方特色原则

作为文化复合体的旅游文化,"是众多特定地理范围空间的文化产物,不论是历史传承还是空间移动扩散,都离不开特定的地域"[①]。任何旅游地都具有其独特的地方特性,一方水土养一方人,只有苏州和煦的水土方能培育出软糯的评弹,正是关中粗犷的地形才有悲壮的秦腔。一旦脱离地方特色,便容易沦为无源之水。俗话说:"千里不同风,百里不同俗。"不论是自然景区还是人文景观,都应尽量彰显地方特色,树立鲜明的形象,要有自己的特色、鲜明的主题、无穷的魅力,才能吸引众多的旅游者,增强旅游地的竞争力。

对一个地区的茶文化旅游资源进行开发,首先要做的事就是对当地的地域和历史文化背景进行分析。若旅游资源开发后完全无法展现当地的地方特色和历史文化,这样的开发就意味着浪费资源,贻害子孙。因此,认真细致地对开发地的地域和历史文化背景进行细致的分析,是旅游资源开发的首要前提。在历史记载和考古发现并不充分的旅游地,还可以通过对当代民族文化和民俗文化的考察分析,提炼出富有地方特色的景观特性。

旅游资源具有独立性和垄断性,难以模仿或复制。尽管许多有关民族风情的主题园仿制了逼真的村寨,但由于缺乏地域背景、周边环境和民族习俗等的依托,缺乏原汁原味,在游客看来,真假泾渭分明,无法代替。

我国幅员辽阔,具有复杂的地形,多种多样的气候,不尽相同的水文及土壤特性,使得各地的茶叶生长也各具特色。因此,茶文化旅游的开发因参照各地不同的气候、地形、土壤等因素而有所改变。在其发展过程中必须要特别注意发现和保持自己的优势,并且要合理结合当地的自然和人文资源,以营造独特的休闲环境。台湾在开发茶文化旅游资源时注意挖掘当地特色,将茶文化

---

① 张维亚.旅游文化[M].大连:东北财经大学出版社,2011:14

融入当地的文化氛围之中,如嘉义农场拥有台湾最大的湖畔野营区,这里是野炊、露营的好场所,清晨时游客可以躺在辽阔的大草原上享受日光浴,晚上欣赏浩瀚无际的星空,农场还利用花卉培育中心设立了蝴蝶生态园,园内拥有数百种珍贵蝴蝶,供游客自由观赏,享受浪漫的生态之旅。嘉义农场合理地利用了当地的资源,并且将其转化成了自己独有的特色,吸引了大量的游客前去观光。

近些年,不少地区大打"民族文化牌",采用"文化搭台,经济唱戏"的方式,充分利用民族风情文化宣传茶文化旅游。土家族不仅饮茶普通而讲究,还创造出种茶、采茶、制茶等一系列茶文化。在长期的生产生活实践中,他们形成了属于本民族的独特茶文化。湖北五峰土家茶乡风情园、五峰银毫茶叶有限公司本着"打造绿色品牌、保护生态环境、挖掘民族文化"的理念,深入挖掘灿烂的土家茶文化,精心培育具有浓郁民族茶乡风情的茶叶公园,集茶叶加工、游园观光、采摘制作体验和茶艺表演于一体,成为全省农业旅游示范点。

各少数民族不同的饮茶配料及饮茶器皿,可以作为茶叶的配套产品进行开发、生产及销售。彝族民间加工的茶罐、茶壶、茶杯、冲茶筒、茶盒等,品牌齐全、色彩艳丽、式样美观,颇受中外游客欢迎。当游客使用这些专用饮茶器皿来冲饮茶叶时,能感受到浓郁的民族文化。

非物质文化遗产与旅游有一种天然的渊源关系,将某些非物质文化遗产开发成旅游产品,既可以作为独具特色的旅游吸引物,促进旅游事业的发展,又可以作为保护和传承这些非物质文化遗产的重要手段。

二、突出独特性原则

从旅游经济学的角度讲,吸引游客进行旅行活动的是一个地区的旅游资源。而这种旅游资源无论是有形还是无形,都必须具有独特性和观赏性。换言之,旅游资源与其他资源的区别在于它们给游客以符合生理、心理需求的美的享受,使人们的精神、性格、品质等在最有美质的旅游资源里找到对象化的表现[①]。旅游经济就是特色经济,没有特色就没有市场。独特性是旅游资源开发工作能否取得成功的关键,无论是自然资源,还是人文资源,只有突出个性,形成特色,才能增强吸引力,成为竞争优势,从而吸引旅游者的到访。寻求差异、突出特色是旅游资源开发的灵魂,在组合茶旅游产品时,要突出产品的独特性,满足主体追求殊异的旅游审美期待。

旅游景区要突出独特性,便要做到"人无我有,人有我优",在开发时切忌模仿、抄袭,要有所创意。创意是旅游资源开发前总的设计意图或中心,在旅

---

① 周骏一,李益彬.旅游资源与开发[M].成都:西南财经大学出版社,2009:9

游资源开发过程中,一个好的创意是旅游景区竞争力、生命力的有力保障,也是独特性最直接的表现。一些地区并无得天独厚的旅游资源,却能够成为热门的旅游目的地,创新便是其中的奥妙。旅游资源相对贫乏的香港便是通过走创新发展之路成就了现代旅游业发展的奇迹。香港以中西文化交汇为依托,全力发展景点、酒店、美食、购物四位一体的旅游产业。注重特色文化内涵,深度挖掘旅游创意产业,通过追求产品的标新立异,不断举办精彩的旅游节庆,多样化的宣传手段,对旅游主题形象的不断创新以及利用名人效应提高认可度等方式,保持和提高对海内外游客的吸引力。香港旅游的成功主要得益于将紧扣时代脉搏的,无穷无尽的旅游创意,有机注入旅游相关产业要素的每一方面,并贯穿城市旅游发展的每一个环节,由此而产生常变常新、美轮美奂的精细化旅游产品,加上政府机构的高效组织和有力的形象营销措施,使香港旅游一直蕴涵无穷的魅力而长盛不衰。

创新是茶产业发展源源不断的动力。台湾地区的茶产品创新经验就十分值得借鉴。比如将茶文化与婚庆文化相结合而产生的"喜事茶"。台湾传统婚嫁礼仪中包含了敬茶喝茶的环节,"喜事茶"就是借助了传统文化的相融性而产生的创意新产品[1]。天仁茗茶总裁李瑞河是创新达人,他曾说:"在公司各个管理领域中,我最有兴趣的,就是新产品的开发。"受到母亲的熏陶,李瑞河热衷于开发调味茶,不断推出新口味的花茶产品,甚至还把乌龙茶和XO酒调和在一起,做成"茶酒"。他对茶食品很有兴趣,曾与食品厂商共同开发出乌龙茶糖、茶饼干、茶蜜饯等。李瑞河创办的天福集团还全力开发观光休闲农业,在四川夹江成都至乐山的高速旁便修建了一处300多亩(约19.9公顷)的观光休闲农业区,融高速公路服务区、茶叶休闲乐园和茶叶博物馆为一体。观光休闲农业成为天福集团继茶系列产品开发之后的又一亮点。

受日本、中国台湾等茶具制造商的影响,一些创意茶具开始推向市场。这些茶具不同于旧有的传统器具,除了可以使用的功能外,更追求审美和收藏价值。比如杭州寸村等一些茶具设计公司开始出现,并带动了创意茶馆的发展。

黄山茶林场地处安徽省黄山东麓谭家桥镇,这里曾经有近万名上海热血青年怀着那个时代特有的热情和抱负,把青春献给了这片热土。如今这个茶林场的七成人口是知青的后代,知青文化至今仍很浓厚。黄山市黄山区充分发掘知青文化,开发了集参与性和体验性于一体的"知青回乡游""知青体验游""茶乡风情游"等系列旅游产品,发展个性化特色旅游,成为黄山东麓一道亮丽的风景线。

---

[1] 杨江帆,林晶晶,梁雯婷,张小琴,王彦威.文化创意与茶产业的发展[J].福建农林大学学报,2010(4):37

在特色旅游产品方面,茶都安溪的旅游系列就是一个典型的成功之作。安溪茶文化旅游是中国三大茶文化旅游的黄金线路之一,它在原有的"两线、十区、三十点"的基础上,又根据自身的资源优势推出了休闲度假、古迹旅游、茶都观光、铁观音发源地探源和生态茶园探幽等四条以茶文化为特色的黄金旅游线路,极大促进了其茶文化旅游的发展。

在印度的阿禾姆达巴城有一个名为"幸运茶室"的地方。在那里,人们喝茶、聊天、说笑,与其他茶馆没有两样。而奇怪的是,那间茶馆里摆放着一些棺材。客人就置身于棺材中间品茶。有些人惧怕那些棺材,不敢前往,可是一旦他们去过一次之后,就忍不住常常想去那儿喝茶。喝茶多次的人也很难说出其中的缘由,只是被那里的神秘气氛一次次地召唤。

三、市场导向原则

在市场经济条件下,旅游产业的发展已经呈现出明显的"买方市场"的特征。在体验经济时代,以人为本,以满足游客的心理需求为终极目标,是旅游产品开发的关键。一个旅游产品的成效,最终需要靠市场来检验,再好的旅游产品,如果不能适应市场需要,不被游客接受和喜爱,终究会被淘汰。旅游要搞好、搞活,最终还要靠市场。

客源市场条件是旅游资源开发的重要条件之一。旅游资源开发后的效益直接取决于其客源状况。旅游资源的开发,应注重旅游市场的调查和预测,准确地把握市场需求特征及其变化规律,结合旅游资源特色,确定开发的重点、主题形象、规模和层次,减少开发的盲目性。在进行旅游开发前,相关部门应细致分析客源市场,预测市场规模,在对规划区的旅游者数量和结构、地理和季节性分布、旅游方式、旅游目的、停留时间、消费水平进行调查分析的基础上,预测规划区客源市场未来的发展规模。

根据我国目前居民收入情况,茶文化旅游开发应本着"以中档为主,高低档为辅"的原则。茶文化旅游定位应做到既符合广大国内旅游者的普遍需求,又使海外旅游者和部分国内较高档次的旅游者可以接受,同时也不忘兼顾较低消费层次旅游者的需求。只有这样,才能使开发出来的市场具有可塑性,给茶文化旅游消费产品的升级换代或转型留下回旋的余地。

20 世纪 80 年代末,老舍茶馆在深圳隆重登场,将京剧、评书等京文化搬到特区来,谁知这家京味茶馆竟水土不服,到 20 世纪 90 年代初便悄然关闭。老舍茶馆意在弘扬民族文化,其出发点是好的,但并未考虑到深圳的大众消费,那时深圳正处于高速发展之中,人心浮躁,人们更倾向于迪斯科、港台流行歌曲,对京味文化并不感冒。时至今日,每年万众瞩目的春节联欢晚会在南方的收视率也并不佳,数据表明广东地区的春晚收视率在所有的监测市场中是最低的,究其原因便是春晚更多体现出的是北方元素,语言类节目大部分被"北方军团"包办,每年春晚都会出现全家人吃饺子团圆的场景,而南方大部分地区并无除夕夜吃饺子的习俗。每年春节,网络上便会出现大量的南北地域帖,网友们各执一端,为各地的生活习俗争执不已。有网友便担心,一道以长江为界的文化鸿沟已经悄然出现在央视春晚。

来自北京的老舍茶馆在深圳遭遇了滑铁卢,很大一部分原因是两城的审美趣味大相径庭。来自香港的茶餐厅,却在上海扎地生根,遍地开花。英国文学家狄更斯曾将伦敦和巴黎比喻为"双城",从20世纪起,上海和香港这两座城市不断被文学家们比作"双城"。作家程乃珊眼中的上海和香港实在很像:"香港的繁华,干脆就是老上海的延续。而今日的上海,又以其广大,为香港的发展提供了一个平台。"上海和香港,仿佛一对恋人,从过去到现在一直互相爱慕,慢慢走近。正是因为上海和香港在文化的趋同性、包容性、多元化,融合了香港特色又兼具西式餐饮风格的茶餐厅在上海的火爆程度不容小觑。在众多茶餐厅中,大家乐是其中的佼佼者,餐厅特别以清新明快而富有空间感的欧美设计为蓝本,而最为顾客喜爱的是店内墙身所采用的茶色及透明马赛克装饰,搭配白色的窗格及生机盎然的盆栽,将欧美高级餐厅流行的自然时尚装饰概念发挥得淋漓尽致。大家乐有着浓郁的中西合璧气质,这也特别迎合了上海白领所追求的小资情调,成功地俘虏了食客们的芳心,上演了一场精彩的双城记。

我国地域辽阔,各地区、各民族在数千年的历史中形成了各自不同的风俗习惯。受地域、气候、环境的影响,各地的饮茶习俗不同,两广喜好红茶,福建多饮乌龙,江浙则好绿茶,北方人喜花茶,边疆少数民族多用黑茶、砖茶,客家人爱喝擂茶,潮汕人嗜饮工夫茶。发展茶文化旅游,便要以市场导向为原则,做到有的放矢,满足游客多元化的需求。

四、综合开发原则

孤立的单个景物,往往很难作为一种旅游资源加以开发利用。即使资源的品位很高,也会影响其对游客的吸引力,因为游客总是期望花费最少的时间和财力,游览尽可能多的景物。另外,不同层次的游客有着不同的旅游动机,单个景物只能吸引一部分游客,美需要组合、层次,一个地区不同类型、不同层次、不同尺度的景物数量越多、比例越协调、联系越紧密,就越能显示出其观赏价值,才能最大限度地释放出吸引力。

旅游资源具有时限性。气候的季节性变化会对旅游资源产生直接影响,北京西山的红叶,要到深秋才能展现其魅力,庐山、五台山等避暑胜地,盛夏季节才倍受青睐。民俗风情中的节庆活动只能出现在某些特定的时段内,如傣族的"泼水节",蒙古族的"那达慕大会"等。旅游资源的这种时限特性会导致有关旅游点呈现出旺季和淡季,热点和冷点。因此旅游开发商因重视不同类型旅游资源的组合,从而延长旺季时段,促使淡季不淡。

我国的茶文化旅游正处于起步阶段,不少地区的茶旅游产品功能少,深度不够,仍然停留在茶园观光,茶俗茶艺展示,茶叶文化节短期旅游的基础上。不能以文化旅游打动人心,不能够创造旅游的知名品牌,也无法留住更多的客人,回头客少。而且一些茶叶旅游景区本身地理位置比较偏远,交通不便,由于交通不畅,游客数量较少,从而使大好的旅游资源白白浪费。另外,在一些茶文化旅游景点配套设施不足,很多的景点都只有茶园和茶场,而没有配套的住宿、休闲和娱乐场地,客人停留时间太短,即所谓"引得来,留不住",大大降低了茶文化旅游的附加效益。

杭州的旅游资源类型多样,组合有序,层次清晰,整体性强,无论游客的性别、年龄、职业、文化修养、兴趣爱好有何差别,都能找到适合自己的观赏点。近年来旅游者寻求多样化的综合性满足,对特色旅游的兴趣越来越强。杭州茶文化旅游资源十分丰富,西湖龙井、虎跑泉水合为双璧,十八棵御茶树历史悠久,梅家坞茶文化村生态极佳,近几年来,"茶为国饮、杭为茶都"品牌的打响,让杭州的茶产业风生水起。而十大特色潜力行业大会的召开,更是让杭州的茶楼行业插上了腾飞的翅膀。杭州多方面开拓茶文化旅游产品,兴建了中国唯一的茶叶专题博物馆——中国茶叶博物馆,开辟了中国最大的龙井茶文化主题公园——杭州龙井山园,整治了龙井茶文化村,开发了福海堂茶叶休闲观光园。杭州依托西湖龙井茶文化,开拓了全新的旅游方式,其茶文化旅游囊括了名茶、名泉、古迹、观光茶园、茶博物馆、茶文化村、观光茶园、茶文化街、茶楼等诸多元素,使消费者得到养生保健、返璞归真、具有文化品味的旅游享受。

五、开发与保护原则

从理论上讲,旅游资源是可以永续利用的。不过旅游资源开发利用的永续性是有条件的,它只是在对旅游资源进行适度开发和切实保护的条件下才能实现。大多旅游资源一旦遭到破坏,将不复存在,所以说多数旅游资源是一种不可再生资源。

一个旅游景区,往往同时存在多种不同类型的旅游资源。在开发过程中,要注重发挥旅游的联动作用,为进行多元化经营做好铺垫。注重带动其他行业的发展,使开发目的地形成"一业兴、百业盛"的繁荣局面。通过有效的开发,会避免当地居民无意识的破坏和毁损,如非洲肯尼亚、坦桑尼亚等国家的野生动物园,在"发展旅游赚取外汇,必须保护旅游资源"的约束下,得到了妥善保护。

研究表明,历史古迹旅游资源开发是一把"双刃剑"。一方面旅游开发收益可为历史古迹资源保护提供资金保障,另一方面旅游开发会对历史古迹旅游资源造成不同程度的破坏。历史古迹旅游资源的开发利用会造成破坏,尤其是目前普遍存在的粗放型开发模式,使得开发带来了破坏。如西安秦始皇兵马俑受技术条件限制,其一号坑的彩陶已逐渐褪色,失去了原有光泽,大大降低了研究参考和旅游观赏的价值。其次,在旅游区内进行基础设施建设,如道路、宾馆、饭店等,尤其是在历史古迹保护单位的建设控制地带修建体量高大的建筑,破坏了历史古迹原有的赋存环境。再则,历史古迹性景区旅游发展中,车、船等交通工具排出的大量废气污染着旅游区的空气,服务设施中排出的废水、废渣污染着旅游区的水源,被污染的水和空气会对历史古迹产生较强烈的腐蚀作用。

有些地区在开发茶文化生态旅游资源时,只是将生态旅游等同于茶园观光,强调"欣赏自然"一面,而忽略了"保护自然"的目标。而没有在旅游开发中体现维护环境的社会功能,也没有考虑当地社区的参与和人的发展。有些地区开发的茶文化生态旅游徒有虚名,只是将生态旅游作为吸引游客的噱头,有些甚至威胁到当地的生态环境。

在发展茶文化旅游时,相关部门应倡导绿色消费理念,建立相应的制度并加大宣传力度,促使旅游者将环保视为一种义务和自觉的行为规范,做到经济效益、社会效益和环境效益相统一。"考察、借鉴国内低碳茶文化旅游的成功经验和模式,根据茶区的生态环境和资源特点,加强旅游规划的环境影响评价研究,科学测定环境容量,优化配置旅游资源,构筑资源循环利用系统,采用节能降耗技术,从源头减少污染物的产生,把对茶区生态环境的影响降低到最低程度。"①

拓展阅读

贵州湄潭茶旅新篇章

湄潭位于贵州北部,遵义东部。湄江河与湄水河交汇于县城,并形成二水倒流,弯环如眉,汇为深潭,所以取名为"湄潭",这座云蒸霞蔚、山水含笑、风情万端的小城,素有"高原明珠"和"云贵小江南"美誉,1940年,浙江大学第四次西迁便迁于此地,办学7年,培养了一大批国家栋梁,这座山水相依的小城也由此成为贵州高原一块得天独厚的宝地。

---

① 张耀武,龚永新.低碳经济背景下的茶文化旅游[J].旅游研究,2011(2)

第五章
当代茶文化旅游的类型与开发模式

近年来,湄潭突出茶文化、浙大文化、乡村休闲度假三大主题,全力打造"中国茶海,休闲湄潭"旅游品牌。

湄潭是贵州茶叶第一县,西部地区唯一获得"中国名茶之乡"称号的行政区域。全县茶叶面积40.3万亩(约2.69万公顷),位列全国第三位,同时也是全国茶产品最为丰富的地方,包含了绿茶、红茶、黑茶、茶多酚、茶籽油、茶酒、茶树花等各类产品体系,"湄潭翠芽"茶获得国家级金奖40余次,已获得"中国驰名商标"称号。"遵义红"红茶名满天下。湄潭拥有的"中国茶海"是目前世界上面积最大的连片茶园,连片面积达4万多亩(约2 666.6公顷)。

湄潭茶产业的快速发展推动了茶文化旅游产品,目前已形成了一海、一山、一壶、一馆、一城、一村等"六个一"的产品格局,吸引着四方游客。

一海:指湄潭中国茶海休闲度假旅游景区。是贵州省100个重点旅游景区之一,是以茶海观光和茶文化风情体验为核心,集生态休闲、运动养生、度假游乐、商务会议于一体的旅游景区。茶资源特色突出,景观极佳。

一山:指象山茶文化(景区)综合体。位于县城湄江河畔,是汇集顶级休闲度假、高尚居住、与自然和谐共生的茶文化休闲度假景区。

一壶:指天下第一壶茶文化公园。国家4A级旅游景区,这里有获得上海大世界吉尼斯总部认证的天下第一壶,是目前世界上最大的茶壶实物造型。

一馆:指贵州省茶文化生态博物馆。湄潭被贵州省文物局确定为贵州省茶文化生态博物馆建设地,是茶文化研究及展示的高端阵地。

一城:指中国茶城。全国最大的茶叶交易平台。是集茶叶交易、茶博物展馆、精品茶文化旅游、商务休闲等于一身的贵州省100个城市综合体之一。

一村:指核桃坝村。被誉为"中国西部茶叶第一村"。全村茶园面积8 000余亩(约533.3公顷),森林覆盖率达70%,村内的"茶海生态园"为国家3A级旅游景区,是茶旅一体化乡村旅游核心服务区。

这里有得天独厚的自然资源,独特的产业优势,良好的人文景观,厚重的文化积淀,百里湄江、万亩茶海、优美的乡村田园风光和喀斯特地质地貌自然共生。茶文化、浙大西迁文化、红军长征文化、农耕文化和谐统一,共同铸就了这样一个山灵水动、自然美好的旅游度假天堂——湄潭。

第三节 茶文化旅游的成功范例

2012年12月3日,在江西南昌举办了"首届中国茶文化与旅游发展高峰论坛",北京老舍茶馆、南昌泊园茶馆、中国茶叶博物馆荣获组委会颁发的"中国茶文化旅游特别贡献奖",这三家单位风格各异,富有茶文化旅游内涵,都为我国旅游业的发展贡献着自己的一分力量。

一、北京老舍茶馆

北京是辽金元明清五代帝都,现在是我国的首都,也是全国的政治、经济、文化中心。"集萃撷英"是北京茶文化的特色,其特色为种类繁多、功能齐全、文化内涵丰富,可以说是集各地茶文化之大成。最能体现出北京茶俗特色的是茶馆,茶馆最能反映北京市民典型的生活环境,文化底蕴丰富,兼容并蓄了各地茶馆之长,又有着浓浓的京味。北京茶馆的历史悠久,可以追溯到唐代。到了清代,北京茶馆进入鼎盛时期。北京茶馆,是一部历史长卷,见证了曾有过的太平繁华,见证了绵延百年的社会大动乱,各色人等轮番登台,你唱罢来我登场,城头轮挂大王旗。也见证了全国人民喜迎新中国建立,发生天翻地覆的变化。北京,一座古老苍凉的历史古都,而今又散发着勃勃的生机。北京茶馆,又可谓是整个社会的缩影,在这里可见众生相,三教九流,士民众庶,无所不有。据说在新中国建立后,老舍先生一直想写一部反映北京新旧社会变迁的戏剧作品,苦于一时找不到一个能集中表现的场景而无法下笔。1957年的一天,他上街去茶馆喝茶,看到里面人来人往,可以说一个大茶馆,就是一个小社会。于是,一下就有了创作灵感,他以《茶馆》为题,集中再现了老北京50年来的变迁。

始建于1988年的老舍茶馆便是以人民艺术家老舍先生及其代表作《茶馆》命名的茶馆,茶馆位于北京前门,是集书茶馆、餐茶馆、清茶馆、茶摊、茶艺馆于一体的多功能综合性大茶馆。

茶馆的创始人尹盛喜在改革开放之初,带领着一帮待业青年,在前门大街支起了茶摊,每碗茶二分钱,受到了广大市民的欢迎,此举轰动一时,尹盛喜也以改革开放的优秀典型上了报纸,上了电视。由茶摊到茶馆,尹盛喜花了将近8年时间。当老舍茶馆举行开张仪式时,人们眼前一亮,当时北京城还没有一家像样的茶馆,尹盛喜又成了第一个"吃螃蟹"的人。

老舍茶馆尹智君总经理表示:"从老舍茶馆诞生起,弘扬民族文化已成为老舍茶馆一贯秉承的经营理念。"老舍茶馆陈设古朴典雅,京味十足,大厅内整齐排列着八仙桌、靠背椅,屋顶悬挂着一盏盏宫灯,柜台上挂着标有龙井、乌龙等各式名茶的小木牌,墙壁上悬挂着书画楹联,小巧的沙燕风筝、皮影、剪纸点缀着墙壁,泥塑大师的摔跤、中幡、京韵大鼓等作品将老北京点滴的市井活动表现得活灵活现,使游客感觉恍如走进一座老北京的民俗博物馆。

老舍茶馆全面展现了中国茶文化和民族艺术,是代表中国传统文化和茶文化的城市名片,也是北京对外接待交流的窗口。老舍夫人胡絜青女士说:"大茶馆除了它的商业性质和经济效益之外,还有它的文化性质、传统色彩、地方风格、旅游因素——它是一个高层次的文化窗口。"中央领导人在接见外国政要时,往往把老舍茶馆作为中国传统文化的窗口推荐给他们。老舍茶馆先后接待过美国前总统布什、美国前国务卿基辛格、日本前首相海布俊树、俄罗斯前总理普里马科夫、柬埔寨首相洪森、泰国公主诗琳通等 80 余位元首级外宾。而这些国家领导人的到来是最好的广告,每位政要到北京后,都会在他所在的国家乃至全世界掀起一个"老舍茶馆热"。老舍茶馆成为吸引国外观光游客的一道亮丽的风景线,在北京城便流传着"不到长城非好汉,不进老舍茶馆久遗憾"的俗语,有些外国游客,一下飞机便雇辆出租车直奔前门老舍茶馆,以先尝这里地道的北京味儿为快。

老舍茶馆扶植传统民族艺术,靠传统民族艺术吸引观众,在三层设有演出大厅,为振兴传统曲艺提供了一个重要阵地。茶馆开张至今,马三立、谢添、于是之、梅葆玖、骆玉笙、李维康、马季、姜昆等著名艺术家都曾在此登台演出。茶馆内每天还上演地方优秀传统节目,如京剧、北京琴书、京韵大鼓、双簧、单弦、快板、河南坠子、相声、口技、变脸等,可谓是中华戏曲的群英会。老艺术家们的演唱,使观众感受到了京味民俗文化的醇厚。客人一边喝着上好的茶,一边欣赏着艺术家们炉火纯青的表演,十分快意,诚如老舍先生一首旧诗所吟:"品罢工夫茶几盏,只羡人间不羡仙。"

在观看演出的同时,客人还可以品尝各类名茶、宫廷细点、风味小吃和京味佳肴茶宴。近年来,老舍茶馆又成立了"大碗茶酒家",酒家特聘百年老店"晋阳饭庄"和"全聚德"名厨主理,包括京、晋、鲁三种风味,种类繁多、品味上乘,且具有地方风味特色。

老舍茶馆还组织成立了自己的茶艺表演队,进行乌龙茶、农家茶、茉莉花茶等各类名茶的茶艺表演。老舍茶馆还先后开办了各种文化普及推广活动,举办了多次中外文化交流活动和几百场公益演出活动。如开办书画讲座,举办"两岸茶人品茗共话茶文化"等活动,客人还可以参加琴、棋、书、画和"戏迷乐"等诸多文化活动。老舍茶馆接待的外国领导人和著名学者、文人、艺术家等更是不计其数。

2008年老舍茶馆被评为海峡两岸茶文化陆羽奖——最佳茶文化会所。经过几十年的发展,老舍茶馆已经成为中国茶馆的优秀典范,是代表京城文化的名片,成为京城百姓品茶听戏的好去处,也是外国友人感受地道中国传统文化的绝佳场所。2010年,老舍茶馆在大屯路的金泉广场开出首家分号,同时,老舍茶馆与马来西亚紫藤文化企业集团合资开办的新式茶馆也开门迎客。2013年,老舍茶馆揭幕了一个巨型盖碗重400斤(200千克),高75厘米,直径88厘米。该巨型盖碗也创造了吉尼斯世界纪录,成为北京大碗茶30载风雨历程的一个见证符号。

二、南昌泊园茶馆

南昌建城于西汉初年,几经发展,远在唐宋盛世就已是商贸云集的江南都会。民国时期江西各地茶楼林立、茶社遍布,南昌城辖区人口近20万,属于中等城镇,但却有着200余家大小茶馆,遍布在全市的各个角落。南昌人素有在茶馆聚会的习惯,人们喜欢在茶馆聊天、谈生意、调解纠纷。为了扩大茶馆的生意,茶馆老板还请来了说书、说唱艺人,茶客一边听着评书或者"南昌道情"(一种曲艺形式),一边慢慢饮茶,日子过得十分悠闲。近年来,南昌的茶馆发展迅猛,重现民国茶馆云集的盛况,据统计,南昌有将近千家茶馆,其中以泊园茶馆颇具特色。

泊园茶馆由江西国弘投资有限公司斥巨资打造,致力于打造江西茶行业第一品牌。荣获2011—2012年度全国十佳特色茶馆。茶馆以徽派建筑为主,融合了古朴的赣派建筑,精致的苏州园林,大气的北京四合院的风格,处处禅意妙香,已成为南昌城的标志一景。茶馆营业面积1 600平方米,分中和园、禅心书廊、戏院、佛堂以及各式包厢,设计师巧妙地利用假山、流水、凉亭、回廊,营造出美轮美奂的景致。影壁墙前疏梅点点,时有美人抚琴,如此良辰美景,让人流连忘返。茶馆大部分门窗采用了明清及民国的老门窗,所有的木质结构均采用原木精雕细刻。四周古典的壁纸上摆满了各种茶具,让人们在品茶休闲之余,体会到中华茶文化的博大精深。处处凝聚的工匠艺人的精湛技术与艺术构思,使泊园老茶馆有着"茶馆中的艺术馆"的美称。

茶客之意不在茶。纯粹为解渴到茶馆里喝茶的客人并不多,茶客到茶馆里喝的是一种环境、一种气氛、一种文化。对茶馆经营来说,除了茶水茶点、空间环境、装潢陈设等硬件设施外,其最大的魅力在于其用心营造的文化氛围和艺术情境。泊园一直坚持走文化艺术路线,禅茶书画香是泊园文化的精髓。

禅。茶与佛很早就结下姻缘,饮茶是禅寺的"和尚家风"。禅味与茶味是同一种兴味,品茶成了参禅的前奏,参禅又成了品茶的目的,二位一体、水乳交融。"茶禅一味"源于中国茶文化,其真髓是茶与禅的相通,都重在宁静幽远的意境,饮茶有助于参禅时的冥思、省悟,并体味出澄心静虑和超凡脱俗的意韵。江西是禅宗兴盛之地,也是禅茶的发源地之一。

泊园设有佛堂和禅心书廊,供奉精妙的佛像,时人梵呗如歌,令人拂尽尘思,进入镜花水月的境界。

茶。茶馆文化只有结合茶叶品牌的文化,才能实现双赢。茶馆是茶叶消费的一个终端,茶交易的一个平台,茶文化传承的一个渠道。

书。泊园茶馆设计上体现出了浓郁的书香气息,南昌自古文风昌盛,早在初唐时期,王勃在《滕王阁序》中便盛赞此地"物华天宝,龙光射牛斗之墟;人杰地灵,徐孺下陈蕃之榻。"南昌城的代表景观——滕王阁便体现出了"物华天宝、人杰地灵"的特色,在第二、四层分别绘有人杰图、地灵图,其中人杰图绘有陶渊明、欧阳修、王安石、曾巩、文天祥、汤显祖等江西历代名人120位。茶馆包厢均以江西历史文化名人的字号命名,内饰则多为主人收藏的明清及民国时期器物,充满了人文意趣,与滕王阁遥相呼应。茶馆定期举办泊园茶友会,书画沙龙,禅意讲座,给各界文人雅士提供一个资源共享、合作共赢的平台。

画。我国古代文人多风雅,很多都是琴棋书画,样样精通。正如文震亨《长物志》所说:"士大夫以儒雅相当,若评书、品画、瀹茗、焚香、弹琴、选石等事无一不精。"饮茶可以激发创作灵感,不少画家嗜爱饮茶,如宋徽宗、文徵明、郑板桥等。文徵明与好友品茶,画成传世佳作《品茶图》,题诗云:"啜罢神清淡无寐,尘嚣身世便云霞。"文人在欣赏绘画时也要茶助兴:"弹琴阅古画,煮茗仍有期"(梅尧臣《依韵和邵不疑以雨止烹茶观画听琴之会》);茶和画融为一体,这茶品得画意浓香。泊园茶馆颇多名画,茶客清茶一盏在握,静室观摩佳画,顿觉云霞满目,清风徐来。

香。"焚香伴茗"盛行于是明清士大夫阶层,指品茶之时在茶室内焚香,把名香和名茶糅和在一起,使人产生愉快、舒适、安详、随意的感觉。一壶清茶,一炉檀香,尽除烦闷,使整个品茶过程极富诗情画意。为了真正让现代消费者感受中国香道的美好,泊园煞费苦心,请来了国内香道名家为茶客讲解各种香道流派,从香道的发展简史,沉香的分布,沉香、檀香的产地到香的作用以及沉香的形成等,都一一历数,让茶客们在富有感染力的环境中,收获知识,感受心之宁静。

泊园为茶客提供了一整套高质量生活所需的用品,使人们欣赏到历史名人书画、陶瓷、木雕、古琴、香韵、戏曲、禅意等颇具中国传统文化特色的艺术佳作,让人们在品茶的同时感受中国传统文化的博大精深。泊园老茶馆主人张卫华在接受采访时说道:"其实泊园让人印象最深的并不是茶馆本身有多大,也非茶叶有多么好,而是我们在传播一种新的茶馆经营理念,将茶馆文化与更多本土民俗风情结合起来,最终带动以茶馆为表现载体的茶文化和茶旅游的兴盛。这样中国茶馆业就突破了单线发展的形式,成为具有多元特征的文化综合体。"

为了让泊园品牌更生动也走得更远,泊园组建了"南昌国际茶艺表演队",和南昌市各大专院校进行合作,定向培养茶艺专业学生。茶艺表演队已出访过美、韩等多个国家,演出的"泊园听雪"等茶艺节目屡获奖项。2012年5月,应美国"第十届亚洲节"组委会的邀请,中国茶文化代表团远渡重洋,赴美国俄亥俄州首府哥伦布市参加在该市举办的"第十届亚洲节"。这是中国茶文化首次亮相该盛会,"泊园大学生茶艺表演队"的表演得到了美国市民的热捧,成为本次盛会32个国家中唯一一个获得哥伦布市市长亲笔感谢信的代表团。

三、中国茶叶博物馆

中国茶叶博物馆位于杭州西子湖畔的双峰村,于1990年10月起对外开放,是全国唯一的以茶文化为主题的国家级专题博物馆。20多年来,来茶博参观的人次从每年的数万递增到40万以上。茶博集休闲、旅游、品茗茶文化于一体,已成为西湖旅游休闲胜地。

这是一座没有围墙的博物馆,整个博物馆打通了围栏和围墙,在需要阻隔的地带密植带刺植物,营造出"馆在茶间、茶在馆内"的生态型无围墙博物馆。茶博处处彰显人文主题和茶文化韵味,馆区的路以天然石材铺就,路面上镶嵌了来源于历代名家书写的100个"茶"或"茶"的别称(如诧、茗、荼)等,使游客在行走时便能感受到浓浓的书香茶韵。

整个陈列大楼古色古香,极富山水野趣。一进入序厅,便可见一面水幕从十米高处徐徐而下,一潮春水浸润着一个行书"茶"字,水幕之下,假山盆景苍翠欲滴。动静结合的设计象征着中华茶文化的源远流长,诠释了茶与水、自然与人的亲和关系,突出了展览的主题。

陈列大楼的茶文化展示是整个博物馆的精华所在。馆内设茶史、茶萃、茶事、茶具、茶缘、茶俗等六个部分,多方位、多层次、立体地展示茶文化的无穷魅力。茶史厅介绍了源远流长的茶文化历史,陈设了初制茶叶的四桶捻揉机等机械。茶萃厅展现了数百种有代表性的茶叶实物,在展台上配有相应按钮,只用戴上耳机,点击标本旁的按钮,便可听到相关茶叶的介绍词。接下来的茶事厅陈列了茶的栽培、采摘、加工、利用等事宜。茶缘厅主要展示了自茶博开馆以来接待过的各界知名人士的照片、签名、题词等,突出了与茶结缘的主题。茶具厅以实物和实景结合的方式展示了我国古代的各种茶具。在茶俗厅,形式各异的各地茶俗场景让游客既惊奇又向往。

茶博周围环境优美,背倚吉庆山,面对五老峰,东毗新西湖,周围如杨公堤、双峰插云、龙井问茶、灵隐禅寺、花港观鱼等知名景点。四周茶园碧绿如海,粉墙黛瓦,青山逶迤,花团锦簇,真乃人间天堂!茶博十分注重细节,四周栽种的植物也与茶文化主题十分贴切,如与茶搭配泡饮的枸杞、茉莉、玫瑰、桂花、金银花、杭白菊、玳玳、绞股蓝、野山楂等极具观赏性,既普及了花草茶的知识,又使茶博院更为多元化。茶博院是一座不露人工痕迹的生态公园。

茶博的嘉木苑是一个独特的、开放性的茶树品种资源圃,"南方有嘉木"指的便是茶树,嘉木苑种植了一百多种茶树。这些茶树形态各异,除了寻常所见的灌木型茶树外,还可见到乔木型大茶树,如乌牛早、黄叶早、肉桂、毛蟹、云南大叶等大茶树。资源圃还对各种茶树品种的产地、名称、适制茶类等立牌说明,营造出一处鲜活的室外展区。苑内的焙香簃在茶叶采摘季节还向观众表演炒茶,展示炒茶技艺和茶叶加工的重要工序,加深游客对茶叶制作工序的了解,是对展厅陈列的生动补充。

茶博的茶艺表演经过多年的挖掘和整理,独创了禅茶、西湖茶礼、文士茶、擂茶、工夫茶、农家茶、日本茶道等近十个表演内容,这些表演除接待前来参观的游人外,还多次前往外地表演,受到广泛的好评。许多有影响力的电视台都曾拍摄介绍了茶博的陈列及其他有关内容,为国际、国内的茶叶和茶文化研究与交流提供了广阔的舞台。近年来,茶博相继应邀赴日、韩、法、德、英、芬、美等国进行讲学、茶艺表演和茶具展览,不断扩大其知名度,为中国茶文化跨出国门走向世界提供了平台。

杭州提出"茶为国饮、杭为茶都",茶博的建立为传承中国茶文化历史发挥了重要作用,有利于丰富城市的文化内容,提高城市文化品位,其影响力巩固了杭州"茶都"的地位。2007年杭州市委市政府提出将"生活品质之城"作为杭州的城市品牌,所谓"品质",不限于优越的物质享受,同时也包括精神的愉悦。茶博有着良好的生态环境,同时着力完善休闲设施,丰富经营服务项目,优化接待功能,这使茶博具有不可替代的旅游属性——休闲性,对于杭州人来说,茶博不仅仅是一座博物馆,更是与龙井、梅家坞齐名的饮茶休闲会友的好去处。每年夏天,茶博都会推出露天夜茶活动。2013年的夏天杭州异常炎热,茶博突出"乐活"与"冰爽"主题,以系列花草冷泡茶作为夏日解暑主推茶品,满足不同茶人夏日需求。还陆续推出"主题夜活动",教市民如何冲泡冷泡茶,共赏夏日清凉主题电影,举办浪漫七夕茶会……让大家在仲夏夜里,一起回归慢生活,感受茶带给人的愉悦。

在茶叶博物馆除了能欣赏到专业的茶文化展示外,还能不断地加深和拓宽知识,感受浓浓的文化氛围。

拓展阅读

首届中国茶文化与旅游发展高峰论坛

2012年12月3日,为探讨独具魅力特色的中国茶文化成为传播中华文明的一道精彩"盛宴",研究茶文化人文旅游和自然旅游的发展方向,由中国民俗学会茶艺研究专业委员会、江西茶业联合会、南昌文化产业协会主办的"首届中国茶文化与旅游发展高峰论坛"在江西省南昌市红谷滩新区隆重召开。来自北京、河北、广东、福建、陕西、浙江、安徽、辽宁、四川和江西的专家学者及茶界代表共150多人参加了本次峰会。中国江西省委宣传部常务副会长陈东有出席本次峰会并作大会总结发言。陈东有指出,这次高峰论坛充分突出了茶文化与旅游相互促进发展的主题,对中国茶文化旅游特别是南昌乃至江西省的茶文化与旅游资源的开发与利用起到了很好的推动作用。这对于进一步发挥江西茶文化旅游的优势,加强与各个地区的交流合作,有着十分重要的意义。

本次高峰论坛以两大板块形式,分别在上、下午对"江西茶文化与旅游发展"和"中国茶文化与旅游发展"进行了自由研讨和主题演讲,与会专家学者围绕江西省和南昌市茶文化旅游的现状,以及如何促进中国茶文化旅游的提升和创新等主题,进行了广泛深入的探讨。会议指出:中国是世界茶文化的发祥地。作为"朝阳产业"的旅游,在中国正以迅猛的态势发展。而中国茶文化与旅游发展的结合,则形成了共同促进旅游市场的双赢局面,从整体旅游形象出发,通过茶文化与历史、与产茶区、与城市、与生活的互动,共同引领人们对茶文化旅游的认知。把茶文化与旅游发展搞上去,近则利于当地经济,远则利于中华茶文化的光大,恩泽后世。会议认为:一方面,中国茶文化的发展带动旅游业,成为人们体验茶文化之旅的"游学"模式;另一方面,旅游的发展又推动着茶文化更为广泛和迅速的传播,茶文化旅游受到了中外游客的欢迎和喜爱。会议强调茶文化旅游具有很强的可塑性。中国茶文化在旅游发展中具有重要的地位与作用,茶文化与旅游相结合的新型业态,具有强大的生命力和发展空间。

会议经过充分酝酿和讨论,通过并发表了对中国茶文化与旅游发展具有里程碑意义的《南昌共识》。"共识"指出,此次高峰论坛对于江西乃至中国的茶文化旅游发展具有重要的理论与实践意义,并且加强了全国各地茶文化旅游交流与合作的多项举措,以促进茶文化旅游走向新的繁荣和发展。峰会最后,产生和确定了中国茶文化与旅游发展高峰论坛专家委员会名单,同时授予北京老舍茶馆、中国茶叶博物馆、南昌泊园老茶馆等三个单位"中国茶文化旅游特别贡献奖"。

第四节 茶文化旅游现存的问题与对策

近些年来,我国茶文化旅游有了长足的进展,成为旅游业的一匹黑马,迅速拉动地方经济的发展。但是,目前我国茶文化旅游开发尚处于初级阶段,存在着如茶旅产品形式单调、雷同、缺乏文化内涵、破坏生态环境等诸多问题。这些问题会制约我国茶文化旅游的持续健康发展,有必要加以指出并努力克服。

一、茶文化旅游现存的问题

1. 形式单调,开发力度小

目前我国茶文化旅游开发尚处于初级阶段,旅游市场中茶文化内涵挖掘不够,很多茶文化产品仅仅停留在研究、保护、塑造企业形象的基础上,没有真正与旅游市场接轨。现有的一些茶文化旅游线路的设计,较多的停留在游览层次,但能够让游客静心领会,参与到茶文化中并达到修身养性,可以清心的行程较少。大部分茶文化旅游基本还停留在体验型的阶段,如和茶农一起采茶、炒茶等。另外,茶文化旅游的从业人员整体综合素质不高。现在虽已有研究茶文化的教授,但数量不多,茶文化旅游从业人员基本上以导游和茶艺表演工作者为主。

2. 部分茶旅产品具有雷同性

我国茶文化旅游资源丰富,具有开展茶文化旅游得天独厚的先天优势,但缺乏特色旅游线路是我们的一大缺憾。茶文化旅游的活动内容和形式也仅限于游园采茶、茶品购物、品茶观艺等几个方面,这与我国的茶文化资源优势甚不协调。不少茶文化博物馆内容相似,随着茶文化知识在大众间的普及,一些博物馆趋同性的文字与图片展览,个性化不足,容易引起游客的审美疲劳。不少地方博物馆实力不足,缺少有分量的文物,有些则用仿制品替代。径山有陆羽泉、陆羽文化主题公园、茶圣节,湖州有陆羽茶文化节、陆羽墓等;许多茶产区举办的大小茶文化(旅游)节此起彼伏,内容呈现的差异性却不大。

3. 缺乏文化内涵

丰富的文化内涵是形成文化旅游吸引力的基础和核心。发展茶文化旅游必须在研究、挖掘文化内涵,不断提高产品文化品位上狠下功夫。我国的茶文化资源带有很强的民族性和区域性,具备形成特色吸引力的条件。但我们缺乏将这些有利条件转化为现实吸引力的机制和能力,因而也就无法将我国茶文化旅游的特色全面、深刻地展现在游客面前。快节奏的工作,使城市人养成了快餐式的生活方式。他们来乡间参加茶文化旅游活动,大都是走马观花,没有多少人能够定下心来坐一坐,慢悠悠地泡上一杯茶,在品茶中感悟人生。许多地方的茶旅游,更多的是停留在茶的物质形态上,没有涉及茶文化精神形态。甚至很多的所谓茶文化旅游实际打着茶文化的旗号在做卖茶的生意。

4. 茶旅形象不鲜明

旅游形象不够鲜明,茶旅线路促销力度不够。有些茶旅线路因管理经营不善,宣传不到位而显得差强人意。如提到径山旅游,人们往往先入为主想到的就是"双溪漂流",而不是"临济祖庭、茶道源头"的径山寺。

5. 生态旅游不"生态"

很多地方茶叶重金属、农药残留超标是不争的事实。有些地区对茶文化旅游的独特之处认识不足,缺乏科学规划,盲目投资开发,致使自然环境遭到了破坏。对茶文化的内涵发掘不够,智能化技术和节能减排技术应用不足,加之宣传倡导不力,这些也都不同程度上助长了碳排放量。既要保住茶区原有生态环境,又要发展茶区旅游经济,因此,发展低碳茶文化旅游不失为茶区健康可持续发展的明智选择。

6. 部分茶旅产品曲解和破坏茶文化底蕴

部分茶旅产品曲解和破坏茶文化底蕴的事时有发生,1994年上海国际茶文化节期间,上海一酒楼所出售的"三清茶"严重失真,与原宋园茶艺馆所创制的"三清茶"产品及其丰富的文化内涵大相径庭,破坏了宋园"三清茶"的良好形象,更损害了游客的利益。茶艺表演也必须严格遵守茶道、茶规,真实反映茶文化的内涵,不得肆意修饰与发挥,以致丧失茶文化的本源吸引力。一些公司受经济利益的驱动,为博得大众眼球,不惜哗众取宠。苏州闹市区开了一家"监狱式茶吧",引来了一些青年人消费,同时也遭到许多市民的质疑。茶吧的二楼装修成监狱的格局,一个个包厢颇似牢房,外面还贴着"有罪"的牌子,身穿仿制警服的服务员穿梭其间,利用这种新奇的手段刺激消费。商家应具有健康的商业追求,不能把低俗当卖点。

二、茶文化旅游发展的对策

我国茶文化旅游仍处于起步阶段,存在的一些问题将会制约我国茶文化

第五章
当代茶文化旅游的类型与开发模式

旅游的持续健康发展,因此有必要加以指出并努力克服。

茶文化旅游的开拓,现在已是一个迫在眉睫的课题了。茶文化旅游目前处在一个低水平、低层次的阶段,应该努力使它更为规范化,更具竞争力,更有吸引力。为促使我国茶文化旅游持续健康地发展,可从以下几个方面入手。

1. 进行多方面的开拓,加强茶文化旅游区建设

近几年来,国内已经陆续出现了一些具有高品位的茶文化旅游度假村和旅游点。如广东梅州的雁南飞茶园,把荒山野岭变成集农业生产、参观旅游、度假娱乐于一体的新兴旅游胜地。浙江杭州的中国茶叶博物馆,福建漳浦的天福茶博物院与石雕园,广东英德的茶趣园,昆明的世博会茶园等,都是颇有特色的茶文化旅游区。现在这种建设方式正受到越来越多的关注。我们应该对于原有的老茶园进行改造,使原有茶园不仅成为生产基地,还是旅游观光的好去处。

2. 开发更多的茶文化旅游纪念品和用品

旅游的六大要素当中,吃、喝、购物是其中的重要部分。现在,茶宴开始盛行,茶的各种饮料、食品也越来越丰富,并且茶具茶叶,特别是名茶,正在成为人们很看重的旅游赠品。我们应该抓住这种消费心态,开发更多样饰精美,又质量上乘的茶文化礼品,扩大茶文化旅游的延伸度。

3. 形成各地具有特色的茶文化旅游项目

例如,现在安溪县围绕着茶文化旅游推出了多项旅游,不少和名茶发源地、古建筑、宗教旅游结合起来的旅游项目,都取得了很好的成绩。许多地方都可以形成自己别具一格的茶文化旅游项目。浙江以龙井茶作为主打,云南以普洱茶作为主打并以茶叶发源地为号召,这些都对人们产生了极大的吸引力。而江西以庐山云雾茶与庐山风光、鄱阳湖景观相结合,以及婺源的民居、名人故里,也都取得了极大的效益。

4. 积极推出茶文化旅游热线

任何一项旅游产品要受到消费者的青睐,除了某一景点景区之外,很重要的就是有一条或多条旅游热线。茶文化旅游热线应该以几个省或者一个省市为主,把周边的旅游项目联合起来,加强合作,形成能够满足消费者三到七天、十天甚至半个月的旅游需求,使旅游者一次出行就能达到多方面的享受和要求。但目前国内茶文化旅游的热线建设还有待于加强。

5. 加强茶文化旅游的研究和推广

茶文化旅游目前只有少量文章涉及,而缺少深层次的研究。实际上,这方面的研究课题非常多,除了如何发展国内茶文化旅游的本体研究之外,还应该加强对海外和世界各地茶文化旅游的介绍和调研。例如,我国台湾观光茶园是如何推动台湾茶业发展的;日本有名的冈山后乐园茶园为什么能够成为日

本的三大名园之一,每年吸引大量的游客;泰国、韩国、印度是如何给茶旅游业注入新活力的;惜土如金的新加坡是如何开辟观光旅游茶园并取得了可观经济效益的。对于这些,我们只有深入研究后才能使国内的茶文化旅游更好地学习借鉴。

6. 加强茶文化旅游的教育

与此同时,茶文化旅游走进学校、走进课堂极为重要。因此,我们在接受中华人民共和国劳动和社会保障部委托制定《茶艺师国家职业标准》时,就有关于学习和掌握茶文化旅游知识的要求,而我们编写的全国统一的《茶艺师》考试鉴定教材也有这方面的内容。这些,必将促进茶文化旅游知识的普及,提升茶文化旅游的水准。茶文化看重的是茶对人的精神熏陶,要注意茶文化旅游区内导游员和服务人员综合素质的提高,充分发挥他们的媒介作用,将茶文化旅游的特色和文化内涵较完美地传递给游客。江西、上海、福建、安徽等地的茶校教育走在了时代的前列,他们为社会培养了高素质的茶人,促进了茶文化旅游文化价值和品位的提高。

茶文化旅游是一个新兴产业,充满着蓬勃的朝气。随着茶文化热潮的不断推进,茶产业的不断发展,我们深信茶文化旅游的前景将会更加美好,并且将带动整个旅游业的发展,特别是促进生态旅游和农业旅游的发展。

第六章

茶文化旅游的规划与设计

随着旅游市场的不断细化,人们已不满足于传统的观光旅游,各种旅游方式层出不穷。我国的茶文化旅游资源十分丰富,经过细致的规划设计,完全可以开发成优质的旅游产品。茶文化旅游景区、商业街区、产业园区等都是茶旅产品的有机组成部分,对丰富百姓生活、促进茶业发展起着重要的作用。

第一节 茶文化旅游规划与定位

旅游规划是旅游业实现健康、快速、可持续发展的前提,是旅游开发中的重要环节与实施依据。茶文化旅游作为新型旅游产品,要想在竞争激烈的旅游市场中获得一席之地,就必须对自身发展规划进行清晰定位。茶文化旅游的规划是一个复杂的系统,做好旅游规划是进行旅游开发的重要依据。

一、旅游规划的概念及特征

旅游规划以市场需求为导向,运用适当的经济、技术手段,按照协调的思路对旅游地进行全局优化设计,对旅游地发展的各项旅游要素进行统筹部署和具体安排,以获得可持续的经济、社会、环境效益。[①] 旅游规划承担着发展旅游业,为社会发展做贡献的使命,是对旅游业未来做出不同情景的设想,以促进其有序开发。

旅游规划包括旅游发展规划和旅游区规划。旅游发展规划是根据旅游业的历史、现状和市场要素的变化所制定的目标体系,以及为实现目标体系在特定发展条件下对旅游发展的要素所做的安排。旅游区规划是指为了保护、开发、利用和经营管理旅游区,使其发挥多种功能和作用而进行的各项旅游要素

---

① 郭梅.旅游规划原理与实务[M].北京:北京大学出版社,2012:2

的统筹部署和具体安排。

旅游规划是旅游开发中的重要环节与实施依据。旅游开发是从战略构想到经营策划的复杂的、循序渐进的过程。在这个过程中，各种旅游开发要素会不断发生变化，为保证旅游开发的有序进行，规避旅游投资开发风险，在旅游开发之前做好旅游规划是旅游开发中的重要环节，也是旅游开发的行动指南及行动纲领。

旅游规划是旅游业实现健康、快速、可持续发展的前提，是对不同地域经济综合体内的旅游系统发展目标和实现方式的整体部署过程。旅游规划要求从系统全局和稳健运行出发，着眼于旅游规划对象的综合整体优化，正确处理旅游系统内外部的复杂结构，从发展和立体的视角来考虑和处理问题。

旅游是一个集环境、资源、资金、人力和管理于一体的复杂系统，旅游规划则是一个涉及社会、经济、政治、文化、环境的系统工程，需要综合运用多种手段和技术方法，涉及的学科具有综合性特征。从不同学科的角度进行旅游规划，便有不同的应用范围。

表 6-1 旅游规划的基本理论体系

基础理论	应用范围
地理学	区位条件分析；自然旅游资源调查、评价、开发、保护；旅游区划分/功能分区；区域旅游合作。
历史学	人文旅游资源调查、评价、开发与保护。
市场学	消费者行为分析；市场定位；市场营销策划。（包括主题旅游形象定位、产品营销策划等）
经济学	旅游需求分析；旅游供给/产品开发；投入、产出分析；旅游产业结构调整。
景观学	具体景观设计；重点旅游城市创意性规划；人力资源规划。
管理学	旅游管理体制。
生态学	生态旅游产品开发；生态环境保护；可持续发展战略。

为规范旅游规划编制工作，提高我国旅游规划工作总体水平，达到旅游规划的科学性、前瞻性和可操作性，促进旅游业可持续性发展，国家旅游局发布了 GB/T18971—2003《旅游规划通则》，根据实际规划工作需要，总结的旅游规划的编制步骤如下：

（1）任务确定阶段。委托方通过公开招标、邀请招标或者直接委托等方式确定编制单位；然后制订项目计划书，并签订旅游规划编制合同。

（2）前期准备阶段。明确任务，成立规划小组；准备规划资料（包括政策法规研究);实地调查研究(旅游资源调查、旅游市场调查)。

(3)规划文体编制阶段。旅游地现状分析与评价;发展预测;进行规划区主题定位;确立规划分期及各分期目标;提出旅游产品、旅游服务设施及旅游基地设施的开发思路和空间布局;确立重点旅游规划项目,确定投资规模,进行经济、社会和环境评价;形成规划区的旅游发展战略,提出规划实施的措施、方案和步骤,包括政策支持、经营管理体制、宣传促销、融资方式、教育培训等;撰写旅游规划文本、说明和附件的草案。

(4)征求意见阶段。旅游规划文本初稿完成后,要征求各方意见,包括旅游地各方专家、旅游局及各涉旅部门、相关的社区居民代表及其他相关的利益群体,并在此基础上完成规划评审稿。

(5)规划评审和鉴定阶段。旅游规划文本、图件及附件完成后,由规划委托方提出申请,上一级旅游行政主管部门组织评审。一般采用会议审查方式,需经全体评审人员讨论、表决,并有 3/4 以上评审人员同意,方为通过。评审意见应形成文字性结论,并经评审小组全体成员签字,评定意见方为有效。

(6)组织规划实施与修订阶段。若评审通过或需按照修改意见加以修正后通过则可上报并开始实施。若不通过,则需要重新编制规划,或者另请其他规划编制组完成。

(资料来源:中华人民共和国国家旅游局网站)

二、茶文化旅游的定位

中国旅游业已经进入了形象驱动时代,鲜明独特的形象定位已经成为旅游城市吸引旅游者的关键因素。茶文化旅游作为新型旅游产品,要想在竞争激烈的旅游市场中获得一席之地,必须对自身发展规划进行清晰定位,主要可从以下方面入手。

1. 观念定位

树立大市场意识,坚持大市场导向,做足大产业文章。茶文化是重要的文化遗产,与经济有很强的关联度。特别是随着改革开放的不断深入,中国的经济得到快速发展,综合国力不断增强,作为茶产业支柱之一的茶艺馆迅猛发展,分布在大都市里的中高档茶艺馆和旅游区风采各异的品茗场所成为中国文化旅游的一个亮点。茶文化旅游的决策者、经营者应该更新观念,树立服务于大市场、大产业的观念,抓住旅游业大发展和茶艺馆业红火的时机,面向旅游市场,推出茶文化旅游产品,推动茶叶消费新经济。同时,调整产业结构,以市场为导向,不断推出茶产业的新产品,夺取茶产业经济效益和社会效益的双丰收。

2. 客源定位

以国内市场为主体,积极开拓海外和国际市场。近几年来,我国旅游客源市场中,海外和国际客流平稳增长,国内客流迅猛增长,国内旅游已成为中国旅游业的主体。据统计,2012 年全国国内旅游人数 29.57 亿人次,收入 22 706.22 亿元人民币,分别比上年增长 12.0% 和 17.6%;接待入境旅游 1.32 亿人次,实现国际旅游(外汇)收入 500.28 亿美元,分别比上年下降 2.2% 和增长 3.2%;中国公民出境人数达到 8 318.27 万人次,比上年增长 18.4%;全年实现旅游业总收入 2.59 万亿元人民币,比上年增长了 15.2%。① 长时期内,全国和绝大多数省市将保持这种基本格局。我国客源市场的这种格局决定了茶文化旅游的客源市场,总体上以国内市场为主体。同时,应该积极开拓海外客源市场,这也是非常重要的方面。因此,茶文化旅游也应该在两个市场方面都有所作为。当然,这个过程既不能急于求成,也不能全面出击,而应该审时度势,有重点地进行推介和市场开拓。

3. 功能定位

茶文化旅游应该是茶叶生产、旅游观光、购物休闲、会议展示等多功能、综合性的旅游项目。我国目前国民的旅游主要是观光娱乐式的,以近距离、短时间居多。据 1994 年国内旅游者抽样调查,外出旅游者对自然风光感兴趣的占总旅游者的 47.4%,对人文景观感兴趣的占 12.6%,对休闲感兴趣的占 1.5%。据 1995 年对上海、北京游客的抽样调查,以自然风光为首选目的地的游客占游客总数的 50%。即使是带有休闲性的节假日旅游,也是以娱乐和观景为主要浏览兴趣。茶文化旅游在休闲观光方面具有其不可替代的优越性,因为茶园本身就是一幅天然的风景画。自古名山胜地出名茶,茶园管理本身就是一门艺术工程。茶树品种繁多,叶型、叶色五彩缤纷,树枝千姿百态,树冠可塑性强,为茶园园林造景提供了基础。茶叶是旅游活动中最理想的保健饮品。各式精巧的古今茶具、精美包装的名茶、茶的诗画作品,都是很有价值的旅游纪念品。发展茶文化旅游,也扩大了旅游点的影响,两者相辅相成,相得益彰。当然,茶文化旅游应该形成各地的特色,与该地区的地脉、史脉、文脉相通,与地方特色的人文渊源相通。茶文化旅游还要形成一定的规模,有较多的配套活动,有丰富多彩的娱乐项目吸引观光旅游者,以别具情趣的休闲项目吸引度假旅游者。

4. 消费定位

以中档为主,兼顾高档和低档。在目前我国城镇市民当中,贫困比率虽然减少,但富裕型和豪华型消费也很少,还是以温饱型和小康型为主。我国居民这种两头小、中间大的财富配置和节假日的旅游以个人消费为主的消费类型,决定了我国的旅游产品消费的档次应该是以中档为主,兼顾高档,也可以设一

---

① 2012 年中国旅游业统计公报,http://www.cnta.gov.cn/html/2013-9/2013-9-12-%7B@hur%7D-39-08306.html

些低档消费项目。特别是在县级旅游度假村中,更应该以中低档消费为主,兼顾高档。消费定位是一门科学,应该做到既符合大多数旅游者的普遍需求,兼容性较强;又使海外旅游者和部分国内高要求的旅游者可以接受;还要使低消费层次者能够承受;而且市场可塑性要大,即使升级换代或降为低档消费产品都有很大的回旋余地。当然,高档消费产品也不能没有供应,部分旅游者对此有所需求,国际旅游市场更是如此,并且有利于推动旅游优化升级,给业主带来丰厚的利润,但这绝不是茶文化旅游消费的主流。低档旅游产品同样不可以缺少,对于有一部分国内大众旅游者而言,他们希望价格低廉而又能获得高档精神享受的产品,而对投资者来说这也是一种投入少、见效快的项目。当然,不同的茶文化旅游项目,它的分割重点各有侧重,应该根据城市和茶文化区域的定位,进行市场细化,找准自己需求与供给的结合点。

5. 融资方向定位

投资渠道多元化,开发方式多样化。茶文化旅游项目能够吸引大量个人资金开发,特别是有的项目投资少,见效快,则更为个人投资者所青睐。当然,融资要走多元化,包括外资都应该力争。一些大型企业集团转向休闲旅游业,开辟茶文化旅游也是必不可少的尝试,并且还可以以入股的形式或者采取项目承包开发、承包经营的方式,吸收民间闲散资金来开发中小型旅游项目。

三、茶文化旅游规划设计的内容

茶文化旅游集旅游观光、购物休闲、茶叶生产于一体,产生了明显的生态效益、社会效益和经济效益,给茶叶生产带来了新的希望。茶文化旅游的规划是一个复杂的系统,做好旅游规划是进行旅游开发的重要依据。具体的旅游规划应主要包含以下内容。

1. 背景分析

对规划区的自然、社会、经济要素以区位进行客观的优劣势分析,并对旅游发展现状进行科学评价,找出关键制约因素,提出发展优势和潜力等。

(1) 自然环境分析。自然环境包括规划区的自然条件、环境质量、自然灾害、气候、植被等。自然环境对旅游资源的质量和开发起着直接决定作用。作为旅游资源的开发地,其环境应以让游客从视觉、听觉、嗅觉、触觉到味觉全方位感受舒适为宜。由于茶树生长对环境的要求较高,故我国大部分产茶区的生态环境极佳,满目苍翠,空气新鲜,较为适宜开发成旅游景区。一些地区的自然环境遭到破坏,会对当地旅游业产生一定的影响。如2008年四川汶川地震,对四川的旅游业造成了重创;我国北方的雾霾令很多游客望而生畏,日本外务省考虑到北京的PM2.5空气污染问题趋于严重,开始研究从2014年度起增加在北京工作的日本驻华大使馆职员的补贴金额,这也在一定程度上影响了入境旅游市场。

（2）社会环境分析。良好的外部社会环境能够促进旅游地快速发展，一个地区政治局势和社会治安稳定与否，会直接影响旅游者的出游决策。如2012年中日之间钓鱼岛争端不断升温，激发了民间反日情绪，中国赴日旅游的游客数量急剧减少，使日本旅游业遭受重创。中东地区的战争、泰国的政治骚乱等都对当地旅游业造成了较大的负面影响。近年来，由于东突分子的恐怖袭击，也对新疆的旅游业造成了负面影响。

（3）经济环境分析。经济发展水平决定着当地客源数量以及旅游的保障水平。通常经济越发达的地区在旅游资源开发上的投资实力越强。大量事实表明，世界上有许多旅游点的经济价值大小并不与旅游资源的价值成正比，而往往在很大程度上是因其特殊的地理位置而增加了吸引力，如英国的格林尼治天文台就成为世界旅游热点。

旅游资源价值的大小，不仅取决于其本身，还取决于它的开发环境和条件，包括区位条件、客源潜力、竞争对手、游客容量、交通等基础设施、经济基础、投资量和投资环境等。不能离开资源的环境孤立地去评价它的开发价值。

2. 旅游资源调查与评价

"凡是能够造就对旅游者具有吸引力的自然事物、文化事物、社会事物或其他任何客观事物，都可构成旅游资源。"①旅游资源的理论核心是吸引力因素，旅游者之所以离开常住地到某一旅游目的地旅游，主要是因为该旅游目的地具有吸引自己的对象，如优美的风景、驰名的古迹、舒适的环境、奇特的景观等，它们吸引旅游者前去观光、游览、休闲、娱乐、疗养等，促进旅游活动的开展。因此，旅游资源又可称为"旅游吸引物"，"它是指能够激发旅游者的旅游动机，为旅游业所利用，并能产生经济效益、社会效益和生态效益的自然的和社会的事物和现象等各种因素和条件的总和"②。

旅游资源是旅游业发展的物质基础，旅游资源的价值越高，旅游业也就越容易发展，旅游目的地的旅游收益也就越大。旅游资源调查与评价是旅游景区景点规划开发的第一步，全面准确的资源调查与资源评估为旅游规划的制定提供了客观科学的依据。旅游资源调查和评价是分析评估旅游资源的种类、数量和分布等，从而确定当地旅游资源的优势以及开发方向、开发顺序，这也是旅游规划设计的基础。

3. 客源市场调查分析

旅游规划必须以客源市场为依据，缺乏市场分析的开发是盲目地开发。

---

① 李天元，王连义.旅游学概论[M].天津：南开大学出版社，1999：94
② 王莉霞.中国旅游资源教程[M].西安：陕西人民出版社，2006：2

没有一定数量的游客,旅游规划不会产生良好的经济效应,客源市场大小决定着旅游规划的开发规模和开发价值。现代旅游开发必须以旅游资源为基础,以市场为导向,客源市场结构构成了旅游开发的主题和方向。由于旅游产品具有可替代性,因此旅游规划中必须对产品市场进行细致分析。市场需求是经常变化的,旅游规划要有长远的战略眼光,善于预测市场变化发展的趋势。旅游规划不仅要对目前出现的问题提出解决方案,更重要的是对未来状态做出设想,并对可能出现的问题做出科学的预测和处理。

我国国内旅游客源市场集中在经济发达地区,从客源分布来看,以经济发达的大中城市和沿海地区为主,内地县镇为辅。深圳、珠海等城市由于毗邻香港、澳门,其优越的客源区位条件使当地并不多的旅游资源得到了充分的开发和利用。梅州雁南飞茶田度假村是生态与产业的融合,位于粤东地区,有着充裕的客源市场,公路通车总里程和公路密度均居全省山区市前列,融入了珠江三角洲的经济快车道,由梅州至深圳只需3个多小时,至广州只需4个多小时,其交通优势吸引了大批来自广州、深圳、香港、澳门等地的客源。每至节假日,自驾车游蜂拥而至。"休闲到梅州、享受慢生活"品牌效应已开始凸显:2012年梅州旅游接待总人数1 450.9万人次,旅游总收入达145.8亿元。

在研究和分析客源市场时,不能仅仅局限在本行政管辖地直接的现实的客源市场上,还必须扩展到周边旅游目的地的客源市场上。古徽州地区出产黄山毛峰、祁门红茶、休宁松萝、屯溪绿茶、婺源绿茶等名茶,借助黄山、西递、宏村等世界遗产的客源,徽州的茶文化旅游也颇有起色。屯溪老街举行万人品茗活动,反响十分热烈;祁门突出祁门名山、名茶、古戏等地方特色,打造"体验古徽道、感悟新茶商"的黄金旅游线。婺源原属古徽州地区,现为江西行政区域,由于其本身优美的自然环境吸引了众多客源,同时又能吸引来自黄山(世界自然遗产)、景德镇(世界瓷都)、三清山(世界自然遗产)等地的客源,故在发展茶文化旅游时占据得天独厚的客源优势。

进行旅游规划,不仅要分析客源市场,并且还要对游客的旅游动机、人口特点、受教育程度、客源地环境等情况进行细分。

表6-2 旅游市场的细分种类及细分因素

细分种类	细分因素
地理因素	地区、城市、乡村、不同的气候带、地形地貌。
人口统计因素	性别、年龄、收入、受教育程度、职业、民族、宗教、家庭结构、社会阶层。
心灵变量	性格、个性、旅游动机、生活方式、兴趣爱好、价值取向、旅游习惯。
购买行为	购买组织形式、购买忠诚度、价格敏感度、广告敏感度。

(资料来源:冯耀峰.旅游规划[M].北京:中国人民大学出版社,2011:76)

在对客源市场进行细分时,同时还要综合考虑客源地是否产茶、是否有饮茶习惯、出产何种茶叶、是否有历史名茶、茶事古迹等情况,并对潜在客源地的饮茶喜好、饮茶方式、饮茶风俗等问题进行细致调查分析。只有在市场细分上下功夫,找准自身特定的客源产出地和客源群体,才能实现旅游资源及产品开发与客源市场需求的对接。

4. 区位及交通分析

在规划区域茶文化旅游时,还应对旅游地的区位情况进行细致的分析。旅游产品通常是一些不可移动的景观、娱乐设施以及服务,其消费特征是广大旅游者离开其常住地,到达旅游目的地进行购买和消费,因而距离阻抗成为旅游产品销售的重要影响因素。从空间尺度上看,旅游目的地的客源市场一般随距离呈现出衰减的迹象。旅游项目的市场空间是向心集聚而不是网络扩散,这导致了旅游资源开发的区位选择具有高度重要的意义。

长三角、珠三角、闽三角是我国经济发达地区,同时这几个地区周边的茶文化旅游也较为发达。这并非巧合,发达地区经济基础雄厚,人们收入水平较高,闲暇时间较多,城市化程度高,生活节奏较快,人们外出旅游的机会多。茶文化旅游将生态旅游与文化旅游相结合,满足人们游憩的心理需求,成为发达地区的休闲后花园。北京、广州、深圳等城市虽不产茶,但因其交通便利、经济发达,北京茶博会、广州茶博会与深圳茶博会都极具影响力和辐射力,形成中国茶博会的三足鼎立之势。

交通可以说是旅游业发展的重要因素,同时也是其制约因素,旅游业迅速发展与交通基础设施的建设和全国交通网络的形成有极大的关系。没有一定的交通设施和交通条件,旅游活动就不可能实现。因此,在旅游规划问题上,交通的重要性并不亚于景点建设本身的重要性。旅游开发必须包括旅游地的可进入性,可进入性并非仅指旅游者可由外界抵达该旅游点,而是要"进得来,散得开,出得去",让旅游者既来得顺利,又玩得开心,去得方便。在规划旅游交通时,不仅包括规划旅游地同外界的交通联系,还要改善旅游地内部的交通、通信条件;不仅包括交通线路的建设,而且包括交通工具的配备与改进;不仅包括硬件的配置,而且包括管理、安全、服务等软件的加强。

一些落后地区虽拥有优势旅游资源,但限于基础设施不够完善或比较落后,直接影响了旅游的可进入性和旅游服务质量,不利于开发旅游资源和提高旅游经济效益。横跨西南的茶马古道沿途有着美得令人窒息的风景,但因交通状况不便、旅游设施不完善等诸多原因,使得茶马古道的全局开发困难重重。

5. 旅游项目创意

创意是旅游规划的灵魂,好的创意直接影响旅游项目的生存与发展,对产品有决定性的影响。根据本地旅游资源状况、客源市场预测、旅游业竞争态势、规划原理和规划目标,明确旅游规划方向,突出地区旅游特色,避免重复建设。市场需要一个平衡体系,一旦供求关系出现严重偏差,就会产生不良效应,这样不仅旅游区建设没有得到实际效益,还会带来资源浪费和环境破坏的问题。20世纪80年代中期以来,全国兴起了修建主题公园的热潮,据统计,过亿投资的就有300多家,但是最后保存下来的也不过30多家。海南五指山市盲目模仿深圳著名景区"锦绣中华",投资上亿元建设了"中华民族文化村",如今门可罗雀,成了"放牛村"。

在茶文化旅游的开发中,也出现了景区重复建设的问题。如各地纷纷兴建茶博物馆,规划茶文化公园,铸造"天下第一大壶"和陆羽像,举办茶文化旅游节。其中有不少性质雷同,缺乏创意。一哄而上的开发热潮,容易使旅游产品失去核心竞争力,还会对当地资源、环境、建筑等造成破坏,故在规划时一定要突出产品的独特性和创意性。

突出自身独特性的同时,还应对竞争对手做细致的调研。分析行业发展状况,应考虑本地区正在兴建或已经建成项目的经营状况,包括基础设施的档次、规模、安全性、方便性、服务水平的高低,便于分析将来可能出现的竞争状况。

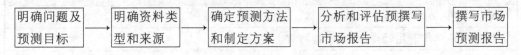

图6-1 旅游市场预测程度

6. 实体布局

实体布局是旅游规划的核心内容,是旅游规划可操作性的重要表现。旅游规划要做到"虚实结合","虚"是指针对该区域提出的一系列总体发展战略思路,"实"是指围绕战略目标设计的具体可见的项目,只有二者紧密结合,才能使规划既充当政府的决策咨文,又充当企业的投资指南。

实体布局主要针对区域进行功能分区,即吃、住、行、游、购、娱等旅游要素的布局及策划,具体包括总体功能划分、旅游产业要素规划、旅游产品设计、项目策划、时空布局、旅游形象设计与推广、投入与产出分析以及旅游保障体系规划等。

四、茶文化旅游规划原理

旅游规划是一项复杂的系统工程,在规划时要考虑多种问题,并应遵循以下原则。

1. 主题突出原则

主题形象是旅游者对旅游目的地的总体认知评价,是当今商业与信息传播时代地区旅游业发展的重要因素。在旅游市场分析及预测的基础上,进行科学的旅游市场定位,提出旅游市场营销策略和促销计划,并做出旅游形象的设计。

旅游规划要突出地域特色,盲目模仿、落入俗套是旅游规划的大忌。要突出旅游规划区的个性,可从以下几个方面着手:游览线路设计、景区内交通方式、地方餐饮、宾馆建筑风格的构思和立意;旅游商品的民族特色与地域特色;服务、娱乐方式与内容的地方性;富有特色的民俗活动和节事活动;设计要能突出景区的地域、民族、时代特色。

旅游目的地的各项建设要注意发挥优势,避免雷同和低水平重复。各级政府部门和旅游局要对旅游项目的建设严格把关,抓好项目的审批工作,鼓励支持具有自己特色、符合规划要求、有创新的项目。

通过开发使旅游资源本身所具有的特征充分显现出来,形成一个鲜明的旅游主题。设定主题需深思熟虑,并根据不同类型的主题进行具体策划。

表6-3 旅游资源开发的主题类型

主题类型	具体要求
原生主题	尽可能是原始的自然、历史风貌。
特色主题	利用特殊资源、彰显特有面貌。
单一主题	最好不要形成多个主题。
地域主题	各项设施尽可能使用当地材料和技术,各地均有各自的主题。

青岛崂山茗香风情园建成于2005年,面积4 200平方米,位于崂山万亩绿茶区的中央,是崂山实施茶文化观光旅游的绿色基地。崂山茗香风情园在设计上将现代园林艺术与传统民俗文化融为一体,内设茶树观赏、茶叶采风、茶艺观赏与茶膳品享等区域。崂山主打"道家茶"品牌,将崂山全真道教茶文化用茶艺手法表现出来,创编了"崂山茶道"茶艺节目。"崂山茶道"集琴、棋、书、画、诗、文六艺于一体,突出展示了与道教相关的各类茶艺、茶事活动。

2. 突出文化内涵

在数千年的植茶、制茶、饮茶历史中,茶叶从满足口腹之欲的食物饮料演变为充满人文气息的灵性之物。文化为茶带来了巨大的经济附加值和品牌效应。相关部门应成立专门机构,设计开发文化内涵丰富、品位较高的旅游商品。

文化资源是一个民族、一段历史长期积淀遗留下来的精神财富,比自然资源更具有独特性和创造性。沈从文小说中多处出现的凤凰古城原是一处世外桃源,民风淳朴,民族特色浓厚,被称为"中国最美的小城"。如今旅游收入已经成为当地居民主要的经济收入。而当很多人捧着《边城》来寻觅书中的净土时,却不免大失所望。古城老街被一些商铺和新建酒吧占据,古味淡了,文化气息淡了,商业气息无所不在。原本的文化资源遭到了严重的破坏。

特色文化有机融入,提升了宜兴"乡村游"的品位和吸引力。该市利用独特的茶、陶、竹等文化元素,打造了一批特色品牌。占地 2 000 多亩(约 133.3 公顷)的阳羡茶文化生态园主打"茶品牌",游客既可以参观唐贡茶作坊,学习茶艺、茶道,又能了解阳羡茶文化发展历程。兴望农牧有限公司依托万头猪场,建成了全国最大的"猪文化主题园"。丁蜀镇西望村建起了"紫砂文化一条街",这里"家家捶泥、户户弄陶",游客可通过亲手制作紫砂茶壶,感受陶文化的独特魅力。据悉,宜兴每年还积极举办乡村美食节、杨梅节、竹海登山比赛等一系列活动,增加乡村游的乐趣。

3. 美学原则

无论是自然景观还是人文景观,它们首先必须符合美学原则。人们能够感受到的美感种类越多,美感越强烈,对其评价就越高。茶文化旅游的美是异彩纷呈的,如高山茶园的自然美、茶事遗址的人文美、茶艺表演的艺术美、茶禅一味的哲理美、茶风茶俗的人情美、茶事体验的劳动美等,无不使旅游者从中得到美感享受。凡是吸引力较大的旅游产品,首先必须具备较高的美学观赏价值。

旅游规划应尽量体现旅游资源的美学特征,在开发中,任何人工建筑物的造型、体量、风格、色彩等都应与相应的自然环境和旅游气氛融为一体,体现自然美与人工美的和谐统一,体现旅游资源的时空结构特色,合理发挥旅游资源的神韵美。

4. 生态原则

在全球化的生态化思潮影响下,旅游规划应强调对原生态环境的保护,承担起保护生态及文化多样性的重任。在规划设计中,运用系统论和景观生态学的相关原理对旅游环境的生态平衡和协调发展进行保护。在旅游规划实践中,我国旅游业走了不少弯路。改革开放初期的旅游业发展主要途径是旅游资源的大规模开发,以致后期由于旅游开发带来了资源破坏、环境污染、景观质量下降等问题。一些旅游企业盲目追求利益,忽视了对旅游地的保护,许多旅游胜地和文物景观遭到了人为破坏。一些开发商在开发旅游景区时,不顾原先遗存的自然资源和人文环境,大兴土木工程,以致当地生态环境受到严重威胁。张家界原本是偏居湘西的世外桃源,因 1992 年被列为世界自然遗产而为世人所熟悉,受利益的驱使,外地、本地各路"神仙"都争着在武陵源风景区内乱建设施。正是由于对该景区进行无节制、超容量的开发,武陵源的自然环境被人为地破坏,1998年,张家界收到世界遗产委员会的黄牌警告。为了拯救风景区,恢复武陵源的自然风貌,保住"世界自然遗产"的金字招牌,张家界当地政府决定将景区内近34万平方米的建筑物全部拆除,恢复原貌。此举花费了10亿元人民币,比已获得的经济收益高出数倍。这无疑是一个极为惨痛的教训,同时也是对那些仍然处于"竭泽而渔"状态下的自然风景区的一个极其生动的警示。

旅游规划者开发设计旅游产品时,应遵循自然规律,实现人与自然的和谐统一,从而实现可持续发展。为了让消费者喝上高品质的崂山茶,山东青岛海馨茶业将崂山茶园打开,希望更多人亲自体验绿色茶农生活,认养一块属于自己的茶园,喝到高品质、地道的崂山绿茶。据介绍,海馨茶业被认养的崂山茶园都有苛刻的标准要求。在硬件方面,首先,茶园所处环境靠山近水,远离污染源和居民区,有洁净水源灌溉。茶园已经过3年的过渡期,而且土壤未施加任何农药和化肥。加工茶叶的工厂厂房规范,已经通过国家对有机茶种植和加工的标准认证。在软件方面,茶农在栽培茶树时,只添加有机肥料;在处理病虫害时,只使用生物农药,如使用生物活体真菌、天敌等对病虫进行杀灭或抑制,从而确保茶树绝对天然、无公害。

旅游资源是旅游发展的基础,茶文化旅游发展规划必须将旅游资源保护作为一项重要的规划内容。规划中应包含对茶文化旅游资源保护的措施,加大提倡文明旅游的力度,提出针对被破坏的旅游资源的修复规划等。茶业生态较为脆弱,容易受到气候、环境的影响,过度的开发会对茶生态产生一定的破坏。一些茶树、古茶园、茶文化遗迹等珍贵旅游资源,一经破坏,便不可再生,相关部门在进行规划时一定要注意好保护工作。生长在武夷山九龙窠景区的大红袍母树仅有六棵,至今已有350多年的历史,根据联合国批准的《武夷山世界自然与文化遗产名录》,大红袍母树作为古树名木被列入世界自然与文化遗产。20世纪30年代当地政府曾派兵把守,新中国成立之后,有关部门雇佣一农户长年看管,自从2000年武夷山申报"世界自然和文化遗产"成功后,武夷山大红袍母树就被《福建省武夷山世界文化和自然遗产保护条例》列为重点保护对象。2003年,武夷山市政府向中国人民保险公司为现有六株大红袍母株(有两株为无性繁殖所生)投保一亿元人民币产品责任保险。武夷山决定自2007年起,对大红袍母树实行特别管护:停止采摘大红袍母树茶叶,确保其良好生长;茶叶专业技术人员对大红袍母树进行科学管理,并建立详细的管护档案;严格保护"大红袍"茶叶母树周边的生态环境。

拓展阅读

普洱市谋划茶旅新格局

茶马古道上的普洱市正谋划茶文化旅游产业发展的新格局,围绕"世界茶源、中国茶城、普洱茶都"的目标定位,普洱将凸显"茶文化旅游"主题,大力培育以茶文化、茶马文化为主题的旅游产品,充分利用和发挥茶产业的优势,实现茶产业与旅游产业的互动共赢。

普洱市是"茶马古道"上重要的驿站,是著名的普洱茶的重要产地之一,也是中国最大的产茶区之一。普洱市同时是一个旅游资源的富集地,具有众多自然生态资源、水域风光资源及人文旅游资源,且茶文化、民族文化、口岸文化优势明显,全市森林覆盖率超过67%,茶园达318万亩(约21.2万公顷),旅游发展条件得天独厚。

根据有关规划,普洱市将立足于普洱市旅游资源的文化和特色,依托"普洱茶都、中国茶城、世界茶源"的品牌优势,利用良好的自然区位优势,以市场为导向,以重点旅游项目建设为载体,加强政府主导作用,全面提升普洱市的旅游产业素质和综合竞争力,将普洱市建设成为云南省的新兴旅游城市。同时,以"观光普洱、美食普洱、欢乐普洱、养生普洱"为口号,将普洱市打造成为"世界普洱茶休闲养生旅游胜地"。

普洱市规划打造"一城、三区、四线"的旅游新格局。"一城"即以思茅区为核心,打造世界知名的生态养生度假旅游城;"三区"即规划打造以思茅区为核心的思茅快乐养生度假旅游区,以景迈山高山生态茶园为基础的原生态茶文化休闲旅游区,以思茅区、宁洱县为主的普洱茶马文化探险体验区;"四线"即规划打造西部边陲风情民族文化旅游景观线,北部原始森林风貌神奇探秘旅游景观线,东部茶马文化旅游景观线及东南异域民族风情边境旅游景观线。

经科学论证,普洱市提出了"十大旅游景观景点创意设计工程":一是要创建普洱市民俗文化村,开展欢乐普洱民俗风情游;二是要建设国际级温泉养生度假村,开展普洱市高端度假休闲游;三是要打造普洱市思茅河十里民族美食长廊,开展民族美食体验游;四是要建立普洱民族文化艺术宫,开展民俗风情文化艺术、茶文化体验游;五是要恢复建设普洱市月光寺,引导群众开展宗教文化游;六是要恢复普洱市文武庙,开展普洱市历史文化寻踪游;七是要建立宁洱县的普洱府,开展普洱市茶马文化体验游;八是要改造普洱市思茅区珠市街,开展古街观光购物游;九是要建设普洱市的茶文化景观长廊"茶都大道",开展普洱城市观光游;十是要整合改造普洱市茶园资源和制茶企业,开展普洱市现代茶工业观光游。

(资料来源:人民网地方专题①)

第二节 茶文化旅游景区的规划与设计

茶文化旅游景区是茶文化旅游的核心要素,是茶旅产品的主体成分,是茶旅消费的吸引中心。茶文化旅游景区既是茶企的生产示范基地,又是茶文化的交流平台;既是企业形象展示的窗口,又可作为参观的旅游景点获取收益。茶主题经济带动当地其他产业,促进了地域经济的发展,提升了人们生活的质量。目前,我国茶文化旅游景区主要有观光茶园、茶博物馆、茶文化公园、茶文化村等类型。

一、观光茶园的规划与设计

茶园是一幅天然的风景画。无论是在茶园中劳动或是漫步,满目葱绿的茶行,千姿百态的树形,散发出的阵阵茶香,都会令人流连忘返。进入21世纪以来,全球兴起了回归自然的热潮,茶园以其芬芳的茶香、苍翠的茶树、清新的空气、健康的茶饮、和谐的生态吸引着众多旅游者。但是,并非所有的茶园都能开发成观光茶园。目前我国的茶园在建立时主要基于生产角度考虑,有不少茶园的道路、排水系统不合理,加上栽培管理粗放,致使茶园生产效益低下,观赏效果也大打折扣。有些茶园规划合理,管理有序,茶树栽种整齐有序,树下植被丰富,与周边环境相映成趣,漫步其间,令人心旷神怡。近些年来,一些产茶区充分利用自身优势,规划设计了供人们参观、游览、休闲度假等多种功能的观光茶园。

观光茶园集旅游与茶叶生产为一体,选址应兼顾茶叶种植与观光旅游两方面的便利。首先应选择有利于茶树生长的环境,茶园规模要大,方能产生一

---

① 普洱谋划茶旅产业发展大格局[OL].人民网,http://unn.people.com.cn/n/2012/0804/c347359—18668706.html

第六章
茶文化旅游的规划与设计

定的观赏效果。同时,应充分考虑区位及交通状况,尽量选择在交通便利之处,如城市郊区、风景区、交通要道等,以方便游客前来参观。四川夹江观光茶园位于成都往乐山、峨眉山的成乐高速公路夹江天福服务区,总占地面积380亩(约25.3公顷),是到乐山、峨眉山旅游必经的第一站。乐山大佛、峨眉山是世界文化与自然双遗产,有着充沛的客源。夹江观光茶园风景怡人,充满文化气息,可供来往游客休憩参观,以解旅途疲乏。随着夹江茶园的美名远播,越来越多的人专程来此参观。

观光茶园作为茶文化旅游项目的核心内容,在规划设计时应遵循下面一些要求。

(1)观光茶园必须以生态学、经济学原理为指导,根据可持续发展战略思路设计,实现茶园经济效益、生态效益和社会效益的统一,对茶资源进行深层次、多方面的开发,改变传统低效单一的茶叶生产模式。观光茶园的设计要与周围环境相协调,既有利于生物多样性,又能突出观光功能。坡度在30度以上的林地,不宜开垦为茶园。

为丰富园区景色,可适当地配植各种花木,尤其是具有特色的品种,以此来增强茶园特有的观光功能。如苏州洞庭山的碧螺春茶园,园中所有茶树均与各种果树间种,合理利用土地资源,正是由于各种果树花香的熏陶,造就了洞庭碧螺春茶叶的与众不同,泡出来的茶水喝到嘴里有股花果香的味道。这些果树还起着美化茶园的作用,每值春茶上市时节,梅花、杏花、桃花、梨花、李花竞相绽放,杏粉梅白,桃红茶绿,姹紫嫣红,分外妖娆。

(2)茶园管理本身又是一门艺术工程,要把观光茶园建设和茶艺园建设结合起来。观光茶园的总体规划要合理,做到茶树树冠造型、建筑物设计、布局与环境协调一致。因此,要在茶园布局设计、树冠造型、建筑物配套实用性的基础上加强艺术性,由传统农事上升为一种艺术活动,增强观赏、娱乐价值。种植的茶树品种要合理搭配,根据茶叶特色选择适宜的品种,考虑观光的要求进行地块划分、品种搭配、茶行安排,满足游客观光、求知的需求。日本有名的冈山后乐园茶园是日本的三大名园之一,园内茶树修剪成浪状,与濑户内海的景观十分协调,每年吸引无数游客观光,大大促进了茶叶消费,弘扬了日本茶道。

广东英德茶趣园充分展示了著名茶乡英德的茶文化特色景区。这里原是英德茶树良种繁育场,园内建有品种园、母本园、苗圃园、示范园、试验园、生产园,种植有茶树优良品种四十余种,近千亩碧绿滴翠的茶林遍布山冈坡地。园中用竹木、树皮搭建了凉亭、茶寮、品茶轩、知茶厅、制茶坊以及相互连接的410米风雨长廊,游人可以一边欣赏茶园风光,一边听农艺师介绍茶叶的种植、采摘、加工、品尝知识,增加对英德茶文化的认识。

（3）茶园基本设施要完善，建筑物应与茶园生态和谐共存。观光茶园的路网布局要合理，除了用于茶园管理操作外，还要方便游客参观。观光茶园是供旅游者参观游览、休闲度假的茶园，其有风景可观，有茶可品，有茶的纪念品可购。在面积较大的观光茶园中，为方便游客观赏休息，可修建数量不等的休闲观景设施，如亭、台、楼、阁等。另外还应修建茶室、茶艺中心、茶购物商场供游人品茗购茶，茶室的格调以自然优雅为佳，不宜过于富丽堂皇。如马来西亚金马伦高原上的BOH茶园，最具代表性的建筑是悬空茶室，虽然每日游客盈门，仍无损其设计美感和与周围环境的协调性。

同时还应完善游客中心、餐饮、购物、医务所、厕所等基本接待设施。在开始建园时各种建筑物要纳入总体规划，不可随意修筑，喧宾夺主，其风格应与周围环境及用途相协调，与茶园的整体生态环境相一致。

（4）茶园应突出知识性、参与性、趣味性。景观首先吸引游客的是其观赏性和趣味性，但能留住游客的是它的可参与性和知识性。观光茶园建设必须处理好以上几种关系，在保留茶业传统方式和乡村特色的前提下，兼顾参与性和知识性，寓教于乐。

在泰国美沙龙县的高山上，生活着一群中国人。他们为自己的家园起名美斯乐，泰国人把美斯乐称作小中国。这里有美斯乐丽所樱花餐厅、少数民族村、茶园等。每年春季，樱花满天，春茶遍野，雾海茫茫。大量来自泰国国内和欧美等地的游客为了逃避城市的喧嚣，纷纷来这里避酷暑、赏樱花、品高山茶、尝云南菜……

人们到茶园观光，不仅追求回归自然，也追求着一种闲适的生活方式。一些城郊的茶园是人们休闲的好去处。如台北木栅茶园的猫空是台北市民喜爱的心灵休憩地，猫空铁观音的名气，响遍岛内外。除了茶园，就是各具特色的茶馆伫立其间。有的古意盎然，有的设计新颖，多数都为24小时营业。茶馆除了为民众品茶之外，也是学生和市民通宵聚会的最佳地点。三五好友骑着摩托车上猫空喝茶、打牌、聊天，是台湾北部所有大学生必经的生活历程。

二、茶博物馆主题设计

茶博物馆包括了茶文化博物馆、茶博物院等。茶文化博物馆以茶文化的展示和相关活动为重点，使参观者能够获得茶文化相关知识，同时获得美感的享受。有些茶博物馆为参观者提供参与机会，使参观者能够身临其境，获得体验的乐趣。目前不少茶文化博物馆免费对外开放，成为大众的文化殿堂，各地兴建了各类专题性博物馆，目前主要有几种类型。

1. 整体性茶文化博物馆

这类茶文化博物馆规模大，内容丰富，立足于整体茶文化的展示，位于杭州的中国茶业博物馆是全世界第一座茶叶博物馆,年接待游客40余万,吸引了来自世界各地的游客,其中不乏国内外名人政要。位于四川蒙山的世界茶文化博物馆,全面展示悠久文明的中华茶文化,设有茶艺表演厅、中华茶史厅、中国乌龙茶展示厅、中国茶叶品种厅、茶事书画厅、中华茶韵摄影厅等展厅,博物馆对面还有一把直径10米的巨大茶壶。

2. 区域性茶文化博物馆

这类博物馆专门介绍某地茶文化的历史渊源,具有浓郁的地方特色。如澳门茶文化馆展现了澳门作为我国茶叶最早出口转运地的茶文化,山东崂山茶文化博物馆运用多种手段展示了崂山地区悠久的茶业历史。

3. 单类茶的茶文化博物馆

这类茶文化博物馆以展览某种类型的茶为宗旨,可谓小而全,能使参观者全面地了解到该类型茶的发展历史,位于四川雅安的中国藏茶博物馆收藏了大量有关藏茶的历史、工艺、制作、运输、饮用等方面的文物和史料。位于安徽祁门的红茶博物馆则全面展现了红茶文化。

4. 名茶文化博物馆

这类茶博物馆主要展现某种名茶的茶文化,往往修建于名茶原产地。如南京雨花茶博物馆、阳羡茶博物馆等。

5. 茶具博物馆

这类博物馆以茶具为主要展览对象,如香港茶具博物馆展览了各种茶具文物,并定期举办茶艺、陶艺示范讲座;台北三墩石茶壶博物馆展现了古代、近代名家约200盏茶壶以及其他紫砂文物;上海杨育新古茶器博物馆收藏了100余件古代茶器珍品。

6. 企业茶文化博物馆

一些大型茶企兴建茶文化博物馆,通过博物馆展现中国茶文化的历史,同时也弘扬了茶企的企业文化。如云南下关沱茶(集团)股份有限公司投资兴建的下关沱茶博物馆、安徽黄山谢裕大茶叶股份有限公司投资兴建的谢裕大茶叶博物馆(现已改名为徽茶文化博物馆)、由台湾天仁集团兴建的天仁茶文化馆等。在诸多茶企兴建的茶文化博物馆中,以天福茶博物院最具名气。天福茶博物院位于福建漳州市漳浦县,由天福集团总裁李瑞河投资兴建,于2002年元月建成开院,占地120亩(约7.9公顷),为目前世界最大的茶博物院,是集学术研究、文化传承、教育娱乐为一体的茶文化大观园。博物院分为主展馆、茶道教室、日本茶道馆、韩国茶礼馆、书画馆等五大部分。院内还有仿古汉亭、唐山、宋桥、元塘、明湖、清池等景点,使游客恍若穿越时空,进行一次千年茶文化之旅。

7. 专题博物馆

这类博物馆以具体的专题作为展览对象,如位于福建泉州的闽台茶史馆以图片和实物的形式展示了闽台地区茶叶同根同祖的渊源、交流与合作。搓麻将和上茶馆喝茶是成都人不可或缺的娱乐,位于成都文殊坊的麻将与茶文化博物馆便全面展现了成都地区麻将与茶文化的独特风采。内蒙古呼和浩特茶叶之路展览馆以实物化、图片化重现了俄罗斯商人、晋商、京商等地商人在茶叶之路上的积极作为。

另外,一些博物馆设有茶文化专厅,如陕西法门寺博物馆举办了唐代茶文化展览,以法门寺出土茶具为中心,全面介绍了唐代茶业历史、饮茶风俗及对后代的影响。一些博物馆会不定期地举行茶文化展览,2010年12月,塞尔维亚自然历史博物馆举办了名为《绿与红——茶的故事》的展览,通过图片和文字对茶文化作了介绍,并征集了中国、日本、英国、俄罗斯、塞尔维亚等国家有代表性的精致茶器,带给观众直观的艺术享受。

位于杭州的中国茶叶博物馆是中国唯一的茶叶专题博物馆,依山形就地势,建在绿意如诗的双峰村茶园内,设傣家、白族、东瀛等多个风格各异的茶楼,楼内更可品尝到全国各地的名茶,并有中、日、韩等各国茶道表演。这虽是一个没有围墙的博物馆,却是一个茶文化氛围相当浓醇的休闲景区,处处彰显了人文主题和茶文化韵味,以独具江南风味的园林艺术和博大精深的茶文化专题展示吸引着广大茶文化爱好者和中外游客。

天福茶博物院是目前世界最大的茶博物院,同时是国家4A级旅游景区和全国首批农业旅游示范点。天福茶博物院位于中国福建省漳州市漳浦324国道旁,占地5.3公顷,建于2000年初,于2002年1月开院。院内主要包括主展馆、茶道教室、日本茶道馆、韩国茶礼馆和书画馆五部分;同时还有汉亭、唐山、宋桥、元塘、明湖、清池、兰亭曲水、武人茶苑、茗风石刻等景观。

三、茶主题公园的规划与设计

主题公园是根据某个特定的主题,采用现代科学技术和多层次设置方式,集诸多娱乐活动、休闲要素和服务接待设施于一体的现代旅游目的地。主题公园是一种新的旅游吸引物,是一种人造旅游资源,基于特别的构想,围绕着特定主题,创造一系列特别的环境和气氛来吸引游客。1955年,世界上第一个现代意义上的主题公园——洛杉矶迪士尼乐园诞生了。迪士尼乐园集游乐、餐饮、住宿、购物、演艺于一体,一经推出便以鲜明的主题风格轰动了全世界。

主题公园具有鲜明的文化性。文化是主题公园的生命,独特的文化主题是主题公园的核心和灵魂。按照世界旅游组织的观点,主题公园是目前乃至未来国际旅游发展的三大趋势。2009年,国家发布了《文化产业振兴规划》,

把主题公园作为扩大文化消费,发展文化产业,实现文化传承的重要平台,要求"加快建设具有自主知识产权、高科技含量、富有中国文化特色的主题公园"。我国主题公园建设迎来新的时期,深圳中华民俗文化村、锦绣中华、杭州宋城、西安大唐芙蓉园、大连发现王国均已成为热门旅游地。

茶文化公园是主题公园的新起之秀,全国各地纷纷修建茶文化公园,以满足人们日益增长的休闲需求。茶文化公园与观光茶园有着不同的特色,观光茶园的基础是生产性的茶园,建筑物较少,自然气息较浓。茶文化公园是以茶为主题的公园,栽种的茶树兼有生产性与观赏性的特点,建筑物较多,人工气息浓厚。有些茶文化公园内还立有陆羽像、大茶壶、茶事劳作等雕塑,并设有茶史等专题展示。在规划茶文化公园时,应突出以下方面。

1. 知识性

茶文化公园应满足人们求知的心理需求,可适当建茶史陈列室和茶事劳作群雕,结合导游的解说为游客提供自然的教育机会,可以让更多的旅游者了解茶树、茶饮以及茶文化。如位于南投县的台一生态休闲农场,其服务宗旨是"用花香装扮多彩人生,从一粒种子观察生命的奥妙",利用自然生命的力量,给人们以启示和教育。

中华武夷茶博园于2008年建成,占地10.3万平方米,茶博园总体分为景观园区、地下广场、山水实景演出观赏区、茶博馆和游人服务中心等五个部分。茶博园集中展示了武夷茶悠久的历史,神奇的传说,精深的工艺;以"浓缩武夷茶史,展示岩韵风姿"为设计主题,通过历代名人的记叙,历史画面的再现,茶艺的互动表演,使游客领略到武夷茶深厚的文化底蕴和诱人的岩骨花香。

2. 功能性

主题公园要求景物不仅要有欣赏价值,还要有一定的实用价值和休闲功能,使人与景达到有机的和谐,实现情景交融。龙井山园是中国最大的以龙井茶文化为主题的公园,作为西湖风景区内唯一的山地公园,龙井山园以山、水、人文传统和绿色野趣为号召,集聚千年龙井地域文化的精髓,以高科技手段借自然地貌"卡斯特"地貌造园成景,设计了独领茶艺表演最新时尚的"龙井茶道",首创国内独有的健康旅游项目——"龙井雾森",使游览的人们在游览中既能置身于缥缈的仙境中,同时又能获得保健、美容的疗效。

3. 特色性

有创意的主题是主题公园吸引游客的重要因素。中华普洱茶博览苑景区是国家3A级景区,景区内不仅青山环绕、景色秀丽,而且构思设计奇巧。集中体现了具有排他性的"六最":最大的普洱茶主题公园、普洱茶资源种类最齐全、普洱茶标本最丰富、普洱茶联匾诗画最集中、茶艺茶俗茶道最精华、普洱茶文化底蕴最深厚。景区现为云南省农业旅游观光示范区。

标志物是识别环境、强调特色的重要内容。优秀的标志性景物,能给主题公园增色添辉,使人过目不忘。"天下第一壶"茶文化公园位于贵州省遵义市湄潭县城中心火焰山山顶,天下第一壶高48.2米,直径24米,获上海大世界吉尼斯总部认证"大世界基尼斯之最"称号。巨壶耸立火焰山顶,壶内旅游、休闲、观光功能齐全,射程达20千米之远的壶顶激光灯在夜空中变换的各种造型,更是公园一绝。

图6-2 湄潭"天下第一壶"

4. 娱乐性

人们到主题公园游玩的主要目的,是期望在紧张的劳作之余,获得轻松与愉悦,进入一种与日常生活有强烈反差的环境,获得新鲜的感觉和经历。如由张艺谋、王潮歌和樊跃创意策划的大型实景演出"印象大红袍"就在中华武夷茶博园上演,这是全国唯一的以茶为主体的山水实景演出,现已成为武夷山旅游的又一品牌。临沧茶文化风情园景区具有浓郁的少数民族风情,是集旅游、休闲、娱乐为一体的综合性人文旅游景区。茶文化风情园内以滇茶文化及少数民族茶文化为主,兼顾中国及世界茶文化,展现了古老的茶道、茶艺、茶经、茶礼、茶俗、茶歌、茶舞等茶文化精华。除了参观游览之外,游客还可亲自体验采茶、制茶的乐趣,领略多姿多彩的民族风情。

四、茶文化旅游度假村的规划与设计

度假旅游被称为21世纪的朝阳产业,已成为势不可挡的世纪潮流,像美国的夏威夷、中美洲的加勒比海地区、澳大利亚的黄金海岸等都是世界著名的度假胜地。度假旅游是人们使用闲暇时间的最佳方式之一,随着社会的进步,越来越多的人把闲暇时间用于以健身、放松、休闲、娱乐为目的的度假旅游。在这种背景下,旅游度假村得到了空前的发展。

第六章
茶文化旅游的规划与设计

我国很早就出现以茶为主题的休闲旅游活动。品茶不仅是风雅的象征，也是闲适生活的体现。明清文人特别强调"天趣悉备"的自然美，闲来无事，携二三好友，至山明水秀处品茗论道，实是赏心乐事。著名书画家、文学家徐文长描绘了一幅品茗的理想环境："茶，宜精舍、云林、竹灶、幽人雅士，寒宵兀坐，松月下，花鸟间，清白石，绿鲜苍苔，素手汲泉，红妆扫雪，船头吹火，竹里飘烟。"徐文才所列举的诸多宜茶之境，现代都市生活中已很难寻觅，而茶园度假村的出现顺应了人们对自然的向往之情。

近些年来，茶园度假村作为新型茶旅产品受到人们的喜爱。天方茶业仙寓山度假村、梅州雁南飞茶田度假村等茶主题风景区，分别获得国家4A、5A级旅游风景区认证。茶园度假村兼具观光茶园和度假村的功能，为旅游者提供优质的品茗环境和温馨体贴的服务，大片茶园碧绿如海，加之四周植被丰富，犹如天然氧吧，漫步其间，仿佛走进陶渊明笔下的桃花源，充满温馨与芬芳。茶文化度假村的设计和布局，应该以结构、实体、社会、文化及心理方面的因素为基础来加以考虑，并遵循以下原则。

1. 与当地自然环境和谐统一

度假村应避免"城市饭店化"和"物业小区"式的风格，在装潢上尽量少些富丽堂皇，多一些自然温馨。为了不破坏景观，度假村一般采用低层建筑，依据当地环境，要求楼高一般不得超过15米，楼层容积率不得超过0.5，建筑密度不超过25%，所有公用设备线埋于地下。① 室内设计传达健康理念，突出"世外桃源""周末之家"的氛围。度假村的设计要同自然环境相适应。在印度尼西亚的巴厘岛，凯悦、喜来登、Nusadua、Nusalndah等高档度假村不仅遵循传统的巴厘建筑形式，而且其设计和景观美化同当地葱绿的热带环境浑然天成。每一个度假村不仅无损于周边环境，反而提高了自然环境的吸引力。

茶文化度假村一般都选址于风景优美的产茶区，在建设时要以不破坏周边景观为原则，同时要善于借景、接景、用景、与自然美景融合一起。整体建筑设计与自然环境相融合，尤其是墙面屋顶的颜色要与周围景观颜色搭配。在规划时可就地取材，既节约了费用，又与周边环境相协调。如雁南飞仙茶阁以竹木为主要建筑材料，全部选用竹制家具，与龙那山的自然景观更加协调。福建漳平九鹏溪有"水上茶乡"之美誉，景区以水体景观为主体，融合森林旅游、人文旅游等特色，充分发挥茶山水景特色，依山筑景，傍水生趣，独具匠心，别有情调。景区休闲度假村的配套设施齐全，建筑风格质朴大方，与环境和谐相融，充分体现了木质建筑的魅力。居住其中让人能够亲近自然，陶冶性情，净化心灵，感受诗人田园般的悠闲生活。

---

① 田玉堂.度假村的理念与操作实务[M].北京:中国旅游出版社,2003:10

图 6-3 雁南飞茶田度假村

2. 突出当地文化氛围

度假村的一个特点就是尊重当地历史文化,采用当地传统的建筑风格,尽量采用当地的建筑材料,突出当地的文化特色。广东梅州雁南飞茶田度假村和大埔西岩山茶乡度假村都有着浓厚的客家文化底蕴,在规划时将当地的客家文化融于其中,如西岩山设有品茶阁、山歌台,在茶乡山色水光中品香茗听客家山歌,其味无穷。

在菜肴安排上,应突出当地特色。如无锡茶竹度假村的餐饮以山区农家特色菜肴为主,品种繁多、价廉物美。由于茶竹度假村独特的地理位置,决定了度假村食材的丰富多彩,其农家菜肴的风味在江南地区独树一帜。春暖花开时节,宜兴出产的春笋、荠菜、地衣、香椿芽、雁来蕈、马兰、苋菜等大量上市,还有当地的风味腊肉、农家鸡、板栗、高塍猪婆肉、水乡杂鱼小虾等,成为度假村美食的重要食材。度假村所采用的食材绝大部分是就地取材的,有着显著的山区特色。

3. 注重环保

应贯彻可持续发展思想,可持续发展的精髓是度假村既能为今天的主人和客人提供生计和服务,又能保护和增进后代人的利益并为其提供同样的机会。在规划建设茶文化旅游度假村时,应考虑到基础设施建设对自然景观的影响,尽量减少空气、水、噪声的污染,建筑采用符合国际标准的绿色建材。可应用新型燃料和能源。

台湾阿里山的高山茶闻名遐迩,一些茶农在自家茶园经营起民宿(度假村),让游客不需来匆匆、去匆匆,品茗之虞,还能畅谈茶经。白天可欣赏翠绿的茶园风光,日落可欣赏晚霞变化,入夜后还可以在无光害的夜晚看尽繁星点点,尽情享受大自然的洗礼。为方便游客畅游奋起湖、顶湖自然生态公园等大阿里山国家公园风景点,目前该民宿还提供套装行程及专车接送服务,除提供夜间自助泡茶及生态导览解说服务外,值得一提的是,游客下榻时如遇产茶季节,还可参与制茶,深入体验制茶文化。

拓展阅读

雁南飞茶田度假村

雁南飞茶田度假村,位于叶剑英元帅的故乡——广东省梅州市梅县区雁洋镇,为粤东第一家4A级旅游景区,现已升级为5A级旅游景区。由广东宝丽华集团公司于1995年1月投资开发,占地总面积4.50平方千米,1997年10月8日对外营业。度假村背靠省级风景名胜区阴那山,是一个融茶叶生产、生态公益林改造、园林绿化、旅游观光、度假于一体的生态农业示范基地和旅游度假村。先后荣获国家5A级旅游景区、全国农业旅游示范点、全国三高农业标准化示范区、全国青年文明号等称号。围龙大酒店建筑工艺精湛,2005年荣获建设部授予的"鲁班奖"。

雁南飞茶田以高效农业与优美景色旅游相结合,成为风景优美的高效农业园区。多年来,党和国家领导人李岚清、邹家华、叶选平、李长春、张德江等先后亲临雁南飞茶田视察,对雁南飞茶田农业与旅游相结合的经营模式给予了高度评价。

雁南飞茶田依托优越的自然生态资源和标准化种植的茶田,以珍爱自然、融于自然的生态理念和"精益求精""人文文怀"的企业文化,树立了"雁南飞"名牌精品。赏心悦目的自然环境和园林艺术,气势雄伟的围龙大酒店,华贵典雅的围龙食府和多功能会议厅,古朴的桥溪民俗村等完整的旅游及商务配套设施,温馨宜人的服务,让游客在青山绿水之间品尝制作精致的美味佳肴和醇厚甘香的雁南飞系列茗茶。寄情山水,传承文明,为海内外游客提供一个完美的绿色文化艺术之旅。

度假村内的围龙大酒店采用了反围龙屋的半圆形建筑结构,酒店充分突出自然生态和茶田风光、客家文化和茶文化的特色,获得国内建筑界最高荣誉——鲁班奖。舒适的客房,匠心独运,结构精妙,用料之至,充分体现了围龙大酒店是一间具有典型特色的度假型酒店。

雁南飞茶田度假村在建设优美自然环境的同时,一直注意突出区内文化内涵,特别是在弘扬茶文化方面,创出了一个新的模式。从规划的主题到广告的创意,从度假村的景观到物品,由大到小,动静结合,无不向游客展示着度假村的茶文化内涵,使游客来雁南飞后,不但可饱览美景,而且可增长不少茶的知识,领略古今中外茶文化内涵;在客家饮食中也融进茶的内容,不断创新改进传统客家菜,形成了自己的特色,度假村对传统的客家菜如开锅肉丸、山溪香螺、梅菜扣肉等进行改良,改善其色、香、味、形,并结合茶田特色,新创了香茶炖乌鸡等具有度假村特色的新式菜肴,实现了客家美食与中国茶文化的相互交融,进一步丰富了区内的文化内涵,提高了度假村的文化品位。

第三节 茶文化商业街区的规划与设计

茶文化商业街区既是企业展示的形象窗口,也是茶文化的交流平台;同时也可作为参观的旅游景点获取收益。茶文化商业街区带动当地其他产业,促进地域经济的发展,弘扬了茶文化,提高了人们生活的质量,促使旅游多元化发展,茶文化商业街已成为休闲娱乐的好去处。

一、商业街区的概念及特征

1. 商业街区的概念

商业街是由众多商店、餐饮店、服务店共同组成,是一种多功能、多业种、多业态的商业集合体。商业街区是传统条形商业街的延展,是呈块状分布的商业街区,是纵横几条商业街的集合。

商业街区从来都是城市形象的绝佳代表,城市的天然名片。香榭丽舍大街浓缩了巴黎的繁华和浪漫,坎特大街散发着维也纳音乐之都的魅力。我国商业街的历史十分悠久,在南朝梁时,广州的"西关商廊"就已是商贾云集;唐代长安城有著名的商业街:东市和西市;到了宋代,张择端所绘《清明上河图》形象地展现了北宋汴京商业街的热闹场景;明永乐年间,北京前门外就形成了275米长的大栅栏商业街。时至今日,许多老街仍然商铺林立,人流不息,如开封宋城御街、黄山屯溪老街、北京琉璃厂文化街、苏州七里山塘街,其沉淀的商业文化是西方国家望尘莫及的。

2. 商业街区的特征

商业街按存在形式分为带状式商业街和环型组团式商业街。按不同规模可分为大型商业街、中型商业街和小型商业街。按功能,可分为综合性商业街和专业型商业街。按不同性质又可分为商品性一条街、服务性一条街,如北京中关村电子一条街、北京西二环的北京金融街。此外,商业街还包括各种娱乐活动中心、运动休闲和公共设施等,是一个复合型的商业聚集地。

商业街的繁荣程度已成为城市繁荣的标杆。一条商业街的个性和魅力,在很大程度上,也是一个城市个性和魅力的体现。旅游、商业、文化三者之间共同合作,为城市休闲、娱乐产品的打造建立了良好的基础条件。香港铜锣湾、上海南京路、成都春熙路、北京王府井、台北西门町、武汉江汉路都是热闹非凡的商业街,也是外地游客必逛之处。

如今,特色商业街发展迅猛,富有地域色彩和文化气息,如北京的隆福寺商业旅游文化街、华龙街餐饮娱乐一条街等各具特色,或汇聚名人故居、酒吧餐馆,以观光休闲美食见长;或荟萃世界名品,以展示流行、提高生活口味为特色,散发出浓郁的城市型文化休闲气息。随着我国经济的成长壮大,居民消费水平的提高,休闲与购物相结合的"一站式购物"(one step shopping)将作为一种全新的购物理念,逐渐被人们接受。

3. 商业街区在旅游中的作用

旅游购物是旅游六要素之一,它对丰富旅游内容、增加旅游收入、扩大社会效益有着重要的作用。据资料显示,一些旅游业发达的国家和地区,旅游购物在旅游消费结构中所占比重高达50%左右。香港旅游购物发展的成功使其获得"购物天堂"的美誉,旅游购物成为支撑地区旅游业发展的重要经济因素。

购物是都市旅游的主要吸引优势,都市庞大的游客量与商贸活动的规模和连锁效应密不可分。世界许多旅游地的成功实践表明,特色旅游商业街可以帮助游客了解当地历史文化,同时也是游客钟爱的旅游购物场所。

绝大多数城市都为外来旅游者和当地居民准备了一两条特色商业街,有些商业街逐步发展壮大成为商业旅游区,如上海的豫园商业旅游区、北京的西外旅游商务区、广州荔湾商贸旅游区等。

游览黄山、泰山、杭州、西湖等旅游名胜,游客能在旅游地选购到饰有当地风光奇景或文物古迹的挂盘、织锦、明信片、茶具、文具或其他形式的手工艺品,一方面有益于诱发和强化游兴,另一方面可以作为此地一游的纪念。

二、茶文化商业街区的作用

1. 拓展茶产业发展空间

茶文化商业街区是茶企的展销平台与形象窗口,既是当地茶业品牌推广平台,也是外省茶业品牌进入当地市场的一个桥梁。茶文化商业街区属于专业型商业街区,专业商业街作为某种商品或某类人群消费品的集合,要做到各种品牌、规格、档次的齐备,要在人们脑子里形成一种共识,即当我要买这种商品时,首先想到的就是这条街。茶文化商业街区汇聚各种优质茶叶,当人们有购买茶叶的意愿,在茶文化商业街区总能寻找到中意的茶,久而久之,茶文化商业街区便能在当地乃至全国范围形成品牌的力量。

近些年来,我国出现了北京马连道、广州芳村等大型茶文化商业街区。这些茶文化商业街区有着交通便捷的区位优势,茶产业集聚的市场基础,硬件优越的交易环境,具备较强的市场竞争力,为广大企业和经营户带来无限商机。拓展茶产业的发展空间的同时,带动培育了一批茶叶加工、茶叶包装、茶叶机械制造、仓储运输、餐饮住宿、旅游观光等产业,这些产业延伸成为茶产业的一个新的增长点。

一些茶文化商业街区依靠业界良好口碑,积极拓展多渠道的销售方式。如马连道茶业街于2014年3月入驻京东商城,开展商务发展战略合作,借助马连道中国茶业第一街的社会影响力和京东商城电商平台的网络运营优势,打造马连道茶业街的整体形象,向消费者推荐地区优质茶企,推动茶产业交易模式的升级和马连道区整体的产业提升,共同保障上线茶企质价相符、诚信经营,并以此为契机,推动整个地区茶行业的规范化经营,让市民喝上放心茶。

2. 弘扬茶文化

茶文化商业街区不仅是茶产品的交易市场,也是集茶文化交流、茶知识传播、茶科学研究和茶休闲养生于一体的茶产业综合体。文化为茶带来了巨大的经济附加值和品牌效应,使茶在竞争日益激烈的饮料市场中立于不败之地。

茶文化商业街区销售的不仅仅是单纯的茶,还应该向茶客传递健康生活理念和闲适的生活态度。不少茶文化商业街区进行统一规划,并对员工进行统一培训,每家店的装修都各具特色,销售人员训练有素,彬彬有礼,对各种茶叶及典故都了若指掌。不少商家很有一种"家族产业"的感觉,导购一般都是茶商世家、茶产地的"原住民",他们会很耐心地帮顾客泡茶,并教顾客基本的冲泡茶叶方法,陪着一起品茶;加之经常举办的茶艺表演、茶道讲座、茶学科普、茶会交流等活动,让人感觉到浓浓的茶文化氛围。

3. 丰富百姓生活

茶文化商业街区集茶艺表演、茶具展示茶文化、休闲、旅游基地于一体,包含茶叶店、茶馆茶楼、茶艺馆、茶餐厅等多种元素,是人们日常休闲的好去处。闲来无事逛逛茶店,泡泡茶馆,赏赏茶艺,听听传统曲艺,既可品尝地道好茶,又可感悟博大精深的传统文化,可谓一举两得。

三峡国际旅游茶城的"品茗街"以"茶俗、美食、购物、休闲"为四大核心元素,以茶俗风情、茶艺休闲、茶品美食、说唱民乐、露天电影为五大主题,将打造"三峡茶文化旅游目的地、宜昌都市圈休闲体验地、鄂西北农特精品汇聚地"。

梅家坞茶文化特色街是全国乡村旅游示范点和杭州重点茶文化休闲旅游景区。梅家坞茶文化休闲旅游项目从2002年批复、建设,到西湖综合保护工程的深入实施,生态环境改善了,农家茶楼如雨后春笋般越来越多。作为杭州著名的龙井茶生产基地,梅家坞拥有"不雨山长涧,无云山自阴"的自然山水风光和人文资源。春茶季节,细雨蒙蒙,溪涧常流;随着梅灵隧道的开通,双休日到梅家坞喝茶休闲成了杭州市民一种时尚的度假方式,梅家坞成了都市里一个闹中取静的休闲地带。

4. 促进旅游业多元发展

购物是旅游活动中不可或缺的一个要素,异地他乡购买当地土特产是很多游客的乐趣之一。茶叶具有很强的地缘性,一方水土养一方茶,茶叶是馈赠亲朋好友的极佳土特产,不仅具有纪念意义而且还有实用价值。茶文化商业街区进行统一规划,统一管理,既方便游客购物,同时又保障了他们的利益。

茶文化商业街区不仅是对旅游景区的有效补充,其本身便可作为一种旅游吸引物。如马连道茶叶街的文化气息浓厚,吸引了不少旅游团前来参观,尤以国外的游客居多。马连道茶叶街已与王府井步行街、琉璃厂古文化街、什刹海酒吧街、南锣鼓巷、新前门大街并列成为十条北京游必去的风情街。在中国特色商业街的评比中,其中茶文化特色街区入选的有两家,分别是北京马连道茶城和河南国香茶城,目前全国共有40余家入选。一些茶文化商业街区本身便是风景迷人的景区,如位于浙江新昌的中国茶市是全国最大的龙井茶交易市场,也是国家3A级旅游景区。据统计,2012年中国茶市交易总额突破23亿元。目前,中国茶市着力打造全国最大的茶文化休闲旅游中心,建设茶文化特色风情街,汇集中国区域民俗特色的茶文化交流,增添市场文化内涵;建设茶文化主题公园,提供休闲活动场所,提升市场品位,力争成为浙江省首家农产品批发五星级市场和新昌又一个4A级旅游景区。与此同时,北京马连道、青岛李沧天都茶文化城项目街区也正在筹建国家4A旅游景区。

三、茶文化商业区规划设计

规划茶文化商业街区,是一项系统工程,涉及城市规划、城市管理、市场研究、经济分析、商业策划、景观规划、建筑设计、招商管理、营销统筹等诸多专业,应遵循以下原则。

1. 定位清晰

商业街要根据城市自身的特色以及经济发展趋势,确定自己的定位。如北京是全国的政治中心和文化教育中心,也是历史悠久的古都,前门大栅栏商业街正是这座有着深厚文化底蕴的国际大都市的缩影,其定位为"商业、文化、旅游"一体化;上海是全国经济中心和金融中心,故其商业街的定位是"现代化、国际化、年轻化"。商业街区的规划定位必须以科学为基础,不能简单照搬;必须基于本地购买力、生活方式、消费模式、文化传承、商业底蕴,以及现有的商业格局、竞争态势,并考虑交通承载、周边环境等因素。通过综合评估,确定目标客群,提出符合目标客群生活方式、具有市场号召力的准确定位。

广东芳村茶业城地处广州荔湾区,是中国最大的茶叶集散地,生产、销售、消费在国内均排名前列,依据广州良好的区位环境、便捷的交通条件、浓厚的饮茶氛围以及四通八达的物流,芳村茶业城项目定位于信息化、国际性、物流型,以"商流、信息流、资金流、物流"合一为目标,建设集展示、商务、休闲、体验观光于一体的超大型茶都,建成后将成为东南亚最大的茶行业物资交流中心。

2. 功能齐全

成功规划的商业街区应当成为目标客群的一种生活方式,是他们生活中的重要组成部分。商业街区是为消费者设计的,必须以消费者的舒适为目标。同时应当通过路线优化和焦点变换,延长消费者的回游乐趣和时间,带动消费的最大化。

重庆正打造国内首个茶文化社区,各主题区担负的功能也各不相同。"茶馆主题"会设置露天品茶广场、茶馆、茶吧、书馆、茶具馆、斗茶馆等大众消费业态,在这里市民可以逛逛巴蜀老茶馆,品味一下茶文化带来的悠闲。茶演艺主题则是以经营工夫茶道、古玩店、茗茶拍卖馆、茶艺学校等为主;茶康乐主题板块将以中医灸疗馆为龙头,带动中医保健和养生茶疗的普及;茶餐饮主题板块将结合传统院落式建筑,营造巴蜀品牌餐饮的氛围,成为最具特色的餐饮区。

位于日本京都的福寿园旗舰店是茶的世界,上下九层通体透亮,每一层都有不同的主题设计,地下一层是客人根据自己的口味需求调配茶叶的定制服务区,一楼销售只有这家本店才能买到的宇治茶,二楼的吃茶店"京的茶寮"有抹茶和宇治茶为原料制作的各种甜点,三楼的餐厅则提供正宗的法式料理与日本茶相配合制作的料理,四楼的日本茶室"无量庵"提供传统的茶道体验,五楼则是独特的茶器展示区,有很多产品都是只在这家店里专售。整栋楼可以说是对京都的王朝文化和日本茶文化的立体体验,因为在设计上用到了传统的建材和细节,比如御影石和格子设计,同时还有传统园林的引入以及艺术作品的陈设,都让福寿园本店变成了一种融合了生活与文化的独特空间。福寿园本部在木津川市,可以说是宇治茶的代表品牌。"守护传统茶文化的同时,以现在的时代所能接受和适应的方式保持发展"可以说是福寿园所坚持的信念,所以福寿园既有能体验制茶工艺的"宇治茶工房",也有使用茶叶制成各种茶菓子的"宇治茶菓子工房"。为了创造新的茶文化,福寿园设立了多角度研究世界各种茶叶、制作工艺、创造新茶的"CHA 研究中心"。

3. 保持统一建筑风格

哈尔滨的中央大街是以俄式建筑为风格的综合型商业街,这成就了它的基本建筑网格。南京夫子庙是以青砖、桶瓦、歇梁、飞檐为建筑特色的商业街,站在"天下文枢坊"前,从明末清初的建筑风格中可透视出南京十朝旧都的商业文化。

广东芳村茶业城的占地面积2.8万平方米,建筑面积近3.6万平方米,经营面积达3.2万平方米,中西合璧的欧陆现代建筑群,淋漓尽致地演绎了富有岭南特色的骑楼商业街文化。

4. 突出特色

商业文化特色不仅是商家追求的经营目标,也是未来商业街设计的着眼点。北京大栅栏商业街有着近600年的历史,经历风云变幻,仍然人流不息,其原动力在于京味商业文化的支撑。

一些地区充分利用历史文化资源,打造主题茶文化商业街区,径山禅茶文化底蕴深厚,目前正全力建设"禅茶文化特色街区"。该项目的主题鲜明,特点是"禅茶文化",包括文化展示区、采茶加工区,吃、住、购、玩都要体现禅茶文化的元素,打出特色、打出品牌。同时要强调社会效益与经济效益并重,既要深入研究禅茶文化,又要以禅茶文化带动经济旅游发展。无独有偶,有川西"第一禅林"之称的成都昭觉寺,将在周边配套打造一条以禅茶文化为主题的特色文化商业街区。设计方案显示,昭觉寺禅茶文化特色街区主要由吃、住、玩、购、学、悟等9大主题构成,包括禅茶室、国学培训馆、禅修培训馆等设施。杭州已启动"中国御茶街"建设工程,该项目是杭州打造"中国茶都"的重点工程之一。据悉,中国御茶街将成为一条以弘扬中国茶文化为主题,集名茶研发、品鉴、展示、销售、休闲为一体的茶叶文化特色街。

湖北恩施白杨坪镇熊家岩茶叶民俗一条街着力突出土家族特色,项目规划全长450米,路面直径达10米,同时按照30米每盏、5米每颗的要求,设立了28盏路灯、种植了120颗绿化树。该民俗一条街以土家民族建筑风格为特色,茶文化为内涵,主要用于展示当地的民俗风情和恩施玉露的茶文化。

四、怀旧茶市、茶街开发设计

我国产茶历史悠久,茶叶贸易早已有之,白居易《琵琶行》便有诗云:"商人重利轻别离,前月浮梁买茶去。"唐时,浮梁便是主要茶市。在长期的茶叶贸易中,形成了许多久负盛名的茶市茶街。这些茶市茶街是我国茶文化的缩影,对考察茶文化贸易起着重要的作用。同时,这些茶市、茶街也是不可多得的旅游资源。

茶市、茶街的形成具有历史缘由和逐渐被大众认可的过程,在其规划建设中应尽量避免使用推倒重建的方法,否则商气会大损。茶市、茶街的古老历史文化遗址,在改造建设中应更好地融入新的规划,使传统与现代相结合。在历史文化名城中,城市传统风貌的街区是城市的风貌和现状,汇聚了城市的历史文化资源,可以说历史街区是城市的精华所在。历史文化街区是一个成片的地区,有大量居民在其间生活,是鲜活状态的文化遗产,有其特有的社区文化,不能只保护那些历史建筑的躯壳,还应该保存它承载着的文化,保护非物质形态的内容,保存文化多样性。一些古镇、古城在旅游发展起来之后,级差地租的做法使古镇、古城的核心地区变得寸土寸金,商业氛围过于浓厚,这让不少前来的游客大失所望。如何把握这个"度",成为摆在许多政府主管部门面前的一个难题。

如今,有不少地方政府和旅游公司认识到古老茶市茶街的旅游价值,在开发茶市茶街旅游产品时,在认真研究茶市茶街历史的基础上,从实际情况出发,因地制宜地发展特色街区,充分利用原有的历史文脉痕迹和商业资源,做到了出有所处,建有所理。

中俄茶叶之路绵延万里,留下了大量物质遗存。在湖北羊楼洞,小镇上保存有一条完整的明清石板街。离羊楼洞 10 千米的新店镇是砖茶入水路的起点,至今仍保存着两三条明清老街,一律青石铺路,两边店铺住宅均是木结构。武汉的俄租界还保留着与当时茶市有关的古建筑。河南社旗县的赊旗店是中俄茶叶商道上一个重要的中转站,至今还保存着几条运茶贩茶的明清石板街、古老店铺商号的旧门面,镇上还有一座颇具规模的晋陕会馆。俄罗斯恰克图镇依旧保持着当年中国茶叶贸易集散地的历史风貌。这些都是难得的旅游资源。

羊楼洞古镇在中俄茶路上扮演着极其重要的角色,这里曾是国内外著名的茶叶贸易集散地,19 世纪 70 至 80 年代是羊楼洞茶业鼎盛期,有俄、英等外商和晋商、粤商等来此投资经营茶庄。鼎盛时期,0.7 平方千米的小镇上有 200 多家茶庄,人口超过 4 万人,有"小汉口"之称。古镇现存一条以明清建筑为主的古街,主街宽 4 米,长 2 200 米,伴有数条丁字小巷,还保留着三玉川、聚兴顺、义兴、兴隆茂等老茶庄旧址。街面全部以青石铺设,历代运茶的"鸡公车"将石板碾出寸余深槽。东西松峰港上多为吊脚木楼,有 3 座长条石桥贯通港东。街道随松峰港曲折逶迤,别具一格。街东南松峰山下,有观音名泉,水质清澈甘醇,是历代精制名茶的水源。羊楼洞明清石板街可称为中国制茶业发展的历史缩影,2010 年 12 月,羊楼洞被国家住建部和国家文物局授予"中国历史文化名村"。如今,越来越多的人慕名而来,漫步在斑驳的青石板路上,感受当年的茶交易盛况。

大稻埕一度是台湾北部的茶业集散重地,其中贵德街被称为"茶叶一条街",这里是台北最早最繁荣的洋楼街,是富商才住得起的豪宅区,台湾茶产业鼎盛时期,这里聚集了 60 家茶行,五大洋行,荷兰、法国、英国、德国与美国等国的公使馆也都设于此。时过境迁,台茶外销的繁荣景象早已不再,但古茶街尚存的历史文物及代表性建筑是台茶享誉国际的见证,也是极富人文价值的怀旧茶文化旅游项目。从甘谷街110年历史的茶商公会大楼及供奉的茶郊妈祖、贵德街的锦记茶行、民生西路的新芳春茶行、西宁北路现为全祥茶厂的南兴茶行旧址、甘州街由李春生兴建的大稻埕长老教会礼拜堂、贵德街的李春生纪念堂、重庆北路的王有记茶行、存有焙茶用的焙笼间、装茶的竹篓等,都可见到茶业走过的轨迹。

拓展阅读

北京马连道茶叶第一街

马连道"京城茶叶第一街",不仅是北京最大的茶叶市场,而且还是华北地区最大的茶叶集散地。茶叶街长1500米,集中了100多个茶叶店和5个茶城,汇集了浙江、福建、安徽、云南、贵州等全国主要茶区的名特优茶叶产品。年销售额达10亿元,占全国茶叶总销量的十分之一。

20世纪90年代初期,马连道街上发生了一次历史性变革,一些颇有茶文化素质和创业雄心的南方茶商入驻马连道。从此,马连道街与中华茶文化、新世纪的茶业有了不解之缘。如今再走进马连道街,它以一条崭新的茶街形象出现在人们面前。在这里,集中着马连道茶城、京马茶城、京鼎隆茶城、京闽茶城、绿谷茶城、北京茶叶总公司茶叶市场、青溪茶城和北京国际茶城,云集了全国十个主要茶叶产区的700余家茶商,年销售额突破10亿元大关。茶产业蓬勃发展的同时,大量基于茶文化、茶特色的新生事物也在马连道街如雨后春笋般蓬勃发展起来,形成街区所专属的"文化性商业氛围",成为一条新型商业街,特色品牌街,文明示范街。以茶文化为主要文化基调,茶产业为主要经济基础,一业带多业,为招商引资,发展区域经济,起到龙头作用。

短短的十余年时间,马连道因茶而生辉,发生了令人瞩目的巨变。不仅誉满京城,在国内茶业界也声名远扬,成为名副其实的京城茶叶第一街,中华茶业名牌街。在首届中国国际茶业博览会即将召开的日子,马连道茶人要拿出绿色环保型名优品牌,向茶博会献礼,向世界展示马连道京城茶叶第一街的风采。

北京西城区充分利用马连道茶叶一条街的独特优势,大力拓展茶浴、茶吧、茶讲座、音乐茶座、茶博物馆等项目,使其成为茶文化体验基地,与三里屯酒吧一条街等特色商业街一起,为北京旅游增光添彩。未来五年,马连道茶叶街拟申报4A级茶文化国家旅游景区,现在中国茶博物馆、北京首个茶文化主题酒店、中国茶商大厦、马连道功能区综合服务大厅、国家茶叶质量检测中心、电子商务园等配套项目,均在筹建中。

第四节 茶文化产业园区的规划与设计

茶文化产业园区是茶产业大规模集聚的新模式,也是具有广阔市场前景的茶旅产品。茶文化产业园区集观光农业与工业旅游于一体,能满足人们求知、观光、娱乐等多种旅游需求,同时也是宣传茶文化、提高茶企知名度的绝佳地点。

一、茶文化产业园区的特征

产业园区是指以促进某一产业发展为目标而创立的特殊区位环境,是区域经济发展、产业调整升级的重要空间聚集形式,担负着聚集创新资源、培育新兴产业、推动城市化建设等一系列重要使命。产业园区能够有效地创造聚集力,通过共享资源克服外部负效应,带动关联产业的发展,从而有效地推动产业集群的形成。茶文化产业园区是产业园区的一种,集茶叶种植、茶叶精深加工、茶产品贸易、茶产业科研、茶文化传播与旅游于一体,包括茶叶种植示范区、茶叶加工区、茶文化展示区、茶产品贸易区、茶旅游休闲区、茶科技研发区等多种组成部分。茶文化产业园区具有以下特征。

1. 综合性

传统茶业生产力分散,小品牌众多,合力不够,很难做大做强。长期以来,我国茶业处于有种类、有名茶、无名牌的"有名无姓"时代。茶文化产业园区以茶产业大规模集聚的新模式,走出了一条传统农业向现代农业转型的新路,弥补了茶业单打独斗的缺憾。茶文化产业园区涉及茶业多个领域,汇聚了茶园种植、茶厂加工、茶店销售等多种功能,同时还负责科研创新、市场推广、旅游休闲、茶文化挖掘等功能。茶文化产业园区产业设施配套、服务体系完整、质量保障体系健全,代表着未来茶业发展的新领域。

如今,大投资、大手笔的茶文化产业园区如雨后春笋般频频出现,如湖南中华茶祖文化产业园计划投资20亿元,通过挖掘茶祖文化、建设产业基地、研发茶叶产品、塑造茶叶品牌、联动茶业旅游,打造中华茶祖文化产业园区。贵州螺丝壳地处都匀市现代高效茶叶产业示范园区核心区域,按照园区规划,到2015年,这里将被打造成为集茶叶种植、加工、茶产品研发、茶文化展示、茶生态旅游为一体的现代高效茶叶产业园区。

2. 标准化

传统茶企往往各自为政,茶树种植、加工、销售脱节,以致茶叶质量良莠不齐。一些茶农因缺乏技术指导,在茶树种植时盲目使用化肥、农药,使得茶叶农药残留物严重超标。近些年来我国茶叶在出口时遭遇绿色壁垒,管理松散便是很重要的原因之一。通过建设现代化茶文化产业园区,加快茶叶集群产业的发展,推进茶树种植、茶叶加工、茶叶流通等环节向优势区转移。茶文化产业园区通过统一管理,树立战略管理的管理理念,积极实施 ISO9000 质量管理体系、HACCP 管理体系,使茶叶生产全过程做到规范、有序、可控,逐步实现茶叶生产的规模化、标准化。

江苏镇江丹徒现代茶叶产业园区成功获批"国家级茶叶标准示范区"称号,园区整合优质资源倾力培育的"长山剑毫"区域茶品牌,名气也越来越大。为了充分发挥产业集聚优势,区农委等部门加强了新技术新机械的引进和应用,茶叶示范区重点茶叶专业合作社大多设有清洁化生产线、建有茶叶专用保鲜冷库等,引进风扇防霜技术,太阳能诱虫灯等,其中十里长山生态农业园现建有茶叶加工中心一座,拥有加工车间 4 000 平方米,为茶叶商品化处理和仓储加工提供先进的物质装备。经过数年努力,园区茶树品种结构日趋合理,在国家"中茶"杯茶叶评比中,获得 7 个一等奖。

3. 创新性

茶文化产业园区依靠雄厚的实力和独立进行科学研究的能力,能及时地将研究成果转化为生产力,在茶树种植、茶叶加工、茶叶流通等环节能采用新技术,或对生产体系进行优化重组,提高资源利用效率,从而降低生产成本。还能通过科技创新开发茶叶的新功能、新用途,实现茶叶精深加工。

由众多一线茶企联手打造的川茶集团联盟将以"创新驱动"和"多点多极支撑"的发展战略为指引,聚合资源,优势互补,充分发挥技术、品牌、管理、营销、资金等优势,加快建立点、线、面相结合,多层次、多形态、多领域的茶叶产业化经营体系,从而促进全省茶产业向规模化、集约化、品牌化发展,团结全川茶叶企业,全面推进省委、省政府千亿元川茶和茶业强省战略,实现川茶的全面崛起和振兴。

4. 文化性

茶文化产业园区不仅仅是茶业生产基地,也是茶文化传播的基地。与传统产业园区相比,茶文化产业园区有着浓厚的文化底蕴。由于茶文化产业园区具备雄厚的经济实力,故在茶文化展示、茶文化挖掘、茶文化宣传上具备优势。

猴坑茶业于 2009 年入驻黄山工业园区,在壮大茶产业的同时,精心打造茶文化,在厂区内建成2 000平方米的猴魁茶博物馆,以实物、模型、多媒体视频、图片、茶艺表演等形式,展示猴魁茶悠久的历史文化与独特的技艺。江西修水宁红茶文化产业园项目按照国家4A级景区标准进行绿化和仿古楼建设,在施工过程中,注重各建筑物生态和文化意义的彰显。

二、茶文化产业园区的旅游价值

茶文化产业园区是茶旅产品的重要组成部分,具有很强的旅游开发价值。茶文化产业园区能满足游客求知、休闲、娱乐等多层次需求,通过发展旅游,还能提高自身知名度。可以说,发展茶文化产业园区旅游,对游客和茶文化产业园区是一种双赢。

1. 普及茶叶生产知识

茶文化产业园区包括茶叶种植示范区、茶叶加工区、茶文化展示区、茶产品贸易区、茶旅游休闲区、茶科技研发区等多种组成部分。茶文化产业园区旅游集观光农业和工业旅游于一体,农业与工业在此相会,传统与现代在此交融。人们既能到田野中观看茶园的种植、管理和采摘,又能到茶厂了解茶叶的生产加工过程。

工业旅游是伴随着人们对旅游资源理解的拓展而产生的一种旅游新概念和产品新形式。工业旅游具有文化性、知识性、趣味性,具备较强的现场感和体验感,能满足游客的求知欲望。茶厂是专门用以生产茶叶产品、货物的大型工业建筑物,是通过展示茶叶生产加工的机械、工艺流程而成为了解茶叶科学技术及其文化的最佳场所。通过参观技术装备和生产设施、动态的生产流程、科学的管理体系,旅游者可以获得现代茶产业设备的知识,系统地了解到茶叶产品的生产和制造、管理、鉴评过程。

2. 满足游客观光需求

茶文化产业园区设施完善,规划合理,观赏性极强。茶文化产业园区既拥有碧绿如洗的大片茶园,又有着流水线作业的工业设备,还有专供品茶赏茶的茶艺中心,不少实力雄厚的茶文化产业园区还设有茶博物馆、茶企文化展示馆等。

如今,许多茶文化产业园区在不断提高茶叶生产数量和质量的同时,也在展示着异彩纷呈的茶文化,产业园区成为人们休闲观光的好去处。江苏宜兴阳羡茶产业园区通过水利工程、交通设施工程、林业措施、农业措施、产业结构调整等措施,已形成"远看像森林、近看似公园、进园似花园"的观光茶园。近日,阳羡茶产业园开始申报进入"江苏省乡村休闲观光旅游路线图"。南京世界之窗茶艺博览园是以茶文化传播、茶艺表演为载体,以茶叶批发和销售为目的的产业园区,是建立茶叶销售,产品交易,推广茶文化的表演、展示以及相关产业的多功能、多业态、多角度的"茶"主题博览园区。茶艺博览园的原址是南京金笔厂,改造后的原厂建筑外观和夫子庙秦淮风光带青砖小瓦马头墙的整体风格配套,在保留旧厂房构架的同时融入南京文化,给秦淮风光带增添了一道靓丽的人文景观。茶艺园将是南京首个也是唯一的以"茶文化"为载体的产业园区。以"博览"吸引眼球,让全国和世界各地的茶叶在此争奇斗艳;以"交易"活跃市场,努力打造成华东地区的茶业展示中心;以"茶艺"提升内涵,通过现场表演弘扬博大精深的茶文化。未来的南京茶艺博览园应该像成都锦里一样,既充满文化内涵,又极具商业价值,同时还是会展业的延伸。

3. 提高茶企知名度

工业旅游在发达国家由来已久,早在1950年,法国雪铁龙汽车制造公司组织客人们参观他们的生产流水线,引起许多厂家的效仿,后来便形成了一种时尚。后来,一些厂家开始收取一定的费用,逐步演化成为工业旅游项目。半个世纪以来,工业旅游在一些发达国家方兴未艾,被誉为"朝阳中的朝阳产业"。特别是一些大企业,利用自己的品牌效益吸引游客,同时也使自己的产品家喻户晓。在我国,有越来越多的现代化企业开始注重工业旅游。近年来,我国著名工业企业如青岛海尔、上海宝钢、广东美的等相继向游人开放,许多项目获得了政府的高度重视。

中国是茶叶种植、生产大国,却至今未出现一个像"立顿"茶那样在国际知名度高、销售"含金量"大的品牌,茶叶品牌缺失是国人心中的"痛"。在区域竞争日趋激烈的今天,产业集群已成为提高区域竞争力的重要途径。世界各地包括我国各地的进程中,都把培育和发展产业集群当作政府推进的一项非常重要的工作。如今,越来越多的产茶区和茶企意识到这个问题,通过建立茶产业区,实行标准化生产和统一管理,不断提高茶产业科研水平,建设茶贸易区和电子销售平台,形成一条龙的服务,全力打造茶企品牌。游客在参观茶文化产业区时,通过导游对茶产业区企业文化的介绍,有效地提升了茶企的知名度。

4. 培养顾客对品牌的忠诚度

虽然我国茶产业历史悠久,名茶种类丰富,但品牌创建工作滞后,品牌茶叶企业的市场占有率还比较低。一些茶文化产业园区积极与旅行社进行合作,在旅游线路中安排茶文化产业区的行程。有些茶店为推动茶叶的销售,也与茶产业园区进行合作,购买一定数量的茶叶即附送茶产地旅游门票。茶客通过实地参观茶产业区,对茶的种植环境、加工环境、包装环节都能了然于心,能够更安心地饮用该品牌的茶叶,增加对该品牌茶叶的信赖度和忠诚度。

云南凤临高香茶业有限公司向大众开放万亩生态茶园——高香云茶山庄,使之成为全年、全天候的旅游茶园观光点,并在昆明龙泉路投资兴建观光茶厂。在茶庄、茶厂,可以零距离观看到茁壮生长的茶林。从晒青毛料、分筛、紧压、包装制作普洱茶的各道工序,让游客对普洱茶生产的过程进行实地体验。凤临高香茶业有限公司实现普洱茶从种植、采摘、加工等流程的全开放式经营模式,就是让普洱茶真实地回归生活,让人们零距离了解普洱茶的真面目,了解普洱茶的真实价值,从而爱上普洱茶。

5. 保护非物质文化遗产

一些茶文化产业园区还保留着古老的制茶技艺,这些制茶技艺是古老茶文化的精髓。一个好的炒茶师如同一宝,传统的好茶全靠手工制作,上乘的质量取决于手上功夫。受现代技术、现代生活的冲击,越来越多的非物质文化遗产离群众的生活越来越远。非物质文化遗产后继乏人,其中一个重要原因是无法解决技艺传承人的生存问题,一些传承人生活异常艰辛。因此,非物质文化遗产传承首先应解决传承人的生存问题。只有生活质量有保障了,传承人才会有发展技艺和培养继承人的热情,其他人学习技艺才会觉得有奔头。茶文化产业园区对传统制茶技艺十分重视,这也在一定程度上保护了非物质文化遗产。

三、老茶厂的旅游开发

由于种种原因,许多曾经辉煌一时的茶厂如今早已落寞。这些茶厂是历史的见证,在茶史研究上起着重要作用,同时,这些老茶厂也是不可再生的工业遗址。如今,已有先见者对老茶厂进行各种旅游开发,使老茶厂变废为宝,脱胎换骨,成为充满怀旧气息而又时髦的旅游景点。主要有以下几类开发模式。

1. 工业遗址旅游

广东英德红旗茶厂至今仍完整地保留着新中国成立后兴建的首条红茶揉捻、杀青等传统生产线和巨大的厂房,虽经历史风雨的洗礼,但依然可用。得到重新注资的红旗茶厂目前正在进行工艺改造,原来的老车间和厂房在经过专家的重新设计后,在"修旧如旧"的保护基础上,逐步改良旧的生产线。在继承了老红旗茶厂原茶基地和传统工艺的基础上,老红旗茶厂将得到妥善保护,成为广东省红茶文化的工业遗址,有望成为省内首个红茶博物馆。汉口曾经是我国的三大茶市之一,有着"东方芝加哥"之称。1863年,俄国商人在汉口设立顺丰砖茶厂,以手工制砖茶。汉口四大茶厂在极盛时期工人近一万人,如今汉口俄商茶厂遗址早已破败,有些茶史爱好者怀思古之幽情,在俄商老茶厂寻觅着当年茶业的踪影。

2. 观光茶厂

台湾新竹县关西镇是早年台湾茶外销鼎盛时期最重要的产制重镇,勤劳俭朴的客家人在气候湿暖的关西红土上种植茶叶,至今也有百余年的历史。可惜 20 世纪 80 年代以后,茶园面积从 4 300 公顷大幅萎缩至今日的 200 公顷,原本茶香飘摇的丘陵几乎被大型主题乐园或高尔夫球场所鲸吞,茶厂也从 35 家骤减至 6 家。昔日台湾最大茶乡——关西茶区慢慢成为了历史。

镇内许多创建于日据时期的老茶厂,纷纷改变思路,善用老茶厂保存的文物及传统茶叶的加工机具,推出了茶产业文化旅游项目。假日里人潮不断,以台湾红茶公司和锦泰茶厂为观光茶厂的翘楚者。

关西红茶公司成立于 1937 年,而日据时代以及光复初期,经过粗制、精制、拼堆、包装后的红茶,大量外销日本、美国、欧洲及澳洲等地,每年直接外销的茶叶高达百万磅,更跻身为当时全台十大贸易公司之一。台湾外销茶产业没落后,2004 年关西红茶公司将闲置的部分木造厂房与仓库改为茶叶文化馆,将旧有的制茶机具、包装、茶箱、赏状以及外销喷字的铁皮唛头等文物,配合老照片与相关文史资料作完整的展示,并经常与社区文化工作单位举办文艺活动,为老茶厂创造商机。

锦泰茶厂创立于 1936 年,于 1955 年迁入现址。如今茶叶经营环境不变,整修部分闲置厂房,陈列晚清时期至台湾光复后珍贵的茶业相关资料、照片及文物,并附设古色古香的茶艺教室,贩售茶厂自制的茶点、茶叶、炭焙乌龙茶,是了解传统茶产业的好去处。锦泰已成功转型为观光茶厂,但生产线却从未停歇。近千坪偌大的厂房,保存了许多早年珍贵的制茶设备与史料,包括数十具大型揉捻机、杀青机、桶球机,为使茶叶更具香气的再炒茶机,还有号称全台最长的茶叶运送带,以及两座宛如火车头状的大型蒸菁机等。

3. 茶博物馆

鸠坑茶博馆坐落在浙江县淳安鸠坑乡金塔村,这是全国首家乡镇级的茶文化博物馆,利用一座有 60 多年历史的茶叶加工厂改建,很有历史感。茶博馆收集了散落民间的有关鸠坑茶的图片和实物,对淳安产茶历史进行了全面展示。比如,里面有一台 1953 年的手摇脚踏四桶揉捻机,那是早期鸠坑乡村民发明的炒茶机。馆藏内设茶树、干茶样品、茶机具、品茶室,全面展示了淳安悠久的产茶历史和茶叶制作过程。

4. 茶文化产业创意园区

位于凯旋路 70 号的杭州茶厂旧址素有"东方第一茶厂"的美誉,土地面积为 2 万平方米,由 20 世纪 50 年代至 80 年代的 20 余幢大小不一的建筑物组成。改建后,园区在保留建筑历史文化的同时,也依托老工业遗存的历史积淀,将曾经的老厂房打造成茶文化产业创意园区——"茶都名园"。

拓展阅读

斯里兰卡老茶厂怀旧之旅

以生产锡兰红茶著称于世的努瓦拉埃利亚,位于斯里兰卡2 000米的高山上,这里曾经是英国茶场主的乐园。他们从印度雇来泰米尔人打理茶园,自己和家人则在清爽的山间享受着世外桃源的惬意生活。

Mack woods是努沃勒埃利耶最出名的茶工厂,这家茶厂建于1841年,拥有170年的制茶历史,出产的红茶国际驰名。茶厂离镇中心约10千米,在山路上步行半个小时就到。游客可以免费参观工厂制茶的工艺工序,锡兰红茶从采收到制作成成品只需要一天时间,根据茶叶的完整性及大小分为OP、BOP、BOPF几个档次,这些不同档次的茶叶,分别用于泡清茶,泡奶茶,或用于食品添加。茶工厂有一个布置得非常讲究的茶屋可以品茶,巧克力蛋糕3元人民币,随蛋糕送一杯红茶和牛奶。

如今,许多殖民地时期的茶厂已经废弃,精明的商人将它们改造成观光茶厂、博物馆、品茶中心,让人新奇的是有一家茶厂竟然变身成了酒店。Tea Factory Hotel的前身叫Hethersett茶厂,曾经名扬英伦三岛。140多年前,它是第一家拍卖出斯里兰卡最昂贵茶叶的公司。十多年前,这座显得破败的老茶厂被斯里兰卡著名酒店集团Aitken Spence & Co. Ltd的总裁相中,慧眼独具的他投巨资将它装修成高档酒店,为此还获得了联合国的文化保护奖。Tea Factory Hotel拥有私家茶园,供住客体验采撷、加工,酒店也做些茶叶生意。酒店的57间客房由烘干房、包装房改造而成,每间客房窗外都是漫山遍野的青翠。卧室与洗浴间将传统与时尚结合得恰到好处,房门后一张素描图片提示客人:"吃晚餐时别忘记穿正装"。时光过去一百多年了,英式传统依然影响着当地人的日常生活。

走进酒店大门,老茶厂的韵味扑面而来。那些冰冷的制茶机器、支架铁件和传送带,大都被刷成了红色或绿色,成了酒店个性鲜明的独特装饰。筛选车间现在是餐厅,碾压车间变身为酒吧,动力车间则是厨房,烘干机的大风扇也成了无处不在的装饰。住在茶厂酒店,不仅能领略茶山美景,还能体验采茶、加工茶叶等。老茶厂外特别保留了一小段铁轨,上面停放着一节曾经穿行于茶山之间的老式木制火车车厢,现为酒店的西餐厅。

第七章

茶文化旅游的营销

在竞争日益激烈的旅游市场中,旅游景区需要借助必要的营销手段来赢得竞争优势。我国茶文化旅游资源十分丰富,但"茶香不怕巷子深"的经营理念已无法适应目前的茶业与旅游业市场。茶文化旅游作为新兴旅游产品,虽有一定的发展,但在营销方面仍需进一步跟进。目前,茶文化旅游的营销主要有茶旅互促、节事营销、影音营销等多种方式。

第一节 茶文化旅游营销策略

茶文化旅游营销虽具有营销的一般特征,但还应结合茶饮市场的需求进行适度的营销。旅游产品的不可移动性,决定了旅游产品要靠形象传播。作为新兴旅游产品,形象塑造是茶文化旅游急需解决的问题之一。在瞬息万变的旅游市场中,茶文化旅游营销的创新传播、快速传播、多元传播、文化传播同样重要。

一、茶文化旅游营销的基本概念

营销是卖方在一系列动态环境因素的影响下,便利和促进商品或服务交易的各种业务活动的总和。我国山河壮丽,景色秀美,有着众多优质旅游资源,诸多传统景点名闻天下,各种新兴景点层出不穷。旅游景区既要与同类型的景区进行竞争,又要与不同类型的景区进行竞争;既要与同一地区的景区竞争,也要与不同地区的景区进行竞争。故步自封的做法已无法适应日益激烈的旅游市场竞争环境,旅游景区需要借助必要的营销手段来赢得竞争优势。旅游者对景区的情况、服务和质量无法进行准确判断时,旅游景区必须通过有效营销来说服潜在顾客购买旅游产品。我国旅游业的市场化程度较高,靠简单的公关、广告和促销的噱头已很难达到推动市场的效果了。如果将旅游景区比喻成一艘船,那么景区营销就是帆。在当今激烈的旅游市场竞争中,市场营销和形象塑造已成为旅游地占领市场制高点的关键,成为撬动旅游发展的关键杠杆。①

我国历史名茶众多,新兴品牌茶叶气势正旺,台湾茶实力不容小觑,各种茶叶竞相斗艳,加之印度、斯里兰卡等地的茶叶逐步进入国内市场,国内市场的竞争日益白热化。一些新兴品牌的茶企资金雄厚,颇有后来者居上的势头。一些传统名茶仍然延续老路,在热闹的茶市中难免变得落寞起来。据2014浙大CARD中心发布的中国茶叶区域公用品牌价值显示,茶叶市场正在重新洗牌,"茶香不怕巷子深"的时代已经过去。不少茶企在新形势下,积极进行多渠道营销,以龙井茶为代表的名优绿茶、乌龙茶尤其是安溪铁观音、武夷山大红袍、云南普洱茶的相继热销,以金骏眉为代表的全国红茶热的兴起,湖南黑茶的群体崛起,福鼎白茶的旺销,以君山银针为代表的中国黄茶的王者归来……无不是茶人的智慧及辛勤劳动通过产品开发、市场营销、积极推广的努力结果。

为了促进茶业可持续发展,不少地区通过茶旅结合,进行多元化的营销,使茶与旅游融合,呈现出清新、时尚、健康的理念。产茶区应抓住历史机遇,使营销手段多样化,将茶叶品牌和旅游资源进行捆绑销售,推动"茶旅融合",做到茶业与旅游业的双重兴旺。

斯里兰卡将茶与旅游进行有机联合营销,成功地带动了茶业与旅游业的发展,值得国人学习。斯里兰卡茶产业的发展除了得天独厚的自然条件外,与英国等西方国家的多年殖民地情结和英语优势也有一定关系,助推锡兰茶走向西方。著名产茶地Nuwara Eliya处处弥漫着浓厚的殖民风味,惬意的英式下午茶,怀旧的殖民地茶厂酒店,暖熙的南亚阳光,古老的山地火车,缓慢的生活节奏,吸引着大批英联邦国家游客前来旅游。锡兰茶品种繁多,能适应不同国际市场的需求,除了红茶、绿茶、白茶,还有不同口味的茶叶,如樱桃茶、菠萝茶、香橙茶,甚至辣椒茶等。每个茶叶种植园都有巨大的路标,用来告诉游客茶园的归属和游客服务中心所在地。赶上好天气,还能看到穿着鲜艳的采茶女在茶园中采茶。在斯里兰卡,人们还定期举办茶博会,推广茶园旅游,将产业文化和时尚旅游结合起来。在斯里兰卡的超市、旅游纪念品商店以及酒店的特产商店里,无不在最显著的位置摆放着各种各样的茶叶。斯里兰卡旅游推广局对外营销时,以茶为媒,打出"纯净茶香之旅"的口号,推出"慢行斯里兰卡,坐着火车去采茶"的旅游线路,旅游推广成效显著,不仅成功吸引了欧美游客,也成功地进入了中国市场。据斯里兰卡旅游局数据统计,2014年1月份中国赴斯里兰卡的游客人数翻了三番,增速达224%,呈现出中国游客对斯里

---

① 刘锋,董四化.旅游景区营销[M].北京:中国旅游出版社,2006:3

兰卡前所未有的热度。有专家认为,新马泰已成过去式,斯里兰卡旅游将成为国人的海外热门旅游目的地。

营销经常被描述为"推销产品的艺术",但是营销并不等同于促销。促销的重点是把已生产的产品销售出去,营销则是协助决定应该生产哪些产品。营销属管理哲学的范畴,其目的就是使推销成为多余。成功的营销会产生大量准备购买的顾客,剩下的就是如何使顾客便于得到这些产品或服务。

表 7-1　市场营销观念与推销观念的对比

	推销观念	市场营销观念
出发点	企业已有产品	企业目标顾客的欲望和需求
中心点	工厂	市场
导向	产品	顾客
方法手段	推销与促销(着眼于整体市场)	整体营销(着眼于整体市场)
经营目标	扩大销售获得利润	通过顾客满意获得利润

(资料来源:赵毅,叶红.新编旅游市场营销学[M].北京:清华大学出版社,2007)

传统营销理论的核心之一是 4PS 组合,即产品(Product)、价格(Price)、渠道(Place)、促销(Promotion),由于这四个词的英文首字母都是 P,再加上策略(Strategy),所以简称为"4PS"。首先,公司向目标市场提供满足消费者需求的产品和服务的组合。其次,旅游企业在确定正确的产品策略后,就要为经营的产品配以合理的价格。再次,公司通过一系列广告和促销活动,向消费者推送自己的产品和服务。

在旅游活动中,详细了解旅游者的特点和购买行为是营销管理者开展一切活动的基础。需要和欲望是旅游市场营销的立足点和出发点,旅游企业不仅要关注顾客短期的、直接的需求,也要关注顾客长期的、广泛的需要。营销不能牺牲长期的顾客需求去满足当前利益。旅游企业应做好市场调研、市场预测的工作,以旅游者的愿望与需求为前提进行企业的生产和经营。旅游是综合性的事业,受政治、经济、社会和自然环境的影响,反过来又影响着政治、经济、社会和自然环境。只有对各种影响旅游市场的因素进行细致分析,才能做出正确的营销决策。

"现代营销学之父"菲利普·科特勒(Philip Kotler)曾经指出:"市场营销是这样一种职能:它识别顾客的需要和欲望,确定企业所能提供最佳服务的目标市场,并且设计适当的产品、服务和项目以满足这些市场的需求。"旅游者的需求受到社会因素、文化因素、经济因素以及旅游者个人因素的影响。同时,社会文化和经济因素也对个人产生重要影响,从而对旅游者的需求产生影响。

旅游营销人员应准确把握旅游者的消费心理和购买行为，这样才能更好地调整产品、产品价格、销售渠道及促销策略，从而适应旅游者的需求。在旅游市场营销活动中，受各种环境因素的影响，营销环境在不断地创造机会和涌现威胁，因此持续地研究环境和适应环境变化对旅游企业至关重要。我们简单地根据消费需求将茶叶消费者分为三类。

表7－2 不同需求的营销目的

需求状态	营销目的
否定的需求	纠正需求
无需求	创造需求
潜在的需求	发展需求
下降的需求	使需求复苏
不规则的需求	使需求同步
充分的需求	维持需求
过分的需求	减少需求
不健康的需求	消灭需求

（1）对茶叶有重度需求的消费群体。年纪一般比较大，基本在50岁以上，几乎每天都喝茶，是真正懂茶的人，能品出茶叶的好坏，有很多的闲暇时间，对茶文化有一定的爱好和研究。

（2）对茶叶需求一般的消费群体。一般是公司的小白领、公务员，年龄在30～50岁左右，闲暇的时候会泡上一杯茶。他们对茶叶的质量没有自己的评判标准，相信品牌。

（3）对茶叶消费需求极低的群体。大多数的"85后""90后"都涵盖在这个群体中。除了偶尔喝喝立顿茶包以外，他们基本不喝其他的茶叶，对茶叶文化更谈不上关注，但喜欢康师傅茉莉花茶、康师傅绿茶、三得利乌龙茶这些类茶叶饮品，说明他们对茶叶还是有潜在的消费需求。

市场营销应因人制宜，根据不同心理需求制定不同营销计划。对茶叶有重度需求的消费群体，营销时应注意维持其需求，突出茶的养生保健作用，相应推出深度茶文化旅游产品，如茶古迹寻根游、茶疗养生游、茶禅静心游等产品。对需求一般的消费群体，营销时应增加其需求，加大宣传茶的文化底蕴，可进行体验式营销，推出茶原产地游、茶庄园游、茶艺观赏游，以培养他们对某类品牌的忠诚度。传统茶叶营销对年轻人已失去吸引力，针对年轻人的求新求异的心理特征，茶文化旅游营销可突出参与、冒险、时尚的主题来创造出需求，运用微博、网络等线上媒体，宣传茶的美容、瘦身、提神的功效，如开辟茶马古道冒险游、樱花茶会浪漫游、茶饮茶食吃货游、碧绿茶园活力游等,突出茶文化旅游的清新、时尚、浪漫、活力、朝气的特征。

二、茶文化旅游形象塑造

21世纪是形象时代(Age of Image),"形象力"的竞争将成为市场竞争的主导形式之一。在旅游营销过程中,旅游形象的塑造具有举足轻重的作用。形象塑造已成为旅游地占领市场制高点的关键,个性鲜明、亲切感人的旅游地形象是形成庞大旅游市场的源泉,在旅游市场上可以形成较长时间的垄断地位。

近年来,我国茶文化旅游不断发展,但是在文化旅游的开发过程中,许多问题也渐渐暴露出来。许多地方虽然举办过多次茶节事活动,包括茶博会、茶文化旅游节,但其他渠道与其他形式的宣传促销显然不够,故而节时热闹一阵,平时冷冷清清。面对这种情况,更应该加大宣传力度,瞄住不同层次的游客,开发多样化的茶旅产品,满足不同地区、不同收入水平的游客的需求。

从营销角度看,立顿明亮的黄色统一形象包装,"光明,活力和自然美好的乐趣"的广告理念,突破性的商超渠道,不断创新的产品,无不将"头脑风暴"引发的创意植入到其营销过程中。立顿的成功是文化创意作用于茶行业的经典案例。2014年奥斯卡盛典期间,立顿发起了"让茶味更浓些"的活动,这是一个全球性的号召,鼓励人们从烦琐的生活中跳出来,喝一口茶,以一种更加关注当下的、愉悦的、温柔的心态去拥抱每一天。活动以布偶手捧立顿茶杯为形象,在电影节期间播放下一个提名作品时,布偶就出现在银幕上,说着"再来一杯"。

旅游产品的不可移动性,决定了旅游产品要靠形象的传播,使其为潜在旅游者所认知,从而产生旅游动机,并最终实现出游计划。国外旅游研究表明,形象是吸引旅游者最关键的因素之一,"形象"使旅游者产生一种追求感,进而驱动旅游者前往。斯里兰卡打出"纯净茶香之旅"的口号,通过"纯净的斯里兰卡茶叶",让更多人了解斯里兰卡和茶叶。在飞机上,斯里兰卡空姐身穿传统服装纱丽,一身的墨绿色。当被问到为什么选择这个颜色时,她们会说:"因为这是锡兰茶的颜色。"在锡兰茶的全球推广战略中,茶叶局最成功的方法是推出了狮子形象的标识。在全球消费者眼中,狮子标识是品质的象征——百分百的纯斯里兰卡茶是一种质量上乘的产品。自2013年9月起,斯里兰卡旅游推广局(SLTPB)携手斯里兰卡驻华大使馆相继在北京、上海、广州、成都投放公交车身广告,运用不同的画面展现斯里兰卡的红茶、宝石,还有奇妙的海底世界、美丽的孔雀、古建筑、特别的风俗、可爱的海豚和儿童天真的笑脸。通过公交车身移动的户外广告形式,多面立体的向公众展示了斯里兰卡丰富的旅游资源,让斯里兰卡一举成为2014年春节出境旅游市场中的黑马,赴斯里兰卡的包机产品提前两个月售罄,销售情况异常火爆。

茶文化旅游产品是吸引游客前往茶文化旅游景区最直接的动力,它是游客在景区体验的直接载体,旅游产品的多样性、参与性、新颖性和文化性直接关系到游客的旅游体验质量。因此,茶文化旅游产品是影响游客茶文化旅游体验的最直接和最重要的因素。① 为产生联动效应,各茶旅景点应改变单打独斗的局面,进行联动营销,从而使茶文化旅游这一新型产品形象突出,成为老少皆爱的大众旅游形式。

表7-3 旅游形象推广方法一览表

常规性形象推广	音像制品	1. 30~60秒广告(供媒体播放) 2. 8~10分钟宣传片(供旅行商对游客咨询) 3. 20~30分钟风光片(供媒体播映、旅游者收藏)
	印刷品	1. 新闻夹 2. 画册(可兼做旅游纪念品) 3. 主题性折页、单页 4. 旅游指南(供散客、背包者专用) 5. 专业旅游指南(供旅行商专用) 6. 宣传海报 7. 提供咨询和地图
	其他	建立网站、制作多媒体光盘
形象推广识别	MI	区域旅游发展目标、标准广告语、服务理念
	VI	品牌识别的视觉化
	BI	从业人员服务识别
	HI	设计旅游主题歌曲
事件型形象表述		节事活动、艺术表演、大型会议(商务、学术)、影视作品的拍摄

(资料来源:马勇,李玺.旅游规划与开发[M].北京:高等教育出版社,2006:202)

在对茶文化旅游进行营销时,应结合时代特征,使广大群众喜闻乐见,而在新兴产业上,如动漫产业,需要更多的文化支撑,北京老舍茶馆推出系列茶文化漫画作品,让国内外游客更加形象直观地了解中国的茶文化。日本设计了茶叶形象卡通"茶犬",并且制作了专门的动画片和玩具,深受日本青少年的

---

① 郑小敏.茶文化旅游体验影响因素研究[D].福建农林大学,2012:20

欢迎。

为提升品牌形象，一些实力雄厚的茶企在宣传方面花费颇多，投入巨资在电视、网络、报刊等媒体大做广告。茶广告展现了茶源地的美丽风景，在客观上起到了促进当地茶文化旅游的作用。如立顿邀请亚洲巨星金城武作形象代言人，并设计了"环游绝品好茶原产地"的剧情。帅气迷人的金城武骑着大象在斯里兰卡茶园悠闲地漫步，极富视觉冲击力，起到了很好的市场推广效果。其他茶饮料也纷纷请明星拍摄广告，如加拿大歌手艾薇儿代言统一冰红茶、韩国影星李英爱代言农夫茶。传统茶企也不甘落后，纷纷邀请明星为形象大使，李连杰、张铁林、许晴、李冰冰等大腕担任安溪铁观音形象大使，陈宝国担任信阳毛尖形象大使，成龙为蒙顶山茶公益代言。一些产茶区通过面向社会选拔形象大使，也产生了一定的话题效益。形象代言人对茶企的形象塑造起着重要作用，故在邀请形象代言人时应考虑到企业理念与目标市场，如遂川狗牯脑茶邀请唐国强作形象代言人，唐国强是毛泽东的特型演员，所饰演的诸葛亮深入人心，有良好的正面形象和一定的知名度；同时，遂川是大井冈山旅游圈的组成部分，井冈山也是狗牯脑茶的主要销售基地，近些年来遂川大力发展红色旅游和茶文化旅游，因此，唐国强的形象十分契合狗牯脑茶的定位。通过邀请形象人，播放广告，遂川狗牯脑茶很快地塑造了品牌形象。

旅游口号是游客了解旅游地形象的最有效方式之一，也是旅游地形象宣传的重要途径。优秀的旅游口号能产生神奇的广告效果，不仅能有效地宣传旅游目的地的形象，还能在感官和知觉上给人以美的享受。如香格里拉饭店的服务口号是"殷勤友好亚洲情"，很容易让人联想到一种温馨、舒适和体贴的饭店服务，继而心向往之。"好客山东""北京欢迎你""晋善晋美"等旅游口号朗朗上口，被评为2013年"中国十佳旅游口号"。一句"怕上火喝王老吉"，让王老吉引领大江南北，成为凉茶行业的老大。英国茶叶协会提出每天四杯茶，并且制作了专门的口号进行茶叶推广，得到茶企和消费者的积极响应。茶文化旅游作为新兴的旅游产品，急需树立鲜明的旅游形象。为加强游客的感知和记忆，许多茶文化旅游目的地提出了响亮的口号。

近些年来，不少茶文化旅游目的地面向全社会征集旅游口号，安溪县围绕"现代山水茶乡"的目标定位，凸显"茶文化旅游"主题，积极实施一系列举措，向全球公开征集旅游口号及形象标识。活动共征集了主题口号16 898个，形象标识作品133件，经过层层筛选、专家评审、修改完善等工作环节，最终确定"山水福地，茶韵安溪"为安溪县旅游主题口号，以铁观音茶叶融合安溪寺庙古建筑特征的标识作品为安溪县旅游形象标识。

表7-4 茶文化旅游目的地口号

茶文化旅游目的地	口号
杭州	茶为国饮,杭为茶都
信阳	生态之城,绿色茶都
武夷山	浪漫武夷、风雅茶韵,中国茶文化艺术之都
安溪	山水福地,茶韵安溪
长兴	大唐茶都,茶缘天下
安化	中国黑茶之乡
凤冈	中国富锌富硒有机茶之乡
宁波	杭为茶都,甬为茶港
普洱	世界茶源、中国茶城、普洱茶都
勐库	勐库十八寨,寨寨有好茶
婺源上晓起	中国茶文化第一村
浮梁	世界瓷都之源,中国名茶之乡
岳阳	中国黄茶之乡
福鼎	福鼎山水美,中国好白茶
乐山	中国绿茶之都
蒙顶山	扬子江上水,蒙顶山上茶
湄潭	中国茶海,休闲湄潭
祁门	中国红茶之乡,生态旅游王国
西乡	中国最美丽的茶乡

图7-1 安溪县旅游形象标识

三、茶文化旅游传播策略

1. 创新传播

旅游宣传营销的创新是一条突破发展瓶颈之路。目前,由福建省委宣传部、省委外宣办和省旅游局联合主办的"市、县长带你游"活动,为宣传推介各市县旅游资源,扩大当地旅游品牌的知名度和影响力,搭建了重要平台。通过党政领导亲自参与推介旅游,拉近领导与社会公众的距离,吸引了公众对当地旅游的关注。

在市场竞争中,谁最早发现市场空点,抢先钻进空点,谁就可以占领空点市场,做独家生意,得先机之利,掌握争夺顾客的主动权。如果又能在产品质量、品种、价格、交货期和服务等方面做得好,就自然会赢得顾客的欢迎和信赖,在广大顾客中树立和扩大自己的信誉,创起品牌,在竞争中稳操胜券。从抢占空档这个角度来说,《印象大红袍》可谓拥有了武夷山夜间旅游市场的最大魅力。长期以来,武夷山旅游呈现的是"白天登山游九曲,夜晚蒙头睡大觉"的情景,晚上没啥可游玩使相当一部分外地游客颇有微词。在这种情况下,任何一个有足够实力和魅力的夜间旅游项目上场,都将赢得最大的市场。被誉为视觉盛宴的《印象大红袍》,有着鲜明的主题,它以茶为主线,融历史、民俗、山水、茶文化于一体,尤其突出了茶文化,极具武夷山特质。

在这个资讯爆炸的年代,新兴旅游景点层出不穷,旅游市场竞争日益白热化。不少景点纷纷使出浑身解数以求出名。河南西九华山是中原地区最大的集茶、竹、禅为一体的生态旅游胜地,相比安徽九华山,西九华山并不为人们所熟悉。为提升景区知名度,2011年4月,北京纵横视线公关策划有限公司总经理发布招聘采茶女的信息,要求胸围C罩杯且是处女,信息发出后,被网友传至各大论坛并引发热议,短短两天时间,就有405家网站转发。九华山风景区展示采茶工口唇茶专用收集工具"茶柳情",该工具是用信阳著名的柳编精制而成,在使用时将其放置胸间,接收采茶女咬下的嫩茶叶。据调查发现,处女招聘只是为了提升新景区知名度的香艳炒作,实际上西九华山的采茶工大多数是老年妇女,少部分为男性。为避免对信阳毛尖的名声造成伤害,这次招聘雷声大、雨点小,并无实质性的进展。这场炒作被网友批为低俗,但在短时间内提高了西九华山的知名度,入选为2011年十大搞笑营销。

在对旅游景区进行炒作时,相关营销部门应适可而止。《中国青年报》发表评论《旅游策划的度在哪里》,文中称"这种粗俗不堪的项目策划与只顾眼前、杀鸡取卵的经营方式"应该好好管管了,"如果相关旅游主管部门依然默许此类项目的存在与发展,损害的不仅仅是当地的旅游形象,甚至会影响到整个地区的旅游形象"。

近来,一股饮茶热迅速席卷西非国家几内亚,让人意想不到的是,有人居然凭借"基地"组织的名头来招揽顾客。据英国广播公司近日报道,几内亚首都科纳克里的人连日来为品尝一种名为"拉登"的茶水,成群结队来到该市的一家茶馆。该茶馆的主人卡马拉介绍说,当初这种茶有个普通的名字——海中珍宝,无法吸引客人关注,"有一次,我把茶煮沸,掀开壶盖后,发现壶内的茶水四溅,劈劈啪啪,很像爆炸声。我突然联想到'基地'组织搞的爆炸,于是给这种茶起了个新名字'拉登'"。卡马拉的一番苦心没有白费,越来越多的人慕名前来品尝"拉登茶"。兴致高的客人还给这种茶起了另外几个名字,如"轰炸机"和"基地"。和中国相比,几内亚的茶文化并不深,也没有什么复杂的制茶工艺。"拉登茶"的成分和做法比较简单:用当地的一种香草、糖浆、20小包茶叶、方糖、蜂蜜及一些调和物混合在一起,经过8天的发酵后就制成了"拉登茶"。人们起初出于对茶名的好奇前来品茶,现在他们逐渐体会到"拉登茶"的保健作用。其实,卡马拉的这一"发明"并非首创。在几内亚的邻国马里和塞内加尔,有另一种广受欢迎的红茶名叫"萨达姆"。

2. 事件传播

为推广形象,产生话题效应,不少旅游景点采用了事件营销的方式。事件营销(Event Marketing)是通过把握新闻的规律,制造具有新闻价值的事件,并通过具体的操作,让这一新闻事件得以传播,从而达到广告效果。[①] 所谓事件,是指在特定的时间和社会群体内出现的活动与现象的总和。在旅游景区的实践管理中,可根据事件发生的过程和特点,为其提出相应的营销方案来进行营销管理,这就是事件营销。

近年来,为推广茶文化,宣传茶旅景点,传达品牌理念,不少地区通过制作事件来获得大众的关注。2005年5月,由120匹骡马驮负着近六吨优质普洱茶组成的大马帮,从普洱茶的故乡云南思茅启程,用时五个多月,沿着山乡小道,穿越6个省区、80多个县市,于10月中旬到达北京,引起了空前的轰动,除马帮运送的六吨普洱茶当众拍卖以外,当年仅在北京,普洱茶就热销5 000吨。普洱茶的功能被广泛认知,茶马古道旅游也随之火了起来。重走茶路能够引发媒体持久的报道,马帮、驼队满载茶叶,走到哪都是一道引人注目的风景线,沿途人们纷纷拍照上传微博,成为大众关注的热门话题。重走茶路活动既宣传了茶文化,又提高了茶路的知名度,已成为茶企、茶旅景区事件营销的重要形式。

与广告和其他传播活动相比,事件营销能够以最快的速度,在最短的时间创造巨大的影响力,所以被世界上许多知名企业所推崇。作为品牌推广传播

---

① 舒伯阳.实用旅游营销学教程[M].武汉:华中科技大学出版社,2008:235

的先锋手段,事件营销近几年更是愈演愈热,成为一种相当流行的营销手段。国内媒体近年来收费居高不下,地方卫视媒体的收益也随之"水涨船高",许多企业尤其是新兴的中小企业,有好的产品和巨大的发展潜力,却无法支付庞大的宣传费用。而事件营销却可以将企业的信息在短时间内达到最大最优传播效果,甚至能让企业或产品一夜成名,为企业节约大量的宣传成本。

近年来,各类茶企的营销方式不断翻新花样,但事件营销将仍然是主要营销手段。从长远看,茶业市场将进一步好转,将有更多的领域听到中国茶业企业发出的声音。利用重大事件展开营销是快速提升品牌知名度与美誉度的营销手段,已成为营销传播过程中的一把利器,最典型的当属龙润普洱茶成为奥运特许商品。2008年6月,北京奥组委正式公布云南龙润茶业集团为北京2008年奥运会特许商品生产商,并获准销售北京2008年奥运会特许商品。"北京2008年奥运会限量版普洱茶产品"隆重面世,成为事件营销典范。

2013年4月,四川雅安发生7.0级地震,大量茶园、茶厂受损,国家4A级蒙顶山景区在地震中严重受损。功夫巨星成龙向雅安灾区一次次地伸出援手,先是1 000万元的慈善捐款,继而是300万元的义买认购蒙顶山茶,最后还决定免费为蒙顶山茶做一年的公益代言人。在成龙代言的视频广告中,有大地震时房屋倒塌的场景,有茶树被压埋的场景,有茶农灾后生产的场景,有成片的茶山。在广告片中,成龙的台词分两部分,前面是成龙表达了对灾区人民的牵挂,后面是成龙号召人们支持茶叶产业恢复重建。人们心系灾区的同时,也对雅安茶产生了浓厚兴趣,纷纷购买雅安茶叶以支持雅安的重建工作。在"4·20"芦山地震一周年之际,网上开启了以"感恩奋起·敬茶以爱——心系灾区,关注雅安"的主题活动,活动以蒙顶山春茶优惠购来感谢支持地震灾区的人们。在活动正式开启之后,全国各大媒体和网友都纷纷关注。蒙顶山茶借助地震事件进行营销,吸引了万千国人的心,在一定程度上将坏事向好事方面转化。

3. 多元传播

目前,我国茶文化旅游已有一定发展,但在营销方面的力度还远远不够,缺少游客和旅游企业间信息沟通的平台。宣传不到位,就难以使游客对旅游产品形成较全面的认识;营销跟不上,就抓不住潜在的客源市场,甚至会失去当前的客源。作为新型的旅游产品,茶文化旅游应加大力度进行营销,使茶文化旅游的观念深入人心,最终促成人们接受并购买茶旅产品及服务。

在现代旅游营销活动中,能否及时、准确地掌握旅游市场信息是决定旅游企业能否生存和发展的关键。目前国内众多旅游企业都热衷于微博、网络等线上营销。旅游营销必须求新求快,谁能满足潜在消费需求,谁就能赢得旅游消费者的心,也就能抢占市场先机。

受"三公"消费限制的冲击,茶叶市场尤其是高档茶叶产品线下需求量锐减,不少茶叶销售商开始陷入困境,在这种形势下,不少企业积极开拓新的销售渠道,创新营销新模式,走出了一条以线上宣传带动线下产品销量提升的创新之道。2013年3月,浙江开化龙顶网上"开茶节"日前正式启动,这也是全国首个网上"开茶节"。此次活动利用腾讯微博5.64亿用户的潜在传播力量,通过网上征集与"开化龙顶"茶相关的图文,并参与盖楼的创意互动宣传活动,在休闲娱乐的同时深入宣传开化龙顶茶文化。以网上"开茶节"为切入点,进一步加强与国内知名网络传播公司的合作,逐步提升开化龙顶茶的知名度、美誉度,是浙江开化今后茶产业宣传工作的方向。

在全球化的背景下,相关部门应集思广益,办各种茶业大会、茶叶博览会、茶文化节、茶艺大赛、茶具展览、茶文化研讨会、茶艺馆经理论坛、中国国际茶叶包装设计大赛、国际茶文化交流会、茶艺职业技能培训等文化活动。这些文化活动均与茶文化内涵及其所辐射出的有关精神文化相关,也起到了交流、扩大以及把中国茶文化推向世界的作用,从而也产生了文化产业的效益。同时,还要通过报刊、电视、网络、新闻媒体等多种渠道和形式,全面加大对茶文化旅游的宣传力度。

根据目前茶业形势,培育国人尤其是年轻一族对茶饮的爱好已是迫在眉睫。一些茶企抓住年轻人的心理,进行立体式营销,结合当下热门话题,通过互动、参与的形式,打造时尚又好玩的茶文化旅游营销,吸引了"80后""90后"的关注。在浙江,安吉白茶更是与城市消费者建立了"认养"合作,消费者认养茶树,每年不仅可以到茶乡旅游,还可以得到优质的安吉白茶。2011年7月,尚客茶业以"裸游云南"为主题,发布了"重走茶马古道路,吃喝玩乐云南行"大型优惠抽奖活动,配合大规模的店面促销,还在微博营销上做足了文章,活动上线前便发起专题讨论进行预热,活动期间,"微访谈""微直播""微话题"等活动轮番上阵,让尚客茶业在微博上获得了大量网友的关注,转发量突破了历史纪录,并引发了关于云南旅游的热烈讨论。除以上营销渠道外,还有在尚客官网的引导宣传,外部合作媒体、专题网站的流量导入,邮件和短信的传播,QQ、旺旺群消息传播,博客、问答、百科的传播等,多方面、立体化的利用互联网资源进行传播的营销方式,令尚客茶业此次的"裸游云南"活动达到了空前的热度。

4. 文化传播

一些地区在品牌推广中,将文化作为重要的营销手段,不仅借助当地的茶文化资源,更与当地的其他非物质文化资源进行整合,在推广中融入文化元素。一些地区在推广茶文化旅游的品牌时,往往与当地的非物质文化遗产相结合,进行捆绑式推广。如浙江"嵊州越乡龙井茶"以"越剧"为推广手段,"金奖惠明茶"以独有的畲族民俗文化为推广手段,"普陀佛茶"则抓住"寻茶问禅"的主题结合佛文化进行传播。通过与传统茶文化和其他非物质文化遗产的结合,带动茶品牌的推广。苏州市吴中区运用无形之手,加大宣传力度,赋予碧螺春更多的文化内涵,为茶文化旅游营造了良好的外部环境,每年的碧螺春茶文化旅游期间,苏州东山连片的茶园迎来20多万人的游客大军。

  种茶、制茶、饮茶并不等于有了茶的精神文化,只有在喝茶时渗透进一种情致,充填着文化氛围,才能形成茶的精神文化。我国把在优雅、清静环境下,优美的艺术氛围里,祥和、平实的心理情绪中的饮茶称为"茶艺"。20世纪90年代初,为打开市场销路,西湖龙茶茶叶公司在西湖游船上向客户展示茶艺,这一创意产生轰动效应。中国蒙顶山茶技"龙行十八式"在上海世博会四川馆的精彩演出迎来了一批又一批的游客,赢得了多国领导政要的赞许,也引起国内外媒体的广泛关注。蒙顶山深厚的茶文化和优质的蒙顶山茶成为中央、省、市媒体争相报道的焦点,蒙顶山、蒙顶山茶的知名度和影响力迅速攀升。安溪把民间的铁观音茶王赛移到香港、广州、上海、北京等城市举办,把民间斗茶赛变为一种独特的文化进行推广,为安溪铁观音创造了广阔的市场。

  1997年和2002年,武夷山茶文化艺术团应台湾观光协会的邀请,赴台参加台北一年一度的中华美食展,每天进行三场茶艺表演,吸引了无数市民。演出场场爆满,许多市民用家庭摄像机摄下茶艺表演的全过程以供回家细细品味。台湾媒体以大篇幅报道了武夷茶艺在台表演的盛况,称赞武夷茶艺不仅展示了中华民族传统文化,而且把武夷岩茶韵味融于茶歌舞、茶艺、茶道,使观赏者如痴如醉,武夷茶艺享誉台湾,武夷山也成为宝岛人民的热门旅游目的地。

拓展阅读

现实版QQ农场

  2009年腾讯公司推出了QQ农场游戏,QQ农场是以农场为背景的模拟经营类游戏。游戏中,玩家扮演一个农场的经营者,完成从购买种子到耕种、浇水、施肥、除草、收获果实再到出售给市场的整个过程。游戏趣味性地模拟了作物的成长过程,所以玩家在经营农场的同时,也可以感受"作物养成"带来的乐趣。"QQ农场"深受网友欢迎,不少网友半夜三更也忙着"偷菜"。随着线上游戏的火爆,线下活动也悄然生起,山西晋城、贵州凯里、四川广元都开设了"现实版QQ农场",受到广大游客的喜爱。

福建安溪的誉丰国心生态茶园打造的"现实版 QQ 农场"颇具特色,推出了认养活动,人们可以认养自己的茶园,打造属于自己的私房茶。整个茶园的各个角落、不同角度都装有摄像头进行实时监控,将高科技引进生态茶园的种植,使茶叶生长、施肥、修剪、采摘、制作到加工的全过程透明化,人们可以在任何有网络的地方,登录网站观看视频,实时观测茶叶种植的全程。足不出户,便可在线实时观测茶叶的生长近况,这便是现实版"QQ 农场"模式。

贵州贵定也推行了茶园认养模式,为更好地推介贵定云雾贡茶,提升贵定茶叶的知名度,贵定县把目光投向珠海等沿海发达城市现有的绿茶消费群体,为这些消费群体提供茶园,通过茶园认养的方式,引起更多的沿海城市居民关注贵定茶叶,以形成更大的消费市场。认养人可随时到茶园了解茶树长势及管护情况,每年获得认养茶园所产的优质茶叶后,承担向顾客介绍贵定云雾贡茶的义务。通过领养茶园,茶友能够安心地喝上健康茶,同时也体验着茶农生活的乐趣。

贵州省印江地处山区,50% 的人靠茶叶为生,当地县委县政府为推动当地农业发展,提高茶叶知名度,带动当地农民走电子商务之路,2012 年 8 月特与淘宝聚划算联合推出"茶园合伙人"活动,活动包括了认购茶树、茶园,送茶叶,送免费 3 日游等内容。在网上支付 39 元、89 元、299 元、2 999 元、99 999 元便分别可以成为穷游版、茶友版、真爱版、庄园主等不同级别茶园合伙人。买家购买后,可随时到所购买的茶园护理茶树,也可委托卖家免费进行茶园的维护。卖家在一年内,统一组织两次茶树采摘活动。该活动主打环保牌,如"您的一笔订单,便可让这片绿洲继续繁衍",并推出了诸多特色旅游项目,如亲身采茶、难忘的坝坝电影、民族特色的篝火晚会、土家钓鱼等。

第二节 茶旅互促营销

茶与旅游可谓是一对孪生兄弟,二者相伴相生,密不可分。随着我国茶业的复兴和旅游的发展,"以旅兴茶,以茶促旅"的营销方式越来越受到人们的重视。"茶+文化+旅游"的发展模式代表了未来茶业与旅游业的发展趋势。茶与旅游互为补充,相得益彰,打通茶业与旅游业的界限,将茶与旅游进行融合,对茶业与旅游业而言,是一种双赢。

一、以旅兴茶

中国茶叶流通协会日前发布中国茶叶 2014 形势预测报告称,国内茶产能过剩突出,"卖茶难"将成为发展瓶颈。自 2012 年底以来,中央高调反腐,严格执行"八项规定",公务用茶受到政策限制,高档茶叶销售出现下降情况。为促进茶叶销售,各茶企绞尽脑汁,花样百出。

茶文化旅游对国民绿色消费和健康科学养生提供了一条特色体验之路,使文化认知走向轻松愉悦的观光体验模式,成为广大旅游者喜闻乐见的文化接受模式。不少茶企通过现场体验,大大提高了消费者与茶之间的互动性和参与度,体验的形式也越来越丰富多样。除了体验馆形式,茶园旅游、茶乡采茶、茶迹寻根、茶艺观赏、茶友会等体验形式也十分受欢迎,茶叶的体验式旅游营销成为茶行业的发展趋势。

不少名山出产名茶,高山茶园葱翠可爱,本身便是极佳的风景,同时也是推广茶叶品牌的最佳场所,峨眉山景区便为渴望与茶零距离接触的游客,开辟出一片小小的茶园,专供体验采摘之趣。在专业茶人的指导下,所有游客都能感受一回芽与叶同指尖的触感。通过亲身体验茶园生活,加深了游客对峨眉雪芽的认同感,此举既丰富了游客的生活,又宣传了峨眉雪芽,可谓一举两得。

购物是旅游活动中不可或缺的内容,异地他乡购买当地土特产是很多游客的乐趣之一。随着旅游业的迅速发展,旅游购物开始展现出其在促进地区旅游产业和本土经济发展方面的重要性。茶叶具有很强的地缘性,是馈赠亲朋好友的极佳土特产。旅游景区人流量大,来自天南地北的游客川流不息,是销售茶叶的极佳地点。不少茶企积极与旅游景区合作,通过在旅游景区设专卖店、茶艺馆、茶博物馆等方式达到促销茶叶的目的。我国茶艺异彩纷呈,是地方文化的重要组成部分,不少茶艺馆与旅游部门有着长期合作的关系,在许多旅行社的行程安排中,观赏茶艺、品茶是旅游活动之一。茶艺表演展示了本地特有的茶文化,给游客以精神享受。同时,通过品饮,游客对当地茶有了进一步的认识,也激发了购买的兴趣。

近几年来,岳阳旅游界、茶叶界人士在传承传统茶文化,以文兴旅、以旅促茶方面做了不少可圈可点的文章。湖南君山银针茶业有限公司专门组建了一支君山银针茶艺表演队,为中外嘉宾表演中华茶道。该公司还投资近 1 000 万元在君山岛上开辟了一座融观茶、品茶、购茶、茶艺表演于一体的君山茶文化中心。同时先后举办了"君山茶诗联赋征文""君山茶杯茶文化全国书法大赛"等大型文化活动,让游客现场观摩"村姑采茶""三代茶师技艺大比拼"等节目表演,了解君山名茶采撷、制作、烹泡的全过程。这些举措不仅增添了文化内容,还创新了旅游产品和线路,颇受国内外游客的喜欢。

贵州绿茶具有绿色、生态、有机、安全与健康的高品质,但由于发展较晚,贵州绿茶的名声并不响亮。为打响贵州绿茶的品牌知名度,贵州茶业搭上贵州的"旅游快巴",在营销方面下了很大功夫,并借力于省内各大旅游景点。2014年"五一"期间,主要景区同时开展了以"多彩贵州绿茶好,今天您喝茶了吗"为主题的品茗推介活动。在黄果树瀑布、梵净山、遵义红军山、百里杜鹃、西江苗寨、荔波小七孔等著名景区的人口密集、条件适宜的区域开展了品茗活动,让游客亲口尝尝贵州茶,以增强黔茶品牌影响力,带动黔茶销售。

为向公众推介茶叶,产茶区相关部门往往邀请媒体、明星、旅游者到茶叶原产地进行实地考察,通过体验茶乡美丽景色与淳朴民情,来增加对某种茶的深层认识,这在客观上也促进了旅游的发展。

茶企对旅游的促进作用同样不可忽视,企业以追求利润最大化为目的,一些精明的商人发现了旅游对茶业的推动作用,为塑造品牌形象、扩大影响力,不少茶企在努力提高质量的同时,也积极投入到各类茶文化旅游营销中来。南昌泊园茶馆积极参与了茶文化活动,并出资组建茶艺队。2012年5月,应美国"第十届亚洲节"组委会的邀请,中国茶文化代表团远渡重洋,这是中国茶文化首次亮相该盛会,特别值得一提的是"泊园大学生茶艺表演队"得到了美国市民的热捧,成为本次盛会32个国家中唯一一个获得哥伦布市市长亲笔感谢信的代表团。2012年10月,泊园茶艺队亮相韩国世界禅茶文化交流大会,赢得了各界嘉宾的交口赞誉。就连表演队自带的茶具都成为了韩国、日本等国家的茶文化专家们追逐的神器,纷纷掏出相机拍照留念。

为向国际推广台湾茶文化,台湾有关部门别出心裁,运用各种方式进行营销。其中举办的"挑Tea"活动颇为别致,2011年11月,日月潭"挑Tea"活动在国际级非洲鼓演奏家郑振炫的悠扬鼓乐声中揭开序幕,在游客中心旁的镜面水池架起的舞台上,3名茶师诠释饶富诗意的水上茶艺演出,茶香、乐音与山水相辉映,构成一幅美丽风景画。会场座无虚席,悠扬古典乐声中,参加人员欣赏60名茶师的茶艺表演,并与茶师进行品茗交流,体验一场知性、感性的茶艺之旅。2012年,台湾"观光局"特别邀请好莱坞走红巨星克里斯诺斯(Chris North)到具有百年历史的茶叶集散地大稻埕,通过实地品茗让国外巨星更加了解台湾茶文化,并借此机会把台湾茶推广至国际市场。电影《欲望城市》中饰演"大人物(Mr. Big)"的克里斯诺斯在美国经营茶叶事业,他对于台湾茶很感兴趣。此次"挑Tea"活动,整合了文山包种茶、东方美人茶、鱼池阿萨姆红茶、阿里山高山茶与瑞穗蜜香红茶等5条茶旅游线路,并搭配日本、韩国与马来西亚旅游业者,将茶路纳入行程贩卖,盼望借助台湾旅游商品的多样化与质量深耕,吸引更多自由行的重复旅游客层,增加来台人数。

通过到产茶地寻茶、赏茶、饮茶,体验茶农生活、感受茶乡风情、品尝茶饮滋味、体悟茶中哲理,"以旅促茶"在一定程度上淡化了茶作为一种商品的色彩,使人们在潜移默化中加深对茶企的印象,取得了比广告更广泛的效果,正是所谓的"润物细无声"。通过叫卖风景来推进茶叶的售卖,同时带动了当地旅游,促进地方经济发展,可谓一举两得,事半功倍。

二、以茶促旅

俗话常说"好山好水出好茶",山清水秀处,往往出产好茶。反过来说,好茶出自好山好水,茶树对生长环境要求较高,出产好茶的地方往往风景秀美。茶与旅游可谓是一对孪生兄弟,二者相伴相生,密不可分。为突出茶叶的良好品质,茶企在进行营销时,往往极力渲染茶园良好的生态环境。名茶具有极高的知名度和美誉度,本身具有良好的传播效益。2014年浙大CARD中心发布中国茶叶区域公用品牌价值十强,分别是西湖龙井(56.53亿元)、安溪铁观音(56.16亿元)、信阳毛尖(52.15亿元)、普洱茶(52.10亿元)、洞庭山碧螺春(34.23亿元)、福鼎白茶(28.32亿元)、大佛龙井(27.91亿元)、安吉白茶(27.76亿元)、福州茉莉花茶(23.26亿元)和祁门红茶(23.08亿元)。① 一些旅游景区在进行营销时,往往以茶为媒,通过茶来宣传城市形象。

西湖龙井连续多年被评为价值最高的茶叶品牌,具有极高的品牌效应。西湖龙井已经成为杭州市的名片,龙井茶文化及其茶园景观要素助推和支撑西湖"申遗"成功。2012年是中英邦交40周年,也是杭州城市国际化的推进之年。作为中国最著名的旅游城市之一,杭州以欧美远程客源市场为突破口,积极实施旅游国际市场战略。英国伦敦推介会是"无与伦比的美丽——中国杭州"2012年杭州全球旅游营销的重头戏,为了更好地让与会嘉宾体验杭州特色,推介会后还举办了别开生面的游园活动,共有世界文化遗产——西湖图片展览、江南民乐表演、茶艺表演和书法表演四个现场活动,与会嘉宾兴致勃勃地参与了体验。来自英国旅游业界的达玛女士捧着刚泡好的龙井茶说:"闻起来太香了。在今天的活动之前我甚至不能准确发出'杭州'这两个字的音节,而现在我已经被深深打动,特别渴望去杭州这座城市看看。"

碧螺春茶带动了苏州吴中区环太湖休闲旅游产业。该区借助"碧螺春"茶品牌和独具魅力的太湖山水,在太湖沿线建起了雨花胜境、缥缈峰景区等以品碧螺春茶为主题,集多种功能于一体的综合性休闲旅游园。每逢节假日游客来到这里,既可参与采茶、拣茶、炒茶,又可以品茶、垂钓、吃农家饭,还能享受

---

① 2014中国茶叶区域公用品牌价值十强揭晓[OL].新浪网,http://fj.sina.com.cn/tea/bm/2014—05—09/09338095.html

太湖自然风光。环太湖由此成为长三角地区游客旅游、休闲、度假的首选之地。2013年,吴中区共接待游客1 126万人次,实现旅游总收入97亿元,增长25%以上。

在信息爆炸的今日,知名度意味着无穷的吸引力,而名茶便是含金量十足的招牌。我国有不少名茶产区周边有许多引人入胜的美景,但苦于地理位置偏僻而默默无闻,一些政府部门、旅游公司充分利用名茶效应,纷纷挖掘文化资源,整合周边景点,依托名茶优势,发挥名茶的联动作用,通过以茶促旅,将茶旅游资源与其他旅游资源进行捆绑式销售,实现形象叠加,从而带动了整个地区的旅游事业发展。

河南信阳、浙江长兴、四川名山、福建安溪等地的旅游资源知名度不高,但分别凭借信阳毛尖、顾渚紫笋、蒙顶甘露、铁观音等名茶的品牌效应,旅游发展得风生水起,成为新兴的旅游目的地。近年来,陕西西乡坚持以良好的生态环境和午子仙毫为依托,以建设"中国最美丽的茶乡"为目标,先后投资5亿多元完善旅游设施、延伸产业链条,连年举办"茶文化节暨樱桃旅游节",形成了集"采茶、制茶、品茶、购茶、茶艺、茶食"为一体的独具特色的茶园生态观光游品牌。旅游产业已成为县域经济中最具活力、发展最快的产业。

英山茶叶文化悠久,旅游资源禀赋独特,自然环境得天独厚,盛产名优茶叶,是湖北省乃至全国产茶大县,茶叶已成为当地农民增收的主要来源。据统计,截至目前,英山茶叶种植面积高达23万亩(约1.5万公顷),产量达3万吨,产值多达13个亿。地处大别山的英山旅游资源也十分丰富,既有风景秀丽的森林公园、地热温泉,又有毕生名人、红色根据地等人文资源,发展旅游得天独厚。2007年英山茶叶节"以茶促旅",北京、武汉、黄石等地的20多家旅行社组团来英山"观秀美风光,看武术表演,品英山云雾",当天共接待游客1.1万人次。2014年,英山立足县域经济发展实际,对茶叶和旅游资源进行有效整合,将茶叶文化节扩展为茶文化旅游节,提出"茶+文化+旅游"的发展模式。

三、茶旅融合

2013年全国茶叶总产量170多万吨,是全球茶叶产量最高的国家,但是中国茶叶出口量为32.6万吨,连20%都不到。我国人均茶叶消费在全球仅排19位,受"三公"消费限制的冲击,茶叶市场尤其是高档茶叶产品线下需求量锐减,不少茶叶销售商开始陷入困境。同样,旅游市场的情况也不容乐观,老牌景点声名在外,各类新兴景点层出不穷,竞争十分激烈。2012年底中央出台八项规定、六项禁令,明令禁止公费旅游,该举措严重打击了公务旅游市场。社科院《旅游绿皮书》指出:"八项规定倒逼旅游业变革。"世界旅游城市联合会

第七章
茶文化旅游的营销

专家委员会主任魏小安认为,2013年是中国旅游的变化之年,2014年就是中国旅游的变革之年。旅游景区具有一定周期性,老牌景区已略显疲态,新兴景点知名度低。旅游市场没有常胜的将军,景区如果故步自封,不思进取,最终将被旅游市场所淘汰。即使是知名景区也应加强营销,不断创新,开发新的旅游景区和旅游主题。茶文化为旅游景区注入新鲜的血液,丰富了旅游景区的内涵,能产生形象叠加效应,吸引国内外不同层次的游客,提高游客满意度,延长逗留时间。

从20世纪90年代起,兴起了举办茶节事的热潮,最初许多节事以茶叶命名,至21世纪初,不少茶叶节改名为茶文化节,2010年以来,又有不少茶文化节改名为茶文化旅游节。从茶节事的名字来看,"茶+文化+旅游"的发展模式代表了未来茶业与旅游业的发展趋势。茶与旅游互为补充,相得益彰,打通茶业与旅游业的界限,将茶与旅游进行融合,对茶业与旅游业而言,这是一种双赢。杭州与西湖龙井、武夷山与武夷岩茶的"茶旅融合"是成功的典范之作,可谓是天作之合。开展茶文化旅游对于促进茶品牌的营销、整合茶产地旅游资源、提升产地旅游战略地位、宣传茶企文化、全面建设小康社会,具有十分重要的意义。如今,越来越多的茶企与旅游部门进行联合开发,有组织、有步骤地整合茶产业旅游资源,这种茶旅融合的整合营销模式,达到了以茶促旅、以旅兴茶的双赢效果。

2014年,峨眉山旅游股份有限公司推出"茶旅融合"系列新产品,在旅游营销和旅游产品的结合上开辟了一片新天地。峨眉雪芽茶叶品牌形象的打造,成为峨眉山旅游新的增长点,体验茶文化已经成为峨眉山旅游的重要内容。游客在峨眉山可享受到采茶、制茶、品茶、购茶等一系列休闲体验,茶旅结合已成为峨眉山休闲旅游的重要组成部分。峨眉山茶文化之旅包括了峨眉山的一店三坊,"一店"是指独具特色的茶文化主题酒店——峨眉雪芽大酒店,"三坊"即是在峨眉山区报国寺、万年寺、金顶建设的雪芽坊。雪芽坊将主要突出绿色、生态、环保的养生密地概念,在千年古刹周边修建茶坊,打造峨眉山生态禅茶文化,开辟了峨眉雪芽茶体验之旅。

安徽石台县立足资源优势,打生态牌、走绿色路,着力实施茶旅结合、联动发展的战略,开辟了多处旅游观光茶园,推出了以采茶、制茶、品茶为内容的"农家乐"项目,并借景区对外促销之际,宣传推介石台茶叶,提高其知名度。茶业兴起也促进了旅游业发展。该县每年都要举办茶叶节,以此宣传造势、积聚人气,吸引各地游客来石台旅游。茶季期间,全县大小宾馆、饭店天天爆满,景区景点也是客流如潮、人头攒动。此外,一大批茶农巧做旅游文章,他们开设茶馆、表演茶道、演唱茶歌、讲解茶经,将茶文化融入旅游中,丰富了石台之旅的内涵与趣味。以旅兴茶、以茶促旅,使石台县"茶旅经济"相得益彰,互动发展。该县相继被评为全国无公害茶叶生产示范县和全省旅游经济强县。

"上天赋予福鼎两件宝,太姥山和福鼎白茶",福鼎旅游业与茶产业均拥有较高的知名度和美誉度,双方相互借鉴、相互造势,为双方赢得了更多的发展资源。福鼎地方政府有意将茶产业和旅游业相结合,逐步开始了茶旅结合发展的尝试,打出了"福鼎山水美、中国好白茶"的口号。

四、茶旅一体——茶庄园

旅游的本质是一次旅游经历和阅历,也是一次体验。体验经济是继农业、工业、商品、服务经济之后的一个新的经济时代。体验营销是以消费者为核心,核心在于产品和服务,后期更着力于口碑传播的一种营销方式。体验营销注重利用传统文化、现代科技和艺术手段来设计体验型旅游产品,以增大景区产品体验的内涵。旅游的营销本质,就是不断地结合旅游景区的主题和设施,创造出令游客难以忘怀的体验。菲利普·科特勒提出:"体验营销正是通过让游客体验产品、确认价值、促成信赖后自动贴近该产品,成为忠诚的客户。"

喝茶不仅是一个动作,更代表一种生活方式,深入人们的精神世界。如今,茶的体验式营销成为茶行业的重要发展趋势之一,茶的功能逐步实现多元化和最大化。近年来,茶企纷纷走在茶叶的体验式营销之路上,茶体验馆、茶事活动、茶园旅游等多种形式的体验日渐盛行。茶叶的口味和质量,正如葡萄酒一样,取决于农业气候条件和原产地声誉。一些茶企借鉴国外葡萄酒庄园的先进理念,开创了体验式茶庄园旅游的新模式。现阶段中国学术界对茶庄园没有一个标准定义,一般认为,它指参考国外葡萄酒庄园的经营模式发展起来的茶庄园。茶庄园概念区别于经常听说的茶庄和茶园,茶庄又称茶店,一般指茶的销售场所;茶园则是茶的生产场。茶庄园具有品茗茶膳、观光旅游、商品贸易多重功能,集吃喝玩乐于一体,既是茶叶的生产基地和销售基地,又是美不胜收的旅游景区。

目前,在农业产业化、集约化、一体化进程不断加快的大背景下,茶庄园这个概念也已经被越来越多的人所接受,力图实现从第一产业到第二、三产业的全面跨越。目前,福建、云南的各处茶山都开始规模化兴建茶庄园,有部分茶企和当地政府也把茶庄园项目列入发展计划,还有一些茶叶基地和有机茶园开始逐步向茶庄园进化。各地政府也大力扶持建设品茗、文化、商旅一体化的庄园式的发展模式,把地方资源用庄园模式整合起来,为当地企业和居民带来更多更大的商机。目前,福建铁观音、云南普洱茶庄园的建设已颇具规模,吸引了大批游客前来品茶、游览、休闲和度假。

安溪茶庄园不只承担生产的功能,其优美的自然风光,清新的空气,繁盛的树木,泥土的气息,淳朴的民风,也让茶庄园成为人们回归自然、返璞归真的休闲游的好去处。如今,安溪各家茶庄园都在旅游上动足了脑筋。培育旅游观光亮点,茶旅结合,依托茶庄园自然风貌、茶叶生产工艺、茶文化特色,按照"吃、住、行、游、购、娱"旅游六要素要求,开发茶业旅游功能。建设品牌营销、形象展示窗口,注重企业品牌核心价值的提炼,坚持生产与营销的有机结合,依托茶庄园塑造个性化品牌形象,开展多元化品牌体验,推进差异化品牌营销,把茶庄园建设成为展示企业品牌形象的重要窗口。

八马铁观音庄园在总体设计风格上,采用东方式和闽南式相融合的建筑风格,有茶厂、博览园、商业街、酒店、商住、研发六大主体建筑群落。在文化展示环节,庄园设计以安溪铁观音茶产业和八马品牌成功模式为模板,以"八马铁观音"为主题,针对中高端人群,借助博览园文化载体形式,记载百年八马品牌文化的历史轨迹,以深厚的历史积淀再现了八马铁观音文化。同时,通过铁观音制作工艺的展示,推动铁观音文化的大众传播。

泉州茶企在单品上进行创新突破,在营销手段上也是创新不断。八马茶业与安踏、九牧王等著名企业开展专属定制业务,实行跨界营销,打造八马观光茶庄园、现代化工业旅游参观线和赛珍珠体验馆,以体验方式打造全新营销模式。

柏联茶庄园是世界第一个普洱茶庄园,以法国波尔多葡萄酒庄园理念建造的普洱茶庄园不仅是工业化的生产车间,而且是生长在茶园中的一道景观。游客可以参观制茶坊、茶仓和普洱茶博物馆,参与普洱茶制作,欣赏柏联茶道,品尝泛着雨林兰花香的世界顶级普洱茶。万亩千年古茶园和生态有机茶园气象磅礴,是一座生物多样性的自然花园,著名学者余秋雨在庄园探寻普洱茶文化之旅后如此感叹:"茶是土地创造出来的艺术。来到普洱之前,我没想到这里的茶园会如此壮观,如此震撼,如此悠久。让我感受到对整个自然、整个生命及整个人类文化的敬畏。"

除了福建、云南,浙江、山东等产茶区也都开始进行茶庄园的规划和兴建。据业内人士介绍,投资一个茶叶庄园动辄上千万元,其投入常常是普通种茶基地的5倍以上。如果光从直接效益来看的话,茶庄园不是一个赚钱的生意。但从业界反馈来看,茶庄园形成旅游产业是大趋势,只是效益不会这么快体现。茶企投建茶庄园首先要着眼于品牌推广,将茶庄园看成是一个品牌宣传的窗口,而这一愿望的实现,显然比盈利来得更为容易。

拓展阅读

安化茶旅一体化:用黑茶品牌打造热门旅游目的地

安化山水生态优美,人文底蕴深厚,是中国黑茶第一大县,有"中国黑茶之乡""梅山故国"的美誉。从旅游资源开发现实来看,安化作为后发地区,要想在旅游产业中占据一席之地,必须充分发挥特色优势。

目前,安化唯一能叫得响的便是"世界只有中国有,中国只有湖南有,湖南只有安化有"的安化黑茶。安化要加快旅游业发展,就必须依托黑茶文化。安化自古就有茶乡之称,黑茶文化源远流长。"安化千两茶"被尊称为"世界茶王""中国茶文化的化身",其制作工艺被列为国家非物质文化遗产。安化黑茶文化与古老的蚩尤文化、梅山文化在长期发展和生动实践中,浓缩形成了丰厚的文化积淀和独特的人文精神,使安化旅游产业发展底气十足。

近年来,安化黑茶和"中国黑茶之乡"品牌,在国内外的知名度、美誉度和影响力不断提升,"安化黑茶"成为安化最响亮的名片。推进茶旅一体化,实现富民强县,是安化加快县域经济"转方式调结构"的终极目标。安化从县域经济社会发展实际出发,以"3+2"战略为引领,推动富民强县和小康社会建设进程。其中矿产、茶叶和旅游就是"3+2"中的"3"。怎样把优势资源转化为富民强县的绿色生态产业,实现可持续发展,安化县着眼长远作了全盘谋划。对于茶产业和旅游业,分别成立由"四大家"主要领导牵头的产业发展领导小组,先后组建县茶叶办和县旅游办,由县人大常委会副主任、县政协副主席担任"两办"主任。经过几年来的探索和思考,安化县认识到,要真正形成自己绿色产业发展的比较优势,就必须把茶叶和旅游结合起来做文章,才能在湘东旅游片和湘西旅游线的强势夹击中"杀"出一条路来。2012年以来,安化县以"茶旅一体化"为课题,广泛开展调研,邀请国内顶级专家和团队助阵,从整体上作规划。目前,以茶马古道、陶澍故居、雪峰湖公园、梅山故国为核心的四大茶旅景区建设规划已经出台,形成了相对完整的功能布局。

安化重点推进茶马古道、黄沙坪古茶市等项目建设,再现"茶市斯为盛,人烟两岸稠"的繁华景象,精心策划"走茶马古道、品独特黑茶、看茶艺表演、听古老传说"等旅游项目,精心打造"饮马高山之城·重走茶马古道"旅游品牌,让"中国黑茶之乡"享誉国内。以茶应景,加强标准生态茶园建设,重点打造资江沿线"百里画廊"、柘溪库区"百里茶湖"、茶马古道"百里茶带"。全面启动古茶市、古廊桥、古茶亭、古村落保护和修缮,建设茶马古道景区、梅山文化生态园等景点。

在风景秀丽的云台山上,由湖南云上茶叶有限公司投资1 800万元建设的1.1万平方米茶文化体验中心日前竣工,成为湖南省首家以茶叶元素为核心的旅游休闲景点。通过科学规划,实现绿色生态、富有地方特色的茶产业和旅游业的深度融合发展,安化县把"茶旅一体化"作为可持续发展的支柱产业来打造,迈出了可喜的一步。

依托快速发展的黑茶产业,安化县把"百里茶廊""万亩茶园"建设和旅游线路、旅游中心景区的打造结合起来,充分凸现传统茶产业的文化特色,加快了旅游景点的提质升级改造。白沙溪茶厂、建玲茶业、利源隆、阿香美、道然凤凰岛等一批茶叶生产基地,已经通过或正在建设、申报省级工业旅游景区。中国梅山文化园、龙泉洞喀斯特地貌也在逐步推进建设,做响品牌。

与此同时,在一些与茶有关的重大项目建设中,安化积极规划旅游配套,做大做全做好食住游购娱一条龙功能。安化经开区黑茶产业园建设、盛世第一城投资的中国黑茶大市场建设、罗马商业广场安化黑茶品牌一条街建设,都高度融合了旅游规划的原理,中国黑茶大市场按照4A级景区的标准规划,建成后将成为国内第一家高等级的黑茶旅游商业广场。按照到2020年茶产业综合产值实现300亿元的目标,"茶旅一体化"将在安化经济构成中占据越来越大的比重和越来越重要的地位。

第三节　旅游节事营销

新世纪以来,我国茶文化节事呈现出欣欣向荣的局面,茶文化节事已成为茶文化旅游营销的重要组成部分。举办茶文化节事,能有效地扩大旅游地的知名度,全面提升旅游地形象,弘扬茶文化,并能获得直接经济效益。举办茶文化节事,是促进茶文化旅游健康发展的有效途径。结合节事活动为产品销售造势,以茶促旅,以旅兴茶,二者共同发展,相得益彰。

一、旅游节事的概念及特征

1. 节事的概念

节事活动既是一种旅游吸引物,也是提高景区知名度的一种重要手段。在西方事件及事件旅游的研究中,常把节庆(Festival)和特殊事件(Special Event)合在一起,作为一个整体进行探讨。英文简称为 FSE(Festival & Special

Event),即"节日和特殊事件",简称"节事"。

从概念来看,狭义的节事指节日庆典,既具有"节日"的内涵,又有"庆典"的含义,是节日和庆典融合的产物。节庆本质上是一种约定俗成的群体文化活动,传统节庆多为纪念、庆贺、祭祀活动,追求的是心理寄托和情绪调节,属于精神文化层面,主体对象也以本地居民为主。随着文化经济的兴起,人们开始探索以文化为媒,将节庆与经济活动结合为一体,推出了一批新式节庆,使节庆贯穿了精神与物质两个层面,拥有了文化与经济双重属性,具有鲜明的时代特征,被称作"现代节事"。这类节事在组织上打破了地域,在主体对象上也不再局限本地居民,更倾向于吸引外地人参与,直接效应是游客的增多、旅游收入的增加,因此又称这类节事为旅游节事。在国外,美国玫瑰花节、西班牙奔牛节、意大利狂欢节、慕尼黑啤酒节等都是举世瞩目的旅游节事,每至节事举办时,节事举办城市便是人山人海,热闹非凡。

广义的节事内容十分广泛,Getz 把节事分为文化庆典、文艺娱乐事件、商贸及会展、体育赛事、教育科学事件、休闲事件、政治/政府事件、私人事件等八个大类。

表7-5 广义节事内容

文化庆典	节日、狂欢节、宗教事件、大型展演、历史纪念活动。
文艺娱乐事件	音乐会、其他表演、文艺展览、授奖仪式。
商贸及会展	展览会/展销会、博览会、会议、广告促销、募捐/筹资活动。
体育赛事	职业比赛、业余竞赛。
教育科学事件	研讨班、专题学术会议、学术研讨会、学术大会、教科发布会。
休闲事件	游戏和趣味体育、娱乐事件。
政治/政府事件	就职典礼、授职/授勋仪式、贵宾VIP观礼、群众集会。
私人事件	个人庆典——周年纪念、家庭假日、宗教礼拜、社交事件——舞会、节庆、同学/亲友联欢会。

2. 旅游节事

旅游节事,是指依托某一项或某一系列的旅游资源,通过开展丰富的、开放性强和参与性强的各项活动,以吸引大量受众参与为基本原则,以活动带动一系列旅游消费,进而带动地方经济增长为最终目的所在活动的总和①。早在19世纪中期,托马斯·库克即以组织人们参加伦敦和巴黎展览的活动而闻名,并被尊为"现代旅游业的鼻祖"。旅游节事既是向旅游者提供的综合性旅游产

---

① 张河清.会展旅游[M].广州:中山大学出版社,2011:85

品,也是旅游促销的手段。如今,我国许多旅游目的地都注意到了对旅游节事有关功能的利用。

旅游节事是文化与旅游的有机结合,只有丰富文化内涵和强大市场吸引力的节事,才具有较高的旅游价值。一些传统的民族节庆和政治节庆虽具有广泛影响力,但其经济或者文化要素并不能得到很好的体现,所以不能发展成为旅游节事。举办旅游节事既能直接带来旅游收入、繁荣地方文化,又能塑造区域形象,提升区域影响力。随着我国经济的快速发展,各地兴起了一股旅游节事举办的热潮。旅游节事被当作是地方政府招商引资的平台、宣传地方形象的窗口,成为发展和活跃地方经济的重头戏。据统计,目前全国各类旅游节事活动达到 5 000 余个,规模大小不一,举办形式多样,并打造了一批综合效益高、影响力大的地方标志性节事,如青岛啤酒节、吴桥国际杂技艺术节、潍坊风筝节、洛阳牡丹节、大连服装节等。这些节事在促进当地旅游业发展、扩大经济文化交通、提高地区知名度等方面起到了巨大的推动作用,节事庆典已经成为旅游地规划和管理中异常活跃的一个事物。

20 世纪 90 年代中期,全国各地兴起了一股举办旅游节事的热潮,可谓是"神州大地活动多,十亿人民过节忙"。然而,出现了节事主题雷同、活动乏味、形式单调、效益欠佳等一系列不协调的问题,一些地区大搞形式主义,从而加重了财政负担,举办节事的热潮也逐渐冷却下来。新世纪以来,随着旅游经济的进一步发展,现代节事的举办活动重新活跃起来,借鉴国内外成功节事的经验,掀起了新的高潮。一些举办方引进国外先进的管理经验策划理念,大胆创新,不断进行探索总结,使节事更加完善,不断得到提高和发展。洛阳牡丹花会,坚持不断创新,每届都有新的节事活动产品出现,节事效益逐届提高,国际影响力越来越大。

3. 节事活动与旅游

在旅游业中,节事活动被视为一种营销或提升目的地影响力的特殊旅游活动形式。旅游景区作为旅游目的地的基本组成单位,和节事有着天然的联系,一般拥有良好的旅游接待设施,是节事主要的发生地和举办方。举办节事活动对旅游地具有优化旅游资源配置、完善旅游环境、塑造旅游整体形象、提升地方知名度、弥补淡季需求不足、弘扬传统文化、推进精神文明建设、带动旅游相关消费、推进招商引资、促进相关产业发展和创造就业机会等作用,各类大型文化旅游节已日益成为全国各地区旅游发展中的重要吸引因素。

在旅游活动推广中最重要的是旅游节事活动的策划与设计,每个旅游区都有自己的节事事件,若把这些节事事件和旅游区静态的服务、设施有机地结合起来,必定能够成功吸引游客,减少季节差异。通过举办节事活动,主办景区可以借助前期大量的营销活动扩大景区的知名度。例如,山东蓬莱旅游资源丰富,是一座美丽的海滨城市,但旅游季节较短,经济也不够发达。为延长旅游季节,蓬莱市政府从2000年起举办"和平颂"国际青少年艺术节,每届都取得了成功。通过举办艺术节,蓬莱从一个知名度不高的县级市变成了颇具名气的"和平城"。

二、茶文化节事的类型

茶文化节事是一种现代节事,兴起于20世纪90年代,其目的是为了宣传各地特色茶叶,促进当地茶产业发展,弘扬茶文化,全面提升旅游地形象。茶文化节事在短时间内吸引大众的关注,是茶产业营销的重要手段。茶文化节事融合了茶文化、娱乐文化、地域文化、旅游文化等内容,本身便是重要的旅游资源。茶文化节事类型十分丰富,主要包括了茶文化节、博览会、饮茶日、学术研讨会等。

1. 茶文化节

(1)茶叶节。茶叶节是以茶叶贸易交流为主的经济文化交流会,一般在产茶区举行。近年来,为了宣传各地茶叶特色,弘扬茶文化思想,在云南凤庆、河南信阳、陕西汉中、湖北英山和江苏溧阳等产茶区都曾举办各具特色的茶叶节。

全球共有40多个国家产茶,在国外,茶叶节也成为引人注目的节事。静冈县是日本最大的茶叶产地。这里自2001年以来,每三年举办一次世界茶叶节。2010年10月,静冈县举办第四届世界茶叶节,各国茶叶制品、精美茶具以及有关茶叶的书籍画册是展会的亮点。为让游客充分体验静冈茶乡的魅力,茶叶节组委会还准备了短途旅游项目,包括参观静冈茶园、茶厂,在古刹临济寺的茶室体验日本茶道,有兴趣的游客还可以在寺内体验坐禅。2013年第五届世界茶叶节分春季和秋季两次召开,春季茶叶节期间举办新茶季节茶园徒步旅行,包括茶采摘体验、参观茶厂的活动。秋季茶叶节举办世界绿茶会、世界大茶会、世界茶具评比会等各项活动。

(2)茶文化节。茶文化节是以茶为主题的文化节事活动,也是目前我国茶文化节事最为常见的一种形式。随着茶文化的弘扬,各种类型的茶文化节层出不穷,据不完全统计,我国每年举行的不同规模的茶文化节达一百余场。

茶文化旅游并不仅局限于产茶区,还包括了与茶业的生产加工与贸易活动相关的所有旅游项目。有些城市如北京、上海、广州和济南等,虽不大量产茶,但都有大型的茶叶市场,都举办过一些有影响的茶文化旅游活动,广州市旅游局承办的2003第三届广州国际茶文化节举行了大型的江畔万人品茗活动,推出了广州茶文化一日游,提升了城市的文化档次,为广州旅游增添了文化魅力。

（3）茶文化旅游节。茶文化节事对旅游有着明显的推动作用，近几年来，举办以旅游为主题、以弘扬茶乡文化风情为目的的茶文化旅游节成为一种时尚。自2011年起，上海国际茶文化节更名为上海国际茶文化旅游节，从而更加突出商业、旅游、文化联动，更加注重以节事推动产业经济发展。2014年，湖北英山对茶叶和旅游资源进行有效整合，将茶叶文化节扩展为茶文化旅游节，努力打造茶叶和旅游并进的特色产业主阵地，首次提出"茶＋文化＋旅游"的发展模式。

新昌是新发展起来的产茶强县，茶产业和茶文化同步发展。在上海国际茶文化节之际，新昌通过举办茶乡摄影、茶乡游、承办茶文化节闭幕式等方式，奠定了当地茶文化旅游的基础。新昌强调当地有浙东名茶市场、浙江第一大佛和知名连续剧拍摄外景地等特征，结合当地茶艺表演、茶叶制作，茶文化旅游的热度正在升高。新昌从1996年开始打造大佛龙井的茶叶品牌以来，不断拓展北方地区的市场，成功进入山东济南的茶叶市场，使新昌以及大佛龙井在北方的知名度日益提高，而这种良好局面也给当地茶文化旅游发展带来积极影响。新昌环境优美，距离上海较近，当地政府在文化事业、茶产业发展上也投入了较大力量，茶文化旅游发展前景可观。

表7-6 各地茶文化旅游节

以地区命名	上海国际茶文化旅游节、中国重庆（永川）国际茶文化旅游节、苏州·吴中茶文化旅游节、泉州茶文化旅游节、广西茶文化旅游节、武陵山（沅陵）生态茶文化旅游节、凌云茶文化旅游节、青岛·李沧茶文化旅游节、中国茶都（安溪）茶文化旅游节、临海茶文化旅游节、六安茶文化旅游节、庐江茶文化旅游节、英山茶文化旅游节。
以茶叶名称命名	狗牯脑茶文化旅游节、宁红·双井之春茶文化旅游节、松萝茶文化旅游节、石阡苔茶文化旅游节、太平猴魁茶文化旅游节。

（4）主题茶文化节。随着人们对深度旅游的追求，主题旅游受到旅游者的普遍喜爱。我国茶文化涵盖了历史、哲学、艺术、宗教、建筑等各个学科的内容，其中茶在宗教中起着重要的作用。茶与禅是中华民族对世界文明的伟大贡献，我国禅茶文化博大精深，近年来，禅茶以其深厚的文化受到百姓的关注，武夷山、北京、重庆等地举行的以禅茶为主题的文化节颇具特色。重庆首届禅茶文化节于2007年4月在江北区南桥寺举行，诸多高僧到现场主持禅茶论坛，与市民一起品茶并交流茶道。同时，禅茶文化节还有禅茶开光大典、天价"茶王"展示、现场涂鸦签名等相关活动。2012中国武夷山（大红袍）国际禅茶文化节在武夷广场隆重开幕，来自两岸的高僧大德及文化界、茶学界、企业界

和政界嘉宾齐聚一堂,共襄盛举。此次文化节为期两天,邀请国内外佛教界、文化界、茶学界、企业界精英参加,开展"传灯茗心"户外茶席展、"茶和儒释道"文化论坛、大雄宝殿落成典礼、海峡两岸"茶和天下"祭茶祈福大典等活动。活动期间,北京社会科学院满学研究所研究员、央视《百家讲坛》讲师阎崇年就《读史、品茶、修心》,台湾知名学者邱毅就《茶与两岸文化》发表精彩演讲。

福建漳浦国际茶壶茶文化节于2007年9月举行,举行了一系列以茶壶为主题的丰富多彩的活动,包括文化节开幕式暨天福茶职业技术学院创校典礼、漳浦紫砂壶典藏珍品展、漳浦紫砂壶与茶文化研讨会、漳浦民间收藏文化鉴赏会、漳浦国际茶壶茶文化节事典综艺晚会、漳浦名特优产品展销会、国际茶学高峰论坛、"天福杯"国际铁观音茶王争霸赛、考察采访活动等项目。

(5)开茶节、采茶节。在长期的劳动实践中,形成了丰富多彩的茶事活动,其中采茶活动最为吸引人们的眼球。每年采茶季节伊始,不少产茶区纷纷举行开茶节、采茶节,通过开幕仪式宣布茶叶已进入开采期。在活动现场,游客可以享受第一杯春茶的幸福,还可观看开茶、采茶、炒茶等精彩活动。

不少开茶节以茶叶品种命名,如西湖龙井、华祥苑铁观音、松阳银猴、江山绿牡丹等开茶节异彩纷呈,其中以西湖龙井开茶节最具影响力。据2010年浙大CARD农业品牌研究中心评估,"西湖龙井"品牌价值达44.17亿元,在全国113个知名茶叶区域公用品牌中位列第一。茶产业是杭州市委、市政府确定的都市农业六大优势产业之一,关系到杭州市农民增收、农村经济繁荣以及旅游业的发展。杭州名茶在继承传统和创新发展的过程中,具有很高的市场知名度和美誉度。

采茶节则多以地名命名,山东日照、甘肃文县、湖北利川、四川隆昌、福建建阳、重庆巴南等产茶区举办的采茶节各具特色。

2. 茶博会

随着新产品和新技术的不断更新,借用展览会形式进行推广的企业越来越多。同时,许多展览会也被赋予了传播企业文化、树立企业或产品形象的重要使命。展览会对旅游有着明显的推动作用,能促进会展、商贸、酒店、饮食、交通等相关行业的发展。

茶博会既是一个展会,又是一个旅游盛会。来自全国各地的茶叶生产商、经销商汇聚一堂,使茶博会成为获取最新茶叶市场信息,了解产业发展趋势和广泛接触投资伙伴的最佳场所。主要茶产区和销区纷纷举办茶博会,福建、浙江、安徽、云南、四川、贵州、湖南、湖北、河南等省以"政府+协会"推动的形式,举办旨在宣传当地茶文化、茶产业、茶品牌的地方茶博会。

广州茶博会于2001年开始举办,是国内规模最大、最具影响力的茶业展会,有中国茶市的"风向标"与"温度计"之称。北京茶博会从2004年开始举办,南北两大茶博会规模大、影响力持久,已经被业界公认为最具影响力的专业茶叶会展品牌。2009年广州国际茶业博览会以标准展位超千的规模被业界公认为全球最大专业茶展。2010年广州茶博会展会总面积5万平方米,设国际标准展位1 300个,来自中国内地20多个省市和近10个国家和地区的600家优质茶企参展。围绕着茶的饮用和消费,广州已经形成了能够满足不同需求的一条龙式的立体格局。

茶博会不仅是旅游盛会,也是茶企的节日。借助武夷山旅游发展和茶博会等大小活动的东风,已有不少客商、游客慕名来到茶厂选购茶叶,茶厂组织人员现场为他们讲解毛茶制作工艺,开放茶叶加工厂房和茶园,客商、游客在领略大红袍手工制作技艺这一传统非物质文化遗产的同时,也加深了对茶文化的了解,武夷山的知名度提高了,茶叶销路也打开了。武夷山是旅游胜地,茶企借力旅游发展的同时,结合自身资源进行茶旅结合,发展茶文化旅游。九龙袍茶业从原来单一销售茶叶拓展到了茶食品等系列,还通过销售返赠的方式捆绑销售起武夷山景区、竹排、印象大红袍的门票,不知不觉间九龙袍就借助自己加盟店、经销商的渠道做起旅游产品的销售。

3. 饮茶日、爱茶日

新世纪以来,人们越来越重视健康的生活方式,茶饮正在发展成为全球消费量最大、受益人数最多、受欢迎地域最广的绿色饮品。为了弘扬茶文化,促进全民健康,专家提出每日饮茶的健康理念,为贯彻这一理念,不少地区设立了饮茶日。

2005年,杭州被10家"国"字号权威机构授予了"中国茶都"称号。2006年,杭州八家国字号茶机构提出了设立"全民饮茶日"的倡议;2009年,首届"全民饮茶日"在杭州举行,引起了广大市民的热烈反响;之后每年的谷雨时节,"全民饮茶日"在杭州如期举行,迄今已连续举办了五届。2012年4月,杭州市政府将全民饮茶日列为杭州的法定节日,"全民饮茶日"已经成为全国范围的茶文化旅游盛宴。全民饮茶日举行的初衷就是为大力倡导茶为国饮,营造知茶、爱茶、饮茶的氛围,其口号是"今天你喝茶了吗"。全民饮茶日吸引了人们对茶的注意,活动得到了全国十几个省份、三十几座城市以及港澳台等地的积极响应。据主办方粗略估计,谷雨期间,中华大地几十万人同时饮茶,其参与人群之多,范围之广,几十万人同时品茶的场景可以申报吉尼斯世界纪录。杭州的"全民饮茶日"声誉日隆,也引起了各地纷纷仿效,广东、泉州、云南、绍兴、湖州、咸宁、天门等地举办的全民饮茶日对进一步普及全民饮茶起到了一定作用。

如今,中国"全民饮茶日"活动走出国门,在巴黎国际大学城顺利开展,来自中国、法国、美国、英国、巴西、摩洛哥、越南、马来西亚等国家的众多茶友、学生、学者、艺术家参与其中。日本静冈县作为日本的"茶之城",于 2010 年正式发布了静冈县的"茶之日",日期定在每年的 11 月 1 日。

4. 学术研讨会

随着国际经济的大融合,各种会议不断增多,并逐步形成了会展经济,大量的人流汇集到会议举办地,同时大量的旅游者也随之出现。有影响力的学术研讨会能迅速提高举办地的知名度,对旅游具有一定推动作用。达沃斯原来是一个与世隔绝的瑞士小镇,1971 年由施瓦布发起的达沃斯经济论坛原来是一个不起眼的非正式"聊天室",后来却发展成为各国政府、工商界及学术界十分重视的国际经济论坛,有"非官方的国际经济最高级会谈"之美誉。达沃斯仅有 1.2 万名居民,如今因世界经济论坛年会每年在这里召开而蜚声世界,成为举世闻名的旅游目的地和滑雪度假胜地。海南博鳌原为一个名不见经传的小渔村,因成为博鳌亚洲论坛的永久会址后,知名度迅速提高,一句"世界的博鳌"喊得街知巷闻,不计其数的游客就为亲眼看见这个亚洲论坛会址蜂拥而至,使得博鳌摇身一变成为海南著名旅游胜地。

20 世纪 80 年代以来,随着我国茶业的复兴,茶文化活动日益兴盛,各类茶文化研究学会、机构日益活跃。在茶文化热潮的推动之下,中国各地纷纷举办大小不等的国际茶会、学术研讨会和茶文化节活动。国际茶文化研讨会是国际茶界最高规格的国际性学术会议,于 1990 年由海内外茶人共同发起,每两年举办一届,目前已经成功举办十二届。到 2014 年为止,中国国际茶文化研讨会连续组织了十三届"茶文化研讨会",吸引了来自美、日、韩、新等国家的茶业界人士。国际茶文化研讨会被誉为茶界的"奥林匹克",在茶学术界中起着行业风向标的作用。国际茶文化研讨会在茶文化旅游中也有着重要作用,开展了"中国茶文化之乡"的评选活动,目前已有余姚、长兴、西湖区等 13 个县(市、区)获评为"中国茶文化之乡"。国际茶文化研讨会是一次学术的盛会,同时也是一场旅游的盛会。从第五届起,国际茶文化研讨会逐渐从纯学术会议向多元化方向发展,会议承办方往往同时举行茶文化节、茶博览会等,使每届国际茶文化研讨会都成为热门话题。国际茶文化研讨会所举办之处,在短时间内能引起媒体的广泛关注,迅速提升了举办地的旅游形象,带动举办地的茶文化旅游。

表 7-7 历届国际茶文化研讨会

	举办地点	主题	相关活动
第一届	浙江杭州		
第二届	湖南常德		
第三届	云南昆明		

(续表)

	举办地点	主题	相关活动
第四届	韩国首尔		
第五届	浙江杭州	新世纪、和平、茶文化	首届中国国际茶博览交易会
第六届	广东广州市	健康、生态、发展、茶文化	广州首届国际茶文化节
第七届	马来西亚吉隆坡	迈向茶文化的黄金世纪	马来西亚国际茶文化节
第八届	四川雅安	让蒙顶山茶文化走向世界	首届蒙顶山国际茶文化旅游节
第九届	山东青岛崂山	弘扬茶文化,促进社会和谐发展	第三届崂山国际茶文化节
第十届	浙江湖州（长兴）	大唐茶都、茶缘天下	浙江湖州（长兴）首届陆羽茶文化节
第十一届	重庆（永川）	人文、生态、健康、发展	第四届中国重庆（永川）国际茶文化旅游节
第十二届	陕西西安	弘扬茶文化,发展茶经济	西安金康国际茶博会
第十三届	贵州湄潭	茶文化复兴与茶产业发展方向	中国国际产业博览会

　　除第一届和第五届,每届国际茶文化研讨会都在不同的地方举办,产生了良好的社会效益、经济效益和旅游效益,这种"轮流坐庄"的方式还是值得举办方借鉴的。茶旅景区可以组织茶文化专家、学者及各界知名人士进行公益营销,通过"名人效应"来扩大影响,提升旅游地形象。

　　宁波东亚茶文化研究中心自2008年成立以来,以"茶为国饮,发展茶经济,弘扬茶文化,服务种茶人、饮茶人"为宗旨,先后举办了"海上茶路研究""茶禅东传宁波缘""科学饮茶益身心"等专题研讨会,成为东亚茶文化学术研究的重要平台,在海外产生了良好影响。期间,邀请了海内外专家、学者来宁波论茶。2013年"海上茶路,甬为茶港"研讨会在宁波召开,本次会议旨在促进人们对"甬为茶港"的进一步认识,继而提升宁波作为海上茶路起航地在国内的影响力和美誉度。

三、茶文化节事的效益

　　由于现代节事活动具有很强的集聚效应,能够在短时间内为举办地带来大量的人流、物流、信息流与资金流,从而带动举办地旅游经济发展和城市形象的提升。通过举办茶文化节事,茶以一种更积极的姿态走向公众视野,使茶文化得以弘扬,扩大了旅游地的知名度,全面提升了旅游地形象,并获得直接经济效益。

1. 弘扬茶文化

我国是茶叶的故乡,茶叶产量居全球第一,但人均茶叶消费远远低于土耳其、英国等国。通过举办各种茶文化节事,能促使茶知识在城乡居民中普及,激发百姓对茶饮的兴趣。茶文化节事为展示茶文化提供了一个很好的平台,通过茶文化节事,广大市民得以了解茶文化的相关知识。信阳茶叶节每届都各有特色,给信阳带来了巨大变化,政府把原来的"茶叶节"改为"茶文化节",其中有着丰富的内涵。人们不单单只注重"茶叶"两个字,而是通过茶叶做大文章,搞经贸活动,促文化交流。

在一些非传统饮茶区,举行茶文化节事有着深远的意义。2008年11月,吉林省首届茶文化节在长春市福泉茶都启幕,主题为"走进福泉茶都,体验茶乡风情"。在为期一个月的茶文化节里,可以让善于品茶,喜欢茶文化的社会各界人士更多地交流,让人们对茶叶和茶文化有更新、更多、更深入的了解与认识,对于弘扬我国优秀的茶文化有广泛的社会意义。

2. 扩大旅游地知名度

提高一个旅游区的知名度,节事活动就是一个很好的载体,根据旅游者的认知规律,旅游者希望以最小的支出获得最大的旅游体验,他们往往不愿意耗费大量的时间与精力去比较形形色色的旅游广告,而是倾向于直接选择那些旅游资源级别高、特色突出、产品品牌效应大或者市场竞争力强的旅游地。

茶文化节的成功举办提高了景区的知名度,促进各种设施不断完善。在巩固游客忠诚度的同时,也扩展了潜在游客市场。2013年11月,越南第二届太原茶叶节在誉山湖旅游区举行,茶叶节期间举办的主要活动包括开幕式、茶文化节、太原茶狂欢节、茶叶产品及茶业发展投资促进研讨会、旅游促进研讨会、2013年"茶乡丽人"选美比赛总决赛以及闭幕式等活动。此外还举行其他多项活动,如:举办越南太原省风土人情图片展,带有越南各民族文化特色的茶叶展销会,介绍越南太原省著名茶区的三条旅游路线等。通过举办茶叶节,越南既成功地提高了太原茶叶的知名度,也吸引了众多外国游客到越南旅游。

"中国重庆(永川)国际茶文化旅游节"逐步成为永川旅游的文化名片,形成"文化搭台、旅游牵手、经济唱戏"的品牌活动。茶旅节展开了一系列的商贸活动,主要包括茶叶博览会、经贸投资洽谈会、茶歌会等,都为永川带来可观的经济收入和大量的贸易投资。茶旅节的成功举办对重庆永川甚至整个西部茶文化、茶旅游和茶产业的发展产生了重大影响。

3. 全面提升旅游地形象

节事活动多是以某种文化为载体的,因此,它的举办往往还可以增加旅游地的文化内涵,全面提升城市形象。形象是一座城市吸引旅游者的内在动力,只有那些形象鲜明的城市才有可能形成一定规模的城市旅游活动。但城市形象的形成并非一朝一夕能够塑造完成,它需要长期的、密集的宣传和有效的传播。茶文化节事以高强度、多方位、大规模的宣传活动引起社会的广泛关注,获得巨大的轰动效应,在短期内强化了城市旅游形象。不少地区已形成举办茶文化节事的传统,并使每届茶文化节事的传播效益最大化,从而使茶文化节事成为城市名片。

北京八大处公园是一座历史悠久的寺庙山林,由隋唐至明清的八座古刹共同组成了八大处悠久浓厚的佛教文化。2002年以来,八大处借助中国园林茶文化节这一品牌吸引了大量游客,同时也提升了八大处的整体旅游形象。正是将中国的传统茶文化融入寺庙园林景观和佛教文化中,茶文化、园林景观和佛教文化才共同组成了一个完整的八大处公园旅游形象。[1]

2000年12月18日,中国茶都(安溪)茶文化旅游节暨首届中国铁观音乌龙茶节在安溪县中国茶都广场盛大开幕,举行了世纪茶王大茗战、万人烛光大品茗、国际茶道大献艺、中华茶韵大展示、安溪茶宴大品尝、茶都文艺大踩街、闽南风情大表演、茶园风光大畅游等活动。两节活动期间,来自澳大利亚、新加坡、中国香港等地区以及各省市的投资者洽谈项目47个,协议投资16.3亿,并推出了茶园生态观光线、名胜古迹旅游线、休闲度假线等黄金旅游线,国内外60多个旅行社与安溪县共同建立了旅游组团项目。安溪拥有丰富多彩的旅游资源:清水岩、安溪文庙、亿年鱼化石、新石器遗址等,并开发了龙门漂流、蹦极、探险等多项体育休闲活动。通过以茶会友,以茶办节,促进了安溪旅游业的飞速发展。

苏州碧螺春茶文化旅游节是苏州吴中区打造"山水苏州、人文吴中"特色旅游品牌,发展茶产业、壮大茶经济、弘扬茶文化的重要载体,是推动环太湖旅游经济发展的重要举措。2002年以来,该区先后举办了"碧螺春茶第一锅竞拍""炒茶能手擂台赛""碧螺春茶品牌赛"等系列活动,取得了良好的社会和经济效益。

4. 直接经济效益

节事活动是集聚游客和展示城市魅力的有效载体,是带动城市旅游产业发展的重要引擎。节事活动往往能在短时间内为景区带来大量的客源,产生明显的经济效益。丰富多彩的节事活动增加了游客在城市的逗留时间,带动一系列相关产业的发展,如交通、宾馆、饭店、娱乐、购物、通讯、广告、金融等相关行业的发展,促进整个城市的旅游经济发展。

---

[1] 海杨,王金兰,刘明丽,张玉钧.节事庆典在旅游景区管理中的作用——以北京市八大处公园中国园林茶文化节为例[J].四川林勘设计,2007(3):34

2010年5月,第十一届国际茶文化研讨会暨第四届中国重庆永川国际茶文化旅游节开幕,活动期间举办了茶文化研讨会、旅游合作推介会、经贸洽谈会、茶叶茶具交易博览会等丰富多彩的活动。在旅游合作推介会上,有70多家旅行社现场推介旅游产品,并有多家大型旅行社与永川签订合同,大力推广永川的特色旅游线路;在国际茶旅节的招商签约仪式上,签约项目达120余个,涉及总投资超过500亿元。实践证明,举办茶旅节,不仅是永川启动和牵引经济快速发展的有效措施,更是永川深化改革、扩大开放、抢抓机遇、构建国际交流平台的成功路径。

近年来各地举办的农事节事看起来热闹异常,究竟效果好不好,赚不赚钱?昨天,以"品牌、生态、竞争力"为主题的首届中国农产品品牌大会在杭州召开,根据浙江大学CRAD农业品牌研究中心发布的《2010中国农事节事影响力研究报告》,余姚的杨梅节最赚钱,而杭州西湖龙井开茶节的投入产出比较高。该报告选取了国内100个农事节事活动作为样本进行研究,发现影响力最大的是河南洛阳牡丹花会,杭州的西湖龙井开茶节居第2位。

其中,100个节事中赚钱最多的是余姚杨梅节,直接收入达到2.2亿元,安吉白茶开采节的直接经济收益为零。据统计,全国有45%的节事直接经济收益都是零。而从投入产出比来看,最高的是洛阳牡丹花会,达到1:2 729 086,其次是西湖龙井开茶节,投入产出比1:893 151,排第三的是沙家浜阳澄湖大闸蟹美食节。

表7-8 影响力大的农事节事及对应的区域品牌

序号	农事节事	区域品牌
1	河南洛阳牡丹花会	洛阳牡丹
2	西湖龙井茶开茶节	西湖龙井
3	中国盱眙国际龙虾节	盱眙龙虾
4	中国(金乡)国际大蒜节	金乡大蒜
5	中国陕西(洛川)苹果节	洛川苹果
6	中国余姚杨梅节	余姚杨梅
7	北京平谷国际桃花节	平谷大桃
8	中国(横县)国际茉莉花文化节	横县茉莉花
9	安吉白茶开采节	安吉白茶
10	中国湖州(长兴)陆羽国际茶文化节	长兴紫笋茶

(资料来源:浙江大学CARD农业品牌研究中心.2010中国农事节事影响力研究报告[J].农产品市场周刊,2011(2))

从上表可知,在影响力前十的农事节事当中,有四处是茶文化节。报告公布的影响力较大的茶文化节还有多处,具体名单如下表:

表7-9 影响力较大的农事节事及对应的区域品牌

序号	农事节事	区域品牌
1	蒙顶山国际茶文化旅游节	蒙顶山茶
2	中国白茶文化节	福鼎白茶
3	中国茶圣节	余杭径山茶
4	中国陕西(汉中)茶叶节	汉中仙毫
5	婺源茶文化节	婺源绿茶

四、茶文化节事策划原则

新世纪以来,我国茶文化节事呈现出欣欣向荣的局面,茶文化节事已成为茶文化旅游营销的重要组成部分。但茶文化节事存在诸多问题,如节事旅游普遍形象不鲜明、地方特色不浓、品牌意识淡薄、创新力度不够、市场调研不足、产业化程度低、参与性和开放性不强、投入产出不成比例、投资主体单一造成政府财政吃紧等。茶文化节事的策划是一个复杂的过程,需要遵循以下原则。

1. 特色性

特色是节事旅游活动的灵魂。要寻找当地文化资源和经济资源相结合的唯一性和特殊性,找到这种唯一性和特殊性,就确立了属于自己的特色,有了这种特色就有了竞争立足的基础。

长兴茶文化节的主题突出,特色鲜明,紧紧抓住本身的旅游资源特色大做文章。长兴县顾渚山出产的紫笋茶曾为皇家贡品,建有我国历史上第一座皇家茶厂——唐贡茶院,茶圣陆羽曾在此写作《茶经》,长兴的金沙泉水质甘洌,是品紫笋茶的最佳拍档,与紫笋茶一并列为贡品。长兴茶文化节以长兴为品牌,以顾渚山紫笋茶和金沙泉水为特色,以唐贡茶院和茶道表演为主要内容。长兴根据本地的资源特色,紧扣本地形象定位,寻找唯一性和特殊性,使茶文化节主题鲜明而固定,已形成了一定的品牌效应。

创新是节事活动不断发展的动力,随着区域性节事活动举办次数的增加,观众对节事活动的兴趣会慢慢减少,这就需要节事活动组织方添加新的元素,不断创新。创新不仅体现在主题、内容和子活动上,还需要在节事营销、运营、传播等方面别开蹊径,尽最大可能地提高观众的参与兴趣。吴必虎指出:"节事活动吸引力边际效用随时间递减,同一项目在第二次上演时比第一次的吸引效应递减20%,依次类推。"①主办方不仅要与同类节事有所区别,自身也应不断创新,争取做到每一届都能让游客眼前一亮。

福鼎开茶节主打生态美,努力打造"中国最美生态茶乡",通过开辟茶叶有机生产示范基地,以点带面,全面推广无公害茶园建设,全面铺开控制、降解农残工作,从源头上把好茶叶质量关。

2. 文化性

旅游节事能够全方位展示举办地的文化内涵。曲阜国际孔子文化节展示的是中国传统的儒家文化和中华礼仪文化,武当国际旅游节展示的是道教文化和武术文化,南宁国际民歌艺术节展示的是广西特有的少数民族民歌文化等。旅游节事以经济为目的,但文化却是其最终的生命力。

茶文化节事不能一哄而上,要有鲜明的主题和突出的特色,并与当地的民俗风情相结合。2011年9月,首届苔茶文化旅游节在贵州石阡开幕,位于佛顶山山脚的尧上民族文化旅游村一片繁忙景象。前来观光旅游的远方宾客,都被热情好客的仡佬族妹子拦下,敬上一碗家酿米酒,欢迎远方来客。凤凰翘角檐、菱形打门锤的仡佬民居;傩堂戏、蓑衣舞等民俗表演;神仙豆腐、黄狗粑等风味小吃,一个集吃、住、娱、购于一体的民族文化休闲度假村,成了苔茶节上人们旅游、休闲、度假的好去处。

临安作为2012中国(杭州)西湖国际茶文化博览会的一个分会场,举办"民间茶俗文化旅游节",旨在展示茶文化、传播茶知识、推广茶线路、振兴茶经济。开幕式上举行了民间茶俗观赏、参与、表演活动,由"新郎""新娘"为来宾和游客表演了敬喜茶和茶歌、茶舞、变脸、魔术、火神舞等助兴活动。神龙川景区内还设置了大壶茶、大碗茶、农家茶、竹筒茶等多种民间饮茶器具和茶席,为游客提供免费茶饮。

3. 参与性

21世纪是体验经济时代,茶文化旅游具有突出的体验特征,是体验经济发展的一个大舞台。在体验经济时代,旅游者对旅游的需求从被动地接受企业的诱导和操纵到主动参与。一个好的参与式旅游项目,往往是该地旅游景色中最有魅力的组成部分,可以起到很好的广告效应。伊恩和约曼等国外研究节事活动的人士认为,民众参与是影响节事活动的主要因素之一,只有当地居民真正参与到节事活动中来,外地游客才不会感到隔阂,才能真正融入其中,并从中感受到当地特有的风情与地域文化。市民参与度高的节庆活动才有生命力,一些成功的节庆,如西班牙奔牛节、傣族泼水节之所以长盛不衰,最重要的一点就是当地居民玩得十分尽兴。

---

① 吴必虎.旅游研究与旅游发展[M].天津:南开大学出版社,2009:105—106

杭州"全民饮茶日"积极倡导健康茶饮文化,大力普及科学饮茶知识,每届都有着鲜明特色,其主题的选择极富有创意和时代特色。"全民饮茶日"节事活动的全民参与性、大众化、露天场所的开放性,使游客和市民都能从亲身参与中感受到全民饮茶节日的美好和快乐,营造了浓厚的茶文化氛围,培养了新一代的茶叶消费群体。

由安徽黄山市政府主办的"万人品茶活动"于2013年5月18日至5月20日在有"活动着的清明上河图"之誉的屯溪老街如期举行。本次活动旨在以屯溪老街为阵地,大力宣传和推介丰厚的黄山茶文化底蕴,实现以茶为媒,繁荣茶市的目的。本次活动的主题是"黄山茶·别样香"。黄山茶一直秉承"黄山茶是安全茶、放心茶"的理念,并积极宣传"黄山茶是老百姓喝得起的健康茶"。活动期间万人互动,各店家积极主动、热情开放的精神风貌让客人流连忘返。中国国际广播电台环球奇观频道《茶无界》栏目组及众多新闻媒体参与宣传报道。

节事活动要取得成功,就必须面向民众、植根民众,开门办节。形式要开放,参与度要增大,使游客和当地居民都能从亲身参与中感受到节日的快乐,这样才能聚集人气,渲染气氛,使活动有气势,有声势,从而产生节日的热闹感。在策划茶文化节事时,应力求活动多元化,使游客积极地融入节事中来。第二届景德镇茶文化旅游节便安排了多项互动活动。

表7-10 第二届景德镇茶文化旅游节活动安排

序号	活动内容	时间	地点
1	景德镇(第二届)茶文化节开幕式	4月23日上午10:30	瑶里风景区
2	谷雨诗会	4月23日	瑶里风景区
3	采茶、制茶表演	五一黄金周	瑶里风景区
4	游客制茶比赛	五一黄金周	瑶里风景区
5	瑶里生态美食节	五一黄金周	瑶里风景区
6	驴友、摄友摄影赛	4月23日~5月7日	瑶里风景区
7	野外露营	4月23日~5月7日	瑶里风景区
8	瑶里红色特色旅游	4月23日~5月7日	瑶里风景区

4. 娱乐性

旅游节事以其特有的参与性、文化体验性、异域性等特点给旅游者带来精神的愉悦,满足现代人对归属感的渴望,使旅游者真正体会娱乐的感觉。娱乐因素成为产品与服务的重要增值活动及市场细分的关键,近些年来,层出不穷的节事正是人们对娱乐追求的体现。为突出节事的狂欢性色彩,不少策划者往往会在节事活动中献上一台丰富多彩的艺术表演。艺术表演是延长旅游者停留时间的有效手段,是吸引回头客的法宝,在提高旅游节事的文化品位和经济效益方面有特殊作用。

如今,茶文化节事越来越多元化,举办娱乐演出已成为节事的重要环节。开幕式是茶文化节事的重头戏,许多地区的茶文化节开幕式都创作编排一台以茶为主题的综艺节目。一些举办方不惜重金请来明星助阵,如2005举办的信阳茶文化节,除了举办大型的文艺踩街活动,展示信阳的风土人情、文化底蕴外,还举办了不少大型文体活动,邀请中外客商、名人名家到信阳来参观指导。其中有在南湾湖举办的2005全国水上摩托艇锦标赛,邀请费翔、田震等著名歌星在开幕式上登台献艺;文化中心举办的"曲苑杂坛"著名演员兰成参加的大型文艺晚会。

中国(杭州)西湖国际茶文化博览会自2005年举办以来,每年都突出"与民同乐"的主题,使茶走入老百姓的日常生活中来。2014年茶博会内容十分丰富,清河坊民间茶会推出了大碗茶品鉴、请到我家来喝茶、鼓楼品茶、老街问茶、御街品茶、猜茶谜、茶叶茶具展销会等活动;民间茶诗会则结合了传统文化,以"琴棋书画诗酒茶"七大元素来展示茶诗,加大民间的茶文化交流。

拓展阅读

上海国际茶文化旅游节

上海国际茶文化旅游节由上海市闸北区人民政府、上海市文学艺术界联合会和上海市茶叶学会发起举办,原名上海国际茶文化节。自1994年以来,每年举办一届,是国内最早最有影响的以茶为主题的文化节事活动之一,为推动国内茶文化事业的发展起到了重要的作用。2008年被人民网网民选举为"改革开放30年最受关注的节事展会",2010年被上海市评为"群众文化活动优秀组织奖"。

每届茶文化节都结合茶文化、茶经济的发展情况和市民的需求,推出评选、竞赛等活动。在首届茶文化节举办的茶歌征集中,歌曲《中国茶》一举被评为茶文化节的节歌,"美美中国茶,馨香飘五洲"的优美歌声已传唱全国。

自2011年起更名后,上海国际茶文化旅游节更加突出商业、旅游、文化联动,更加注重以节事推动产业经济发展。为了进一步做大做强上海国际茶文化旅游节品牌,更好地运用节事

第七章
茶文化旅游的营销

活动品牌的作用，上海国际茶文化旅游节打造了服务全国、服务区域间的合作交流和服务区域经济发展的有效平台。

2011年上海国际茶文化旅游节以弘扬中国传统茶文化，推进文化、经济、旅游各产业间合作发展为办节宗旨，举办了"主题活动、经济活动、群文活动、旅游活动和论坛活动"五大板块，包括上海茶业博览会、茶香之旅、少儿茶艺大赛、中外民间茶艺交流、茶乡"同一片茶"多城互动等多项活动，并首创多城联动和网上办节的全新理念，把茶乡旅游与传统茶文化进行了有机结合。茶文化旅游节的闭幕式移师湖南常德举行。

2012年上海国际茶文化旅游节以"茶，品味健康生活"为主题，于5月11日在上海开幕，闭幕式则由浙江天台县承办，旨在扩大天台山云雾茶和天台山旅游的知名度和影响力，推进天台茶产业和旅游产业建设。2012年上海国际茶文化旅游节展示了江苏、浙江、安徽、福建等产茶地政府、茶业企业带来的当地名茶、新茶、茶衍生品及茶乡旅游精品线路等。

2013年上海国际茶文化旅游节的主题是"茶健康、茶产业、茶文化"，突出群众性、经济性、独特性和旅游文化的元素，实现商旅文联动发展。整个活动由主题活动暨社区文化活动周和茶叶博览展示活动周等两大板块11项活动内容组成。展示活动周安排7项活动，其中在上海帝芙特国际茶文化广场举行的上海茶叶·茶乡旅游博览会是本次茶文化旅游节经贸活动的重头戏，集文化旅游与茶业经济于一体，融表演、展示与交流于一炉。

2014年上海国际茶文化旅游节以"茶健康、茶产业、茶文化"为主题，节庆活动主要由开幕式暨茶文化圆桌讨论、上海茶业·茶乡旅游博览会、上海少儿茶艺大赛、闭幕式等四大版块组成。开幕式主要包括发布节庆动漫吉祥物、演绎茶业历史的情景演出、"上海国际茶叶交易中心"签约仪式及中华茶礼与舞乐对话的茶礼观赏活动等内容。

每届上海国际茶文化旅游节均以其独特的形式、内容和魅力，吸引了国内各省市区、港澳特区、台湾地区的各界人士和日本、韩国、美国、法国、摩洛哥等国家的国际友人及上海各界、市民群众积极参与，在海内外产生了良好的社会反响，并已成为上海著名的文化品牌和节事活动，并有力地推动了茶文化旅游的区域合作。

第四节　影音营销

21世纪是多媒体的时代,茶企及旅游公司通过纪录片、宣传片、电影、电视、微电影、摄影、MV歌曲等传媒手段,主动打入客源市场,积极引导潜在客户,影音营销成为茶文化旅游营销的常用方式。电影《南方有嘉木》,歌剧《茶——灵魂镜子》,大型茶文化舞台剧《中国茶谣》,以及与之相关的电影、艺术品等文化产品不断推出,进一步促进茶文化产业的形成,同时也带动了茶文化旅游的发展。

一、纪录片、宣传片营销

纪录片是以真实生活为创作素材,以真人真事为表现对象,并对其进行艺术的加工与展现,以展现真实为本质,并用真实引发人们思考的电影或电视艺术形式。纪录片的核心为真实。

央视纪录片《舌尖上的中国》播出后带来的经济效应,从餐饮界迅速蔓延到旅游市场。近日,携程、淘宝旅行等旅游网站纷纷推出"舌尖上的旅行"主题旅游,并受到网友的追捧,掀起了一股美食旅游热。携程旅游推出"舌尖上的旅行",自2012年5月中旬以来,每天都有大量网友报名,例如北京和丽江的美食线路刚上线才几天就成团预定,还带动了相关线路的自由行预订量。

为扩大知名度,全面展现景区的魅力,精心拍摄宣传片是许多景区营销的主要举措。武夷山山水茶旅游节宣传片、梅县雁南飞茶田景区旅游宣传片、蒙顶皇茶宣传片等在网络的点击率都很高。通过影像的方式,使人们能全面了解茶旅产品,从而萌生去旅游的愿望。

《南方嘉木》是世界首部茶文化纪实电影,以中华五千年悠久的发展历史为背景,结合中国历史环境,分析了中国茶文化在社会中的形态和中国茶文化的精髓。目前,《南方嘉木》已经和美国、泰国、德国等6个国家的电视频道签订播出协议,对宣传我国的茶文化起到了一定作用。《茶,一片树叶的故事》是中国首部全面探寻世界茶文化的纪录片,分别从茶的种类、历史、传播、制作等角度完整呈现了关于茶的故事。摄制组精选了其中60余位"茶人"的茶话茶事,讲述了茶地的自然奇观、神秘的制茶工艺、各国的茶道以及茶与人的故事。纪录片《茶马古道》由韩国KBS和日本NHK电视台于2008年联合录制,从历史、文化的角度全面分析茶马古道的古今面貌。一部《茶叶之路》的纪录片向观众展现了中俄万里茶叶之路,使这条原本为世人遗忘的古道被世人所熟悉。茶商发现了其中的商机,茶叶之路沿途的城镇、茶企联合起来,通过重走茶叶之路获得了国内外媒体的关注,进行了一次又一次成功的营销。

大型电视纪录片《茶旅天下》是迄今为止规模最大、涉及面最广的一次茶和旅游相结合的全国性行业集中展示推介活动,该片以"茶旅"为主题,以专题、采访等多种形式进行摄制,集中全国各地优秀名茶精品;集知识性、趣味性、史料性、娱乐性、观赏性、信息性为一体,灵活、新颖、深刻、流畅、系统、精彩;其深邃的风格,广袤的内涵,涵盖了中国茶产业发展的方方面面。通过阳光卫视及地方媒体的广泛传播,以省为单位,并以各地宣传月的形式,集中时间分卷展示各地茶产业的发展和独具风韵的地方茶文化。

纪录片通过美丽的镜头弘扬了传统茶文化,展现了茶文化旅游的魅力。如今,越来越多的茶旅景区主动加入到纪录片的拍摄中来。《茶韵安溪——县长带你游》电视专题片由县长高向荣亲任"专家导游",带领游客品安溪铁观音,看安溪高甲戏,赏安溪茶艺,观安溪文庙,感受淳朴浓郁的茶乡特色文化,和游客一起领略安溪独特的历史文化、自然景观、民俗风情、休闲健身和特色小吃,以独特的视角诠释"茶韵安溪",彰显安溪"宜居宜业宜商宜游"的现代山水茶都形象。《茶韵安溪——县长带你游》以其别开生面的特色在业界获得赞誉,在人民网、新浪网、福建旅游之窗、优酷视频等网络平台展播后,网民反响热烈,并荣获第六届中国旅游电视周旅游广告宣传片二等奖。

买茶网启动2014"品茗中国"微视频计划,向社会公开招募"品茗发烧友",用镜头记录"微视频",向茶叶消费者真实还原茶叶原产地的风土人情、茶叶"养成记",让冲泡的每一种茶叶,都能追溯到其制作流程。让茶农、茶企、茶村、茶艺直面消费者,以消费者亲近原产地体验的方式,将茶文化翻炒得更加接地气。"品茗中国"历时7个月,将遍访全国各个名茶产地,用微视频、纪录片、微电影等多种形式真实记录各知名茶产地的种茶、采茶、炒茶等一系列工艺,全方位展现各地名茶从茶园到茶桌一整条产业链的各个环节。"品茗发烧友"将置身知名茶产地茶园,与茶农一起亲身体验种茶、采茶、炒茶等各个环节的乐趣,并将深入了解当地茶文化、茶历史,成为"原产地"茶叶的口碑传播"种子"。

二、影视营销

人类社会逐渐进入到体验经济的时代,体验产品的出现给营销学带来巨大的变革。"众多旅游者之所以选择到影视故事发生地,置身于事件发生的地点场所,移情有关人物往事而忘却了自己,是想获得一种置身移情的体验"。相比其他传统媒介,影视有着不可估量的号召力,不少默默无闻的景点便因影视巨大的影响力而成为炙手可热的旅游目的地。《指环王》三部曲在新西兰大量取景,其恢宏壮丽的景色震撼人心,上映三年以来,给新西兰带来了11.5亿美元的旅游收入。据统计,平均每十个去新西兰的游客中,就有一个是慕《指环王》之名而往。近些年来,不少旅游景点凭借影视进行整合营销,电影《杜拉拉升职记》与泰国旅游局合作,展现了芭堤雅的海滩风光。《唐山大地震》专为唐山量身定做,可谓是一部唐山的"城市名片"。电影《阿凡达》中"潘多拉星球"中的大量原型来源于张家界群山,为搭上《阿凡达》的"东风",张家界南天一柱正式被更名为《阿凡达》哈利路亚山。

电影《赤壁》有着丰富的茶文化内涵,当诸葛亮与周瑜以琴会友时,林志玲扮演的小乔在一旁煮茶,一双纤纤素手,动作温柔曼妙,着实动人。小乔在赤壁之战时亲自为曹操泡工夫茶,还讲解了一段跟陆羽《茶经》差不多的文字。三国时代与工夫茶、陆羽《茶经》是风马牛不相及的事情,居然弄在了一起,颇有点"关公战秦琼"的味道。《赤壁》是一部描写战争的电影,却用了大量的时间和画面来描写茶,所表现的茶艺虽不符合历史真实,但贴近艺术主旨,战争的残酷与茶艺的唯美形成鲜明对比,衬托出三国英雄"谈笑间,樯橹灰飞烟灭"的风范。《赤壁》上、下两部电影分获 2008、2009 年度内地票房冠军,在海外的票房也取得骄人成绩。由于巨大的票房影响力,《赤壁》群星煮茶论英雄,向全世界传播了中国茶文化,激发了大众对茶艺的兴趣。

在影视植入式营销方面,立顿可谓是经验丰富,早在 2008 年由湖南卫视引进改编拍摄的《丑女无敌》中,联合利华就携旗下三大品牌:立顿、轻扬、多芬,以强行植入、立体传播的形式穿插于整个电视剧当中,每隔几分钟,各种品牌的产品或 LOGO 就会以不同的形式完美地展现。随着《丑女无敌》创下的收视奇迹,联合利华的销售也掀起了新一轮的高峰,据《青年时报》报道,某大型超市的立顿奶茶在 2008 年 9 月 30 日至 10 月 20 日的整体销量,要比 8 月 31 日至 9 月 20 日提升 37.59%,呈现了双赢的局面。这一合作被业界称为"开启了植入式广告的新篇章"。在职场爱情电影《杜拉拉升职记》中,立顿再次高强度植入,在 DB 公司的办公室、茶水间、会议室,立顿的 LOGO、包装、马克杯以各自不同的姿态出现在观众眼前。

著名导演冯小刚可谓是植入广告高手,在《天下无贼》中,眼尖的网友指出电影中植入的广告比贼还多。电影《非诚勿扰》植入大量旅游景区广告,捧红了杭州西溪湿地、日本北海道、北京慕田峪长城、三亚热带森林公园等诸多景点。① 同时,影片也植入了杭州闲适的茶楼文化,葛优与徐若瑄相亲的地方安排在心源茶楼,古朴雅致的茶具,透明时尚的玻璃橱柜,悦耳的乐器声,茶客们一边饮茶,一边听戏、喝茶、打牌,《非诚勿扰》通过心源茶楼很好地诠释了杭州

---

① 王柳芳.论电影《非诚勿扰》中的旅游景点广告植入[J].江西科技师范大学学报,2013(3):66

"生活品质之城"的精髓。电影热映以来,不少市民和游客纷纷前往心源茶楼品茶,以体验影片的闲适情境。到这里相亲、约会的人络绎不绝,自成一景。

近年来,"茶"正成为中国影视界一个冉冉升起的"新星",正形成一个以茶文化、茶历史、茶人故事为表现领域的电影类别。2012年4月21日,由电影频道节目中心参与出品的电影《大碗茶》在京举行首映礼;在第十二届中国普洱茶节活动中,展示云南普洱印象的电影《阿佤山》先在首都举办了首映式。影视成为茶文化旅游营销的新型方式,越来越多的茶旅景点、茶企积极地与影视制片人联系,联手打造高品质茶旅影视作品。

中国首部演绎白茶文化电影故事片《茶神》于2013年12月首映,影片讲述了几个小人物从不懂茶到爱茶再到最终战胜自己的成长过程,在励志中又体现了现代人对于民族传统文化的传承与追求。影片主要在福建省福鼎市世界地质公园、国家5A级风景名胜区太姥山拍摄,以太姥山的秀丽景色为背景的同时,融入了翠郊古民居、小白鹭沙滩、柏洋新农村和福鼎畲族文化等福鼎的风土人情,情与景相融合,为世人展现了韵味独特的太姥茶乡风情和底蕴深厚的福鼎白茶文化。

乔家大院是晋商乔家的院落,因房屋建筑雕刻精美而在晋中民居中具有突出的代表性,成了20世纪90年代初张艺谋著名电影《大红灯笼高高挂》的拍摄地,很多人都是从这部电影中,知道了山西乔家大院,而电视剧《乔家大院》在央视的热播,更让这里的知名度大大增加,引起了全国的"乔家大院热"。一部电视剧使乔家大院旅游由淡转旺,游客倍增,门票大涨,甚至迎来了该地历史上的旅游高峰,堪称是旅游业与影视文化业的完美联姻。《乔家大院》用20%的长度,生动地再现了乔致庸带领乔家商队疏通"万里茶路"的冒险历程。乔致庸去江南贩茶一事让很多游客在关注山西的同时,也关注起万里晋商茶叶之路。

在世界物质与文化双遗产武夷山风景区东部,距离武夷山市区6千米,有个村落在历史上举足轻重,那就是万里茶路的起点——中国历史名村下梅。因茶留下的文明遗存与今天的生活恰如其分地融合在一起,构成了下梅古村独特的魅力。一部《乔家大院》的热播,让这个古村落再一次喧嚣起来,而这一切皆因为茶。2005年9月16日,经国家文物局、国家建设部的批准,下梅村荣膺"中国历史文化名村"称号,从此下梅有了一张通向世界的"国家名片"。

借《乔家大院》热播的东风,武夷山很快有几位精明的茶商,赶赴山西晋中市开起武夷茶庄。而山西省也有万名游客,分批来到下梅茶乡寻"源"。武夷山携手乔家大院,闽晋两地共拓古茶道之旅。2006年3月,武夷山在西北地区展开了为时半个月的茶旅促销。以武夷山特有的"大红袍"茶叶品牌为主打,茶旅联动,展开与乔家大院、北京马连茶道城等旅游企业的商谈合作,开发古茶道之旅，实现"以茶促旅、以旅兴茶"。推介会详细解说了武夷茶和乔致庸的关系，主推武夷山的茶之旅，使当地各旅行社对武夷茶有了进一步的认识。乔致庸让山西与武夷山结缘，而《乔家大院》的热播则给山西与武夷山架起一条以茶为纽带的旅游线路。

台湾偶像剧《温柔的慈悲》在新北市石碇区八卦茶园拍摄，以独特的视角将"茶"的因缘与传承，通过年轻一代的爱恨情仇表现出来，讲述了赵氏家族在海峡两岸20年的光阴。演员要学习种茶、采茶、制茶的过程，将茶文化融入偶像剧中。石碇区长吴金印表示，已规划在茶园周边设置男女主角黄腾浩、李佳颖的人形立牌，让游客拍照取景，提振石碇区观光。《温柔的慈悲》播映完毕后，让八卦茶园和附近的翡翠水库美景爆红。许多网友上网找偶像谈心的场景，追星到八卦茶园，也要和剧中主角一样在茶园内采茶，让茶园意外爆红。

2011年，由张纪中导演的《菊花醉》热播，这部电视剧以安化黑茶为线索，展现清朝湖南黑茶鼎盛时期的辉煌历史。《菊花醉》在湖南芙蓉镇开机，选择张家界旅游核心景区景点金鞭溪、后山关庙、麻田垭、宝峰湖、一线天、老院子等自然人文景点作为主要外景拍摄地，充分展示了张家界绝美的自然风光和独特的民俗风情，是一部充分展现湖南自然风光、地域文化和民俗风情传奇故事的电视剧。《菊花醉》上映后，提高了安化黑茶和怡清源的知名度，同时也宣传了湖南的好山好水和民风民情。电视剧《杜拉拉升职记》的外景地浪漫而迷人，杜拉拉与王伟度假的第一步是岛田市的茶园，静冈茶叶的产量占到日本全国将近一半，电视剧为静冈旅游作了免费广告，旅行社打出"浪漫游静冈，像杜拉拉一样去恋爱"的口号，吸引了众多年轻人前去度假参观。

电影《卧虎藏龙》捧红了诸多旅游景点，也让世人记住了美丽的安吉大竹海。安吉有"竹海茶林"之称，安吉白茶为浙江名茶的后起之秀。在饱尝影视对旅游推动的甜头后，安吉主动出击，全力打造了集茶文化展示、茶系列产品销售为一体的安吉白茶生态文化影视基地，电视剧《如意》便在此拍摄，可谓是为安吉白茶量身定做，女主角杨幂饰演一位大户人家的小姐如意，她小时候就流落到茶农梅老九家中做养女。如意经常在茶园里采茶，后来和男主人公谭铭凯（刘恺威饰）相爱结婚。伴着悠扬动听的乐声，一山又一山连绵起伏、绿意悠悠的茶园展现在银屏上，亿万观众都情不自禁地被剧中美丽的茶园景观给吸引了。自电视剧《如意》开播后，许多观众慕名联系安吉溪龙乡黄杜村，想亲眼看见这个神奇美丽的地方。安吉旅游部门充分利用《如意》的知名度，大力进行整合营销，并推出《如意》体验游：到达安吉白茶生态文化影视基地，在此游玩，看如意生活的地方，游白茶园，感受诗一般的田园风光，参观佟家大宅，谭家大宅，在此做一回真正的茶农，当回采茶女。

图7-2 《如意》剧照

不少动画片中的风景美丽得令人窒息,其画面有一定的虚拟性,但不乏原型参考。成功的动画片对旅游同样有着巨大的推动作用,动画片《狮子王》便成功展现了非洲的神秘与美景。《功夫熊猫》将四川元素运用得淋漓尽致,在全球获得了空前的关注。成都旅游局积极与梦工厂进行合作,引发青城山旅游热潮,而憨态可掬的阿宝也成了四川旅游的最佳代言人。动画片的观众十分广泛,其主体是青少年。我国青少年受西方文化影响,对传统茶饮较为冷漠,认为茶叶是老土的东西,喜欢可乐、雪碧等洋饮料,但也喜欢康师傅绿茶、统一冰红茶、香飘飘奶茶等茶饮料,说明他们对茶饮还是有一定需求的。为了培育市场,扩大品牌效应,一些公司以青少年所钟爱的动画片形式,通过讲述与茶有关的冒险故事来传播茶文化,收到了一定效果。2012年元月在央视少儿频道播映原创动画片《乌龙小子》,《乌龙小子》是全球首部以宣扬中国茶与茶文化为主题的动画片,讲述乌龙小子为拯救云顶茶园,带领茶精灵与小伙伴前往各名茶产地寻找21粒神茶茶籽。通过一个个生动、诙谐、惊险的小故事,串联起一部意蕴深刻的现代版童话剧,让青少年在娱乐中认识中国传统茶文化的渊源和精髓。《乌龙小子》陆续在全国各大卫星卫视、福建省级台大范围播映,将中国茶文化和动漫文化传向全球。潮汕具有历史悠久而又独具特色的文化,工夫茶作为潮汕特有的传统文化精髓,有着"中国茶道"的美誉。深圳市泰潮文化传播有限公司集结国内外行业精英,倾力打造潮汕首部本土特色3D动画电影《工夫茶侠》,让传统潮汕文化以焕然一新的面目再度融入时代潮流。这部电影风格幽默时尚、热血励志。这是一个活生生的、奇趣的潮汕文化动画世界,工夫茶、紫砂壶、普宁豆干、隆江猪脚、汕头牛筋丸、潮州湘子桥、菜脯、桃粿、反沙芋、砂锅粥、潮式建筑群等代表潮汕文化的元素,纷纷以动画角色或动画场景的创奇形式闯入大众的视野。2013年9月,《工夫茶侠》荣获第八届韩国光州国际文化创意产业展中国区唯一"最佳动画片"奖。《工夫茶

侠》以时尚动漫的姿态,弘扬了潮汕地区博大精深的工夫茶茶文化,同步刺激和带动城市本土旅游经济发展。

三、微电影营销

微电影是网络时代的新兴产物,非常适合旅游景区营销推广的需要。微电影(Micro Film),即微型电影,指的是在电影和电视剧艺术的基础上衍生出来的小型影片,具有完整的故事情节和可观赏性。微电影非常适合在多媒体及现代化网络、手机视频、电梯广告等多种平台展出播放。与其他营销手段相比,微电影具有成本低、周期短、媒体适用度高、互动性强、目的性强、贴近大众生活等优势,同时更具有娱乐性、创意性和广告价值。

随着我国网民素质的提高,网民自我意识的崛起,广大网民对广告的容忍度越来越低,尤其是那些生硬、直白、单调的叫卖式的硬广告,有些浏览器甚至直接将这些广告过滤掉。如今,广告需要采用更软性、更灵活、更易接受的营销方式,而定制专属于品牌自身的微电影则成为新的行业趋势。

《爱,在四川》系列微电影通过生动有趣、诙谐幽默的故事情节与语言,展示四川特色的美食美景、风土人情,凭借着惊人的3 600万网络点击率,四川旅游品牌形象的推广效应得到放大;绍兴相继推出《樱为爱情》,让绍兴旅游尝到了"几万元的投入,带来几百万元的门票"的甜头;以新加坡旅游为主题的微电影《从心发现爱》全球首映式日前在北京、上海、广州、成都同时举办,该片是新加坡旅游局首部主题微电影,也是2013年新加坡"从心发现新加坡"主题活动的全新举措。

微电影将品牌宣传融入引人入胜的故事之中,既满足了网友的娱乐新需求,又满足了品牌推广需求,因此受到网友热捧,微电影已经成为市场营销的有效载体之一。精明的茶商从微电影中看到了无限商机,近几年来兴起了一股拍摄以茶为主题的微电影的热潮,微电影在短短几年内成了茶文化旅游的营销利器。

微电影《心宿》在茶博会上举行首映式,这是武夷山推出的首部茶旅结合的微电影,对营销武夷山茶和旅游方面起到了很大宣传作用。《心宿》将武夷山好山、好水、好茶三元素演绎得画面唯美、意境和谐。故事有情节、有悬念,剧情寓意表现强,运用多处蒙太奇手法,引导都市年轻人从工作压力超负荷的快节奏生活中慢下来,武夷山的竹林、瀑布、慢游道、云河漂流、茶叶会所充满诗情画意,足以使人在武夷山"慢"下来,让心灵静下来。近些年来,武夷山主打慢游牌,倾力打造的三条慢游精品线路,推出了"慢游卡"。《心宿》呈现了武夷慢游的真谛,只有慢下来,才能真正领悟武夷之美,领悟生命之美。

微电影《茶约》由内地青年导演豪仲执导,启用电影制作班底打造杭州上城区首部以茶文化为主题的微电影。《茶约》讲述的是从公元1220年南宋时期至2013年的两段"千年之恋",以茶为线索将朱、蔡两家命运牵连在一起,先辈因茶相知相恋却无缘相守,时隔近千年后两家的后人再度因茶结识,一枚青瓷茶盏令两人共同追溯起先人的渊源和那段刻骨铭心的爱情。《茶约》中的古今两段情唯美动人,玉龙山茶园风景绝美,情与景融,相互映衬。

《羊岩茶缘》微电影讲述的是两个陌路男女在浙江台州羊岩山旅游的过程中,由相识到相知再到相恋的爱情故事,剧情中融合了河头当地的人文美景、特色美食、历史文化等多种元素,打破景区传统"说教式"的形象展示手法,借助微电影中的主题故事,将河头的养生休闲、红色文化、农家乐园等几个主题概念巧妙植入到精彩的故事情节当中。

《飘香》微电影讲述的是台湾一个制茶企业的家族继承者陈心尧,随爷爷回安溪参加茶艺博览汇。在一次品茶、斗茶的比赛中,她结识了安溪小伙林佑茗,终于找到了茶的真谛。片中展现了安溪现代山水茶都青春时尚的气息以及小城悠然自得慢生活的韵味。

如今,微电影已成为茶文化旅游营销的新宠,各地区纷纷推出不同形式的微电影,通过网络和手机等媒介,吸引了部分"80后""90后"年轻人的关注。但是由于微电影投资少,门槛低,使得微电影质量良莠不齐。不少微电影内容单调,形式雷同,很难产生良好的营销效果。为达到微电影与旅游景点的相互融合,制作方要与投资方不断沟通,并在故事中融入景区的风土人情,使其成为情节的一部分,并突出景区的特点,用特色吸引旅游者。

旅游微电影从本质上说属于景区营销的重要组成部分,在制作投放之前,必须进行详尽的市场调研,立足景区营销的现状,分析竞争对手的营销组合策略,确立目标受众,科学预测分析景区微电影营销的可行性,不能盲目跟风,一拥而上。旅游景区应结合自身品牌特征,确立目标受众,分析其兴趣爱好、个性特点与心理诉求,注重景区与受众之间的匹配性,进行准确的市场定位和有效的个性化营销。微电影的本质是电影,电影就需要曲折精彩、吸引眼球的故事,如何在最短的时间内讲好这个故事才是微电影营销的关键。

四、歌曲宣传

旅游歌曲是扩大旅游景区知名度的极佳文化载体,音乐带动旅游地发展的例子屡见不鲜,如《神奇的九寨》让九寨的美丽传向了全国,《太阳岛上》让太阳岛名声远播。位于太湖之滨的无锡有着丰富的旅游资源,却始终处在苏州、杭州等旅游城市的阴影之下。为改变这一局面,打开海外旅游市场,1985年无锡旅游部门与日本 ABC 音乐出版商合作,创作了一首针对日本客源市场的歌曲——《无锡旅情》,这首歌曲优美动听,迅速传遍了日本的大街小巷。据日本官方统计,这是当时全日本销量最大的歌曲,从东京、大阪到边远山区,人们都知道《无锡旅情》这首歌。一次民意测验显示,通过歌曲知道无锡这个城

市的占76%，想到无锡旅游的占43%。《无锡旅情》吸引了众多日本人前来无锡旅游，唱响了无锡城市营销的经典，20年来日本始终是无锡入境游的主力军，无锡每年接待日本游客数量遥遥领先于同类旅游城市。无锡打出了"太湖美景，无锡旅情"的口号，《无锡旅情》的中文译词被刻在了太湖边的岩石上，记录了这段中日交流的佳话。

为了征集到优秀的旅游歌曲，许多城市花费巨资投入旅游歌曲的征集和评奖。音乐不仅是旅游宣传的媒介，其本身便是旅游资源，宋祖英演唱的《古丈茶歌》便是音乐与旅游目的地相结合的成功案例。MV中，宋祖英一袭白衣，手捧青花瓷茶杯，唱着"青青茶园一幅画，迷人画卷天边挂"，背景是洁白的瀑布，碧绿的茶园，土家族少女正在采茶，画面唯美。古丈举办了茶歌大赛，既提高了古丈茶的知名度，也宣传了古丈的美丽风光。

在长期的劳动过程中，产生了诸多茶歌、茶戏，这些茶歌茶戏是珍贵的非物质文化遗产，同时也是重要的旅游资源。近年来，不少地区充分利用传统的茶歌茶戏进行文化营销，这在一定程度上保护了传统艺术。凤冈组建锌硒茶乡艺术团，打造了《土家油茶茶艺》《西部茶舞》等"十大茶戏"，在全国各地演出300余场，更好地将凤冈县特色茶旅文化宣传到了全国各地。

便利装的茶饮料受到年轻一族喜爱，为扩大影响力，不少茶企拍摄MV来进行营销，如今麦郎的"清茶"系列便由张靓颖演绎了一首美妙动听的《Just Relax》，这首MV的拍摄外景地选择在泰国的清莱，这是泰国最著名的茶园所在。MV中，张靓颖在绿色的梯田茶园里中忘情歌唱，邂逅了一位老茶农，展开了一场神秘之旅。无意之中，《Just Relax》意外捧红了泰国清莱茶园。

为扩大安溪铁观音的知名度，提升安溪铁观音在全国名茶中的领先地位，安溪铁观音集团借上海"世博会"即将开幕之际，特邀影视巨星张铁林和中国民歌四小花旦之一的张燕作为品牌代言人，并拍摄首部推广安溪铁观音的音乐宣传片《凤山茶歌》。据介绍，该音乐宣传片斥资上千万元，邀请知名导演朱克嘉执导。该片的歌曲由创作了《为了谁》等脍炙人口的作品的著名作曲家孟庆云编曲，原中央电视台文艺部主任邹友开填词，并由中央电视台专业摄制组进行拍摄，而张铁林、张燕将出演剧中的男女主角。《飘香》MV由谭晶演唱，由著名导演严霞拍摄，由新生代青年演员菅韧姿、卜冠之分饰MV中的男女主角。《飘香》MV讲述了一位年轻帅气男子和一位年轻靓丽茶场少女的两次相遇，以两人前世的相遇恩爱和今生的追寻为中心，展现安溪山水美景，以当地风土人情为线索，把安溪一幅幅唯美美景美茶展现于其中。《飘香》通过MV的表现手法，凸显安溪的城市文化，在中央电视台电影频道播出和网络热播后，得到广泛的关注，并入选为十八大献礼的18首优秀歌曲之一，如今《飘香》已开枝散叶，同主题的微电影也已经面世。

第八章

中国茶文化旅游热线的提升

旅游线路是联系旅游者和旅游对象、客源地和目的地的重要环节。茶在我国有着深厚的群众基础,无论大江南北,各个阶层、民族都盛行饮茶,茶是我国当之无愧的国饮。综合考虑消费标准、旅游资源、季节气候等因素,国内、国外、产茶区、非产茶区等均可开辟茶文化旅游线路。

第一节 中国茶文化旅游区域的划分

中国产茶区域辽阔,有20个省市自治区产茶,茶叶产区大致分布在东经94度~122度、北纬18度~37度的广大范围内,包括浙江、江苏、福建、湖南、湖北、安徽、四川、重庆、贵州、云南、西藏、广东、广西、江西、海南、台湾、陕西、河南、山东、甘肃等省区的1 000多个县市。茶树生长的最高地方是海拔2 600米的高山上,而最低是距海平面仅几十米的地方。不同地区会有不同类型和不同品种的茶树,不同的地区也会决定着茶叶的品质,从而形成了一定的、较为丰富的茶类结构。我国茶区面积辽阔,为了便于研究和管理,一般将全国产茶的地方划分为四个一级茶区,分别为西南茶区、华南茶区、江南茶区和江北茶区,这四个茶区各具特色。

茶区的秀丽风光和怡人的气候环境,是旅游休闲的理想境地。各产茶区的茶文化历史、民俗风情不尽相同,形成的旅游资源也各具特色。根据不同的自然条件,将不同地区划分为特定的茶叶生产区域。不同茶区的茶叶种类和茶叶品质的差异性,结合特定的茶区成为重要的旅游资源。

对资源进行旅游区域划分是茶文化旅游进行规划与开发的前提。旅游区是一个旅游地域综合体,是旅游中心及其辐射范围内的旅游资源、旅游服务设施和机构、旅游交通及旅游客源等相互作用而形成的旅游地域系统,是一种自然——社会系统①。综合旅游区划是指综合考虑资源、文化、行政区划界线气候、旅游发达程度等要素而进行的区划。根据我国茶文化旅游资源的分布特点、茶叶生产的分区和我国的综合旅游区划,考虑发生学原则、相对一致性原则、地域完整性原则等旅游资源区划原则,可将中国茶文化旅游划分为五个一级茶文化旅游区域。一些省市虽不产茶,但是饮茶习俗盛行,茶馆众多,茶贸易发达,茶博览会召开频繁,茶旅游是其整体旅游的有机组成部分,故也一并列入。

表8-1 中国四大茶区范围及特色

茶区	各茶区范围	各茶区特色
西南茶区	地处中国西南部,包括贵州、重庆、四川、云南和西藏东南部等地。	地形复杂,以盆地、高原为主。茶树品种丰富,出产红茶、绿茶、沱茶、紧压茶和普洱茶等。
华南茶区	地处中国南部,包括广东、广西、福建、台湾、海南等地。	具有丰富的水热资源,茶园在森林的覆盖下,土壤非常肥沃,含有大量的有机物质。出产红茶、乌龙茶、花茶、白茶等。
江南茶区	位于长江中、下游南部,包括浙江、湖南、江西等省和皖南、苏南、鄂南等地。	多为低丘低山地区,也有少数海拔较高的山区,气候四季分明。生产的茶类主要是绿茶、红茶、黑茶、花茶,以及高品质的特种名茶。
江北茶区	位于长江中下游北部,包括河南、陕西、甘肃、山东、皖北、苏北、鄂北等地。	地形比较复杂,年降水量较少。主要出产绿茶,种植的茶树大多为灌木型中叶种和小叶种。

一、西南奇山秀水茶文化旅游区

大西南是全国各大旅游地带中地势起伏最大、类型最多的地区,其高山、高原、峡谷、盆地、丘陵、平原、海岛相间,加之气候宜人,动植物资源极其丰富,拥有中国最具特色的自然保护区,以各种美感形态的峰林、奇石、碧水、幽涧而称雄于世。西南茶区是我国最古老的茶区,也是世界茶树的起源中心和茶文化的摇篮,茶树物种资源丰富。茶区属亚热带季风气候,地势高,垂直气候变化大,植被以常绿或落叶阔叶林为主。西南茶区地势高,奇山秀水众多,其中

---

① 保继刚,楚义芳.旅游地理学[M].北京:高等教育出版社,1999:106—112

著名的茶山有四川的蒙顶山、峨眉山、青城山和贵州的武陵山等,尤以四川茶山为最。茶马古道是中国西南民族经济文化交流的走廊,沿途风光震撼人心,古迹数不胜数。西南地区是中国少数民族最多和少数民族人口最集中的地区,各民族能歌善舞,节日喜庆终年不断。这里是中国茶文化的发祥地,少数民族很早就开始种植茶叶,至今仍保存着具有浓郁民族特色的茶饮茶俗。各级茶文化旅游区的茶文化特色见下表:

表8-2 西南奇山秀水茶文化旅游区

	名茶	茶文化旅游资源	茶文化旅游特色
云南	绿茶:滇绿、南糯白毫、苍山雪绿 红茶:滇红 黑茶:普洱茶 紧压茶:云南沱茶	茶山:六大茶山 古迹:景迈千年古茶园、茶马古道 茶艺:白族三道茶 茶俗:少数民族饮茶茶俗	茶文化旅游开发较早,少数民族风情浓郁,少数民族饮茶习俗异彩纷呈;千年古茶园历史悠久,保护较完整;普洱茶主打休闲观光牌,投资力度大。
四川	绿茶:蒙顶甘露、青城雪芽、峨眉竹叶青、雨城银芽、峨眉毛峰、沫若香茗、文君绿茶 红茶:川红功夫 黄茶:蒙顶黄芽	茶山:蒙顶山、峨眉山(世界文化与自然遗产)、青城山(世界文化遗产) 古迹:蒙顶皇茶园、名山茶马司 茶艺:龙行十八式 茶馆:成都茶馆遍地	茶山名气大,文化气息浓厚,蒙顶山旅游主打茶文化牌;乐山夹江天福观光茶园开发成熟;峨眉茶旅一体;成都茶馆休闲娱乐多,接地气。
重庆	绿茶:永川秀芽、巴山银芽、缙云毛峰、大足松茗 紧压茶:重庆沱茶	茶山:永川茶山竹海	永川万亩茶山竹海为4A级景区,吸引众多游客;永川国际茶文化旅游节影响力大,辐射面广,已成为一大品牌。
贵州	绿茶:都匀毛尖、湄潭翠芽、梵净山翠峰茶、石阡苔茶、凤冈锌硒茶、贵定云雾贡茶 红茶:遵义红茶	茶山:武陵山、梵净山、螺丝壳山 茶俗:少数民族饮茶风情	近年来大力发展茶产业,湄潭、凤冈茶文化旅游也有一定发展;生态环境极佳,主打观光疗养的茶旅游产品在外地有一定市场。
西藏西南部	绿茶:林芝绿茶、珠峰圣茶	藏族特色茶俗茶礼、青藏高原雄奇风光	藏族酥油茶风味殊绝,茶礼独特;"世界屋脊"高原茶园风光迷人。

二、华南热带茶文化旅游区

这里大部分处于亚热带或热带地区,兼有山海岛之胜,自然风光旖旎,气候热暖期长,是中国的理想避寒地。这也是华侨之乡,大批侨胞华裔散居世界各地。本区域又是中国开放度最大的地区,四个经济特区全集中于此,闽南三角区和珠江三角洲同为开放区,亦是全国接待海外来华访问者人数最多的地带。这一区域是我国最南部的茶区,茶旅游资源十分丰富,茶区既在大陆逶迤伸展,又包括多座海岛,耸立有武夷山、凤凰山、五指山、阿里山等闻名遐迩的茶山。

表 8-3　华南热带茶文化旅游区

	名茶	茶文化旅游资源	茶文化旅游特色
广东	乌龙茶:凤凰单枞、凤凰水仙、岭头单枞、大叶奇兰 红茶:英德红茶、荔枝红茶 绿茶:古劳茶、合箩茶	茶山:凤凰山 茶俗:潮汕工夫茶(国家非遗名录) 茶馆:广州茶楼美食丰富	梅州雁南飞茶田度假村为5A级旅游景区;潮汕工夫茶茶艺精湛;广州茶楼以精美茶点取胜;深圳、广州茶博会规模大、影响力大。
广西	绿茶:桂平西山茶、南山白毛茶 白茶:凌云白毫、象棋云雾 花茶:桂平桂花茶、横县茉莉花茶 黑茶:六堡茶	茶山:蒙顶山、峨眉山(世界文化与自然遗产)、青城山(世界文化遗产)巴蜀茶文化	少数民族风情浓郁,壮族茶歌茶舞引人入胜;喀斯特地貌茶山独具特色;横县茉莉花茶飘香,形成一定品牌。
福建	乌龙茶:武夷岩茶、安溪铁观音、龙须茶、永春佛手 绿茶:南安石亭绿、七境堂绿茶 白茶:福鼎银针、福安雪芽 花茶:福州茉莉花茶 红茶:坦洋功夫、正山小种	茶山:武夷山 茶都:安溪 茶古迹:北苑御茶园、海上茶叶之路 茶俗:闽南工夫茶 茶器:建窑 茶事活动:安溪茶王赛、乌龙茶制作工艺(国家非遗)	茶文化旅游资源十分丰富,知名度高;茶文化旅游开发早,规划合理,宣传到位,已产生品牌效应;茶学教育发达,茶文化旅游产品多元化,形成武夷山、安溪等茶文化精品路线。

(续表)

	名茶	茶文化旅游资源	茶文化旅游特色
海南	红茶:南海、通什、岭头红茶	茶山:五指山	热带风光迷人,生态环境好,金山茶场风光迷人。
台湾	乌龙茶:冻顶乌龙、文山包种茶、东方美人、松柏常青茶、阿里山珠露茶、雪山乌龙、木栅铁观音 红茶:日月潭红茶	茶山:玉山、阿里山、白姑大山 名湖:日月潭 茶俗:高山族特色茶饮 茶馆:台北猫空木栅	茶文化旅游开发早,观光茶业早已成为宝岛一大特色;茶文化产品创意性十足,极具小资气息;茶旅游节庆多,人气旺;茶文化旅游多元化,产品已十分成熟。
香港		茶馆:港式茶餐厅茶点丰富 茶博物馆:香港茶具博物馆	香港茶旅游主打美食牌,茶餐厅港味十足,丝袜奶茶成为一大招牌;香港茶具博物馆展品丰富。
澳门		茶博物馆:澳门茶文化馆 茶俗:中西合璧的澳门茶饮	茶文馆展示了澳门作为茶叶走向世界的门户的历史;澳门茶楼颇具特色,是游客必去的地方。

三、湖山景观茶文化旅游区

本区域居于中国中部,是各大旅游地带唯一无陆上边界又无海上边界的地区,自古有九省通衢之称。四周为山地丘陵环绕,长江及其两大湖泊——鄱阳湖、洞庭湖处于中央,大江两岸湖群密布,号称千湖之区。在这块富饶大地上孕育的荆楚文化,是中华文明的重要组成部分。这一地区群山竞秀,庐山、三清山、井冈山、武当山、衡山、张家界等名山都是著名的产茶地。江西、湖南、湖北是著名的鱼米之乡,土地肥沃,森林覆盖率高,茶园遍布,环境十分优美。历史上该区域饮茶历史悠久,具有深厚的茶文化底蕴,有着精彩的茶歌茶舞,至今在民间得到较好的保存。各二级茶旅游区旅游资源十分丰富,特色各异。

表8-4 湖山景观茶文化旅游区

	名茶	茶文化旅游资源	茶文化旅游特色
江西	绿茶：庐山云雾、井冈翠绿、遂川狗牯脑、婺源茗眉、大鄣山云雾茶、双井绿、仙台大白 红茶：修水宁红 白茶：资溪白茶、靖安白茶	茶山：庐山（世界文化景观）、三清山（世界自然遗产）、井冈山 名湖：鄱阳湖 名泉：谷帘泉 茶器：瓷都景德镇 茶艺：文士茶 茶文化形态：采茶戏（国家非遗） 茶俗：赣南擂茶	茶山钟灵毓秀，风景秀丽；茶园生态环境极佳，婺源上晓起有"茶文化第一村"的美誉；茶文化旅游产品文化气息浓，景德镇古窑、永和窑茶文化底蕴深厚；茶学教育发达，茶艺表演海内外知名度高。
湖南	绿茶：高桥银峰、桂东玲珑茶、古丈毛尖、沅陵碣滩茶、安化松针 黄茶：君山银针 黑茶：安化黑茶	茶山：衡山、君山 名湖：洞庭湖 茶俗：湘西少数民族饮茶习俗 茶道：茶马古道	水乡泽国特色鲜明；湘西特色茶饮极富地方特色；茶歌丰富，具有传播效益。
湖北	绿茶：武当道茶、恩施玉露、英山云雾 红茶：宜红工夫茶 砖茶：羊楼洞砖茶。	茶山：武当山 茶文化：武当道教茶文化 茶俗：土家茶油茶风俗 茶遗迹：茶圣陆羽故里。	天门借"茶圣故里"大力发展茶旅游；土家族茶俗别具风情；武当道文化深厚。

四、江南水乡茶文化旅游区

江南水乡茶文化旅游区包括长江下游、淮河下游和钱塘江流域，兼有山海之盛，又是中国经济开发程度高、工商业发达的水乡地区，极富舟楫之利，自古以来便是繁盛之地。历史上这里还是一些封建王朝避难偏安之所，所以古文化遗存十分丰富。该区域为亚热带季风气候，这里四季分明，植被茂盛，大多处于低丘低山地区，也有海拔1 000米的高山，出产各类品质各异的名特优茶，闻名天下的西湖龙井、黄山毛峰、洞庭碧螺春、祁门红茶等，均产于这个茶区。该地域文风鼎盛，文人辈出，茶文化底蕴十分深厚。长江三角洲地区历来是中国经济发达的区域，不少产茶区依托区域优势，大力发展休闲茶旅，已获得了巨大的经济效应。

表8-5 江南水乡茶文化旅游区

	名茶	茶文化旅游资源	茶文化旅游特色
浙江	绿茶:西湖龙茶、顾渚紫笋、莫干黄芽、华顶云雾、平水珠茶、普陀佛茶、雁荡毛峰 红茶:九曲红梅 黄茶:温州黄汤 白茶:安吉白茶	茶山:雁荡山、天台山、普陀山、天目山、顾渚山 名湖:西湖(世界文化景观) 名泉:虎跑泉 茶都:杭州 古迹:顾渚贡茶园、三癸亭、陆羽写作《茶经》地 茶文化形态:茶诗众多 茶俗:径山茶宴(国家非遗) 茶器:越窑青瓷	杭州茶文化旅游开发成熟,茶学发达,"杭为茶都"名声在外;茶文化旅游产品文化底蕴深厚,富有诗情画意;茶文化旅游产品多元化;依托长三角区位优势,主打休闲品牌,泡茶经济效果显著,茶家乐发展迅速。
安徽	绿茶:黄山毛峰、六安瓜片、霍山黄芽、舒城兰花 红茶:祁门红茶	茶山:黄山(世界文化与自然遗产)、九华山、松萝山 名湖:太平湖	黄山茶史悠久,名茶众多,茶文化旅游资源相对集中;依托山川景观和徽州特色,茶文化旅游发展迅速。
江苏	绿茶:洞庭碧螺春、南京雨花茶、阳羡雪芽、金坛雀舌 红茶:宜兴红茶 花茶:苏州茉莉花茶 白茶:溧阳白茶。	茶山:洞庭西山 名湖:太湖 名泉:惠山泉 茶器:宜兴紫砂壶 茶文化形态:茶诗、茶画众多 茶俗:阿婆茶	茶产品文化气息浓,富有江南水乡特色;茶旅游产品多元化,已有一定知名度;茶文化旅游资源分布不均衡,环太湖地区依托区位经济优势,主打休闲旅游品牌。
上海		茶馆:湖心亭茶馆、上海茶楼 茶点、茶食	茶学研究发达,茶国际博览会有一定品牌,上海国际茶文化旅游节影响大;茶馆发达,具有典型的海派特色。

五、黄河中下游茶文化旅游区

本旅游区域包括黄河中下游地区,这里是中华民族的发祥地,华夏古迹遗迹遍布,从仰韶文化、半坡遗址、商城殷墟到抗战时期的行都,在中华民族有迹可循的四千年的历史长河中,几乎有三千年是在这一地区建都,成为全国的政治中心。这一地区的茶文化旅游以各地名优绿茶产区为主,茶文化旅游资源相对较少,茶文化旅游开发程度较低,一般以茶园观光活动为主。这一地区的饮茶历史同样悠久,仍然保持着特色茶饮茶俗。

表 8-6 黄河中下游茶文化旅游区

	名茶	茶文化旅游资源	茶文化旅游特色
河南	绿茶:信阳毛尖、仰山雪绿、太白银毫	茶山:鸡公山 名湖:南湾湖	信阳茶文化旅游开发较为完善,南湖湾茶岛环境优美。
陕西	绿茶:汉中仙豪、汉水银梭、秦巴雾豪、紫阳毛尖、八仙云雾	古迹:陕西法门寺博物馆	茶文化旅游资源分布不均,法门寺唐代茶具展览知名度高;汉中西乡建设"中国最美茶乡"。
甘肃	绿茶:龙神翠竹、龙神翠峰、阳坝毛尖、栗香毛尖、碧峰龙井、龙池雀舌	茶俗:回族等少数民族特色茶饮 遗迹:茶马互市	茶文化旅游开发程度低,尚未产生品牌效应。
山东	绿茶:日照雪青、日照冰绿、崂山绿茶	茶山:泰山、崂山 名泉:趵突泉 茶文化:崂山道教茶文化	为北方重要产茶基地,茶文化旅游以观光茶园开发为主;崂山茶道有一定市场影响力。
北京		茶馆:老舍茶馆、天桥乐茶馆等 茶街:马连道茶叶一条街	依托首都的地理优势,茶馆旅游极具知名度,成为展示传统文化的窗口;茶博会影响力大,茶叶贸易繁盛。
天津		茶馆:各类相声茶馆	茶馆业与相声结合,成为助推天津旅游市场的吸引力。

拓展阅读

崂山茶道养生之旅

素有"海上第一名山"之称的崂山位于山东青岛黄海之滨,主峰1 133米,它拔海而立,山海相连,雄山险峡,水秀云奇,自古被称为"神仙窟宅""灵异之府"。山上奇石怪洞,清泉流瀑,峰回路转。人文景观和自然景观交相辉映的崂山,1982年被国务院确定为全国名胜风景区。

崂山种茶已有悠久的历史,相传崂山茶原由中国道教全真派创始人之一的丘处机和明代张三丰等崂山道士自江南移植,亲手培植而成,数百年来为崂山道观之养生珍品。

作为道家名山,自古以来崂山修行的道人以茶养神、以茶修行且又以道论茶,形成了道家茶文化。道家茶文化将茶道和道茶并行不悖融汇于一体。

崂山茶道是中国茶道的一部分,受历史上崂山道家茶文化的影响,崂山茶道熏染附会上了道家风骨;又因为崂山特有的地理人文风俗及茶种变迁等因素影响,崂山茶道有了独特的韵味,2007年被列入区级非物质文化遗产保护对象。

2004年,根据崂山道教文化浓厚的特点,王哥庄的晓阳春茶厂成立了崂山茶道表演队,表演队刚开始有三个人,是源于道教"一生二,二生三,三生万物"的理念;现在,表演队有七人,则主要是为了再现全真七子在崂山上喝茶论道的场面;将来,表演队要改为九人,因为在道教中,"九为大"。表演以焚香、赏茶、温壶、洗杯、投茶、冲泡、奉茶等精湛娴熟的道家制茶表演为载体,辅之以琴、棋、书、画、诗、文六艺。这支队伍奥帆赛期间曾受到邀请,在奥帆村中开辟专门位置每天进行展示。

为大力弘扬崂山茶文化,提高崂山茶的知名度、美誉度和市场竞争力,为广大茶农打造增收致富平台,自2004年至今,崂山区王哥庄街道已连续成功举办了十届以崂山茶文化为主题的旅游节,通过不断整合辖区内山、海、岛、滩、茶等得天独厚的资源,将茶文化、民俗文化、美食文化、休闲健身文化融为一体,形成了节会、美食、商贸、旅游经济与生态农业互促共进的产业格局。崂山茶文化节已经作为王哥庄的一张名片,深深地烙印在青岛人的心目中,茶文化节的开幕昭示着旅游旺季的到来,拉动着王哥庄旅游业的发展。

崂山茶苑生态旅游区地处崂山东麓,仰口风景区北侧,面积约12.2平方千米,已投入1 392万元,开发建设崂山茶博物馆、品茶园等。近几年来,生态旅游区内大力发展具有山区生态旅游特点的崂山茶节、农家宴、农家旅馆、生态旅游观光等特色项目,取得了良好的效益。旅游区常设茶苑一日游,让游客亲身体验采茶、制茶及当地的民俗风情。在生态旅游区内大力发展具有山区生态旅游特点的崂山茶节、农家宴、农家旅馆、生态旅游观光等特色项目,形成了较为完善的民俗生态旅游体系,已发展成为了一个集旅游、度假、观光、休闲、养生、娱乐、购物于一体的综合性旅游区域。旅游区在千亩茶园的基础上,开发了耳聋山谷人文历史景观和自然景观,充分发挥园区内丰富而有特色的山、河、林、茶、果、水库等景观元素,使崂山茶苑生态旅游区更富有吸引力,形成别具特色的茶叶生态型休闲园区。

崂山区旅游局联合崂山区风景管理局共同推出茶乡风情与乡村生态之旅。线路一:王哥庄茶园——二龙山风景区——中国茶博物馆——茗香风情园——万来客茶园,体验赏茶园美景,品崂山茗茶,观茶艺表演,览崂山茶文化,悟茶道精神;线路二:石老人观光园——雨林谷——百雀林生态观光园——沙子口"山海人家"。

第二节　茶文化旅游线路设计原则

茶文化旅游线路的设计是一项技术性很强的工作。从区域规划角度讨论的旅游线路,可以被认为是对未来区域内景区、景点的可能组合提出的一些线路设想。优秀的茶文化旅游线路设计人员,必须精通茶文化知识,并熟悉旅游法律、旅游心理、旅游市场、旅游常识,了解各种旅游方式的利弊,熟知各种旅游的费用预算方法,善于运用各种先进的方法和手段等。同时,还应遵循以下原则。

一、市场导向原则

作为旅游产品的旅游线路是通过合理科学的设计来满足旅游者多样化的需求,从而打开销路,获得经济利润。因此,旅游线路设计的关键是适应旅游客源市场的需求,最大限度地满足旅游者的需求。旅行社产品开发要以市场需求为导向,根据充分的市场调查结果,研究和预测市场需求演变趋势,分析旅游者的出游动机,才能针对不同目标市场客源的需求,在最大限度地满足旅游者需求基础上,获取更大的经济利益。由于旅游者来自不同的国家和地区,具有不同的身份以及不同的旅游目的,因而,不同的游客群有不同的需求,总的来说分为:观光度假型、娱乐消遣型、文化知识型、商务会议型、探亲访友型、主题旅游型、修学旅游型、医疗保健型。

旅游者的需求包括旅游者的旅游动机、旅游成本等。观赏时间长短、游览项目多少与旅途时间、花费比值的大小,将影响游客对旅游线路的选择。只有充分考虑到目标人群的需要,才能将旅游资源成功地推向市场。现代旅游者的需求是朝着精神、文化、知识、健康、娱乐、享受的方向发展,追求新、奇、异、美的感受。茶文化旅游产品正顺应了近年来人们崇尚自然、回归自然的心态,因而茶文化旅游产品的设计反映了近年来旅游市场的需求趋势,具有广阔的市场前景。

旅行社在开发茶文化旅游线路时,首先要确定目标市场,根据旅游者的类型和期望,从总体上确定旅游线路的性质和类型。线路整合要适应需求的针对性。茶文化旅游是集休闲度假、茶园观光、古迹游览、生态体验等为一体的人文旅游活动。茶文化旅游的开发应针对游客对自然风光和人文风光重视程度的不同,而有所侧重地分别推出不同的茶文化旅游线路,以满足旅游者的需求。

二、独特性原则

旅游产品是否具有吸引力和竞争力,关键在于是否具有与众不同的独特性。尤其是在旅游市场竞争日益激烈、旅游资源差别不大的情况下,旅游线路的设计更需要巧妙构思,大胆创意。突出旅游线路的特色,寻找旅游资源的"卖点",尽可能串联更多的、有内在联系的旅游景点和丰富的旅游活动内容,将其形成群体规模,并在旅游交通、食宿、服务、娱乐、购物等方面选择与此相应的方式,展示其整体特色效果。

为突显独特性,旅游线路一般应突出某个主题,并且要针对不同性质的旅游团确定不同的主题。线路设计要充分考虑旅游者不同年龄、职业、教育水平、经济收入以及喜好的差异,设计不同类型的线路。如根据少年求知欲望强烈的特性,可进行茶叶科普的活动;老年人注重养生,可安排"茶疗保健游"产品;男性更倾向于冒险,可参加茶马古道探险游;女性追求浪漫美丽,在茶旅游时可适时穿插些美容养颜花茶的品饮、制作介绍。

同时,旅行社还应该围绕主题安排一些互动性强的旅游项目,让旅游者通过各种活动,从不同侧面了解旅游目的地的文化与生活,满足旅游者休闲、娱乐和求知的欲望。娱乐活动设计要丰富多彩、雅俗共赏、健康文明,体现民族文化的主旋律,达到文化交流的目的。同时,要着重突显体验性、参与性和艺术性,在娱乐中休闲,在欢乐中获得精神愉悦。到云南大理,必定要安排游客观赏白族三道茶茶艺表演;到西藏旅游,去藏民家喝酥油茶是每位游客难忘的经历。旅游线路的娱乐活动设计要注意根据旅游者的特征、消费水平和喜好安排,即针对不同类型的旅游者设计不同风格的娱乐活动。如老年旅游者娱乐活动设计着重于怀旧色彩,不能过于刺激,可适当安排禅茶表演,感受宗教文化的精深与宁静;年轻人更愿意尝试新奇的事物,可安排一些攀爬高山采茶、穿行茶盐古道等冒险性活动。

旅游市场在日新月异地变化发展,游客的需求与品位也在不断地变化、提高。为了满足游客追求新奇的心理,旅行社应及时把握旅游市场动态,注重新产品、新线路的开发与研究,并根据市场情况及时推出。一条好的新线路的推出,有时往往能为旅行社带来惊人的收入与效益。一条全新旅游线路的开发首先是从线路设计的创意开始的,这里的创意是指有关旅游线路设计的思想、点子、立意、想象等新的思维活动。当然,旅行社开发新线路的创意来源是多方面的。

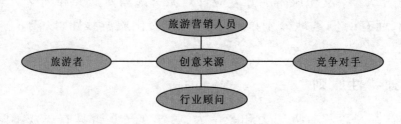

图 8-1 旅游市场创意来源

一些原有的旅游线路,也可能因为与当前时尚结合而一炮走红。如广东"国旅假期"借电影《卧虎藏龙》问鼎奥斯卡最佳外语片和最佳摄影等四个奖的东风,在全国率先推出一条"卧虎藏龙"徽州古民居旅游线路,让更多的游客步入"中国画里的乡村",观赏被称为"徽州三绝"的牌坊、古祠、民居。皖南徽州古村落的民居群,虽时有所闻,但与黄山的盛名相比,所知者却不多。但联合国专家大河直躬博士、建筑大师贝聿铭、台湾作家琼瑶、导演张艺谋、李安等人不远千里到黄山脚下寻找"中国画里的乡村",对他们而言,徽州古民居是世界文化的遗产、建筑的立体史书、梦中的世外桃源、《菊豆》的拍摄地、《卧虎藏龙》的梦工场。也正因为此,这条旅游线路一经推出便成为旅游热线,为当地旅行社创下了不菲的经济效益。

旅游活动的本质是探寻文化,欣赏文化,享受文化,即寻找美、感受美、享受美,追寻文化的丰富性、差异性、独特性是游客出游的根本目的所在。所以,文化的注入和创新是茶文化旅游线路的生命与竞争力所在。

形象遮蔽理论指出,在一定区域内分布着若干旅游点,其中旅游资源级别高、特色突出、品牌效应大的旅游点,在旅游形象方面会更突出,从而对其他旅游地的形象形成遮蔽效应。① 浙江武义有着丰富的茶文化旅游资源,但周边地

---

① 杨振之.旅游资源开发与规划[M].成都:四川大学出版社,2002:84

区分布着杭州、湖州、杼山等茶文化旅游热点,使得形象受到了一定的遮蔽,为了突破这一遮蔽,武义另辟蹊径,走出了一条独特道路。武义是有名的温泉名城,称为"东方养生圣地",同时又盛产茶叶,在2001年被国家有关部门命名为"中国有机茶之乡"。武义将有机茶与温泉有机结合起来,主打茶疗品牌,结合目前日趋成熟的旅游三大板块——温泉度假、丹霞探古、生态风情,分别设计"泡茶浴品香茶""探古村赏茶园""住农家屋饮有机茶""游丹霞采绿茶""逛畲乡古镇看茶艺风情"等富有特色的茶旅游系列线路供游客自主选择。让更多的人在武义"一泓清泉"和百里茶乡中"尽茶之真、发茶之善、明茶之美"。名不见经传的武义,逐步在竞争激烈的浙江茶文化旅游市场中崭露头角,受到许多中老年旅游者的喜爱。

印度是世界第二大茶叶生产国,也是一个神秘国度,其旅游口号是"不可思议的印度"(Incredible India)。在印度,一切皆有可能。印度土匪肆虐的拉贾斯坦邦旅游部门日前竟推出一项离奇的新业务——"与土匪喝早茶一日游"。导游将带领游客们前往拉贾斯坦邦昌巴谷的土匪老巢参观,并向他们介绍当地最为著名的绿林大盗。游客们将有可能与神秘的土匪首领喝早茶,甚至有望赶上一场真正的"警匪枪战"。最让人目瞪口呆的是,这一离奇观光团的"导游",竟然正是那些曾经横行一时的土匪头目!这一新奇的旅游业务是由印度拉贾斯坦邦的旅游部门最近推出的。据悉,多年来,拉贾斯坦邦一直治安极乱,各种土匪黑帮四处作案,犯罪率居高不下。拉贾斯坦邦旅游部门从中看到无限商机,于日前推出一项离奇的新业务"土匪一日游"——将游客组成"观光团",前往拉贾斯坦邦土匪最猖獗的地区观光游览,从而体验一把犹如探险电影中的刺激感觉!

三、多样化原则

根据心理学意义上的满足效应递减原则,重复的内容会使旅游者的观赏兴趣以50%的比例下降。因此,在旅游线路中应尽量避免安排内容重复或是内容相似的景点,当然专业考察旅游则另当别论。1999年,美国总统克林顿访华的旅游线路为:北京——西安——桂林——香港——上海,这些城市的特色迥异,高潮迭起。这样的产品组合,充分体现了我国旅游产品的无穷魅力,为此它成为国际黄金旅游线路也是理所当然的。

越来越多的旅游者已经不再满足逛茶园、采茶、茶馆饮茶、购茶等,浅层次旅游模式已不能满足旅游者日益增长的旅游愿望。相关部门在策划茶文化旅游线路时,应拓展思路,整合多方资料,以茶为主线,结合生态文化、养生文化、民俗文化、景观文化等,再将茶文化旅游线路与茶文化人文景观、茶制品购物、茶食餐饮、茶艺茶俗、茶住宿等项目串联起来,形成一个以茶文化旅游为核心的茶旅游模式。

2001年武夷山风景名胜区推出了集武夷茶文化、民俗文化、旅游文化、自然景观、人文景观为一体的茶文化旅游专线：武夷茶园——大红袍茶树——御茶园——观赏武夷茶艺表演——住武夷山。此线路为2001年十一黄金周期间福建省推出的9条精品旅游线路之一。如今，武夷山的茶文化旅游线路更为多样化，又增加了岩骨花香漫游道、晋商万里茶路起点——下梅、中华茶博园、茶厂参观、岩茶制作体验、遇林亭窑址等不同类型的景点，还开发了特色茶宴。《印象大红袍》的山水实景演出，更是武夷山茶旅的一大亮点。武夷山茶旅路线集中了茶山、古茶树、古茶园、古窑、茶古迹、茶路起点、茶文化村、茶制作体验、茶俗风情、茶艺观赏、茶博物馆、茶美食、茶综艺节目等旅游项目，再加上每年茶文化旅游节、茶博会、海岸两峡茶叶交流会等各种节庆的举办，使得武夷山的茶文化旅游线路极为丰富多彩。武夷山周边地区的茶旅资源同样精彩，安溪茶都游、福州茉莉花茶游、漳浦天福茶学院修学游、泉州海上茶路游、坦洋工夫茶游、福鼎白茶山水游等线路各有特色，若与武夷山茶旅实现联动合作，势必能产生更大的品牌效应。

顾渚有着丰富的茶文化古迹，在精心打造贡茶文化的同时，还多方面拓展其他旅游形式，形成了"品唐代贡茶、享农家乐趣"的旅游品牌。顾渚村修篁遍地，树木葱郁，有"天然氧吧"之美誉，被评为"浙江省首位魅力新农村""2007浙江美丽乡村"。近几年，顾渚村大力发展农家乐，收费不高，40~50元即可包吃包住一整天。不少农家菜与茶有联系，如"金沙香茗""香茶"等。春天顾渚村旅游最佳时节，游客可以参加采茶、炒茶、品尝等活动，顾渚村根据季节开发了丰富的农事活动，如各式时鲜瓜果采摘、挖笋、钓鱼、抓泥鳅、摸螺蛳、打年糕、磨豆腐等，这些农事活动参与性很强，具有乡土气息，受到广大游客的欢迎。每年4月顾渚村都会举行一些茶文化节庆活动，包括了祭茶圣陆羽、无我茶会、茶文化研讨、寻觅茶圣踪迹、招商会等。目前，顾渚山陆羽茶文化风景区管委会正进一步完善功能布局，五星级酒店对外营业，并建设有民国特色街道、茶文化风情小镇。禅茶精舍等项目正在建设，将于2015年正式对外开放。

为在国际市场推广台湾好山好水好人情的观光优势，台湾整合了文山包种茶、东方美人茶、鱼池阿萨姆红茶、阿里山高山茶与瑞穗蜜香红茶共5条茶旅游线路，并搭配日本、韩国与马来西亚旅游业者，将茶路纳入行程贩卖。台湾也将结合旅游路线、茶具创作、茶食的整体规划，型塑台湾茶优质形象，并配合"Time for Taiwan——旅行台湾，就是现在"的优惠方案，搭配各国际市场旅客喜爱的不同路线进行营销。

旅游交通可针对不同的旅游人群的特点适当调整。如以老年人为主要细分市场的旅游线路，在设计开发的过程中，交通舒适程度应优先考虑。另外，在具体安排中,交通工具的选择应与旅游活动的主题相吻合。如茶马古道旅游中,可适当安排游客骑马,以体验当年马帮穿行在西南山区的情形;进行杭州茶文化专题旅游时,可安排游客泛舟西湖,感受在游船上品茗赏景的诗情画意。

四、合理配置原则

1. 效果递增

在旅游线路设计的过程中,要合理选择旅游目的地,科学配置和组合各个旅游景点,以达到旅游线路设计最优化的目的。一条好的旅游线路,就好比一首成功的交响乐,有时是激昂跌宕的旋律,有时是平缓的过渡,都应当有序幕—发展—高潮—尾声。在茶文化旅游线路的设计中,应充分考虑旅游者的心理与精力,将游客的心理、兴致与景观特色分布结合起来,注意高潮景点在线路上的分布与布局。旅游活动安排不能过于紧凑,做到有张有弛,使旅游者不至于走马观花。旅游线路的结构顺序与节奏不同,产生的效果也不同。

一条旅游线路中各个景点的安排顺序应遵循旅游活动内在的基本规律,景点的顺序编排要有吸引力,游览内容的编排也要突出顺序特点。大多数线路都是以旅游景点的吸引力强弱为线路安排的基本原则:即由一般吸引力的景点过渡到强吸引力的旅游景点,使游客的热情和兴致一直处于不断高涨的状态。

2. 交通安全

安全因素是旅游者选择旅游线路时最关注的一个因素。设计旅游线路的过程中,各个节点之间的连接方式和连接线路的选择都应以快捷、舒适和安生为基本标准。安全因素是旅游者和旅游线路设计者必须重点考虑的要素,旅游线路设计中要特别关注游客的安全。一方面要避免路线中游客拥挤、碰撞、阻塞路线。另一方面要避免路线受气象灾害区、地质灾害区和人为灾害区的影响,同时要注意在旅游线路上设置必要的安全保护措施和救护措施。

2013年,大连茶叶市场刮起野茶风,这些茶叶的价格略高于同类普通茶叶,香气更浓,口感较苦涩。野茶来自深山老林,在很多人眼中还蒙着一层神秘的面纱,再加上其独特的香气口感,正逐渐成为人们送礼的新选择。但据一些茶客反映,喝了野茶后容易头发晕、冒冷汗,后来发展到恶心、头疼、浑身不舒服。据专家介绍,大多数情况下,由于生长环境和生长时间不同,大部分经过人工驯化的野茶所含的咖啡因、茶多酚等营养成分确实高于普通茶叶,很多人也是因此而追逐野茶。未经人工驯化的茶叶,其中存在的生物毒素很可能使人出现上吐下泻等不良反应。一些野茶味道虽好,但对人体有着潜在威胁,故在购买时还应慎重。

一些原始茶山、茶路的风景美不胜收,但存在安全问题,在开发时必须做好缜密调查,并制定好详细的应对措施,确保游客的人身安全。对于一些执意要去探险的游客,应告知可能会出现的危险情况。

3. 景点之间的距离安排要合理

从长线旅游的空间交通距离的安排来看,在整条旅游线路中,耗费在城市间交通上的时间不能超过全部旅程的三分之一,否则可能会使游客将大量的费用和时间花费在旅途中。从短线旅游的空间角度来看,景区内各个景点的步行距离不宜过长,一般步行距离在 1~1.5 千米之间。步行距离过长,会使游客过度疲劳。为防止线路的重复,应尽量避免走回头路。

部分景区受交通限制,可能不便于开展游览活动。如浙江磐安古茶场有"中国茶业发展史的活化石"之称,是国家级重点文物保护单位,其交通较为落后,从金华市区到茶场需两个半小时车程,而且没有直达班车,自助游游客需多次转车,公共交通工具又多为使用多年的中巴,档次与服务性能都欠佳。由于外部交通条件的不完善,在很大程度上限制了这些茶文化旅游景点的可进入性,令游客游览的时间成本增加,从而使游客望而却步。

近些年来我国高速铁路快速发展,运营里程达到 1.1 万千米,居世界首位。不断延伸的高铁为旅游经济注入新的活力,形成了"高铁效应",开启了"快旅慢游"旅游新模式。随着向莆铁路的开通和厦深、合福铁路的即将首发,福建的省内和出省通道将全面贯通,海西经济区与长三角、珠三角、中部城市群连成一片,形成长三角和珠三角以及北方城市的 3 小时至 5 小时、6 小时至 10 小时的"高铁旅游圈"。为吸引长三角和珠三角游客入闽游,福建发布厦深高铁旅游"十条精品线路",其中清心茶韵游别具一格:主推福建具有代表性的武夷大红袍、泉州铁观音、宁德白茶、福州茉莉花茶、漳州水仙、客家擂茶等特色主题线路,使游客深度感受到了福建浓郁深厚的茶文化。

拓展阅读

信阳毛尖与鸡公山捆绑式营销

信阳是著名的绿茶之乡,"信阳毛尖"是全国十大名茶之一,千百年来,信阳毛尖一直作为朝廷的贡品为人们所熟知。信阳旅游资源丰富,"山、水、林、茶、泉、寺、红",近些年来,信阳大力发展旅游业,做足茶文章,提出"生态之城、绿色茶都"的口号,成为一座冉冉升起的旅游新星城市。

南湾湖茶岛有"中原第一湖"的美誉,南湾湖·茶岛以千亩茶园为基础,以信阳毛尖茶和南湾湖水资源有机结合为主线打

第八章
中国茶文化旅游热线的提升

造,包含神农井坊、茗萃苑、陆羽亭、狮源阁、龙壶戏金蟾、画眉衔籽台、茶山放歌亭、古法茶坊等多个茶主题景点,以茶主题功能设施、雕塑景观、茶艺表演及茶歌茶舞等艺术现象,构建出一个以茶为核心,集观茶、采茶、炒茶、品茶、购茶、茶艺表演、茶仙子舞蹈、楚编钟表演、茶文化与游客互动等于一体的文化旅游景区。

如今,国内外不少游客选择旅游目的地时,多数通过网络的宣传,网络已经成为宣传推介的重要手段。为了扩大影响力,南湾湖举办了中国最爽工作——南湾湖61岛总岛主的竞选,历时一个半月的海选、30强晋级等系列评选活动后,7月24日,在茶意浓郁的南湾湖茶岛茗萃苑举行比赛,10强选手经过紧张激烈的角逐,来自北京的网络红人"南湾湖茶小妹"黄培陪最终脱颖而出,成功当选为南湾湖61岛总岛主,年薪30万元。有网友指出,这一举措完全是大堡礁营销的山寨。2009年,澳大利亚昆士兰州旅游局为宣传大堡礁岛屿,面向全世界招聘大堡礁"护岛人"。其工作为每天在白沙碧海间巡视,并通过博客、图片和视频汇报工作。由于工作轻松且薪酬高(半年薪酬约10.5万美元),这一职位被称为"史上最牛工作",消息一公布,就吸引了大约3.5万的应征者,致使招聘网站一度崩溃。大堡礁招聘是事件营销的著名案例,影响遍及全球。南湾湖的模仿,得到了网络的密切关注,南湾湖茶小妹也一夜之间成为网络红人。南湾湖在举办此次活动之前,是一个名不见经传的景区,知名度并不高,这次活动如果说"想让大家知道它"的话,目的则达到了,炒作景区知名度方面的效果十分明显。

信阳境内的鸡公山与河北北戴河、浙江莫干山、江西庐山并称为中国四大避暑名山,鸡公山山上建有异国情调的别墅500余幢,享有"万国建筑博物馆"的美誉。鸡公山开发较晚,知名度远不如北戴河、庐山等避暑胜地。河南信阳作为旅游新城,在旅游开发中颇费苦心,注重文化资源的挖掘和整合,将信阳毛尖与鸡公山捆绑式营销,在鸡公山举办了"庆茶节、迎五一"系列主题活动,召开"茶与世界"高峰论坛,获得了媒体的关注。信阳通过以茶促旅,以旅促茶的方式,产生了一定的品牌效应。不仅吸引了省内的游客,也成功招徕了周边省份的游客前来采茶、休闲、游览、避暑,郑州多家旅行社推出了南湾湖、鸡公山两日游,具体行程如下表:

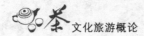

	第一天 郑州——南湾湖
行程游览	早上六点指定地点集合,乘车4小时出发赴信阳。 中餐后乘车前往著名的国家AAAA级风景区南湾湖,乘船遨游南湾湖,参观鸟岛、猴岛、茶岛(体验茶文化)。 游览结束后,返回市内,晚上可品尝信阳特色炖菜或特色小吃,入住宾馆。
住宿	信阳市区
	第二天 信阳——鸡公山
行程游览	早餐后前往鸡公山风景区(距离38千米,约1小时)抵达山脚下。乘景区小交通沿盘山公路进入主景区。之后游览豫南云中公园的鸡公山主景区,登上李自成之义女红娘子安营扎寨的红娘寨,观鸡公山第一主峰报晓峰,到美龄舞厅去寻找宋美龄当年美丽的倩影,进入中正防空洞观武汉会战的历史风云。 中餐后,结束愉快之旅,返回温馨的家!

第三节 小尺度茶文化旅游线路

旅游线路组织涉及面积广,可从不同角度来划分旅游线路的类型。从旅游行为的活动空间可分为小尺度的旅游线路和大尺度的游览线路。小尺度旅游线路多以城市为节点,在周围作往返短途旅游。大尺度的游览线路一般选择最著名的、最有旅游价值的旅游景区和旅游城市,使旅游者获得最大效益,因此多为环形游线,避免走回头路。这一原理同样适用于茶文化旅游的设计。目前,旅游市场的小尺度茶文化旅游线路主要有采茶踏青游、茶文化胜地观光游、茶乡风情游、主题茶文化游四种类型。

一、采茶踏青游

2008年12月26日,全国法定节假日休假办法和职工带薪休假条例的公布,意味着从1999年起我国实行的一年"三个黄金周、一个小长假(元旦)"转变为"两个黄金周、五个小长假"。由于假期时间分布较均匀,人们的消费观念也由冲动式的集中消费转变为理性的分散消费,从而更加合理地安排假日。随着自驾车的普及、高速铁路的贯通,人们越来越青睐于近距离的城乡游、民俗游等短线旅游产品。

近些年来,食品安全事件频繁出现,在这种情形下,无公害绿色食品大受欢迎,有些市民为了吃到正宗绿色食品,纷纷下乡购买放心农产品。顺应人们返璞归真的愿望,不少旅行社推出了各种农家乐,游客纷纷到田野进行农事劳

第八章
中国茶文化旅游热线的提升

动,在农作物成熟季节,开展一些采摘、收获果实的劳作活动,其中采茶游便是颇富趣味的一项。

在日本,各种劳作体验旅游受到人们的喜爱。有的旅游团就叫"插秧割稻团",旅游者利用假期,到农村与农民同吃同住同劳动,学习插秧或割稻,将收获的稻米带回家中,让游客能品尝到自己的劳动果实。又如"采茶旅游",旅游者大多都是长期在城市居住,一般是父母带着已上学的孩子,利用假期下乡旅游,参加采茶活动,共同体验农家生活。更有趣的是"旅馆老板娘亲身体验之旅",参加旅游的是年轻女性。到目的地后,旅游者便换上和服,绾起头发,到茶室沏茶上茶,或在旅馆插花,品一品当老板娘的滋味。

采茶游以茶园为依托,主要有赏茶、采茶、制茶、品茶、购茶等活动,是目前市场普及率最高的茶旅产品。采茶游的展开较为容易,故也激发了茶农发展旅游的积极性。参加采茶游,游客既能踏青赏花,活动筋骨,看一看茶乡的乡村美景,又能体验到劳作乐趣,喝到放心好茶,买到货真价实的品牌茶叶,可谓一举多得。

采茶游的特点是游客能够完全参与进去,融入环境中,边游玩边品茶。游客参与性、趣味性很强,孩子们也可以从中得到动手劳动的教育,采茶的同时,还可以了解茶文化,增长见识。近年来,全国各茶山、茶乡纷纷推出了"采茶之旅"。

环太湖地区已成为"茶旅游"的热点。太湖沿线密布各种茶坊、茶园和"茶舫",有的贴水而建,有的"藏"在山水之间,有游客戏称"一到品茶时节,环太湖就是一个开放式大茶馆"。对城里人来说,有吸引力的还是采茶、炒茶这些体验活动。城里许多人不知道茶叶"从茶树到茶罐"的过程,而"采茶旅游"就是为了让人们参与到"产茶"中来。

由于茶叶对生态环境要求极高,但凡是产茶区,一般都是山水灵秀、风景如画的地方,是不可多得的风景绝佳处。在旅游胜地桂林,人们除了游漓江、观溶洞、逛阳朔之外,又多了一个踏青采茶的好去处——阳朔七仙峰茶场。这里是广西农业旅游示范点,2012年荣获广西第一批"新乐茶休闲游"新线路景点。七仙峰茶场,茶园主体由7座高耸山峰组成,形如北斗七星,故而得名。茶场依山而种,一簇簇茶树形成了成块的梯田,从高处往下看,宛如绿色海洋。进入茶场登高望远,视野开阔,郁郁葱葱,真是美不胜收。七仙峰茶场现已被阳朔县列为重点景区景点"观景台",成为摄影创作基地。七仙峰茶场是一个名副其实的生态农家乐旅游景点,集观光、餐饮、住宿、采茶、茶艺表演、品茶购物为一体。在这里你可以头戴斗笠,背上茶篓,置身茶海,过一把采茶瘾,一路在云雾中穿行,当爬到茶场巅峰之上时,壮族阿妹的歌声应景地响起,山歌缭绕于山头,更觉得茶香扑鼻;可以身临其境,尽情享受大自然的清新空气,嬉戏于画一般的美景之中;可以在茶园员工的指导下,亲手把鲜嫩的茶芽翻炒制成茶叶,品尝自己制作的香茶,油然而生的是十足的满足感;还可以品着茗茶,观赏茶艺小姐精彩的茶艺表演,可谓一饱眼福、一饱口福。

位于广东西部的英德,是一个采茶的好地方。这里峰峦连绵、水源充沛、奇洞遍布,各类大小茶场就建在地势开阔的丘陵缓坡上。在这样的环境里,采茶也成了一件富有诗情画意的事。英德所栽培的茶树以云南大叶与凤凰水仙两个优良群体为基础,选取一芽二、三叶为原料,经适宜萎凋、揉切、发酵、烘干、复制、精选等多道工序精制而成。"英德红茶"远近驰名,如今这里的茶区有大批从事茶叶生产、茶叶教学、茶叶科研和茶叶贸易经营的机构和从业人员。在英德,最佳的采茶地点当属位于英红镇的茶趣园,这里的万亩茶园,群山环抱,景色宜人,茶树郁郁葱葱,茶文化无处不在,是感受采茶生活的一个理想之地。"茶趣园"原本是一个茶树良种繁育示范场,1998年,这里被改造成以茶园作为旅游资源的景点向游人开放。茶园用竹木、树皮搭建了凉亭、品茶轩、知茶厅、制茶坊以及相互连接的410米风雨长廊,方便游人赏茶、品茶。

如今,采茶踏青游已成为一种都市白领的旅游时尚,各大网站纷纷推出"最美茶山""最美采茶地"的评选,得到了网民们的良好反响。因为操作简单,经济效益高,评选活动激发了茶农们种植有机茶树、发展旅游的热情,也促使茶农更为自觉地保护茶区生态环境。

二、茶文化胜地观光游

一般来讲,乡村旅游客源的区域限制相对较大,以近、中程游客为主,对周边城市的依赖性较强。资源同质化,竞争较大,受季节影响明显,春季飘香时节是采茶旅游的旺季,其他时间则鲜有游客光顾。随着自驾游的盛行,不少茶农现在多"自立门户",直接揽客源,对旅行社依赖性不强,由于缺乏监管,使采茶游市场变得鱼龙混杂。单一的采茶旅游缺乏文化底蕴,产品附加值低,缺乏独特性,属于浅层次开发。

"茶文化旅游属于休闲文化,也是一种茶文化活动"①,为创造茶文化旅游线路的品牌效应,一些旅行社在设计茶文化线路时,大力开发新型采茶旅游项目,在传统采茶游的基础上增加了一些茶艺表演、茶史讲座、茶俗参观等内容,极大地提升了茶文化旅游线路的文化内涵。

一些名茶产地具有得天独厚的历史文化资源,在设计茶文化旅游线路时,更是得心应手。以茶为主题,将观茶、品茶、茶艺表演、茶古迹、茶俗集合为一体的茶文化胜地游受到很多游客的青睐。武夷山在2006年武夷岩茶(大红

---

① 姚国坤.茶文化概论[M].杭州:浙江摄影出版社,2004:2

袍)传统制作技艺成为首批国家非物质文化遗产后,就不断加大力度挖掘文化宝藏,茶文化在武夷山已成生产力。武夷山景区推出专门的茶旅慢游,与茶进行一次深度接触。

表 8-7 武夷山茶旅慢游线路

日程	活动日程与景点安排
D1	接站——岩骨花香漫游道——遇林亭窑址 武夷山火车站或飞机场接站。乘坐旅游大巴到景区票口,换成景区环保车,徒步游览"岩骨花香"茶文化慢游道(经过章堂涧、燕子峰、水帘洞、竹窠、丹霞嶂、鹰嘴岩、慧苑坑、流香涧、玉柱峰、大红袍、九龙窠)等景区,游览时间约2.5个小时。接着游览遇林亭窑址,这是目前全国规模最大、保存最完整的宋代古窑址。
D2	武夷山第一峰——中国最美的溪流 早餐后登武夷山第一峰——"天游峰"景区(御茶园、武夷书院、晒布岩、观景台、茶洞、天游观等),下午赴星村镇,沿途都是茶园,乘坐九曲竹排漂流,晚上可观看张艺谋导演的"印象大红袍"表演,穿越时空体验武夷山茶文化的精髓。
D3	红茶正山小种发源地——武夷岩茶制作过程——中华茶博园 早餐后赴"正山小种发源地"——武夷山自然保护区桐木村,参观茶厂,负责人介绍武夷山红茶的制作流程。下午赴天心岩茶村,参观茶厂,负责人介绍武夷岩茶的制作流程;赴中华茶博园参观,领略武夷山深厚的茶文化底蕴。晚餐可以品尝茶宴。
D4	晋商万里茶路起点 早餐后赴晋商万里茶路起点——下梅古民居,万里茶道第一村,素有福建最美村落的下梅村虽不大但很有韵味,曾经是武夷山的茶市,兴盛一时。下梅保留具有清代建筑特色的古民居30多幢,古民居"三雕"景观资源尤为丰富。

名茶具有很好的传播效应,西湖龙井、苏州碧螺春、黄山毛峰、武夷岩茶、庐山云雾早已是家喻户晓,所在地区本身便是闻名遐迩的旅游胜地,发展茶文化旅游能起到锦上添花的作用。还有一些名茶产地虽有深厚的茶文化底蕴,但其他旅游资源并不具备知名度。一些地方政府充分利用名茶效应,通过以茶为媒,大力开发茶文化旅游,故茶文化旅游的开发,无疑起着带动整个地区旅游事业发展的作用。信阳、顾渚、蒙顶山等名茶产地全力打造茶文化胜地游,旅游业发展得可谓是风生水起。

蒙顶山茶享有"仙茶"之美誉,凭借它独特的品质、精湛的制作技艺、娟秀的外形、悠久的历史和灿烂的茶文化而蜚声中外。西汉甘露年间,吴理真将七株茶树植于蒙顶山五峰之间,由此开启了人工植茶的历史先河,蒙顶山也因此而成了世界茶文明的发祥地和世界茶文化圣山。蒙顶山茶自唐天宝元年入贡皇室,宋代特诏"专以雅州名山茶易马,不得他用",并"立为永法"。如今,吴理真种茶遗址——皇茶园、汲水浇茶的古蒙泉、结庐休息的甘露石室、河神之女采茶仙姑的雕像,正吸引着众多旅游者前往参观,驻足凭吊。蒙顶山全力打造茶文化圣山,已取得不错反响,如今,蒙顶山茶文化旅游成为热门旅游目的地,成都便推出了蒙顶山茶文化一日游。

表8-8 蒙顶山茶文化旅游线路

蒙顶山茶文化一日游行程	
早上	从成都出发走成雅高速公路,到达世界茶文化茶山——蒙顶山景区(120千米),参观世界茶文化博物馆、游览天下第一大茶壶、茶坛等。
中午	在景区内用午餐。
下午	乘坐索道或者徒步至天盖寺游览千年银杏群、阴阳麒麟石、甘露泉、大禹石像、皇茶园、甘露石室、红军纪念馆及后山等景点;然后乘坐索道下山返回成都。
参考价:140元	

三、茶乡风情游

改革开放以来,我国城市的发展日新月异,据权威部门预测,我国城市人口的比例在2020年将达到总人口的50%。城市给人们带来便利和各种享受的同时,也衍生出各种"城市病",如环境污染、资源短缺、交通拥堵、城市贫困等种种问题,近几年大城市的PM2.5值频频爆表,由于种种原因,使得许多年轻人开始逃离北上广。当然,还有更多的人留在城市继续打拼,城市虽繁华,却容易使人孤独。人口密度高还使城市人形成孤独、寂寞的心理。① 与之相反,乡村的人际关系是疏散的、融洽的,人际交往是非功利性的。工作的压力、城市生活的快节奏使人们产生了到乡村休闲的欲望。茶乡散发着浓郁朴实的民风民情,茶乡旅游既有茶园的清新、乡村的恬静、空气的纯净,又有茶农淳朴的微笑,同时还有各种有趣的茶俗,充满轻松与自在,受到广大都市白领的欢迎。

一些临近大城市、交通方便的茶村成为城里人心灵休憩的后花园。南京江宁黄龙岘茶文化特色村以优美的生态环境和鲜明的金陵茶文化为特色,游客可尽情呼吸清新的空气,品尝着黄龙岘茶,可以骑着多人自行车兜风,也可

---

① [德]西美尔.时尚的哲学[M].费勇,译.北京:文化艺术出版社,2001:193—201

第八章
中国茶文化旅游热线的提升

以坐在塘边静心垂钓。浙江临安茶俗文化旅游节推出了两条"欢乐健康临安茶乡行"旅游线路,分别是:天目山、天目山村、神龙川二日游;东天目山、临安村、神龙川二日游。游客们不但能欣赏到临安当地原汁原味的茶俗文化,体验各种茶旅游活动,免费品御茶、金茶和东坑茶,还能参与采野菜、挖竹笋、烧烤、打年糕、磨豆腐等农事劳作活动,以及竹竿舞、踩高跷、舞龙灯、篝火晚会、拓训等各种丰富多彩的娱乐活动。

云南勐海是著名茶乡,境内的傣、哈尼、拉祜、布朗等少数民族具有悠久的历史和灿烂的文化,民族风情浓郁。傣族的"泼水节"、哈尼族的"嘎汤帕节"、拉祜族的"拉祜扩塔节"、布朗族的"桑堪比迈节"集中展示了当地独特的民风民俗文化。勐海推出一系列充满少数民族风情的茶乡旅游线路:

勐海——云茶源景区——七彩云南茶厂——南糯山半坡老寨——景洪
勐海——勐混集市——贺开古茶山——七彩云南茶厂——云茶源景区
勐海——勐海茶厂巴达基地——西定贺松古茶树
勐海——勐混贺开——布朗山老班章——老曼峨——新曼峨——景洪

这些旅游线路以茶香为线,串起来一个个风光旖旎的村寨,宛如一串珍珠,典雅迷人,而珠串的第一粒,在勐海境内,在茫茫的密林中。观800多年人工栽培型"古茶园"驻足每一个山头,虽然马帮的悠远铃声已湮没在断砖残路旁,但参天大树的林荫之下茶树依然翠绿,茶树上哈尼族姑娘唱着山歌在采茶,山里偶尔传来阿力(爱尼小伙)的叶子音乐,晚上,在哈尼人家"基巴多"(喝酒),跳起竹竿舞,游客们做一天哈尼人、吃一天哈尼饭。迈着轻快的脚步探索布朗神韵。随着一路茶香,零距离接触大自然,近看茶园远观森林,给人心旷神怡的美感享受。贺开古茶园面积有 7 200 亩(约479.9公顷),茶树整齐而密集。拉祜族山寨坐落于古茶树林之中,农家房屋掩映在茶林之间。茶与人、人与茶相互依存,构成一幅和谐优美的天然画卷。此区域山势平缓,开车行驶可以看完所有茶园和村寨,道路两旁是连片的古茶园,车行其间,古茶林立,古茶树下绿草如茵。采茶的姑娘在茶树冠上若隐若现,牛羊鸡猪在茶树下悠闲觅食。直到曼迈村的半山腰,秀丽的勐混坝子尽收眼底,广阔的田园风光映入眼帘。到了茶山上,山上云遮雾锁,而山下的坝子却阳光明媚,从云雾缝隙间看勐混坝子,更让人有一种人在高天的感受。每年的四季,坝子都会呈现出不同的色彩,春绿秋黄,色彩依四季的变化而变化,不同季节的田园风光给人不同的感受。

静冈县是著名的日本产茶地,每年茶产量占全国总产量的38.9%,这里对弘扬茶文化也最值得称道。静冈县对茶的开发可谓淋漓尽致,由静冈县政府文化观光部牵头,推出了各种"茶都之旅"观光路线,还组织绘制了"茶巡游地图",将当地主要茶庄、茶叶厂和茶吧标注出来,并安排部分公交线路通过附近地区。免费品茶、试吃茶点,体验茶叶做香料、茶皿做香具的熏香等茶周边产品,品尝的每一道菜都是与茶有关的茶料理。目前,日本向中国市场推出茶乡游,探访日本三大名茶的静冈茶、狭山茶,以感受日本茶乡的别样风情。

表 8-9 静冈茶乡旅游线路

第一天	
上午	日本第一茶乡金谷 & 川根。
下午	参观茶之乡博物馆、Green Pia 牧之原。
第二天	
上午	日本抹茶道体验。
下午	特别体验着传统采茶衣采茶。

【备注】4 月 20 日左右才能正式采茶。

四、主题茶文化旅游

旅游是一项重要的休闲方式,很多游客已游遍了诸如北京、西安、上海、桂林等重要旅游城市,体验了观光游览等传统旅游形式。传统的名山大川、知名景点和旅游产品对他们已失去了吸引力,于是便呈现出猎奇或寻求心灵宁静等多彩的特色旅游活动,专题游便顺应了市场的需要,满足人们多方面的心理需求,日益繁盛起来。

我国茶文化博大精深,涵盖了文学、历史、绘画、音乐、哲学、宗教等多门学科。宗教茶文化、茶画、茶诗、茶歌茶舞都是取之不尽、用之不竭的旅游资源。一些旅行社别出心裁,经过周密考虑,设计了一些主题茶文化旅游线路,以满足不同层次消费者的需求。

茶与宗教有着不解之缘,一些旅行社为宗教爱好者量身定做,开发出了佛教、道教茶文化旅游专线。2010 年,新昌旅游成功接轨上海世博会,凭借五条特色线路,成功入选"二十佳长三角世博主题体验之旅示范点",其中"茶禅一味,茶乡文化体验"之旅就是其中重要的一条体验线路;同年,新昌以茶为媒,推进区域合作,依托上海茶乡联盟这个平台,做深茶与旅游的文章。新昌旅游部门还积极推出"沃洲湖有机茶园采茶(长诏村)——中国茶市——大佛寺茶礼佛(大佛寺景区内)一日游"等以茶为主题的特色旅游线路,实现"茶文化与茶旅游"的完美结合。

江西宜春是我国禅茶文化的发祥地之一,宜春自古以来便是产茶重地,五代时期毛文锡《茶谱》云:"袁之界桥,茶品甚着。后称仰山稠平、木平者为佳,稠平尤称绝品"。2007年宜春市政府提出"努力打造宜春市禅宗文化,打响宜春禅宗圣地的品牌"。宜春八景与禅宗密切相关,其中春台晓日、化成晚钟、仰山积雪、南池涌珠、钓台烟雨、卢州印月等,都曾是佛家修禅所在地。宜春大力发展禅茶文化,兴建禅博园。目前,宜春推出了禅茶一日游。

表8-10 宜春禅茶旅游线路

宜春禅茶一日游	
上午	早餐后前往被誉为"天下第一禅林"的宜春"慈化禅寺",礼佛结束后听法师讲述八地菩萨普庵禅师的历史公案。
下午	参加"消灾祈福"大众普佛法会。
晚上	晚上禅茶,感悟禅学文化机理,体会'禅茶一味'之精妙。
住宿	寺院住宿。

"茶乃万病之药",茶叶具有极高的医疗保健作用。历史上,常有茶文化与养生的记载。唐代刘贞亮的《饮茶十德》就曾作过总结:"以茶尝滋味、以茶养身体、以茶驱腥气、以茶防病气、以茶养生气、以茶散闷气、以茶利礼仁、以茶表敬意、以茶可雅心、以茶可行道"。茶可以使人守时、心静、戒躁。茶园环境优美,令人心旷神怡,非常适应中老年游客养生、保健、疗养。据全国第五次人口普查资料显示,中国60岁以上的老年人以年均3.2%的速度增长,按照国际通行标准,中国人口结构已经进入老龄化阶段。统计资料显示,目前中国岁60以上的老年人为1.34亿,占总人口的10%,这一趋势引发"银发团"旅游市场的火爆。为吸引老年人出行旅游,不少地区对老年人实行如免门票、车费打折等优惠政策。一些旅行社瞄准了茶疗这一市场,大力开发茶养生游,受到了中老年人的欢迎。

武义将温泉资源与有机茶结合起来,推出了一系列茶疗养生系列旅游线路。普洱市规划建设国际级温泉养生度假村,结合温泉养生、茶养生的休闲理念,开展普洱市高端度假休闲游等,以此来增强普洱市的城市魅力,并集中力量将普洱市打造成为"世界普洱茶休闲养生旅游胜地"。信阳召开了"茶旅游养生文化节",推出了"五养"旅游,即养眼、养心、养神、养智、养身。养身旅游景点有:豫南明珠第一湖——南湾湖,中国智慧第一山——鸡公山,中国第一大茶园——盛世桃源,美丽水乡——郝堂村,豫南名刹——灵隐寺,一山三省——黄柏山,中国将军县——新县,革命老区——大别山,豫南名泉——汤泉池,中国峡谷——鄂豫大峡谷,中国银杏第一乡——千斤乡,中国养生大学城——苏河镇等。通过养生这一主题，全力打造信阳"中国养生之都"的品牌。

拓展阅读

碧螺春茶香之旅

碧螺春产于江苏省苏州吴中区太湖的洞庭山，是中国的十大名茶之一，以"形美、色艳、香浓、味醇"四绝闻名于中外。洞庭山位于苏州市西南太湖之滨，四季宜人，分东、西二山。洞庭东山是一个宛如巨舟伸进太湖的半岛；洞庭西山是屹立在太湖中的一个小岛，相传是吴王夫差和西施避暑之地，境内历史遗迹众多，古民居村落遍布。每年三、四月春暖花开，洞庭东、西山是无处不飞翠，碧螺春香百里醉。洞庭山的茶林和果园融为一体，茶树和桃、李、杏、梅、桔、枇杷、杨梅等芳香吐蜜的果木交错种植，是典型的茶果间作区，采茶季节，碧绿茶芽与桃李争艳，景色格外绚烂。2012 年，吴中区茶园面积 31 055 亩（约 2 070.3 公顷），全区产业总产量达 305 吨茶叶，总产值达 2.31 亿元，其中碧螺春产量为 151 吨、产值 1.75 亿元。

洞庭山已有一千多年的产茶历史，积淀了深厚的茶文化底蕴，拥有丰富的茶文化旅游资源，形成了诸如茶文化遗址、建筑、民俗、技艺、节庆等人文旅游资源：既有康熙皇帝御码头、贡茶院、碧螺春茶起源地——水月禅寺等一批茶文化历史景观；也有墨佐君坛——唐代"茶圣"陆羽像、江南茶文化博物馆、茶文化展示馆等一批新兴特色茶文化建筑。"碧螺春制茶工艺"已经列入我国非物质文化遗产名录，碧螺春茶文化旅游节自 2005 年首次举办以来，每年的内容都精彩迭出，已产生了一定的社会效应和经济效应。

良好的生态茶园、优美的自然风光和深厚的茶叶历史文化，构成了太湖洞庭山茶文化旅游资源的主体。苏州吴中区加强文旅融合，促进"发展保护两适宜，质量效益双提升"，依托碧螺春茶和陆巷古镇、雨花胜境等名胜古迹，打造出碧螺春茶文化寻根之旅、碧螺春茶文化体验游等特色线路。为继承和弘扬国家级非物质文化遗产"碧螺春制作技艺"，进一步提升洞庭山碧螺春茶质量和声誉，吴中区先后举办"碧螺春茶第一锅竞拍""炒茶能手擂台赛""碧螺春茶品牌赛"等系列活动，取得了良好的经济和社会效益。吴中区碧螺春茶业不断实现质量优化和品牌提升,在让茶农增收的同时,还拉动了环太湖地区以茶为媒、以茶会友的相关产业发展。一杯茶带出了以旅游为主的数十亿元的产业。

碧螺春茶同时还带动了吴中区环太湖休闲旅游产业。该区借助"碧螺春"茶品牌和独具魅力的太湖山水,在太湖沿线建起了雨花胜境、缥缈峰景区等以品碧螺春茶为主题,集多种功能于一体的综合性休闲旅游园。每逢节假日游客来到这里,既可参与采茶、拣茶、炒茶,又可以品茶、垂钓、吃农家饭,还能享受太湖自然风光。环太湖由此成为长三角地区游客旅游、休闲、度假的首选之地。仅 2013 年,吴中区共接待游客 1 126 万人次,实现旅游总收入 97 亿元,年增长 25% 以上。

2014 年 3 月 18 日,为整合太湖旅游要素资源,提升旅游服务环境,联动旅游业态商家抱团发展,太旅集团发起成立了苏州太湖旅游产业协会。苏州吴中太湖旅游产业协会充分发挥协会桥梁和平台作用,举办了"春风太湖碧螺香"品茶大会,以碧螺春茶为载体,围绕会员单位经营业态,策划包装一日游、两日游及菜单式定制线路,借助太旅集团旅行社和网络渠道,强势推介,集中宣传,打造特色鲜明的茶文化体验之旅。据了解,本次活动精心包装的三条旅游线路,在长三角近 30 家主要旅行社全面上线。活动期间,苏州太湖旅游产业协会关联会员单位,也推出一系列促销优惠活动。

此外,太湖礼物"茶韵太湖"系列商品在启动仪式上首次亮相。据太旅集团有关人士介绍,为方便市民游客品尝、馈赠,"太湖礼物"采用东山茶厂的优质碧螺春,开发推出"茶叶+茶器+茶具+茶点"碧螺春茶定制组合,形成"茶韵太湖"系列,有兴趣的市民游客们可以至太湖游客中心门店购买。

"春风太湖碧螺香"茶文化体验之旅线路产品:

一日游

上午游览启园(采茶),陆巷古村,中午参观茶文化博物馆并享用午餐(碧螺宴),下午游览紫金庵(炒茶、品茶),游览雕花楼,返程。

二日游

(A 线)

【第一天】上午游览穹窿山,太湖游客中心听评弹、看 4D 电

影,中午吃碧螺宴,下午参观启园(体验采茶),游览陆巷古村,晚上住宿山水度假村或东山宾馆;

【第二天】上午参观紫金庵、雕花楼,中午古龙舫酒店用餐(碧螺宴),下午参观旺山景区,返程。

(B线)

【第一天】上午游览光福景区,天池花山,中午龙盛大酒店(碧螺宴),下午木渎景区,晚上住宿高尔夫大酒店或香山国际大酒店或名山一家或金庭艳阳大酒店。

【第二天】上午游览西山景区,中午太湖游客中心(听评弹,"太湖厨房"品碧螺宴),下午海洋馆,太湖滨湖湿地公园,返程。

第四节　大尺度茶文化旅游设计

随着文化生活水平的提高,人们对茶文化旅游的需求越来越高,尤其是对于跨地区的茶香文化享受。各个地区的茶文化资源各有特色,通过区域旅游合作,进行整体营销,实现优势互补,必能使茶文化旅游真正做大做强。

一、区域旅游合作

随着旅游的发展,区域合作日益受到人们的重视,因为每一个区域都不是孤立的,都需要和周围地区进行交流和协作。在旅游业的发展中,这种跨区域的协作显得尤为重要。可以按照合作旅游线路开发的需要,建立一些不完全独立的地域合作系统。

目前,区域旅游合作呈现出蓬勃发展的势头。2003 年 3 月,国家首项区域性旅游投资规划——《西部旅游投资规划》在京通过专家评审,这一规划在引导、规范和优化西部地区的旅游投资与旅游开发、推动西部地区的旅游发展发挥了重要作用。2003 年 7 月,"长三角"地区的上海、杭州等 15 个城市签署了《长江三角洲旅游城市合作宣言》,提出要把长三角旅游区建设成中国第一个跨省市的无障碍旅游区。2004 年 9 月,广州、佛山等六市签署了《无障碍旅游区共同守则》,标志着"泛珠三角"首个无障碍旅游区正式启动。

通过区域旅游合作,联手打造旅游产品及形象,能弥补各自的不足,产生形象叠加的效应,提升旅游业发展竞争力。2004 年,由宁蒙陕甘 18 个城市及地区的代表共同发起的"西北风情"旅游联合会成立。通过会员城市开展的联合促销等活动,实现了资源与客源市场共享,不仅开拓了资源与客源市场,还节省了各会员城市的宣传经费。同时,西北风情旅游联合会共同开发、培育客源市场,推出了塞上江南、大漠风光、丝路北道、回乡风情、草原风光、鄂尔多斯风情、革命圣地、河套文明等七条精品旅游线路。通过有效的宣传促销攻势和丰富的旅游产品,使得"西北风情"旅游联合会在全国树立起独具魅力的旅游形象。

我国的茶文化资源十分丰富,但目前许多地区的茶文化旅游还处于孤立、零散、无序的状态。他们往往各自为政,关起门来办旅游,景点重复建设,茶主题公园、茶博物馆争相上马,陆羽像、大茶壶造型层出不穷,产品雷同现象严重,对资源造成极大的浪费。要想把茶文化旅游真正做大做强,必须坚持"大旅游、大市场、大产业"的理念,进行旅游资源的共享与重组,共同参与旅游市场的开拓,以及旅游企业的共同经营管理,从而实现旅游业的可持续发展。如能将茶文化旅游资源整合为一个有机的整体,跨地域范围合作,将生态文化、养生文化、名人文化、名山文化、景观文化等作为一种资源,当作一种资本,实现优势互补,那么茶文化旅游将成为茶产业和旅游业的重要经济增长点。

2010年4月,由上海市闸北区旅游局牵头发起的上海茶乡旅游合作联盟在上海成立。联盟旨在以中国不同地方各具特色的茶文化为基础,逐步完善茶旅联动机制,开拓旅游市场,促进中国茶乡旅游发展。目前成员单位包括上海闸北区,浙江天台、安吉、盘安、新昌、诸暨,江苏宜兴、溧阳,福建安溪、泰宁,安徽含山及上海市部分知名旅行社等。联盟在促进沪、浙、苏、皖、闽、川、湘等地茶乡的文化、经济、旅游等方面,举行了各种活动。

各联盟成员单位充分利用各自的节庆资源,相互联动,优势互补,同演主题,共推品牌。会上"联盟"成员单位共同签署了《上海茶乡旅游合作联盟旅游质量承诺书》和《乡村旅游产品合作共推协议书》这两份协议书。2011年第十八届上海国际茶文化旅游节,以上海为中心会场,在"联盟"成员各地设立分会场,以名茶为旅游造势,形成旅游业和茶产业联动的新业态。

茶乡的密切互动,使得茶文化旅游更精彩。在"中国茶业义乌城"茶博会品茗赏艺,到虎邱仙景村体验古法制茶;游洪恩岩听原生态茶歌,往连捷温泉世界泡温泉放松身心;登临蓬莱清水岩感受曼妙佛国仙境,走进尤俊农耕文化园尽享农家乐趣……联盟借势上海世博会的东风,打响以茶文化为特色的旅游品牌,推出了30条"世博茶乡旅游线路"。

在茶文化旅游区域合作上,长三角地区起风气之先。2011年,沪苏浙皖三省一市共同签署了《研发和推广长三角城市群"主题+体验"系列旅游产品三年行动计划》。围绕此项计划,长三角城市群率先推出"茶香文化体验之旅"系列旅游线路,旨在通过挖掘江南独特的茶院、茶乡、茶园、茶馆、茶艺、茶市、茶会、茶席等茶文化旅游资源,让中外游客亲身体验和感受江南茶文化。经过茶香文化主题阐述,要素题材征集,行业协会、学会认定,相关部门推荐,项目

专家组评审,遴选出了长三角城市群茶香文化体验之旅 40 个示范点。分别是:

表 8-11 长三角城市群茶香文化体验之旅 40 个示范点

上海	1. 名人名园名楼——上海豫园湖心亭茶楼;2. 浦江情怀优雅时光(上海半岛酒店);3. 妙不可言回味无穷(上海桂林公园四教厅);4. 茶官故里竹下清心(上海古猗园);5. 室雅士贤茶醇书香(上海大可堂);6. 观石问茶道老宅(上海闻道园);7. 茶市亦风雅(上海天乙茶艺广场);8. 老街河畔余香颐情(上海七宝老街);9. 敬当代茶圣览历代名壶(上海百佛园);10. 茶韵融一楼(上海宋园茶艺馆)。
江苏	1. 天降雨花地留余香——南京雨花台茶园;2. 盛名始于唐真味传于今——无锡宜兴阳羡茶场;3. 茅山之阳千年茶乡——常州金坛茅山茶博园;4. 一盏清茗酬知音——常州溧阳天目湖苏园;5. 花香果味百里醉——苏州东山/西山茶园;6. 吴地古韵生态茶乡——苏州大阳山;7. 感受全城喝茶的幸福生活——苏州常熟虞山尚湖;8. 花果山高孕云雾——连云港中国云雾茶文化博览园;9. 茶业福地科技洞天——镇江江苏茶博园;10. 水城慢生活的早茶时光——泰州老街。
浙江	1. 名茶之都乡村情怀——杭州梅家坞;2. 满目皆为茶出入尽茶客——杭州中国茶业博物馆;3. 探姚江源头访四明茶园——宁波余姚大岚镇茶园;4. 中国最早的皇家茶厂——湖州长兴大唐贡茶院;5. 竹海青青茶情悠悠——湖州安吉中南百草园;6. 禅茶一味——绍兴新昌大佛寺/中国茶市;7. 八婺彩云间九天翠芙蓉——金华九峰生态茶园;8. 览茶字动意望石壶生情——台州临海羊岩山茶文化园;9. 赏瓷舞剑采茶——丽水龙泉金观音茶园;10. 花香幽静茶藏春色——丽水青田绿谷伯温绿茶基地。
安徽	1. 千古茶情万般茗香——黄山徽州茶院;2. 新芽一束亦花亦茶——黄山芳生工艺造型茶体验馆;3. 百年人杰雅韵悠扬——黄山谢裕大生态茶园;4. 千年商埠茶贾云集——芜湖峨桥茶市;5. 品岳西翠兰赏大别风光——安庆岳西天赋茶文化中心;6. 海上丝绸千古流芳——池州天方茶艺馆;7. 龙泉河畔茶树茂——池州东至茶树良种繁殖场;8. 清溪清茶清心——宣城绩溪上庄茶叶山庄;9. 居古村品火青——宣城榔桥古镇茶园;10. 清泉为邻幽谷为家——宣城汀溪兰香茗茶生态文化园。

长三角城市群利用茶文化资源共同促销旅游市场,从整体旅游形象出发,通过茶文化与历史、茶区乡村、城市、人际、生活的互动,共同引领人们对江南水乡、对江南茶文化的体验。使长三角周边几十座城市的人们利用周末和假期,暂避城市喧闹,呼吸到茶园清新空气,欣赏到楼台亭阁以及山、水、林、田、花、园等,体验采茶、制茶、泡茶的乐趣。由此而推动产茶区茶农的收入,这是

顺理成章之事。著名茶学专家舒曼对此项举措进行高度肯定，并指出："这一旅游模式的推广，从侧面反映了中国茶文化资源营销，突破了由过去单一的各自为政、各自为战、各立山头，到今天的茶文化资源共享，并在不断探索和发展过程中相互成就、相互认可、相互利用、相互发展，这种旅游观念的整合与转换，给旅游业带来了惊喜，从某种意义上来说，是中国旅游业整体形象的提高与一次新的尝试和飞跃。"①

二、复合型茶文化旅游线路

茶文化旅游作为新兴旅游产品，尚未具备家喻户晓的品牌效应。在开发单个区域的旅游时，以茶为卖点，能使旅游地主题突出、特色鲜明。需要强调的是，突出主题并不是将性质相似或雷同的景点串在一起，而是获取类型各异但有内在联系的景点，并在食、住、行、游、购、娱等方面选择与此相应的表现形式，其中每一景点在烘托主题方面都有其不同的作用和功能。

由于人类求新求异的心理，单一功能的景区和旅游线路难以吸引人，一些热门旅游产品也可能会逐渐被市场冷落。杭州是热门旅游目的地，西湖美景举世瞩目，然而长期主推西湖已使杭州旅游略显疲态。为全方面提升杭州城市旅游形象，杭州做了多方面的努力，2007年1月杭州市委市政府提出将"生活品质之城"作为杭州的城市品牌，所谓"品质"，不限于优裕的物质享受，同时也涵括了精神的愉悦。茶被称为"灵魂的饮料"，杭州大力提倡"茶为国饮，杭为茶都"，一方面弘扬了茶文化，另一方面又为杭州发展茶文化旅游作了很好的宣传。梅家坞、中国茶叶博物馆、龙井山庄等景点所组成的茶文化旅游线路，重新吸引了人们的目光，极大地提高了杭州的重游率。为了进一步扩大影响力，杭州旅游公司积极与周边地区合作，余杭径山有禅茶，湖州杼山是陆羽《茶经》故里，顾渚有"最早的皇家茶厂"——贡茶院。四个城市同处号称"江南水乡"的浙江，其中杭州是核心，其他城市环绕着它形成了一个大杭州都市圈，四个城市的茶文化旅游资源各有特色、各有优势，连成一条独具魅力的"江南水乡茶文化之旅"，建立一个浙江茶文化旅游无障碍合作区，通过茶文化旅游资源优势互补，实现市场共享，进而达到战略上的多赢。

根据不重复原则，旅游要避免单调重复，尽量减少同质化、相似性的景点的出现。作为一种文化旅游，大尺度的茶文化旅游要想在市场占据一席之地，必须进行区域合作，整合周边资源，实现优势互补，适当增加其他旅游元素，使游客在有限的时间内获得最大的审美享受。

---

① 舒舒曼.为"长三角城市群茶香文化体验之旅"大声叫好[OL].新华网，http://www.sh.xinhuanet.com/2011—08/25/c_131072714.html

皖南是我国著名的产茶区,这里出产黄山毛峰、祁门红茶、松萝等名茶,齐云山为中国四大道教名山,其道茶博大精深。皖南也是我国知名旅游区,分布着黄山、西递、宏村等世界遗产地。祁门、齐云山、呈坎在皖南地区属温点,但通过巧妙的组合,温点的叠加可能会产生热点线路,上海环视旅游便将这几处旅游点进行联合营销,推出了安徽皖南茶文化旅游三日游,取得了不错的反响。

表8-12 安徽皖南茶文化旅游线路

安徽皖南茶文化旅游三日游行程(全程无购物纯玩品质四星)		
日程	活动日程与景点安排	住宿
D1	早7:00人民广场准时发车前往安徽黄山(行程约5.5小时),午餐后前往祁门参观世界三大高香茶之首的祁门红茶茶场。	休宁或黟县
D2	早餐后游览中国四大道教名山之一的白岳——齐云山,山上午餐后,可以在真仙洞府举行茶会活动,下午参观休宁松萝茶茶场。晚上欣赏大型表演——《徽韵》。	屯溪
D3	早餐后游览皖南古村落之一的呈坎,呈坎始建于东汉三国时期,现拥有国家级重点保护文物21处,被誉为"国宝之乡"。呈坎整个村落按八卦风水理论选址布局,依山傍水,形成三街,九十九巷宛如迷宫。午餐后返回上海温馨的家。	
提供标准		
用车	空调旅游车300元/人。	
用餐	2早5正,早餐含正餐30元/人、午餐150元/人。	
用房	四星标准双标间260元/人。	
门票	齐云山75元/60元、上下索道40元、呈坎80元/50元、茶场参观40元、《徽韵》A区180元/120元310元/人。	
其他	导游服务费:优秀中高级导游、茶艺师茶叶审评师全程陪同40元/人 旅游意外险及旅行社利税60元/人。	
综合报价	1 120元/人	

台湾地区的观光茶业起步较早,已成功策划了多条茶文化旅游线路,为业界提供了很好的借鉴模式。南投茶园众多,沿途竹林摇曳、绿意婆娑,竹海、茶园以及恬静的山林风光,让人感受到南投竹山特殊的自然景观。尤其八卦茶园翠绿鲜艳、阡陌纵横,是一个融合人文、自然与产业特色的热门旅游。八卦

第八章
中国茶文化旅游热线的提升

茶园又称为软鞍茶园,因为地形崎岖,形如斗笠,因此这里成为知名的摄影景点,一圈圈环绕的茶园,像极了八卦,这里的环境宛如人间仙境,山中风景幽美,茶香四溢,令人叹为观止。台湾五福旅游推出了八卦茶园、溪头森林浴、米堤豪华2日游①,行程如下表:

表 8-13 台湾茶乡旅游线路

茶乡满行囊二日游	
第一天 紫南宫求发财金——八卦茶园小车游	
07:10 07:30	台北集合报到,展开森呼吸二日之旅。
11:00	游览紫南宫,紫南宫因为借发财金而闻名,素有"神明银行"之称。
11:30	午餐的约会——鹿谷紫林庄餐厅。餐后,准备换小车前往八卦茶园。
12:30	搭小车游八卦茶园——竹林——观台坪——九二一地震屋或竹博物馆(二选一)。
17:00	宿:溪头米堤大饭店(或同等级)。
18:00	晚餐的约会(饭店内用餐)。餐后可自行使用宾馆内设施:游泳池、三温暖、健身活动馆或是自费欢唱卡拉OK等。
第二天 溪头森林游乐区 超人气景点"妖怪村"——回程	
07:00	晨唤:起床了!早起的鸟儿有虫吃。享用饭店自助式早餐。
09:00	溪头森林游乐区 在享受森林浴同时亦可学习大自然的智慧,迎着山岚、伴着鸟鸣,慢慢悠游于森林中,享受一趟知性、感性的浪漫之旅。
12:00	午餐的约会——明山餐厅
13:00	超人气景点——『日式妖怪村』 范围不大但却相当用心及有趣。仿佛走入时空隧道,就像神隐少女穿过地道后闯入了妖怪世界!来到这儿要小心注意喔!
14:00	挥别溪头森林游乐区结束森林SPA二日游,带着满满的回忆搭车北上。预计18:30抵达台北。
以上行程仅供参考,若遇上塞车等情况,需配合司机领队,做时间行程顺序等调整。谢谢合作!	

---

① 台湾五福旅游,http://www.lifetour.com.tw/eweb_lifetour/html/art/tw_01/index.html

三、茶路旅游

在人类不同文明区交往的历史上，由于各地资源和物产的不同，需要通过远距离贸易来互相补充。有的道路由于长期作为以某种或某几种主要商品的贸易通道，人们习惯以这些商品给古道命名，如"丝绸之路""茶马古道""乳香之路""香料之路"等。这些古道代表了人类的运动路线，并体现着地区文化的发展历程，是重要的线性文化遗产。塞默林铁路（奥地利）、大吉岭喜马拉雅铁路（印度）、米迪运河（法国）、"乳香之路"（阿曼）等线性路线已被列入世界文化遗产。

近些年来，人们逐渐认识到线性文化遗产和文化路线的旅游开发价值。一些著名文化古道和运输路线已得到一定的开发。2006 年以来，在联合国教科文组织的倡导和推动下，我国与中亚有关国家开展了丝绸之路跨国系列申报世界遗产工作。中国与哈萨克斯坦、吉尔吉斯斯坦三国"丝绸之路：起始段与天山廊道的路网"项目申遗文本已正式报送联合国教科文组织，申请于 2014 年列入《世界遗产名录》。丝绸之路沿途古迹无数，同时也是蕴含无数经济增长点的区域，2013 年中国国家主席习近平在哈萨克斯坦纳扎尔巴耶夫大学演讲时作重要演讲，提出共同建设"丝绸之路经济带"。为了使欧亚各国经济联系更加紧密、相互合作更加深入、发展空间更加广阔，可以用创新的合作模式，共同建设"丝绸之路经济带"，这是一项造福沿途各国人民的大事业。与丝绸之路同时进行申遗的还有京杭大运河，大运河沿线的北京、河南等 8 个省 35 个城市的大运河遗产将整体申报世界遗产，并争取在 2014 年列入世界遗产名录，目前正处于倒计时阶段。相信在不久的将来，中国将会出现 1～2 处线性文化世界遗产。

在茶叶的传播过程中，我国逐渐形成了多条重要的贸易通道，既有覆盖整个西南地区的茶马古道，又有跨国的中俄万里茶路、海上茶叶之路等，小范围的茶马古道、茶盐古道、茶纸古道等更是不计其数。茶叶之路是见证茶叶贸易的活化石，是沟通不同地区的友谊桥梁。茶是友好的使者，茶文化的精髓、厚重的中华文明将随着茶叶的传播传向四方。这些茶道具有非常高的文化价值，北京大学孙华教授提出："茶马古道的贸易距离尽管不如丝绸之路，但它在中国历史上的重要性却有过之而无不及。它是中国重要的线性文化遗产和文化线路。"①

茶马古道发端于隋唐，兴盛于明清，主要有滇藏线和川藏线，是西藏高原与内地进行政治、经济、文化交流的重要途径，也是我国各民族之间长期交往

---

① 孙华."茶马古道"文化线路的几个问题[J].四川文物,2012(1):74

的证明。它既是内地农业地区和边疆游牧业地区之间茶马贸易的古代交通线,也是内地与藏区以茶马互市为主要内容的商道。它作为汉藏民族经济往来的一种重要方式,在沟通民族间的政治、经济、文化联系方面发挥了十分巨大的作用。随着三江流域生态旅游区的开发,茶马古道正在走出深闺,成为我国继丝绸之路、长江三峡之后最南端、最神秘的一条连接川滇藏几省的最后开发的黄金旅游线路。

在茶马古道申遗工作提上议程时,海上茶路也表露出申遗的意象,但在茶路起点问题上尚未达成共识。同时,连接欧亚的万里茶路的各项宣传活动正紧锣密鼓地进行着,众多产茶区、茶企、沿途城镇纷纷加入到了声势浩大的重走万里茶路的活动当中来,引发媒体争相报道,"茶路"二字已成为近几年茶业和旅游业的热门词汇。2010年,太原市旅游局发起"茶路之旅"旅游联盟,蒙古国的乌兰巴托市、俄罗斯的恰克图市以及我国的福州市、武夷山市、南昌市、长沙市、武汉市、郑州市、太原市、晋中市、大同市、张家口市、呼和浩特市、包头市等作为"茶路之旅"国际旅游线路的重要城市,将建立"茶路之旅"旅游联盟年会制度,推广旅游精品线路,实施互访计划,开展以联盟成员城市为旅游目的地的各种旅游活动。

各茶区纷纷借万里茶路东风进行宣传,湖南安化被称为"万里茶路"的南方起点,推出了多条茶马古道旅游线路。

表8-14 安化茶马古道旅游线路

线路1	长沙——安化县黄沙坪古茶市(中国最具特色的黑茶宾馆"茶马驿馆")——江南古镇——陶澍旧居——永锡桥——关山峡谷——高城——返回
线路2	长沙——安化县黄沙坪古茶市——柘溪水库风景区——龙泉洞风景区——返回
线路3	长沙——安化县黄沙坪古茶市——黄沙坪古茶市——马路镇——苍场(步行)——网溪峡谷——船溪峡谷(可露营)——高山舞寒——木榴——S308黄沙溪(车)——东坪——回家(步行约55千米,一晚两天,入住茶马驿馆)

2013年5月,内蒙古二连浩特旅游局与蒙古国旅游局、俄罗斯旅游局协商合作的中——蒙——俄"重走茶之路"三国自驾游旅游线路已获批开通,吸引了大批热爱自驾游游客的青睐,报名初期首发团人数已近满。

四、专项茶文化旅游

旅游者的旅游活动行为,可以分为三个层次:基本层次游览观光,提高娱乐、购物层次,专门层次休养、疗养、会议、宗教朝拜等。一般来说,较高层次的旅游行为的出现,是在较低层次的活动行为出现之后。很长一段时间,观光旅游成为我国主流的旅游方式。以往游客眼中的景区更像是一个个驿站,旅行团在导游的带领下走马观花地参观完具代表性的景观后便匆匆离去,旅游界有段顺口溜生动地描绘了这种现象:"上车睡觉,下车尿尿,到了景点拍照,回家一问什么都不知道。"经过 30 多年的"旅游学习",我国的旅游消费逐渐成熟,高层次专题旅游需求不断增长,旅游市场不断细分,从而推动了旅游目的地专项旅游的发展。当今的人们,已经不满足浅尝辄止的旅行,希望从异地或异国多得到一些认识与知识,包括历史、生活、文化、生产、民俗、艺术等方面,感受不同地域所独有的迷人的文化底蕴,专项旅游的出现满足了人们对某一类旅游资源做亲密接触、深度体验的需求。

从传统的观光旅游到专项旅游,是我国旅游业发展的一大进步,是区域旅游发展成熟的标志。在编制区域旅游发展规划时,产品的设计由原来的较为单一的观光产品逐渐向观光与专题旅游产品并重转化。自 1992 年中国推出专题旅游宣传年后,几乎每年都有一个特色主题,以展示中国丰富多彩的旅游活动,如 1992 年的友好观光年、1993 年的中国山水风光游、1995 年的民俗风情游、1998 年的华夏城乡游、2001 年的中国体育健身游、2002 年的中国民间艺术游、2003 年的烹饪王国游。近些年来,专题旅游线路悄然升温,1997 年中国旅游年推出了 16 条"精选旅游线路",有 15 条线路属于专题性旅游线路,这些线路把我国大部分精华旅游点、旅游地用各种"专题"串联,供不同兴趣爱好的游客选择。此外,各地也依据当地的资源特色和主题,组织了不同主题的旅游线路。如四川、湖北联合开展了"三峡旅游路线",河北、河南、山西等省协作开辟了"三国旅游路线"。一些名人足迹也被开发成了专题旅游路线,如"康熙微服出巡路线""乾隆下江南路线""马可波罗足迹""文成公主进藏线"等。随着红色旅游的兴旺,一些人开始重走"红军二万五千里长征路线"。

北京——杭州——武夷山茶之旅是经典的茶文化专项旅游线路。游客到北京,可以在长城上品茗,到老舍茶馆听京剧,在五福茶艺馆看茶艺表演,在茗缘阁尝茶膳、吃烤鸭,还可以选购茶字画、紫砂壶,欣赏独具魅力的金书《茶经》和微雕《茶经》。游客到杭州,可以在龙井村、梅家坞等处体验采茶、制茶等茶事劳动,参观中国茶叶博物馆,在"茶人之家"巨型紫砂壶前合影留念,在众多茶艺馆品茗小憩,还可以买到各种名优茶和茶书刊等。如能在杏花春雨中,与二三好友到西湖边的茶艺馆品茗观景,更是惬意无比!至于到武夷山,可沿着九曲溪乘筏而下,观赏沿途丹山碧水、架壑船棺,游览元朝所设御茶园遗址(现为武夷山茶叶研究所),参观天心岩九龙窠仅存的三丛大红袍茶树,品尝正宗岩茶,晚上观看张艺谋导演的《印象大红袍》。这条线路既能满足游客观光、休闲的需求,同时又颇具文化深度。

第八章 中国茶文化旅游热线的提升

目前，我国许多产茶区经济不够发达，如何将茶产业做大做强，是当地茶业、旅游业、政府部门的共同心愿。一些地区在多方面拓展茶产业上取得了骄人的成绩，尤其是中国台湾地区及日本、印度、斯里兰卡在观光茶业方面早已领先一步，具有宝贵的成功经验。已有部分旅行社面向茶业经营者、旅游部门、政府官员等人群推出了专项茶文化旅游考察线路，这些旅游线路以茶为主题，覆盖茶产业多个方面，既有传统的茶园观光、古迹游览、茶事体验、茶艺观赏、茶俗参与等内容，又带有一定的科学考察性质，旅游线路适当地安排茶叶推介会、茶厂参观、与茶园主人交谈、拜会当地政府部门等内容，达到互相交流、互相借鉴的目的。如中商国旅针对茶文化深度游爱好者推出了印度+斯里兰卡茶叶考察团①。

表8-15　印度+斯里兰卡茶叶考察团旅游线路

日程	游览安排	住宿
D1	早上乘机（CX703　18:25/23:45）经香港飞往斯里兰卡首都——科伦坡。	科伦坡
D2	早餐后，乘车前往斯里兰卡最繁荣的地区——康提。下午参观茶厂，了解茶叶种植情况。	康提
D3	早餐后，乘车前往努瓦拉埃丽亚。抵达后，先拜会Talawakelle茶叶研究院。下午参观茶叶加工厂。	康提
D4	早餐后乘车返回科伦坡，拜会斯里兰卡茶叶委员会。下午参观新议会大厦和总统府。晚上飞往印度的小上海——孟买。	孟买
D5	早餐后，乘车前往阿波罗码头，乘船游览神像岛。下午参观孟买。晚上飞往印度最大城市——加尔各答。	加尔各答
D6	早餐后参观植物园。下午参观白色宫殿、维多利亚纪念馆等。晚上在乔林基街上自由活动。	加尔各答
D7	早餐后拜会印度茶叶委员会，会见茶叶出口商，拜会加尔各答茶叶贸易商协会。飞往阿萨姆邦的首府——高哈蒂。	高哈蒂
D8	早餐后参观茶园，和茶园的老板进行专业谈话。飞往巴格多格拉，乘车前往印度产茶圣地大吉岭。下午拜会大吉岭茶叶协会。	大吉岭
D9	清晨到蒂格尔山欣赏日出，上午参观天文台山，中午在酒店内用午餐。下午参观喜马拉雅动物园。	大吉岭
D10	上午参观茶叶种植园。返回巴格多格拉，至机场飞往印度首都—新德里。	德里

① 印度旅游网，http://www.yindulvyou.com/line_info_83.html

(续表)

日程	游览安排	住宿
D11	参观印度门、殖民地时期的总统府、国会大厦等景点。下午前往蒙兀儿王朝的首都——阿格拉。	阿格拉
D12	上午游览亚格拉堡、泰姬陵。下午前往斯坦邦首府——斋浦尔。	斋浦尔
D14	上午乘车返回新德里。下午参观库杜布塔、贾玛清真寺、红堡。晚上享受印度传统歌舞表演。	德里
D15	乘飞机(CX 752 07:40/15:05)返回,茶香之旅圆满结束!	

拓展阅读

茶马古道上的竞争与联动

茶马古道沿线拥有众多世界级的极品旅游资源,形成了不同于国内其他地方的突出特色和独有魅力,对海内外旅游者产生了非凡的吸引力。通过联手打造茶马古道,能让人们领略茶马古道穿越横断山区到青藏高原的绝世风光,体验特殊的地理地貌结构,欣赏山脉、湖泊、冰川、草原和原始森林等壮丽景观,同时还能够极大地促进西部地区的开发。历史上茶马古道是因茶叶和马匹的需求而形成,不仅是茶马交易的大通道,也是饮茶文化交流与融合的大通道。古道上聚居的少数民族在长期交往中,逐渐形成了一系列各具特色的民族饮茶文化,如基诺族的凉拌茶、藏族的酥油茶、富有人生哲理的白族三道茶等。

西南地区许多旅游资源在国内乃至世界都具有极高的品位,有的是具有垄断性的世界精品,在地理位置、交通布局、自然条件、旅游资源、民族文化、社会心理等方面具有较高的关联度、互补性和组合性,具有构成世界级旅游区的条件和优势。但由于各地区往往各自为政、缺乏沟通,在全国各大经济区域中属于发展滞后区。通过共同开拓茶马古道,既能有效保护该区域历史文化遗存,又能够改善当地居民的生活质量,促进沿线经济发展,形成良好的社会效益、经济效益和环境效益。茶马古道旅游开发也作为区域联动开发战略的内容之一写入了全国"十五"旅游发展规划中。

2001年,西藏昌都地区率先打出"茶马古道"旅游品牌,赋予茶马古道崭新的研究内容和重大的现实意义,此举也引起了同在茶马古道线路上的甘孜、迪庆两州的热切关注,并就跨省区联合开发"茶马古道"旅游产品达成共识。昌都地区申请注册了"西藏茶马古道国际旅行社",推出茶马古道旅游产品。西藏自治区旅游局已委托昌都地区旅游局在云南香格里拉设立旅游办事处,以切实加强滇藏、川藏散客旅游者的组织接待工作,并利用办事处这个窗口做好促销工作,组织招揽更多的海内外游客进藏旅游。

云南段茶马古道开发已有一定规模,沿途拥有众多世界级的高品位旅游资源,有世界自然遗产1处(三江并流)、世界文化遗产1处(丽江古城)、世界记忆遗产1项(丽江《东巴古籍》),国家5A、4A级风景区多个。云南省政府于2001年、2003年在昆明举办了两届茶叶交易会,并推出了多种茶文化旅游线路和品牌,如:昆明——西双版纳——大理——丽江茶文化游、茶马古道游等,这些旅游线路设计合理,有较高的文化内涵,受到海内外游客的欢迎。目前,云南段茶马古道游主要可分为以下几类:

(1) 原产地观光体验游。在以茶马古道起始点易武为中心,周围连成一片的八百里六大古茶山攸乐、革登、倚邦、莽枝、蛮砖、慢撒为依托建立的原产地,游客可参观易武尚存的古建筑和古茶坊,亲身体验茶农生活,体验曼塞傣族风情。

(2) 普洱茶马古道源旅游。目前已建成普洱茶马古道源旅游区,包括茶庵塘段、孔雀屏段茶马古道、茶源广场、普洱民族茶艺馆、东塔公园、普洱山、民族团结园、文昌宫、龙潭公园等旅游景点。旅游区以普洱茶文化探源为轴线,以亚热带山水风光、喀斯特地貌为载体,以哈尼族彝族风情为依托,开展茶马古道源头游,游客可以感受到浓郁的普洱茶文化、民族文化和历史文化。

(3) 古道重镇丽江风情游。丽江是茶马古道上的重镇,被称为"马帮踏出来的古城"。丽江的茶马古道博物馆是了解茶马古道历史文化的重要场所,内有壁画六幅,是云南硕果仅存的明代壁画典范之作。拉市海推出的茶马古道一日游成为丽江游客必去之处。在拉市海,游客可以骑着滇马穿行在蜿蜒的小道,体验过去的马帮生活,也可以在高原湖泊泛舟。

(4) 自驾车越野。一般选取大理——丽江——中甸——德钦一线,该路段途经之处自然风光旖旎,除中甸至德钦一段外其余路况较好,沿途可见苍山洱海、玉龙雪山、哈巴雪山、梅里雪山、虎跳峡等自然风光壮丽之地,较受游客欢迎。

川西地区是历史上茶马贸易的发祥地和茶叶主要输出地,四川境内的川甘青道、川藏道、川滇道为茶马古道路网系统的主要组成部分,至今保存完整,沿线文物遗存众多,民族文化多姿多彩,自然生态复杂多样。雅安段茶马古道遗址大多保存完好,雅安市与甘孜州达成意向协议,对隐藏在两地深山中的茶马古道进行联合开发。用茶马古道把雅安的姜家院子、邓通铸钱、凰仪拐子窝、清溪古城墙、文庙、九襄石牌坊、宜东茶号和甘孜州泸定桥、康定锅庄等景点串联起来,形成一条旅游热线。雅安打出"千年茶马古道驿站,今日绿色农家乐"的口号,打造以国道318为基础的茶马古道生态旅游线、二郎山茶马古道生态旅游区、雅安藏茶产业示范基地、蒙顶山茶马古道起点文化产业园、中国雅安康藏文化交易市场等,主要承担有关茶马古道主题的文化旅游、地方传统特色文化产品生产服务功能。同时,还聘请全国具有双甲(旅游和建设规划)资质的同济大学规划设计院对上里古镇进行规划,着力打造独具特色的茶马古驿及红色文化旅游线路,使茶马古道文化成为促进地方经济社会发展的新的增长点。①

目前,全国各大知名旅行社几乎都有关于茶马古道游的产品,但由于区域合作不够成熟,旅行社所推出的茶马古道旅游产品相对零散,不能囊括茶马古道的各构成要素,游客不能充分体会茶马古道所包含的文化内涵。各省份也意识到独立开发的不足,2013年年底,在云南、四川、西藏三省区申报中国茶马古道世界文化遗产首次联席会议上,滇、川、藏三省参会人员共同签署了《丽江宣言》。会议呼吁尽快形成三省区利益相关的共同行动纲领。切实加强三省区联动,团结协作形成合力,不断推进中国茶马古道申报世界文化线路遗产进程。通过合作申遗,三省对茶马古道进行联动开发,可以更好地保护茶马古道丰富独特的历史文化遗产,可以极大地促进区域内旅游、文化、生态产业的发展,最终构建成一条世界级的黄金旅游线路,打造成全球著名的旅游品牌。

---

① 雅安市三举措着力推动茶马古道文化发展[OL].四川省人民政府网,http://www.sc.gov.cn/10462/10464/10465/10595/2012/3/26/10204366.shtml

第九章

全球视野下的江西茶文化旅游

近些年来,茶文化旅游成为促进茶业与旅游业可持续发展的重要增长因素,代表了未来茶业与旅游业的发展趋势。江西富有得天独厚的茶文化旅游资源,具有诸多茶文化优势,江西在茶文化方面的研究者众多,为茶文化旅游的发展提供了智力支持。江西已出现了婺源、浮梁等有影响的茶旅游产品。庐山、井冈山、南昌等地的茶文化旅游起步虽晚,但潜力巨大,经过细致规划,资源整合,一定会成为江西茶业与旅游业的崭新品牌。

第一节 江西茶文化的旅游资源

江西自古以来就享有"物华天宝,人杰地灵"的美誉,美丽的赣江在这里尽情舒展,浩渺的鄱阳湖在这里熠熠生辉。江西古文化遗址众多,已发现者达八百多处。江西有着深厚的历史文化底蕴,历史资源十分丰富,青铜文化、道教文化、书院文化、陶瓷文化、红色文化、山水文化,一直为人们所津津乐道。其中,茶文化旅游亦十分丰富。

一、自然资源

1. 名茶

江西产茶历史可追溯到东汉时代,当时庐山的僧侣就已经开始选取野生茶种,在山间栽种茶树,焙制茶叶。到了唐代,江西的浮梁、婺源一带已经成为当时重要的产茶基地,茶叶贸易繁盛,其后元明清时期,江西一直是全国茶叶的重要产区。2011年10月,江西上高县发现1 500多棵有800多年生长历史的原生态古茶叶树,这些古茶树散生在该县南港镇海拔900多米的九龙自然村周边的灌木丛林中。目前,上高县已将其列为特种地方良种加以保护与开发。这批茶树的基本特征是叶芽肥大、茎粗、节间长,春茶萌发期和开采期较山下其他地方茶晚7至10天,一芽二叶,约5至6千克鲜茶制作1千克干茶,制出的干茶清香浓郁,微苦爽喉,回味无穷,尤其夏天喝后解渴时间长,口感陆羽《茶经》讲到茶的产地时,说:"江南有鄂州、袁州、吉州。"庐山云雾茶是中国十大名茶之一,遂川县狗牯脑茶、婺源绿茶、浮梁红茶曾获 1915 年巴拿马国际博览会金奖。宁红茶是我国最早的功夫红茶之一,婺源茗眉、井冈翠绿、上饶白眉、得雨活茶、晓起毛尖、浮瑶仙芝、小布岩等,也是省内较有名的茶。

江西生态环境极佳,森林覆盖率居全国第二。孟建柱明确提出"生态立省,绿色发展"战略;2007 年省委书记苏荣提出"绿色生态是江西最大的财富、最大的优势、最大的潜力、最大的品牌"的理念。江西茶园大多置身于名山胜景之中,庐山、井冈山、婺源都是江西重要的地方名茶的产地。庐山风景秀美,既是闻名海外的避暑休闲胜地,又是江西最早培植茶叶的地方,游人品茶休闲的绝好所在。婺源被誉为中国最美丽的乡村,婺源的绿茶早在明清时期已有贡茶之名。

2. 名泉

明人许次纾《茶疏》云:"精茗蕴香,借水而发,无水不可与论茶也。"①名茶与名水交相辉映,故古人烹茶,无不尽寻名泉佳水。唐代张又新《煎茶水记》记载他曾亲尝天下宜茶之水,然后将天下水分为二十,并排叙诸水先后名次,其中前十等中,江西水就占有四处:庐山康王谷水帘水、庐山招隐寺下方桥潭水、洪州西山瀑布水、庐山龙池山岭水。② 并将庐山康王谷水帘水名列第一,从此庐山谷帘泉水就有"天下第一美泉"之称。

陆羽评天下二十泉,其中有三处位于庐山:天下第一泉——汉阳峰康王谷帘泉、第六泉——观音桥招隐泉、第十泉——天池。康王谷位于庐山最高峰——汉阳峰西,谷中风光十分迷人,溪流淙淙,鸟鸣啁啁,桃李成林,落英缤纷,田园葱翠,屋舍俨然,鸡犬之声相闻,与《桃花源记》的描写十分相似。庐山外险内秀,植物丰茂,气候湿润,适合隐士居住,既不受外界打扰,又能自耕自足,衣食无忧,正是理想的世外桃源。有学者考证桃花源的原型便在庐山的康王谷,战国时已有人避乱隐居于庐山。陆羽来到康王谷,品尝谷帘泉泉水后,大为赞叹:"甘腴清冷,具备诸美",因而命名为"天下第一"。谷帘泉有八大特点,即清、冷、香、洌、柔、甘、净、不噎人。北宋文学家王禹偁《谷帘泉序》曰:"水之来,计程一月矣,而其味不败,取茶煮之,浮云散雪之状,与井泉绝殊"。苏东坡以饮谷帘泉为快,赞叹"天下第一泉"确实名不虚传。现在,康王谷有陆羽的品泉亭等景点。庐山不仅有冠绝天下的名泉,同时溪流、瀑布水也是煮茶之名

---

① 〔明〕许次纾.茶疏[M].北京:北京大学出版社,1994:779
② 〔唐〕张又新.煎茶水记[M].台北:台湾新文丰出版公司,1985:652

品,如唐代马戴《庐山诗》描写了用竹筒汲山涧之水入茶铛:"别有一条投涧水,竹筒导引入茶铛。"苏辙《游庐山》云:"岩头悬瀑煎茶足,峡口惊雷泛叶铿。"

名茶名泉两相宜,黄山产名茶,亦多名泉,用人字瀑水泡黄山毛峰,有轻香冷韵之感。《图经》载:"黄山旧名黟山,东峰有朱砂沙汤,泉可点茗,茶色微红,此自然之丹液也"。

二、茶事古迹

1. 古窑

"器为茶之父",我国茶具的制作材质繁多,以陶瓷为主。江西生产的陶瓷茶具历史悠久,在距今近二千年的东汉墓葬中,就出土了有用于贮茶的青瓷器系罐、煮茶的陶炉、饮茶的青瓷钵。江西陶瓷茶具数量众多,丰城的洪州窑、赣州的七里镇窑、吉安的吉州窑以及景德镇窑等,都是驰名中外的窑场,出产了大量的精美茶具。其中的佼佼者当数吉州窑的黑釉茶具及景德镇的陶瓷茶具。

从明代起,景德镇更成为"天下窑器所聚"的制瓷中心。明人王士性《广志绎》载:"遍中国,以至海外彝方,凡舟车所到,无非饶器。"[①]景德镇集天下名窑之大成,汇全国技艺之精华,成为与宜兴相并列的世界闻名的两大陶瓷系统之一。明代大戏剧家汤显祖在《浮梁县新作讲堂赋》中赞道:"今夫浮梁之茗,闻于天下,惟清惟馨,系其揉者。浮梁之瓷,莹于水玉,亦系其钧火候是足。"

宋人喜斗茶,对茶色要求极高,以纯白为贵,为便观色,茶具尚黑,致使黑瓷窑场异军突起。在宋代烧制黑釉茶盏的窑场中,江西省的吉州窑也是较重要的一座。

2. 茶路

江西是传统产茶大省,也是重要的茶叶集散中心,茶叶源源不断地从江西运输至全国各地。在茶叶的运输过程中,形成了多条重要的茶路,这些茶路见证了江西茶叶的繁荣,也是重要的旅游资源。

始于18世纪末,由山西茶商开辟的自福建武夷山下梅村途经江西、湖南、湖北、河南、河北、内蒙古抵达中俄边境恰克图的武夷岩茶运输之路,史称"万里茶路"。走出中俄"万里茶路",江西河口镇功不可没。位于铅山县境北部的河口镇,与武夷山脚下的下梅村仅一山之隔,河口镇在明清时期是江西省"四大名镇"之一,当年即有"景德瓷器樟树药,河口茶纸吴城木"之赞誉。从历史记载的中俄"万里茶路"看,武夷山的茶叶从下梅村进入江西后,首先到达

---

① 〔清〕王士性.广志绎[M].北京:北京大学出版社,1994

的就是河口镇,走水路,经鄱阳湖一路北上,所以河口镇有"中俄万里茶路第一镇"之称。在茶路繁荣的客观影响下,修水、武宁、铜鼓生产的"宁红"也得到了快速的发展,借"万里茶路"远销俄国,1891年,更是收到了俄国皇太子赠予的"茶盖中华,价高天下"横匾,倍加赞誉。如今作为我国最早的功夫红茶之一的宁红茶,声名依旧响彻海内外。

徽饶古道又称"徽州大道",始建于唐代,是徽州通往上饶的必经之道,由徽州府城至江西饶州府。自皖南歙县城起,从休宁县城西行,经婺县渔亭,过休宁县右龙而达瑶里,全长百余千米,路面皆由长约4尺(约1.3米)的青石板条铺砌而成,未经任何人工雕琢。在交通闭塞的古代,这条路相当于现在的"国道",在当年的地位与徽杭古道相当,是古代徽商入赣经商的要道。目前,徽饶古道已经成了众多驴友们徒步旅游的黄金线,这又进一步带动了两地之间的旅游经济交往。

2010年在湖南省炎陵县发现了一条保存完整的茶盐古道,位于湘赣两省交界处,起点为湖南炎陵县石洲乡,终点是江西遂川县大汾镇,总里程约为150千米,途中有一分道可直通井冈山。这条古道建于明末清初,炎陵周边地区的人通过肩挑手扛的方式将茶叶、石灰等土特产从古道运到江西、广东贩卖,再从广东运回食盐等物资,"茶盐古道"的名字便由此而来。茶盐古道是连接湘、赣、粤三省的重要商业通道,亦是井冈山斗争时期红军来往于湘赣的红色通道,毛泽东、刘伯承、王震等老一辈无产阶级革命家都曾在此留下足迹。现古道保存良好,由近1亿块石板、石块铺就,在平均海拔1 000米以上的崇山峻岭间蜿蜒穿行,途经海拔1 833米的江西坳,沿途有茂林修竹、杜鹃花海、溪涧纵流、峰峦叠翠、高山草甸、高山湿地等,风景美不胜收。在两省交界处,还有茶亭的残壁,沿线有宋代石拱桥、炎帝陵御祭古道、万亩云锦杜鹃林、清朝建筑群等景点。

3. 茶亭

在南方山区要道上,往往建有茶凉亭,以供过往行人歇息放担,内有免费茶水供应。茶亭的修建,或由宗族捐地捐款,或乡绅儒士出面集资,捐基址建亭,是义务性服务的公众慈善事业。茶亭反映了行善以积德的道德心理,清代同治的《广丰县志》记载道:"又有施茶饮于凉亭要路,以祈福利者,至伏尽乃至。"江西茶亭之盛是江西茶俗精神的表征,余悦认为,江西民间茶俗提倡以茶培养品性、推行功德。江西境内的茶亭之盛,正是茶俗中这种精神的表征之一。① 早在五代之时,江西婺源有一位方姓阿婆,为人慈善,她在赣浙边界浙岭的路亭设摊供茶,经年不辍,凡是穷儒肩夫不取分文。南宋时,婺源路亭兼茶

---

① 余悦.江西茶俗的民生显像和特质[J].农业考古,1996(6):79

亭较为普遍,而且都是免费的,相传这与理学集大成者朱熹的提倡有关。这种古朴的乡风,在江西很多地方仍然一直流传下来。新中国成立后在婺源的浙源乡有座修葺一新的高山茶亭,茶亭已几易其主,但几十年来常年供茶,不取水费。泰和县水槎桥溪村的"适可亭",每逢盛夏都有人施茶,历年不辍。宁都县施茶之风更甚,群众义务供茶世代相传,父子祖孙相及,数十年不辍。

茶亭是茶香四溢的人文驿站,也是独特的历史文化景观。江西的崇山峻岭及田间古道上,仍然分布着诸多当年茶亭的遗迹。婺源有着诸多保存完好的茶亭,婺源有"五里凉亭,十里茶亭"之说,在长亭接短亭的山乡,山亭、路亭、桥亭或店亭,都有人设缸烧茶,供过往客人歇凉解渴,茶水分文不收。石城县通往福建宁化县的古驿道被称为"客家驿道",清顺治《石城县志》中记载,古驿道上有驿道亭百余座,如今仍保留的有五十余座。小松镇的杨村坊式亭最具代表性,它位于小松镇小松村燕交坪,建于清光绪元年,是极为罕见的牌坊与茶亭合二为一的清代客家建筑。

三、茶事风情

1. 茶艺

茶艺是饮茶活动过程中形成的文化现象,包括茶叶品评技法、艺术操作手段的鉴赏、品茗美好环境的领略等整个品茶过程的美好意境,其过程体现形式和精神的相互统一。江西人民在长期的饮茶过程中,对茶赋予诸多的精神内涵,各种茶艺集观赏性、知识性、参与性于一体。无论农家翁媪,还是茶乡村姑,都有自己古朴清丽、多姿多彩的茶艺形式和茶道精神,蕴涵着十分丰富的内容和非常厚重的积淀。① 最值得一提的自然是婺源茶道了。婺源茶道注重敬、和、俭、静的道德精神。婺源茶道有这么几种茶式:一是农家茶,其重内质,富有淳朴、亲切的乡土气息;二是富室茶,它注重敬茶的有序重礼、相敬如宾、气度雍容;三是文士茶,追求汤清、气清、心清、境雅、器雅、人雅的境界。婺源茶道在国内外的表演都受到了由衷的称赞。中日两国专家学者合著并出版的十卷本《中日文化交流史大系》,也把婺源茶道作为中国茶道的代表首先进行介绍。与此同时,修水县、浮梁县也组织了茶艺团,开始发掘、整理和再现民间茶道。

由江西整理创作的"禅茶"茶道,同样引起了世人的注目。"禅茶"的问世,源于现任《江西画报》社副社长陈晓璠。陈晓璠与茶文化界广泛交流,刻苦钻研茶道,并且到民间和寺庙四处采风,挖掘整理出了饱含"茶禅一味"意念的"禅茶"。在历史悠久、海内外享有盛誉的法门寺举行的"首届唐代茶文化国

---

① 余悦.江西茶俗的民生显像和特质(续)[J].农业考古,1998(2):93

际学术研讨会"表演后,得到中、日、韩、新加坡、马来西亚等国茶文化专家和茶道表演艺术家的高度赞扬。中国茶叶博物馆将"禅茶"的表演人员聘请到馆,由江西这座摇篮诞生的"禅茶"成了中国茶叶博物馆重大活动的"保留节目"。

2. 禅茶文化

"茶禅一味"是中国茶文化的核心之一,江西的茶文化与佛教有着不解之缘。江西产茶的起源,即与佛僧关系密切,首开茶树培植之先河的即是寺院的僧人。据《庐山志》载,东汉时,庐山僧侣劈岩削谷,取诸崖壁,间栽种茶树,焙制茶叶。

"慧远大师是庐山佛教茶乃至中国魏晋时期佛教茶的创造者和提倡者,他把世俗的生产方式移入佛门,使得禅林经济普遍得到发展,于是寺院栽茶、制茶大规模兴起。"①在我国南方,几乎每个寺庙都有自己的茶园,而众寺僧都善采制、品饮。"天下名山僧占多","自古高山出好茶",寺庙住持往往召集大批僧尼开垦山区,广植茶树,正是慧远在庐山的身体力行,开创了寺庙僧侣栽种茶树的传统。

约在公元8世纪中叶,马祖道一率先在江西倡行"农禅结合"的习禅生活方式,鼓励门徒自给自足。其弟子百丈怀海在江西奉新百丈山创《百丈清规》,并把世俗的生产方式移入佛门。约在公元9世纪中期,由于新型的禅林经济普遍得到发展,寺院栽茶、制茶就是在这种自力更生、经济独立的背景下大规模地兴起。

江西宜春是我国禅茶文化的发祥地之一,宜春自古以来便是产茶重地,五代时期毛文锡《茶谱》云:"袁之介桥,茶品甚著。后称仰山稠平、木平者为佳,稠平尤称绝品。"2007年宜春市政府提出"努力打造宜春市禅宗文化,打响宜春禅宗圣地的品牌"的口号。宜春八景中与禅宗密切相关,其中春台晓日、化成晚钟、仰山积雪、南池涌珠、钓台烟雨、卢州印月等,都曾是佛家修禅所在地。宜春大力发展禅茶文化,兴建禅博园,并推出了禅茶游,安排游客到慈化禅寺品茶论禅,感受禅茶一味的无穷奥妙。

3. 道茶文化

江西教派叠起,高道辈出,影响很大,在中国道教之中占有重要地位,尤其是在江南占有主导地位。龙虎山是道教的发源地,有"华夏道教第一山"的美誉,三清山、灵山、葛仙山、龙虎山、麻姑山、阁皂山也是道教名山。江西道茶文化源远流长,麻姑山仙都观中的"麻姑茶"母树历史悠久,已有千百年历史,为江西省最古老的生态茶母树之一。麻姑山之茶自古就有仙茶之称,相传东汉时有一位麻姑仙女得道于此,常常采摘细嫩茶叶,用仙泉一勺之多,煮与享客,

---

① 罗春兰.江西茶文化散论[J].农业考古,2007(5):43

并用以赴瑶池会、蟠桃会、朝拜王母娘娘。唐代大书法家颜真卿的"天下第一楷书"——《麻姑山仙坛记》便有麻姑茶的记载。龙虎山有着博大精深的道茶文化,大型专题片《茶叶之路》第 15 集便详细地介绍了龙虎山道茶以及与之相关的故事和民俗,主要环节由龙虎山道茶表演、八卦宴中的茶道、药农采仙草、民俗专家谈茶论道、老中医谈茶道等五部分组成。天师府、正一观等景点推出品道茶、听道乐、观道教科仪表演等道文化游览项目,赢得各地游客的欢迎。龙虎山推出的养生游中,道茶是重要组成部分。

4. 茶俗

江西人自古就有着以茶待客、以茶会友的风俗,早就将茶与生活融合在一起。江西民间多彩的茶俗文化极大地丰富了茶文化休闲旅游产品的形式和内涵。在江西各地城镇及产茶地区,人们都有早起饮茶的习惯,家庭主妇起床后第一件事就是煮茶汤,沏上一大壶茶,供家人随饮随倒,冬天还用暖桶包裹茶壶以保温。江西人走亲访友、年节贺喜带的礼物,被独创性地称为"换茶",意思是用礼物去换一杯茶喝。江西的茶俗文化千姿百态,如赣中北的"打茶",赣东北、赣南的"擂茶",江西修水男女相亲的"三杯茶";还有夫妻结婚喝"夫妻交杯茶",老人去世压棺木的"天堂茶"。

江西有着丰富的来客敬茶的礼仪,赣南客家地区,待客多飨以醇香味美的擂茶;在赣北修水、武宁、铜鼓等县则让客人品尝富有"嚼头"的菊花茶、什锦茶、川芎茶、米泡茶等;在樟树等地则以白糖调水敬客。江西人在不同的节气与时令有着特殊的饮茶方式和习俗,讲究大年初一要吃青果茶,正月时农村妇女们举行茶会,元宵节时赣南安远有热闹的茶篮灯表演,立夏时有饮"立夏茶"的习俗。

四、茶事建筑

在南昌市已出现了一批富有特色的茶艺馆,成为市民和游客休闲的好去处。特别是红谷滩新区的泊园老茶馆,以其装修的典雅、茶品的上乘,在全国名列前茅。泊园老茶馆把茶艺、香道、书画、收藏、禅趣多种文化融为一体,并且经常开展多种茶文化活动,提升了茶艺馆的文化内涵和品位。"亚洲茶人论坛"授予其"十大杰出案例奖",使之美誉度进一步向海外扩展。即使是萍乡市这种由资源型城市转型的地方,也有"和茶堂"等高品味的茶艺馆,为茶文化旅游提供了必要的条件。为满足不同层次市民的夜间休闲需求,南昌青山湖区设立茶文化旅游休闲夜市,依托青山湖区"两场一村"(南昌茶叶交易市场、鹿鼎家具大市场、何兴民俗小吃村)资源,重点打造集"品名茶、观茶艺、悟茶道、听茶歌、赏茶戏、对茶联、选茶具、购家私、尝民俗小吃"为一体的精品茶文化休闲夜市。

五、茶文艺作品

江西民间素有热爱歌舞的传统。江西的民间文艺,由于茶产地的不断开拓,茶树栽培技术和经营管理的逐步完善,茶市流通渠道的扩展延伸,使茶叶生产从细小分散的经营到大面积的商品化。在日趋繁盛的情况下为民歌(茶歌)、灯彩(茶舞)、地方戏(茶戏)提供了多姿多彩的,以茶为主题的,喜见乐闻的歌舞艺术形式。① 唱茶歌,听茶歌,跳茶灯,观茶灯,演茶戏,看茶戏,在农村人们的精神生活领域里则已习以成俗,历代不衰。时至今日,在民间仍保持着旺盛的生命力。江西的茶文艺作品形式多样,主要有以下四种。

1. 悦耳动听的采茶歌

以茶为主题的喜闻乐见的民间文艺形式中,悦耳动听的茶歌是最基础、最常见、最朴实、最富有生产和生活气息的。茶歌在江西有着悠久的历史,与茶叶的种植、加工和品饮相伴相生。每逢阳春三月,茶林片片葱绿,采茶男女歌声四起,人们谓之"茶歌"。景德镇民歌《采茶忙》描绘了茶乡的美丽风光,通过优美动听的旋律抒发了茶家姑娘生在茶山、长在茶山、爱在茶山的喜悦心情。歌中唱到:"年年都有桃花三月天,今年的桃花比不上茶叶鲜,采茶的姑娘爱茶山,茶山代代乐无边。"民间卖唱艺人,也常到茶行里去坐堂演唱,招待各方茶客。茶户每逢春摘秋采开茶山时,或夏夜纳凉,常唱以茶事季节为时序、借茶述事为内容的各种题材的采茶曲,借以自乐。

茶乡孕育了茶歌,茶歌流行全国。新中国成立后,许多文艺工作者从民间汲取养料,创作了一批深受欢迎的新茶歌。江西诗人文莽彦作词、女作曲家解策励作曲的独唱歌曲《请茶歌》,就是新茶歌中的一枝奇葩。地方风韵浓郁,曲调旋律的优美,革命激情的高昂,富有强烈的感染力。在众多新茶歌中,《请茶歌》可以说得上是传唱最广、知名度最高的一首歌曲了。当列车驶入江西境内,车厢总会响起这首悠扬悦耳的《请茶歌》,它犹如"迎客歌"欢迎五湖四海的朋友来到这片红土地。这首歌节奏欢快奔放,具有健康向上的情感,传递着真善美。歌词反复出现井冈山茶的形象,可谓宣传井冈山茶文化的极佳免费广告。

2. 生动活泼的采茶舞

由采茶歌发展起来的采茶舞,其最重要的形式为采茶灯,盛行于广东、广西、湖北、湖南、江西、安徽、江苏、浙江、福建等地。江西关于采茶灯的记载颇多,如清《铅山县志》载:"河口镇更有采茶灯,以秀丽童男女扮成戏出,饰以艳服,唱采茶歌,以足怡耳悦目。"清初九江进士陈奉滋在《浔阳乐》诗中也形象

---

① 孙效祖,李林浩.茶——茶歌·茶舞·茶戏——浅谈中国茶文化与江西民间艺术之渊源[J].农业考古,1991(2):120

地记述了当时元宵节灯会盛况:"灯火照龙河,鱼龙杂绮罗。偏怜女儿港,一路采茶歌。"采茶灯多在欢度佳节时边歌边舞,也有农民家有喜事时走门串户演唱,有一定的曲调、人数和时间、地点的规定,是一种供人们娱乐欣赏的形式。在通常情况下,由年轻女孩扮演采茶姑娘,唱着优美的采茶歌翩翩起舞,其动作多融合各种采茶姿势。江西莲花的"耍花灯",萍乡的地方灯彩"牛带茶",都有很强的观赏性、趣味性和知识性。

在江西民间文艺中,不仅茶篮灯、茶箩灯唱茶,花灯、狮子灯也唱茶。此外,还有在"茶歌""茶灯"基础上发展而成的,以舞蹈为主的"采茶歌舞"。如流传于赣南18个县(市),逐渐由山区进入城镇的赣南采茶舞,据记载已有三百来年的历史,其基本舞蹈动作有矮子步、单袖花、扇子花。

3. 幽默风趣的采茶戏

采茶戏是由民间歌舞发展起来的地方剧种,距今约有几百年的历史。古时劳动妇女一边采茶一边唱山歌以鼓舞劳动热情,这种在茶区流传的山歌就是采茶戏的前身——"采茶歌"。经过不断地发展,这种茶农采茶时所唱的采茶歌与民间舞蹈相融合,形成了另一阶段的"采茶灯"。然后由于内容、唱腔、表演形式等不断丰富,逐渐发展成为现在的采茶戏。采茶戏风靡于客家人聚居地区,竞相传演,蔚然成风,成为客家人最喜爱的戏曲形式之一。信丰县志有一首《南安吟》描绘了"出看采茶也入魔"的场景。粤东农村有句俗语云:"有钱丢采茶,冇钱买笠嫲",意为因贪看采茶戏,连身上仅有的准备买斗笠的钱都丢给演采茶戏的艺人了。采茶戏是我国民间文艺的瑰宝,其中以江西采茶戏颇具代表,2006年,国务院将赣南采茶戏列入第一批国家级非物质文化遗产名录。2011年国务院公布了第三批国家级非物质文化遗产名录,江西高安采茶戏榜上有名。

赣南有传统采茶戏剧目一百多出,其中的优秀剧目《补皮鞋》《试妻》等有深厚的群众基础。大型采茶戏《茶童戏主》由上海电影制片厂拍成戏曲片在全国放映,其中运用了很多茶腔歌调,特别是原型茶歌,在农村广为传唱;新编现代采茶戏《怎么谈不拢》《风雨姐妹花》也先后搬上银幕;大型采茶戏《山歌情》获第四届文华大奖、中宣部"五个一工程"奖和曹禺剧作奖;客家采茶风情组舞《长长的红背带》获文华新剧目奖。这些采茶戏是宝贵的茶文化旅游资源,"采茶戏具有旅游吸引物的基本特征,有观赏性、新奇性和娱乐休闲性,可以满足旅游者进行审美、猎奇和休闲娱乐等需求,具有独特的旅游开发价值。"[①]

4. 茶文学作品

历代诗人写了大量赞美江西茶叶的诗歌,如唐代齐己、郑谷,宋代欧阳修、苏轼、黄庭坚、曾巩、杨万里、朱熹等。历代吟咏庐山茶的诗歌甚多,展现了庐

---

① 钟俊昆,魏丽英.论赣南采茶戏的旅游开发[J].特区经济,2007(9):182

山丰富多彩的茶事,江阜《江州竹枝词》云:"匡庐山上采茶归,云雾迷空尽湿衣。学者北源新焙法,江南嫩甲雨前肥。"王士禛《栖贤寺》云:"野衲喜客来,欣然设茗粥。"1959朱德品尝庐山云雾茶赞不绝口,即兴作诗一首:"庐山云雾茶,味浓性泼辣,若得长时饮,延年益寿法。"

在江西民间,流传着许多与茶有关的传说故事,如《双井茶和严阳茶》《庐山云雾茶》《五老洞和云雾茶》《立夏茶》等,这些故事大部分已被收入由王冰泉、余悦主编的《清茗拾趣》①一书。这些传说故事体现了人民群众的聪明才智,寄寓了人民群众某种愿望和爱憎,折射了民族文化和民族精神的某些特点,充满了真善美,诚如余悦所指:"茶叶传说故事是综合性、复合型的美的载体"②。

作为"独特地伴随着历史"(高尔基语)的茶叶传说故事,有的的确是史实或接近史实,既真实地再现了生活和历史的本来面目,又绘声绘色,生动形象。例如《双井茶和严阳茶》,相传当时的武宁县令吕晋夫与大诗人、大书法家黄庭坚交情深厚,他去祭奠黄母时,品尝了沁人心脾的"双井茶",赞叹不已。后来,吕晋夫和黄庭坚真情促名茶的故事就传颂开来。在江西的茶叶故事中,还有一些关于茶俗由来的作品。如《"清茶当酒,豆腐当肉"》,是讲岳母严于教子,一心为国,以清茶、豆腐为自己祝寿,而将鸡鸭鱼肉犒赏三军。从此,岳飞处处遵循母训,生活十分清苦,无论是家庭小宴,还是祝捷庆功,均"清茶当酒,豆腐当肉",并且这句话也在民间流传开来。《立夏茶》则讲述江西乡下妇女作兴吃"立夏茶"缘由,说明一个哲理:"热茶烧肚断肠,热床煞骨化筋。若要夫妻到老,莫忘热茶穿心。"可见,茶叶传说故事具有浓郁的地方色彩,表现人民大众的内心情感、审美情趣、哲理情怀。

第二节 江西的茶文化优势

江西产茶历史十分悠久,有着源远流长的茶文化,历代江西曾为中国茶文化的丰富和发展做出过重要贡献。当代江西茶文化在全国具有举足轻重的地位,南昌、台湾、杭州被公认为中国茶文化研究的三大重镇,在国际具有较高的知名度和影响力。以上这些都是江西在发展茶文化旅游中的文化优势,也为江西茶文化旅游奠定了重要基础。

一、历史名茶众多

据《庐山志》记载,早在两千多年前的东汉时期,庐山就有僧侣栽种茶树,

---

① 王冰泉,余悦.清茗拾趣[M].北京:中国轻工业出版社,1993
② 余悦.美的世界,美的升华——茶叶传说故事初识[J].农业考古,1994(2):227

焙制茶叶。唐代随着全国性的"茶叶大行"的出现,江西茶叶生产得到空前发展,饮茶之风极为盛行。当时,江西浮梁一带不仅是著名的茶叶产区,而且是重要的茶叶贸易集散地。此外,饶州(鄱阳等县)、虔州(赣州)、袁州(宜春)、江州(九江等地)、洪州(南昌)等地都是茶叶产地。洪州西山的"白露茶",被列为唐代15种名茶之一。

北宋时,江西人王安石谈论茶法时提出:"夫茶之为民用,不可一日无。"极大地推动了当时饮茶、斗茶风气的盛行,并历代沿袭,使茶成为"开门七件事"之一。江西宋代的年产茶量名列前茅,而且品质多为佼佼者,时有紫笋、阳羡、日铸、谢源、黄龙、双井六个极品名茶,江西就占有一半。江西瑞州黄檗茶,被称为"茶叶绝品"。元明清时期,江西一直是全国茶叶的重要产区,江西茶税也一贯是全国茶税的重要来源。同时,茶叶贸易也由国内扩展到了海外。据统计,1914年江西茶叶出口曾创335 356担的高纪录。

庐山云雾茶种植历史悠久,古称"闻林茶",因山上云雾缭绕,故又名"云雾茶",宋代庐山茶即为贡品。庐山云雾茶具有"条索粗壮,青翠多毫,汤色明亮,叶嫩匀齐,香凛持久,醉厚味甘"六绝。1982年的江西茶叶评比中,庐山云雾名列江西八大名茶之冠,同年,全国名茶评比又被定为中国名茶,名列全国"十大名茶"之六。2005年庐山云雾茶成功申报原产地保护,划定了生产区域,统一了云雾茶的商标。2010年中国茶叶区域公用品牌价值显示,庐山云雾茶品牌价值为10.99亿元,位居全国第13位。井冈山盛产茶叶,品种多样,包括绿茶、红茶、乌龙茶、桂花茶、保健茶等,"井冈翠绿"有"色泽绿、汤色绿、叶底绿"三大特色,多次获得国家与部省级的名、优茶奖,被评为江西八大名茶之一。

浮梁产茶历史悠久,汉代即有僧人种植和采集茶叶。在唐朝,浮梁是当时著名的茶叶集散地。白居易《琵琶行》有诗云:"商人重利轻别离,前月浮梁买茶去。"《元和郡县图志》卷载,天宝时浮梁县"每岁出茶七百万驮,税十五余万贯",占全国茶叶税的八分之三。明代汤显祖在其《浮梁县新作讲堂赋》一文中,曾对浮梁茶有过生动描述:"今夫浮梁之茗,冠于天下,帷清帷馨,系其薄者。"1915年,由浮梁县江村乡严台村江资甫"天祥"茶号经营的浮梁功夫红茶,在巴拿马博览会上荣获金奖,与斯里兰卡高山茶、印度大吉岭茶并称"世界三大高山茶"。茶叶已成为浮梁县域经济发展的主导产业,全县茶园总面积超过10万亩(约6 666.7公顷),其名优茶生产已成为赣东北茶区乃至全省的"领头雁"。据2013年茶叶公共品牌价值排行榜显示,浮梁茶品牌价值为7.09亿元。

二、江西曾为中国茶文化的丰富和发展做出过重要贡献

茶圣陆羽《茶经》是中国也是世界上第一本茶书,其能够完成,就得益于到

江西等地的考察,特别是他在上饶居住多年。宋代江西的名流欧阳修、黄庭坚、杨万里等,都为茶文化的提升和传播留下了伟绩。文坛领袖欧阳修的茶诗词,以及他对名茶的品鉴,成为难能可贵的文化遗产。宋代最有特色的茶事活动"斗茶",影响远及东瀛。江西大诗人杨万里的观斗茶诗,生动记录了这一活动的场景。"江西诗派"的领袖和大书法家黄庭坚,更是不遗余力的将家乡修水的"双井茶"赠送名人,极大地扩展了江西名茶的影响,他们的茶诗唱和也成了历史的"遗响"。

明代,南昌朱权《茶谱》倡导"清饮"饮茶法,倡导茶叶冲泡,被称为"开千古茗饮之宗",成为延续至当代饮茶的主流方式,并影响到日本茶道发展。在朱权看来,烹茶饮茗是扩心志之径、修身养性之道,他简化品饮程序、品茗器具,昭显茶本身自然之性、清馨之味,讲求清心之境、高雅之侣,开清饮风气之先,深化中国茶道之境。余悦对此给予高度评价:"完全可以说,中国茶文化真正普及到整个社会,逐渐与社会生活、民俗风情、人生礼仪结合起来,并产生深入广泛的影响,只是在散茶的兴趣和瀹饮法的定型与发展之际。"[①]明代南昌人喻政的《茶书全集》,收录了唐宋明代的40多种茶书。正是由于他的著述,许多历代茶书才得以保留。日本著名汉学家、茶史专家布目潮沨编的《中国茶书全集》的主体内容就是源自喻政编撰的《茶书全集》。

三、当代江西茶叶在全国以品质和生态为优势

生态是江西最大的优势,绿色是江西最亮的品牌。近年来,江西把生态文明建设放在突出地位,全面落实中央"五位一体"的总体布局,坚持在发展中保护生态,在保护生态中加快发展,努力建设富裕、和谐、秀美江西,着力把江西建设成为全国生态文明示范省。江西省森林覆盖率居全国第二,空气、水土污染不大,种植茶叶有着无法比拟的生态优势。江西有机茶园认证面积在全国各产茶省份位居第一。茶乡婺源正着力打造"中国有机茶第一县",婺源5.6万亩(约3 733.3公顷)茶园通过欧盟有机茶园认证,连续十几年,该县所产的有机茶占据欧盟市场70%的份额。无污染、无农药残留已成为江西茶叶的一张名片。近几年,在国家农业部和食品质量安全检测部门每年的例行检测与各种形式的安全检测中,江西茶叶继续保持100%的合格率,居全国第一位。近期媒体曝光的存在问题的茶叶,江西省无一涉及,成为名副其实的"生态茶""放心茶"。由于茶叶品质一直在全国保持优势,2011年在全国公信力"中茶杯"名优茶评比中,江西有13个品种荣获特等奖(最高奖),占全国该奖项总数的15.66%。

---

① 余悦.茶路历程[M].北京:光明日报出版社,1999:85

四、当代江西茶文化在全国具有举足轻重的地位

当代江西茶文化在全国有着重要地位,南昌、台湾、杭州被公认为中国茶文化研究的三大重镇。江西省社会科学院曾在全国率先把"中国茶文化研究"作为重点学科,并进行了两期建设,拥有一批在全国和海外有影响的中国茶文化研究专家。江西省社会科学院主办的《农业考古·中国茶文化专号》是全国最具权威性的茶文化学术刊物。出版20年来,为中国茶文化学科建设和人才培养做出了重要贡献。

当全国茶艺正在逐步发展,但又较为混杂的时候,江西省社会科学院专家及时与省劳动保障厅联络,提出应制定全国性的茶艺师标准,把茶艺师列为新兴职业并规范教材。正因为如此,国家劳动和社会保障部委托江西省社会科学院陈文华、余悦研究员负责,由余悦研究员作为总主笔,完成《茶艺师国家职业标准》,并在通过审查后向全国颁布执行。后又委托陈文华、余悦研究员主编全国统一的《茶艺师》培训鉴定教材,三本书现都已出齐。这样,江西就占据了全国茶艺师职业的制高点,全国很多人员来江西接受培训和考试。日本一些爱好中国茶艺的人士,也到江西来学习,并请陈文华、余悦研究员去日本讲授茶艺课程。《茶艺师国家职业标准》颁布施行12年来,已使30多万的从业人员受益。在江西省社会科学院专家指导下的南昌市女子职业学校,率先在全国设立中专、大专学历茶艺专业,培养了大批学员,被誉为"全国最大的茶艺人才培养基地"。

江西的茶文化和茶艺教育在全国产生了广泛的影响,现有江西广播电视大学(大专)、江西省工业贸易职业学院(大专)、江西婺源茶校、南昌第一中等专业学校、南昌女子职业学校开设了相关专业,培养了大批茶文化和茶艺人才。南昌大学、江西农业大学南昌商学院、东华理工大学经济管理学院等,曾分别开设"茶文化与茶艺"选修课,华东交通大学人文学院还有"茶文化与文学"方向的硕士点。

江西茶人领军人物陈文华先生长期从事茶文化研究,1981年创办《农业考古》杂志并任主编,系中国"农业考古学"学科创始人,被日本考古学界称为"中国农业考古第一人"。为了推动我国茶文化事业的发展,他几乎跑遍了全国的产茶区,还带着资金,上山下乡到偏远小山村。自2004年起,陈文华扎根婺源县上晓起村,把自己所有的积蓄拿出来,先后投入80多万元整治周边环境、开办生态茶厂、开发农业旅游资源,恢复晓起的古茶作坊,把上晓起打造成"中国茶文化第一村"。他带领村民种茶,精心培育皇菊花,成立了"晓起皇菊研究所",使皇菊成为晓起一景,带领农民走出了一条建设生态文明新农村、旅游致富的新路。

2014年4月,"中国茶文化与生态旅游学术研讨会"暨江西名茶论坛在婺源召开,论坛以文载茶,以茶兴旅,把茶文化研究与发展生态旅游结合起来,大力加强江西本土茶文化研究,大力开发融合生态、文化、旅游等元素的茶文化生态旅游产品。进一步挖掘和赋予茶产品以更新颖、更丰实、更喜闻乐见的文化内涵,提出江西名茶发展的新思路、新方法和新途径。江西省社科院院长梁勇表示,省社科院将继续搭建好茶文化研究交流平台,为江西茶文化以及茶文化旅游提供智力支持。

五、当代江西茶文化有重要的国际影响力

学术是通过学术著述和学术传播产生影响力的。江西有具备国际名誉度的茶文化专家,他们的著作被美国、法国、日本、韩国等国的专家学者参考引用。并且,他们的论文多次以外文形式在国外发表,扩大了中国茶文化的学术影响力。自从2003年起,近10年来,江西省社会科学院的茶文化专家都应邀去日本讲学,传播中国茶文化和茶艺。一些有影响力的国际活动,都请江西省的茶文化专家创意策划。如2004年在法国巴黎中法文化年闭幕式期间举行的"中国茶文化展",就是由国家文化部委托江西省专家策划和主持的。

在各种大型的国际活动中,也有江西组织的茶艺表演团体的身影。如在云南世博会、上海世博会期间,都有江西茶艺表演队的演出。而且,江西的茶艺表演队伍还频频应邀到世界各地演出。仅以2012年为例,5月份在美国亚洲节时,由中国民俗学会茶艺研究专业委员会、江西省民俗与文化遗产学会指导,南昌泊园茶文化传播有限公司和江西农业大学南昌商学院共同组建的"泊园大学生茶艺队"应邀前往演出,受到热烈欢迎。10月份在韩国首尔举行的"第七届世界禅茶文化交流大会",由南昌泊园茶文化传播有限公司组建,中国民俗学会茶艺研究专业委员会、江西省民俗与文化遗产学会指导的"南昌国际茶艺表演队"连演三场,受到广泛的好评。

拓展阅读

陈文华与上晓起的"中国茶文化第一村"

晓起坐落在"中国最美乡村"婺源县江湾镇境内,是清代两淮盐务使江人镜的故里。该村始建于公元787年,村屋多为清代建筑,村中小巷均铺青石,分为上晓起、下晓起两村。生活在这里的村民,几乎每家每户都种茶、制茶,古老的制茶磨具就是祖辈们遗留下来的共同财产。

2004夏天,江西省社科院重点学科——茶文化学科带头人、

第九章
全球视野下的江西茶文化旅游

中国农业考古学家陈文华来到上晓起参加"婺绿飘香·国际茶会",他惊喜地发现,这座千年古村处处蕴含着丰富的茶文化遗存。他看见作坊附近两棵生长了500多年的古樟树以及小河潺潺流水,这青山、绿水、古树不正是优美的天然茶座吗?一个念头闪过,何不利用这个古茶作坊开个茶庄呢?

在与村里沟通后,约定由他个人出资修建茶作坊,并按照旅游休闲的需要对周边环境进行整治。前3年,不管经营效益如何,他每年都必须上缴1万元承包费。如有收入,他与村里一起分。就这样,"国际茶会"的召开,把一个做学问的老教授的命运与这个小山村紧密联系在一起。进村后,陈文华花了几万块钱修整破旧的厂房和设备,把修缮好的茶厂命名为上晓起生态传统茶作坊,并在村口树起了"中国茶文化历史第一村"的牌匾。茶庄初试营业就取得不错的效果,使陈教授坚定了自己的信心。他拿出钱修缮村里的祠堂——江氏宗祠,还举办了历代茶具展览,建起了历代茶文化画廊,打造了上晓起十大景点。

陈文华以晓起村为舞台,致力举办茶会活动,交流茶艺,探讨茶文化,促进茶经济。这些新鲜时尚的文化元素,加之人流、物流、信息流,让山里头的百姓们眼界大开,观念不时发生着新变化。当地的农家娃,都愿意到他创办的茶客栈来打工,争做茶艺师,大有一种"旧时王谢堂前燕,飞入寻常百姓家"的态势。文化部副部长郑欣淼等全国不少著名作家、书画家、记者等,纷至沓来,视察、指导、采风、写生,给这里带来了久违的生机与活力。随着游客的增多,村民们也纷纷开办了农家餐馆、客栈,旅游纪念品和当地的土特产也走俏起来。

陈文华为保护晓起的生态环境煞费苦心,他掏钱用木头包装改造了村里的水泥桥,自费买来各种花木树苗,种遍全村,还在花木丛中安装了音箱播放音乐,使村里四季有鲜花,处处能闻香。原来村民们会在国庆节前收割田里的水稻,陈文华出资让村民们在国庆节后收割水稻,目的是可以保持黄金周期间田园景观的完整。他利用自己在省城的影响力,争取资金把进村的古代青石板小路改造成水泥大路,还挨家挨户劝说村民要保护这条石板小路……经过陈文华的身体力行,村民也认识到生态的重要性。

虽然在陈教授的悉心经营下,几年来茶庄收入不错,乡亲们的农家乐也颇有收益,但如何带动百姓在小康致富路上走得更快，陈文华想做得更多，黄菊种植成了他的突破点。经过研究，陈文华发现由于上晓起村生态环境好、昼夜温差大，特别适合黄菊花的生长。2009年春天，他带领上晓起村的居民把黄菊花种满了田地，又修建了烘烤黄菊花的工厂，黄菊花迅速打开了茶馆市场。晓起黄菊花瓣紧密呈球状，具有观赏价值，一朵就可以泡一个玻璃杯，口感非常好，富含黄酮素、氨基酸，产品的品质远远超其他地方。为了扩大生产，陈文华注册了"傻教授"商标，取名"晓起皇菊"。加工后的有机黄菊价格可观且供不应求。2010年，在村委会的帮助下，陈文华在上晓起村成立了第一个以种植和加工黄菊为产业的农民合作社。2012年，黄菊的种植面积进一步扩大到80多亩（约5.3公顷），给合作社带来了约500万元的效益，人均年收入1万多元。现在"晓起皇菊"远销北京、上海、山东等地，上晓起村的大部分人都不必再为打工而离乡背井了，一心扑在乡村旅游产业的发展上。

如今，原来偏僻的小山村，成为名副其实的"中国茶文化第一村"。一条清澈的小溪从村中流过，溪上小桥边有供休憩的凉亭，遮天蔽日的千年古樟下摆放着形状各异的石桌椅，隔溪村妇槌衣伴笑语，桥头老农点烟话桑麻。在村里的制茶作坊内，有古老的水转捻茶机械和水传动杀青炒茶，还有品茶室、茶艺画廊，可供游客食宿的茶客栈干净整洁；更为突出的是村中的清代祠堂里头，办起了"古今茶画展览馆"，展出了唐、宋、元、明、清以来的著名茶画100余幅。村里修复了一套古老的九转连磨水力捻茶机，这是目前我国唯一的一套九转连磨水力捻茶机，在上晓起被发掘出来，每天供游人参观，以了解中国古代的制茶方法。每年的10月黄菊花开放的时候，持续两个多月的花期，几十亩美丽绽放的黄菊花海，为"中国最美乡村"婺源县打造出新的景观。上晓起，这个之前无人知晓的村子，已经发展成为热门旅游目的地。

第三节　江西茶文化旅游的战略构想

江西有着得天独厚的茶文化旅游资源，并且许多茶旅资源本身便位于风景名胜区，庐山、井冈山、三清山、婺源等产茶区便是品位高的旅游景区。但遗憾的是，江西的茶文化旅游开发虽已有一定发展，但与浙江、福建等地的茶旅游相比,仍有不少差距。江西茶文化旅游有着巨大的发展潜力,经过认真规划,江西茶文化旅游一定能迎来发展高峰。

一、要加强江西茶文化旅游的规划和创意设计

茶文化旅游主要包括两种形态:一是在原有的旅游景点、景区和项目中,增加有关茶文化旅游的内容;二是专题性的茶文化旅游项目、线路。江西省各地只要有茶叶、茶业、茶文化资源和优势的县、市及景区,都要把茶文化旅游项目列入整体规划,逐步进行设施建设,文化内涵挖掘,加强茶文化旅游的接待能力。

茶文化旅游很重要的是与景区、景点的相融性,并且要有自身的特色和个性。因此,加强创意、创新,极为重要。只有与本地茶文化紧密结合的创意、创新,才能避免"千人一面、万景相似"的雷同,更有吸引力和长久魅力。广东"雁南飞"的茶文化旅游是国内最早开展的,当时就因其新颖性而吸引了大量游人。杭州的茶文化旅游,重要的景点之一就是"十八棵御茶树",打的是传统文化牌。该市的湖畔居、青藤茶馆等旅游观光茶艺馆,也往往座无虚席,就因个性化的创意。

江西茶文化旅游起步较晚,但已是卓有成效。不少地区的茶文化旅游能与当地旅游资源进行整合,如婺源大力发展乡村旅游,上晓起将茶文化与乡村旅游有机结合,有"中国茶文化第一村"之称;浮梁将茶文化与当地瓷文化相融合,主打"瓷茶"品牌;遂川依托汤湖温泉资源,开发"温泉——茶文化旅游"的特色旅游,并主动融入大井冈旅游圈,将茶文化与红色旅游相对接,推出了茶廉系列旅游产品。赣州上犹县园村在做大做强茶叶产业的同时,不断挖掘茶文化和客家文化内涵,依托得天独厚的自然资源,大力发展茶叶观光、体验性旅游等项目,延伸茶叶产业链。该村新建了茶艺表演中心、茶园游步道和观景台,组建了客家茶艺表演队,已发展茶村农家乐 4 家和茶庄 3 家,初步形成集采茶、制茶、品茶、茶膳、茶艺表演为一体的体验性旅游项目。以上这些茶旅产品积极地融入当地特色,已具有一定的知名度,值得其他景区借鉴。

在发展茶文化旅游时,应注意与地方文化进行融合,突出特色性、地域性、文化性。庐山是一座文化气息浓厚的名山,历代有大量诗歌赞美庐山风景及庐山茶,在开发庐山茶文化旅游时,可将茶与诗歌进行综合开发,建设茶诗博物馆、主题公园。赣南客家擂茶极富地方风情,客家茶俗别具风采,采茶戏诙谐幽默,加之《舌尖上的中国2》对赣南美食进行了立体的呈现,使得赣南美餐具有一定的知名度,可考虑开发赣南客家茶美食旅游线路。井冈山是中国革命摇篮,红色旅游发展得风生水起,可发展与茶有关的红色旅游项目,如建设茶与廉政主题公园、帮助茶农干农活、组织学员体验茶农生活等。

二、从政策层面支持茶文化旅游项目的建设

江西省是传统产茶大省,近几年来在茶园规模扩张、茶叶品牌效益等方面都有长足发展,但与其他产茶强省相比,仍然面临着"小、杂、弱、低"等问题。"小"就是茶园规模偏小,"杂"就是茶叶品牌过多,"弱"就是茶叶企业实力不强,缺少巨型龙头骨干企业,"低"就是茶园产出率不高。受制于"小、杂、弱、低"等问题的影响,江西茶叶外销占比很低,走向全国乃至全球的茶叶品牌屈指可数。

当前,江西一些茶园已经或正在开始茶文化旅游项目的建设,但有一些起点不高,创意不够,只满足于单纯的完成接待任务。任何城市,只要有大手笔的茶文化旅游项目建设,就能够改变和提升茶文化旅游项目的水准。福建漳浦本来并非旅游的热点地区,但因天福茗茶集团在此投资建设"天福茶博院",除了茶文化展示之外,还研发了借鉴古人"曲水流觞"的多个茶文化旅游项目,吸引了大批游客,改变了漳浦旅游的格局。

江西一些产茶和旅游热点区域,大都有建设和提升茶文化旅游的意愿,应该给予政策层面的引导和支持。要把茶文化旅游列入地方可持续生态发展和经济转型提升的项目,在计划立项、用地审批、土地占补平衡、信贷支持等方面政府应予以扶持。目前,江西国弘投资有限公司计划投入巨资在南昌市建设"中国茶文化博物馆",并配套建设相应的茶文化旅游设施,以形成江西开展茶文化旅游的龙头项目。中国民俗学会茶艺研究专业委员会、江西省民俗与文化遗产学会、江西茶业联合会、南昌市文化产业协会现正在对这一项目进行分析论证,力争早日使之实施,以增强江西茶文化旅游的吸引力和竞争力。

2014年4月,中国茶文化与生态旅游研讨会在婺源召开,副省长朱虹在会上透露,江西将深入挖掘茶文化旅游资源,提升江西名茶竞争力,打造茶文化旅游区。中国茶文化与生态旅游研讨会暨江西名茶论坛由江西省社会科学院、江西省旅游发展委员会、婺源县以及江西省茶叶协会主办,国内知名茶人、江西著名茶企负责人等80多人参加,对江西名茶与茶文化旅游进行了深入探讨,共同谋划江西名茶发展新思路,加强江西本土茶文化研究。

三、设计和推介茶文化旅游线路

旅游线路的设计和推介,可以在原有的旅游资源与设施的基础上,不增加额外投资,不需要建设周期,就能增加新的旅游资源和产品,达到增添旅游景观和旅游效益的目标。云南、四川等地,适时推出"茶马古道",组织重走"茶马古道",成为新的旅游景观和热线。

根据旅游组合原则,两个冷点可成就一个温点,两个温点可能成就一个热

点,不少地区的茶品牌和旅游资源均有所不足,但组合恰当就能起到提升旅游地形象的作用,如宜兴是中国陶都,所产的阳羡茶是历史名茶,宜兴将陶与茶文化相结合,大力开发陶茶旅游,茶业与旅游业均有较大起色。江西具有诸多高品位的旅游资源,其中庐山、三清山、龙虎山、龟峰等被列入世界遗产,井冈山是中国革命摇篮,景德镇是"世界瓷都",南昌、九江是中国历史文化名城,江西的绿色旅游、红色旅游、古色旅游交相辉映。庐山、三清山、浮梁、婺源都是著名产茶地,将冷点、温点、热点进行搭配,就能够组合成富有吸引力的茶旅热线。

江西可以学习和借鉴其他省市的先进经验,不断推出具有个性特色的茶文化旅游线路。如2012年12月,"首届中国茶文化与旅游发展高峰论坛"在南昌举行,论坛开始前,主办方组织全国各地的茶文化专家到南昌区域内进行"茶文化一日游",便选取了南昌市茶叶交易市场、龙鼎茶叶城、凤凰沟景区、梅岭茶园和南昌市部分十佳茶馆。这样的行程,内容较为丰富,安排也很紧凑,是有益的尝试。

从江西范围来看,依托茶文化优势和各地特色文化,更可以开发多种类型的茶文化旅游线路,第一是县域性的茶文化旅游。例如:婺源、浮梁、修水、遂川等茶区,可以设计专题的"茶乡游",把考察茶园,参观茶建筑,观赏茶俗,学习茶艺,品尝名茶,欣赏茶歌、茶舞、茶戏等结合起来。庐山可将茶园观光、名泉游览、茶叶制作、茶艺观赏、茶诗展览等茶文化旅游活动进行有机结合,也可以设计多条旅游线路供游客选择。

第二是区域性的茶文化旅游。例如:推出赣东北茶文化旅游,可以把茶乡婺源、浮梁和景德镇作整体推介,打造瓷茶旅游线路。推出鄱阳湖地区茶文化旅游,可以把南昌市、云居山、庐山、九江等组合成新的旅游产品;推出赣西南茶文化旅游,可将井冈山、东固、青原山、遂川、吉州窑等组合成大井冈山茶文化旅游。

第三是专题性的茶文化旅游。江西宗教文化十分发达,江西是禅宗宗派的主要发源地,也是净土宗的发源地,佛教祖庭名山多是江西佛教旅游资源的重要特征,可深度挖掘禅宗祖庭的禅茶文化,如游客可在庐山东林寺、吉安青原山净居寺、奉新百丈山百丈寺、宜春仰山栖隐寺、宜丰黄檗山寺、宜黄曹山寺等著名寺庙进行禅茶文化旅游。同时,江西的道教旅游资源亦十分丰富,龙虎山是中国道教的发源地,三清山、麻姑山、阁皂山也是著名的道教名山,可借鉴武当山、崂山道茶的成功经验,打造道教茶文化旅游,以推介江西各个产茶区的道教名胜。

四、加大茶文化旅游营销

我国历史名茶众多,各类新兴茶叶异军突起,据研究数据显示,我国茶叶市场正在洗牌,"茶香不怕巷子深"的时代早已过去。在激烈的茶叶市场竞争环境下,西湖龙井、洞庭碧螺春、武夷岩茶等传统名茶着力打造"茶旅融合"新格局,安溪铁观音、云南普洱、安吉白茶等新兴品牌的市场营销正在紧锣密鼓之际,全国各地兴起了一股茶旅互促营销的热潮,一些名茶产地纷纷推出茶文化旅游,如杭州与西湖龙井、苏州与碧螺春、武夷山与武夷岩茶、峨眉山与峨眉雪芽等"茶旅融合"的新型产品就受到广大游客的喜爱。一些产茶区通过"以茶促旅"迅速成为新兴旅游城市,如铁观音之于安溪,安化黑茶之于黑化。名茶具有极佳的经济效益,云南思茅市为了更好地发展普洱茶产业和旅游业,干脆把名字改为普洱市。在这方面,江西婺源也取得了很好的市场效益,上晓起村充分利用茶事遗迹,打造了"中国茶文化第一村",成为闻名遐迩的茶旅目的地。河口镇积极参加"茶叶之路"的相关活动,打出"万里茶路第一镇"的宣传语,迅速为外界所知。浮梁在城市形象的对外宣传中充分注意茶文化元素的运用,强调自己为"世界瓷都之源,中国名茶之乡",景德镇则为"一瓷二茶",浮梁县政府多次举办宣传浮梁的旅游推介会,宣传的主要内容即为"瓷韵茶香",2008年10月上海至景德镇(浮梁)的"瓷源之旅"旅游专列开通,打的就是"瓷茶之旅"的品牌。

  从全国各地来看,浙江杭州为了打造"茶为国饮,杭为茶都",每年都举行大型的西湖茶博览会。上海从20世纪90年代起,每年举行"上海国际茶文化节"。这些活动,都形成了品牌,既是商品交易活动,又是文化旅游活动。而在江西,每年绿博会都有茶叶展销,并且由江西省农业厅、江西茶业联合会主办的"江西茶叶博览会"已经有了一定的知名度和影响力。江西各地,如星子、修水、婺源、浮梁、遂川等地也都组织过一定规模的茶文化节事。如2012年4月,遂川邀请董卿主持第二届"狗牯脑茶文化旅游节"的开幕式,郁钧剑、凤凰传奇献唱,狗牯脑茶邀请唐国强担任形象代言人,在央视一套黄金时代播出的广告中,唐国强置身于遂川高山茶园中,举着茶杯说:"百年好茶哪里找?中国遂川狗牯脑,喝了忘不了。"通过邀请形象人,播放广告,遂川狗牯脑茶很快地塑造了品牌的形象。

  江西是茶文化研究之重镇,经常召开茶文化会议、论坛、茶会,对弘扬茶文化、宣传茶旅游起到积极的作用。2000年,在庐山"天下第一泉"举行的"迎新千年国际茶会",有来自中国、美国、日本、韩国、马来西亚、法国、印度尼西亚等国近200人参加。2004年和2006年,两次在婺源举行的"国际茶会"和2007年在庐山东林寺举行的国际禅茶文化交流大会,也都有大量的国外人士参加。2012年12月在南昌便举行了"首届中国茶文化与旅游发展高峰论坛",通过邀请学术名家,对推广南昌茶文化旅游亦起着一定推广作用。2014年5月,以"悦梅岭品林恩"为主题的第二届谷雨茶诗会在梅岭举行。谷雨诗会历时50

多年,是江西文学艺术界的一面响亮品牌。此次活动通过诗歌的形式来对梅岭独有的茶资源进行传播,旨在以茶研发、茶休闲、茶体验、茶创意为纽带,在梅岭打造全省茶休闲为主题的绿色场所,让更多的游客到梅岭来赏茶、采茶,从而带动生态游。

不过,江西开展的一些活动,对于各地游客的吸引力还显不足。一些地区重宣传,轻营销。因此,应整合全省力量,由江西省人民政府主办,适时组织举办茶文化旅游节庆、茶文化博览会、茶艺大赛、茶具展览、茶文化旅游学术会议等活动,形成较大规模,并且坚持每年举办,不断创意创新。设定"饮茶日",举办万人品茗大会,加强本地市民对江西茶的认识。加大宣传力度,在电视、报纸、杂志、网络等媒体进行立体式营销,运用微博、微信进行快速推广,拍摄茶旅游微电影、纪录片、MV,全面呈现江西的茶文化旅游,通过以上种种举措,江西茶文化旅游发展的品味和效益将大有提升。

五、加强茶文化旅游专业人才的培养和培训

任何事业的发展,关键在于人才。有信念、有毅力、有知识、有能力的人才,才能保障事业的发展。要推进江西省茶文化旅游的发展,关键同样在人才。为了较快地培养专业人才,应针对旅游专业的大中专学生,开设茶文化和茶艺的专业课程;而针对茶文化与茶艺的大中专学生,开设旅游文化的专业课程。

同时,对于目前从事旅游的专业人员,可以进行必要的茶文化与茶艺培训,凡获得茶艺师和品茶师证书者,可由单位提供相关的学习费用,或给予必要的奖励。于茶叶、茶业和茶文化单位,凡学习旅游课程并通过者,单位也应给予支持和奖励。如此形成风气,就会有更多的业内人士成为茶文化旅游的行家里手。同时,对于茶业和茶文化单位成为旅游接待单位,并且达到一定游客接待数量的,也应按照专业旅游单位给予表彰和奖励。

为提高武宁旅游从业人员的综合素质和专业服务技能,武宁县多次组织景区景点以及旅游管理部门的工作人员进行茶艺培训。培训内容包括茶文化、茶叶的分类、茶具知识、茶道知识与茶艺表演等。针对受训人员多为从事旅游行业的这一特点,授课老师特别注重对茶艺礼仪、茶事服务等内容进行讲解和示范。

拓展阅读

婺源长溪农民网上卖茶宣传旅游带活村庄

婺源县素有"书乡""茶乡"之称,21世纪初,原本宁静的婺源突然变成炙手可热的旅游目的地,这里先后开发出10多个景

区,以文化与生态旅游之地享誉全国,被誉为"全国最美的乡村"。长溪是婺源著名的产茶之村,是"婺源绿茶""得雨活茶"等优质高山绿茶的生产基地。村庄处在群山逶迤的海拔800多米的大山中,茶树遍布于烟云缭绕的高山之上,徽派民居与湖光山色相映生辉,有"世外桃源"之称。然而,落后的交通、居住等条件使长溪村未能与婺源县旅游业整体发展步伐保持一致。

2000年,正是婺源县旅游业快速发展的时候,长溪村农民戴向阳外出打工,打工途中,他与网络亲密接触的机会增多,知道了利用网络可以购物、通讯联络、推广产品、交友……神奇的网络,让从大山里走出来的戴向阳眼界大开。冷静下来之后,他产生了一个想法,把长溪村独特的地域人文、景致、特产搬到网络上,产生经济效益。为了改变长溪村落后的现状,2005年年初,戴向阳不顾家人的反对,几乎拿出了家里所有的积蓄购买电脑、数码摄像机和照相机,将村情民俗统统搬到网上,建立起一个广泛的、互动的推广和交流平台。在旁人眼中,戴向阳打工回来后就"疯"了。全村2000多口人中,只有他"不务正业"地上了网。他白天跋山涉水拍摄照片,晚上在电脑前写文章。有时还请教村里老人,翻阅祖上留下的村谱,挖掘村庄文化内涵,把整个心思都放在了网络上了。2005年10月,长溪村来了十多名扛着"长枪短炮"的上海客人。又过了几个月,村里来了几辆大巴,穿着婚纱的新人来这里拍照。2006年10月,《爱尔兰时报》记者费堂先生光顾长溪村专访戴向阳,这可是长溪村第一次迎接外国客人。至此,村民们才明白,戴向阳没疯,是他们落后了。

2006年,戴向阳开设博客,将长溪村的山山水水、民俗风情、高山绿茶等农家土特产不间断地发布,吸引了大量网友浏览,博客的点击量扶摇直上,最多的一天达2.5万人次,他的博客不到两年点击率突破100万人次,人民网报道称他的博客是"最牛的农民博客"。仅戴向阳个人,通过网络每年销售茶叶就达1000多千克,每年他通过网络销售出去的各类地方特产价值近20万元。

除此之外,戴向阳还创建长溪QQ群,公开自己的电话号码,自掏腰包购买了3台电脑,向全村发出邀请,免费教村里人学电脑操作和导游知识,让他们也通过网络加入到宣传长溪的队伍中。同时,他办起了婺源旅游绿茶网,开设长溪风光(春、夏、秋、冬、综合),长溪游记,长溪红叶,长溪特产,长溪吃住行,长溪史料,向阳摄影,新闻婺源,婺源交通,婺源特产等栏目,通过各种途径宣传推广家乡美景,推介家乡旅游,使长溪这个原生态村落声名远扬。慢慢地,到长溪村的游客越来越多,他免费为客人当导游,不停地接听游客的咨询电话,安排客人的生活起居。他带领乡亲一同致富,组建旅游农家乐协会,共同接待游客,增加收入。他这些年来,都是义务帮乡亲们介绍安排客人,从没像别人一样收过半分钱介绍费,他用自己的实际行动给村民带来财富,赢得了大家的尊重。

如今,许多游客慕名而来,长溪村现在已办起了三十多家农家乐,戴向阳和长溪村通过网络卖茶宣传旅游,盘活了整个村落的经济,长溪村已成为婺源旅游农家乐的网络品牌。旅游业的联动作用,还推动了长溪村农特产品的销售量。前来长溪村的游客,纷纷购买原本并不值钱的茶叶、茶油、干货,山上的野山果都成了抢手货,就连最不起眼的红薯也有了收益。

第四节 江西重点茶文化旅游区的规划与设计

江西现在已经有茶文化与旅游业结合的基础,有条件开展茶文化的专项旅游。江西一些茶区,有了进一步开发和提升茶文化旅游的意愿与设施,并已出现了婺源、浮梁等成功典范。通过对婺源、浮梁、庐山、井冈山等重点茶文化旅游区进行科学规划与设计,茶文化旅游将成为江西茶业与旅游业可持续发展的重要推动力。

一、婺源——浮梁赣东北茶文化旅游圈

(一)婺源茶文化旅游

1. 旅游资源

婺源是当今中国古建筑保存最多、最完好的地方之一。全县完好地保存着明清时代的古祠堂113座、古府第28栋、古民宅36幢和古桥187座。多年前,婺源还是一个位于三省交界的偏僻山村,由于画家、摄影家们的慧眼,使得婺源逐渐声名在外,有了"中国最美的乡村"的称号。越来越多的游客来到这里,感受静谧的农村氛围。婺源具有诸多高品位的旅游资源,2013年,江湾景区被国家旅游局评为国家5A级旅游景区,婺源全县拥有5A级旅游景区1处、4A级旅游景区7处,是全国4A级旅游景区最多的县份,也是全国唯一一个以整个县命名的国家3A级旅游景区。

婺源是一个多山地区,境内群山逶迤,烟云缭绕,气候温润,雨量充沛,很适宜于茶树的生长。早在唐代,婺源就是一个"绿丛遍山野,户户飘茶香"的著名茶区。唐代陆羽《茶经》中就有"歙州茶生婺源山谷"的记载。威廉·乌克斯《茶叶全书》中赞到:"婺源茶不独为路庄绿茶中之上品,且为中国绿茶中品质之最优者。"婺源绿茶以"色绿、香郁、味醇、形美"著称于世,婺源谢源茶是宋代全国六大名茶绝品之一,明代嘉靖年间,灵山的"天竹峰茶"被列为贡品。如今,婺源正着力打造"中国有机茶第一县",婺源按照"生态化、良种化、规范化"的要求,推进茶产业快速、和谐发展。目前有5.6万亩(约3 733.3公顷)茶园通过欧盟有机茶园认证,连续10多年突破欧盟贸易壁垒,销往美国、英国、德国、韩国等20多个国家,占据欧盟市场50%以上的份额。

婺源流传着这样一首歌谣:"粉墙黛瓦戗角屋,乡村都通石板路。五里十里建茶亭,来龙水口参天树。"其中,茶亭可谓是婺源茶文化的一个缩影。据《婺源风俗通志》统计记载,婺源建有的茶亭数量达246所之多。茶亭主要是为行人提供茶水,让客人稍作休息。而这其中,不少茶亭的楹联内容也别具特色,有的是描写自然风光,有的是带有警示作用。

婺源男女老少,人人爱饮茶,茶俗、茶礼、茶艺等茶文化也应运而生,故有"茶来敬客""浅茶满酒""吃早茶""饭后一杯茶"等民俗。尤其是到了元代,青花瓷的诞生赋予了茶文化新的内涵,饮茶不仅是用来清热解渴,更是上升到了一种艺术——茶礼。婺源茶礼朴实无华,多体现的是山区人的热情好客。

婺源的茶艺更是精彩纷呈。婺源有史以来就是文风盛行之地,文人对当地的茶文化影响很大,赋予了婺源茶艺更深的文化内涵。婺源的茶艺表演主要有:追求汤清、气清、心清,镜雅、器雅、人雅的文士茶茶艺;表现敬茶有序重礼、相敬如宾,气度雍容的富士茶茶艺;表现乡土气息,淳朴亲切的农家茶茶艺;体现婺源茶俗"喝新娘茶""请新郎茶"的新娘、新郎茶茶艺;表现深秋婺源热情的"晓起皇菊"的菊花茶茶艺等。

2. 发展现状

婺源县把茶叶与旅游结合起来,以发展生态茶叶观光园为平台,以弘扬茶文化为支点,不断延伸茶叶产业链,打造出金山生态茶叶观光园、中国茶文化第一村上晓起村、茶文化研究中心茶博府等一批具有鲜明特色的茶文化精品,成为吸引游人的一大景观。婺源还积极探索挖掘茶文化,从民间整理出"新娘茶、文仕茶、农家茶",既赋予传统的"敬、和、俭、静"道德精神,又注入新的含义。茶道、茶礼、茶俗蔚然成风。看茶道表演、品香茗聊天……成了许多来婺源游玩客人的"必修课"。

上晓村打出了"中华茶文化第一村"的品牌。其水力和手工相结合的制茶技艺,被列为省级非物质文化遗产项目,也成为吸引游客的重要内容。该村围绕茶文化设置了一系列旅游项目,全国各地许多游客都慕名而来,中央电视台、凤凰卫视也多次进行报道。

金山生态茶业观光园是国家3A级旅游景点。2001年5月,江泽民总书记视察了金山生态茶业观光园。金山生态茶业观光园位于婺源县赋春镇,现有有机茶700多亩(约46.7公顷),所生产的有机茶已获得欧盟有机监测机构认证。茶园四周,林木苍翠,青山绿水,与白墙黛瓦的茶庄相映生辉,体现出了人文与生态和谐美的统一。生态观光园是一处供游客参观,以采茶、制茶、观赏茶艺表演、品尝香茗和选购茶叶为一体的游览观光、净化心灵的佳地。当游客步入这环境幽雅恬静、空气清闲甜美的"超尘净地"时,清风送爽,香气徐来,山林墨绿如黛,茶园铺绿涌翠,让人心旷神怡,流连忘返。

(二)浮梁茶文化旅游

近些年来,在地方政府的高度重视下,浮梁的茶文化旅游有了一定的发展,一些景区大打茶文化品牌,既突出了景区的特色,又有效提高了浮梁的旅游竞争力。浮梁古县衙是目前江南地区保存最完好的古县衙,在古县衙景区中,茶文化元素有着大量体现。历史文化长廊有大量关于浮梁瓷茶历史的文字介绍和图片。景区内有一座建于2005年名为"歌德堡号"的雕塑,歌德堡号是来往于中国和瑞典之间进行贸易的一艘商船,18世纪,歌德堡号经海上丝绸之路,将景德镇瓷和浮梁茶源源不断地远销至瑞典等西方国家。2010年3月浮梁茶馆在景区内开业,茶馆内陈列有大量景德镇生产的茶具、浮梁生产的茶叶和一些名人创作的茶文化书画作品。浮梁茶馆促进了旅游与茶文化的结合,为发展旅游经济搭建了平台和纽带。

瑶里瓷茶古镇是江西省首批历史文化名镇,从西汉建镇开始,迄今已有两千多年历史。瑶里,古名"窑里",因是景德镇陶瓷发祥地而得名,素有"瓷之源,茶之乡,林之海"的美称。瑶里是景德镇陶瓷原料的重要产地,自古便有"高岭瓷土、瑶里釉"的美誉。瑶里曾是颇具规模的陶瓷生产地,制瓷历史悠久,在宋、元、明时期达到顶峰,是景德镇古代三大窑区之一。至今在瑶里区内已发现30多处古窑址,大多数都保存完好,是景德镇古窑址群保存最好的地区。浮梁在宋代被奉为朝廷的贡茶,瑶里则是浮梁茶的主要生产地,生产历史悠久,穿行境内的徽饶古道是徽商贩茶的必经之路。

严台村是位于浮梁县北隅的一个以茶文化为特色的古村落,2007年被公布为江西省第二批历史文化名村,2008年被确定为第四批中国历史文化名村。桃墅和潘溪均是位于浮北茶叶历史悠久、茶文化资源十分丰富的古村落。桃墅是古代浮梁与安徽经贸往来的主要通道之一,这里山高林密,自古就是名茶盛产之乡,以唐代以来即为区域茶叶集散中心,由于茶号、茶铺特别多,到清末尚有13家,商业繁荣,故又被称为桃墅店。茶业极大促进了该地的繁荣,使桃墅成为浮北的第一大镇,目前遗留有以启秀桥为代表的一批历史遗迹。离桃墅不远的潘溪是红茶传入浮梁的首站,2009年被确定为江西历史文化名村。

(三)开发设想

婺源位于浙赣皖三省交界,过去是三不管地带,随着交通环境的逐步改善,婺源的区位优势逐渐突出。既能吸引来自上海、江浙的游客,同样也能吸引江西的客源。婺源——浮梁所处的赣东北是江西的黄金旅游圈,有三清山、龙虎山、景德镇等知名景区,临近南昌和庐山。

婺源与浮梁全程约75.7千米,景德镇、浮梁是南昌至婺源的必经之地,婺源、浮梁有大量保存完好的明清古建筑,乡村旅游发展得十分火热,生态环境极佳,将婺源与浮梁的茶文化旅游进行捆绑营销,能够扩大影响,产生一定影响。婺源——浮梁茶文化旅游圈能与周边的山岳地形景观形成互补,对景德镇的城市形象亦有所提升,产生形象叠加效应。

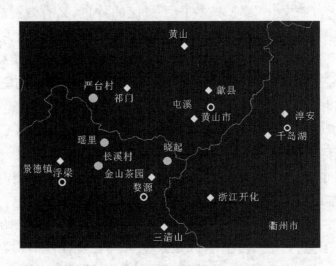

图9-1　婺源——浮梁茶文化旅游圈

在研究和分析客源市场时,不能仅仅局限在本行政管辖地直接的现实的客源市场上,还必须扩展到周边旅游目的地的客源市场上。婺源原属古徽州地区,古徽州地区出产黄山毛峰、祁门红茶、休宁松萝、屯溪绿茶、婺源绿茶等名茶,婺源绿茶和祁门红茶并称,有"婺绿祁红"之美誉。婺源还与浙江开化接壤,距千岛湖约188.6千米,这一地区出产开化龙顶、鸠坑毛尖、千岛玉叶等优质绿茶。婺源优美的自然环境和淳朴的民风能够吸引来自黄山(世界自然遗产)、西递、宏村(世界文化遗产)、景德镇(世界瓷都)、三清山(世界自然遗产)、龙虎山(世界自然遗产)、庐山(世界文化景观)、千岛湖(5A景区)等地的客源,故在发展茶文化旅游时占据得天独厚的客源优势。婺源——浮梁位于中国绿茶黄金三角洲,这个区域出产多种优质名茶,茶文化旅游发展较为成熟,已有较高知名度,可考虑以婺源为中心,整合周边旅游资源,形成景德镇——浮梁古窑——严台村——瑶里瓷茶景区——金山观光茶园——长溪——上晓起——屯溪——黄山——祁门——千岛湖的线路,同时还可增加徽饶古道、徽杭古道的徒步,这条线路涵盖了众多名茶和不同形式的茶旅产品,完全可以打造成茶文化旅游热线。

二、庐山——南昌赣中北茶文化旅游圈

(一)庐山茶文化旅游

1. 庐山茶文化旅游资源

庐山是中国历史十大名山之一,也是世界文化景观,历来有"峰奇、山秀、茶香"之说。庐山土质肥沃,一年四季云雾缭绕,为茶树生长提供了优越的自然生态条件。庐山云雾茶为中国十大名茶之一,庐山产茶历史十分悠久,历代专程来庐山旅游、品茶的游客不绝如缕。庐山集名山、名人、名茶、名泉为一体,历代名人留下了许多与茶相关的诗词、书画、茶人故事和茶事活动。唐代大诗人白居易曾在香炉峰遗爱寺附近建草堂、茶园,亲自种茶,饮茶作诗,从他的"药圃茶园为产业""起尝一瓯茶""晚送一瓯茶""竟日何所为? 或饮一瓯茗,或吟两句诗"等诗句,不难看出他早晚以茶相伴的情怀。慧远、陶渊明、李白、苏东坡、陈三立、林语堂等许多名家都在庐山留下了他们的咏茶佳作。

2. 茶文化旅游开发现状

在竞争日益激烈的茶业市场中,庐山云雾茶并未进行较大的创新改革,单纯以"中国十大名茶"和庐山名气进军市场,宣传力度较低,营销方式较为单调。同时,庐山云雾品牌意识不强,导致茶叶市场鱼龙混杂,不少外地茶冒充云雾茶进行销售,严重影响了庐山云雾茶的品牌形象。庐山云雾面积、产量均有限,远低于铁观音、普洱等茶的产量,经过近年来的扩充,庐山云雾茶园方达到1.2万亩(约799.9公顷)的规模,年产优质茶20万千克,产值8 000万元,这与价值达10.99亿元庐山云雾茶品牌不成正比,云雾茶种植者便戏称自己是"捧着金饭碗讨饭"。逆水行舟,不进则退,有研究者指出,庐山茶叶经济的地位下降已经是不争的事实,振兴庐山茶叶经济,不应该把视野仅仅局限在传统的物质科技手段,而应该看到庐山云雾茶文化与旅游结合所蕴藏的巨大市场和商机。①

与其他地区如火如荼的茶文化旅游相比,庐山现在的茶文化旅游尚处于起步阶段,开发力度小,与其他旅游项目整合度不高,文化内涵不够,特色不突出,主要是赏茶、品茶、购茶等浅层次的茶旅产品。山脚下茶园春有茶艺表演,

---

① 杨云仙.庐山云雾茶文化旅游深度开发问题分析[J].市场论坛,2013(11):94

但其目的主要在于推销茶叶,除茶叶外,茶园春还销售鄱阳湖珍珠、水晶石、庐山土特产等。庐山的东林寺开寺院种茶之风,如今仍保留这一传统。东林寺是历时千年的古刹,其文化积淀极为深厚,佛茶堪称一绝。"入座奇峰堪作画,到门活水好煮茶",说的正是九江庐山西麓的东林寺,雅致之极,推窗满眼山景,入内处处讲究。东林寺的茶园不大,每年清明前的这段时间,整个寺院都会忙碌起来。天好的时候,僧人纷纷去茶林采茶,将采摘好的新叶杀青、揉捻、干燥。也有茶农会来帮着炒茶,制成上好的新茶。僧人和过往香客来年喝的茶,多半来自这里。即便是下午,在这里也能见到俗客、香客、僧众团团围坐,于袅袅茶烟中边品茶,边论禅议事,清雅非常,捧一盏云雾新茶,细细品味茶之醇香甘甜。

正宗的庐山云雾茶生产因其生产条件苛刻,一般只有产自海拔800米以上的汉阳峰、含鄱口、花径、小天池、青莲寺等处的庐山云雾茶才被视为佳品。庐山茶园风景十分秀美,多次被网易、新浪等门户网站评为最佳采茶地,有的层层梯田,拾级而上,犹如绿色天梯高耸入云,满山的茂密森林与之相互依衬,和蓝天白云、瀑布飞泉一起,构成了"天人合一"的人间仙境。近年来,庐山脚下的星子县结合旅游发展,围绕农业产业结构调整,大力发展庐山云雾茶产业,将茶园观光体验游打造成旅游市场新时尚。每逢节假日,周边不少市民都带着家人到茶园里运动、休闲,体验茶园风光。星子茶文化生态产业园已经动工,项目建成后,将形成以庐山云雾茶博馆为主体,以生态有机观光茶园和茶业科技加工示范园区为辅的星子茶文化生态产业园,成为全省最知名的茶文化生态旅游景区。

(二)南昌茶文化旅游

在中国茶文化史上,南昌市具有独特性和不可替代性。明代,南昌朱权《茶谱》倡导"清饮"饮茶法,被称为"开千古茗饮之宗",成为延续至当代饮茶的主流方式,并影响到日本茶道发展。明代南昌人喻政编撰《茶书全集》使古代40来种茶书得以流传。此外,南昌历史上就出产"西山白露"等名茶,饮茶风俗和茶馆文化也非常丰富。

近年来,南昌涌现近千家茶馆并且经营得有声有色,泊园老茶馆、白鹭原茶艺馆等成为代表,它们的经营活动已不仅仅是喝茶,更多的是提倡茶文化,以及茶文化派生出来的茶道表演、戏剧表演、香道表演及各种文化艺术品交流;同时,茶馆的兴盛,也带动了本省茶业的活力,更多游客对江西文化旅游印象大有改观。

南昌湾里梅岭的茶文化源远流长,"西山水清江石老,石上生茶如凤爪",这是宋代大文豪欧阳修对南昌湾里区梅岭茶叶的由衷赞赏。近年来,湾里将茶与文化、旅游相结合,大力发展茶叶种植、茶文化体验观光。湾里区素以休闲生态旅游闻名,茶叶种植业恰好与湾里生态景区的特点相结合,进一步助推了生态旅游产业的打造。湾里引进了投资40亿元的江南茶仓旅游综合开发项目,将重点在铜源峡、芦田、桂林、洗药湖、狮山、聚龙湾六个旅游景区范围内,各建设百亩茶园示范基地,茶园与景区的结合,无疑将为梅岭景区带来一大全新景观。

南昌县黄马凤凰沟景区是国家4A级旅游景区,是集科普教育、农业体验、休闲观光于一体的现代化农庄,被评为"全国十佳农庄"。凤凰沟茶园分为"生态观光茶园""茶海""茶海迷宫""茶树品种园""绿韵茶坊"等五大功能板块,兼顾科研、科普、教育、休闲观光、采茶体验等诸多功能。其中茶海面积2 100余亩(约139.9公顷),是凤凰沟风景区最独特、最壮观的美景,整片茶园依山势而波涛起伏,可谓"虽有人作,宛自天开",被誉为"大地艺术"。茶海迷宫面积达10亩(约0.6公顷),是利用一畦一畦的茶树作为隔板按照八卦图的格式建立起来的,把中国太极文化和阴阳组合融进在漫无边际的茶海里,游客在里面可以进行迷宫游戏,十分有趣。绿韵茶坊向人们展示从采青——萎凋——发酵——杀青——揉捻——干燥——初制——精制——加工——包装——成品的手工制茶全过程,客人们还可以亲身体验采茶制茶的全过程,一边观看茶艺表演一边品味自己制作的新茶,更是别有一番风趣。凤凰沟在一杯茶的概念下,突显了茶文化旅游的人文关怀,提升了整个景区的旅游质量。

图9-2 凤凰沟茶海

(三)九江茶文化旅游

九江自古就名列"三大茶市"之一,"九省通衢"的区位优势和襟江带湖的水运条件,又使得九江成为江南乃至全国最好的茶叶集散地而驰名中外、享誉千年。现在的九江正全力打造"九江茶市",茶市可以带动旅游,也可以净化市场。进茶市既能买到正品,又能打造茶叶品牌,还能塑造城市旅游形象。届时,九江茶市将成为九江文化旅游的一张新名片。

武宁县种茶制茶历史悠久,《图经读志》云:"武宁皆产茶,宋时名曰红茶。"武宁人除饮红茶以外,还有以菊花茶、薯砣米泡茶、川芎时笋茶待客的风俗，"武宁采茶戏"享誉全国。位于武宁与修水交界的庐山西海岛屿众多，各有特色，其中茶岛占地278亩（约18.5公顷），辟有15亩（约0.9公顷）茶园，岛上一切皆环绕"茶"字做文章，造了风格奇异的品茶楼，同时还筑了一个200个座位的戏苑。游客不仅可以看到茶树，还可以亲手采制，不仅可以品尝到武宁茶道的精品，还可以欣赏原汁原味的茶歌、茶戏和文艺表演。

修水茶园有10万亩（约6 666.7公顷），双井茶、宁红茶声名远扬，民间饮茶习俗浓厚，投资4亿元的茶科所茶叶科技生态园于2005年建成，又名"百茶园"，位于修水县城南3千米处，坐落在城南南姑桥边，北临宁红大道，东、西、南群山环抱，景区内有茶山、茶树生物多样性基因库、茶博馆、四星宾馆、休闲茶文化广场、水景湖、水榭、桂花园、观景楼等景点。

云居山位于永修县西南，自唐元和初年（806年），曹洞宗二祖道膺禅师在云居山南麓肇基真如寺以来，树百丈农禅之家风，茶禅盛行，寺庙的僧人以辛勤劳动的汗水浇灌了攒林茶。云居山也因为从谂法师的到来而与赵州禅院，与那句机锋法语"吃茶去"结下不解之缘。真如禅寺周围有3000多亩（约199.9公顷）的天然茶园，经过寺院茶厂五道工序精心焙制成禅茶，幸运的话，游客可在云居山欣赏别具禅宗文化特色的禅茶一味表演，领略"梵香引幽步，酌茗开净筵"之禅韵。

（四）开发设想

庐山虽然有着丰富的茶文化资源，但在庐山茶业和旅游业中并没有发挥其应有的作用。有关部门应认真研究对策，采取有力措施，积极挖掘和整合茶文化资源，推动庐山茶文化旅游的全面发展，为发展庐山旅游经济做出应有的贡献。

庐山在国内外享有极高的美誉度和知名度，正全力打造国际旅游休闲度假胜地，力争至2013年接待游客达到1 000万人次。但长期实行大门票制，这在很大程度上限制了旅游的进一步发展。2013年，庐山推出498元庐山如意卡，游客持卡可终生免费上庐山。如意卡的宣传文案提出：56～69岁的中老年为什么要买"如意卡"？有足够的时间经常上庐山亲近大自然，呼吸负氧离子，为身体做SPA；有足够时间用庐山泉泡庐山茶赏着美景品着名茶享受意境人生。此举大大提高了庐山的重游率，对庐山茶文化旅游也将起着很好的推动作用。

茶文化是一个包含茶艺、茶道、茶风俗、茶文学等要素的文化体系，庐山是一座钟灵毓秀的文化名山，有着极为深厚的文化底蕴，在开发庐山茶文化旅游资源时，应与庐山的特征相契合。受地理环境的约束，在开发时应注重保护，尽量避免大型人造景观，应尽量借助现有的资源进行深度开发。茶诗是茶文化的瑰宝，也是我国传统文化的重要组成部分。目前，有些地区也设计了茶诗园，但尚未做大做全，庐山作为茶文化的重要发源地，在茶诗方面具有很高的权威性和垄断性。著名茶文化专家陈文华教授认为,庐山应该有一个茶文化主题公园,还建议将"花径"改造成为"白居易茶文化公园",利用现有的景观增添茶文化内容,可就近移植一些茶树,展现白居易植茶品茗的场景,展示白居易众多的茶诗,还可以在园内开辟一个茶诗画馆。既展示历史名家的诗画,又为现代人提供写诗作画的场所。这在全国还是首创,一定会受到广大茶人和游客的欢迎。

作为省会城市,南昌具有交通优势、文化优势和经济优势,可适当举办茶博览会和茶文化旅游节,使南昌茶叶交易市场成为全国重要茶叶集散中心。江西省社科院制定了《茶艺师国家职业标准》,在茶艺研究方面成果丰硕,南昌女子职业学校在全国率先创办茶艺专业,是全国最大的茶艺培训基地,被誉为"中国茶艺师的摇篮"。南昌可通过举办全国茶艺大赛、炒茶大赛、茶艺博览、茶文化论坛等茶文化节事来扩大影响力。梅岭、凤凰沟等地可以茶园为基地,以交通优势为依托,大力发展茶家乐、茶度假村、茶庄园,以满足游客日益增长的休闲、娱乐的需求。

庐山距南昌120千米,周边还有九江、武宁、永修、云居山等重要产茶区,在规划庐山——南昌茶文化旅游圈时也应把这些地方包括进来。南昌至九江约138千米,交通十分便利,有昌九高速公路和京九铁路直通,南昌至九江动车仅一小时。在规划庐山——南昌茶文化旅游圈时,可以昌九高速为主线,打造九江茶市——东林寺佛茶——庐山花径茶文化公园——云雾茶园游览——星子茶文化生态产业园——庐山西海茶岛——修水百茶园——云居山禅茶——南昌泊园茶馆——梅岭江南茶仓——凤凰沟茶海——南昌鹿鼎、龙鼎茶城的线形旅游线路。

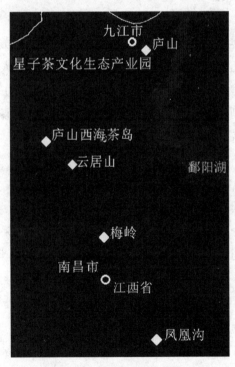

图9-3 庐山——南昌赣中北茶文化旅游圈

三、井冈山——遂川赣西南茶文化旅游圈

井冈山是中国革命的摇篮,同时具有极佳的生态环境,"历史红、山林好"是其主要特色。森林覆盖率达96%,植被类型多样,生物资源丰富,有着得天

独厚的茶文化旅游资源。井冈山周围的茶文化旅游资源亦十分丰富,吉安青原山的禅茶博大精深,永和吉州窑保存完好,遂川高山茶园风景迷人,湖南的炎陵县正大力发展茶祖文化,经过整合开发,能形成特色旅游线路。

1. 丰富的旅游资源

井冈山盛产茶叶,品种多样,包括绿茶、红茶、乌龙茶、桂花茶、保健茶等,"井冈翠绿"有"色泽绿、汤色绿、叶底绿"三大特色,多次获得国家与省部级的名、优茶奖,被评为江西八大名茶之一。井冈山光照适度、土壤肥沃、雨量充沛。茶园多位于海拔800米以上的高山,生态条件非常优越,有利于病虫生态控制,基本上不需要进行药物防治。茶园风光旖旎、交通便利。茨坪茶场位于花果山,此处花好常开、果实不绝,处处翠兰馥桂,1962年朱德同志重上井冈山,就曾在此赏兰品茶。五指峰茶场位于海拔1 000米的次生原始森林中,周边建有生态休闲度假区。茶场周边有着传统的客家村落,这些村落具有国内名山大川少见的山地村落田园风貌,白墙青瓦、高山梯田,流水潺潺、炊烟袅袅,风景十分迷人。

井冈山常住人口以客家人居多,在井冈山斗争时期,袁文才、王佐、贺子珍等客家人为中国革命事业做出了重大贡献。由于井冈山山坳众多,交通不便,故还保留着较完好的客家民俗。客家人将生活村落与山区地势巧妙融合在一起,过着自给自足的农耕生活,家家户户房前屋后都会种上几兜茶树,自己采茶制茶,有客人来屋里做客,首先沏上滚烫的热茶以敬来客,再端上自家制作的各式点心,可谓知礼数。

2. 井冈山茶文化旅游开发现状

当前茶文化旅游异军突起,已经成为推动旅游发展的新的增长极。目前井冈山的茶文化旅游已有一定的发展,井冈山中国旅行社等多家旅行社推出了春季采茶旅游线路,主要由上茶山采茶、进茶庄品茶、听茶农说茶等组成。井冈山观途旅游推出井冈山采茶品茶半日游,包括采茶、品茶、炒茶、制茶、茶品评定等活动。这些采茶旅游线路一经推出,就受到游客的欢迎。目前以旅行社推销、网站报名为主要营销手段,还未在传统媒介进行大规模的宣传,故影响力仅限于周边县市。

井冈山茨坪的天街购物市场有多家茶叶店,以售卖井冈翠绿、狗牯脑茶叶为主,大多布置精美,设有茶桌茶器供游客品茶。井冈山竹制品众多,有竹制的茶杯、茶碗、茶罐、茶匙等,用来喝茶、储茶别具一番风味。井冈山盛产根雕木雕,天街市场随处可见标价过万的茶座和茶几,这也为茶艺表演提供良好的平台。茨坪设有多家茶楼,环境清雅,如挹翠湖公园开设的两家茶楼,四处花木扶疏,湖光潋滟,群峰倒影,颇能感受雅致情怀。水口、龙潭等自然风景区设有茶亭,以供游客歇脚休息、观赏风景,条件虽简陋,倒也返璞归真。

井冈山小井设有茶叶研究院,虽名为研究院,实为旅游局定点的购物场所。研究院周围环境优美,由竹子搭建的平房,内置竹桌竹凳,表演茶艺的茶姑有一定的职业技能,在介绍茶叶时能体现出一定的地域特色,如演唱《请茶歌》欢迎远到而来的游客,介绍客家饮茶习俗等,除介绍井冈翠绿、狗牯脑外,主推的雪毫、兰贵人、养生茶并非本山所产。据了解,茶庄老板是福建人,因福建茶艺竞争激烈,故到井冈山发展。其茶艺表演的特色不够明显,同质化现象严重。

2013年井冈山市政府采取多种举措促进旅游,投资3亿元的山地自行车赛道投入使用,除建设国际级山地车赛道外,还修建了休闲绿道,将井冈山市黄坳乡现有的旅游景点如毛泽东旧居、朱砂冲哨口、千亩茶叶基地等连接起来。2014年4月份举行的山地车邀请赛吸引了众多媒体的关注,当赛车手在青青竹林、碧绿茶园、杜鹃花丛中骑行时,如在五彩画卷中遨游。

总体而言,井冈山茶文化旅游已初具规模,但仍停留在浅层次的发展状态,以品茶、赏茶、购茶为主,没有充分挖掘井冈山的茶文化内涵,茶文化旅游形象不够鲜明。

3. 开发对策:建设"茶与廉政"主题茶园

井冈山茶园游览可以与红色旅游、干部教育相结合。井冈山设有多家干部学院、中央各直属机关开办的培训机构,最高峰时有上百个班、上万人在井冈山培训,培训已成为来井旅游的中坚力量。

茶具有忠贞廉洁的品质,明代许次纾《茶流考本》曰:"茶不移本,植必生子。"古人认为茶树只能从种子萌芽成株,不可移栽,一旦落籽,便终生不迁,故视茶为忠贞不渝的象征。茶性俭,古人把茶视为廉洁的代名词,历代以茶表清廉的例子不胜枚举。著名茶人庄晚芳将"中国茶德"概括为"廉美和敬",廉即"廉俭育德",清茶一杯,可收敛奢欲,去浮存真。在井冈山,茶树还有革命火种的意义。当年老区人民母送子、妻送郎上战场,为中国革命事业付出巨大的牺牲,正是因为有前人无私的奉献,才有了今天的幸福安康,诚如《请茶歌》中所唱:"前人开路后人走,前人种茶后人尝。革命种子发新芽,年年生来处处长。"井冈山的茶,联结着艰苦的革命岁月与社会主义新生活,融聚着无数家庭的聚散离合。井冈山的茶,朴实无华,却回味无穷,蕴含无穷的力量,"喝了红色故乡的茶,同志哥,革命意志你坚如刚"(《请茶歌》)。

2012年,井冈山市以"创诚信旅游,建和谐景区"为主题,将廉政文化融入红色旅游文化之中,积极推进廉政旅游,开发了荆竹山等廉政教育景点。茶的诸多美好品质值得广大干部学习,可在茶园的基础上兴建以茶与廉洁为主题的公园或展馆,使之成为井冈山廉政旅游的有机组成部分。在茶园中竖立与茶有关的廉洁语录、廉洁诗词、廉洁小故事等标识牌,铸造杰出廉洁名人的铜像,建专厅展现中国的廉洁文化,播放廉洁红色歌曲,如《三大纪律、八项注意》《苏区干部好作风》等,安排学员品尝井冈茶,吃红米饭、喝南瓜汤,重温革命岁月,使干部潜移默化地接受廉政文化教育。

为了使学员更好地接受革命传统教育,中国井冈山干部学院采取的社会实践教学颇具特色,安排一至两天时间让学员下基层,与农民同吃住、同劳动,受到学员的广泛好评。举国上下正开展以"为民务实清廉"为主题的群众路线教育实践活动,各培训机构可在茶场设办社会实践点,安排学员与农民一起锄草、摘茶、制茶、施肥、挑水等,以解决茶场劳动力不足的问题,通过茶园劳动,能使广大干部了解民情、民生,对基层群众的生活有更切实的体会。

团中央在井冈山设有全国青少年革命传统教育基地,每年寒暑假有大量的学生来进行社会实践,参加社会实践活动是国家新课程改革的重要举措,相关部门可以对茶场建立扶持关系,安排学生与茶农一块劳动,培养学生热爱劳动、帮助他人的优良品德。根据青少年求知欲望强烈的心理,可在茶园建设茶叶科教基地,使学生们掌握茶叶科学技术,了解茶叶历史、生产、加工、茶艺等基本知识。

4. 旅游线路开发设想:兴建大井冈茶文化旅游圈

井冈山周边县市的茶文化旅游资源十分丰富,如下图所示:

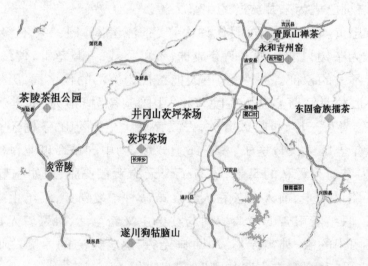

图9-4 井冈山——遂川赣西南茶文化旅游圈

吉安县永和镇吉州窑是我国现有保存完好的古代名窑遗址之一,始于晚唐,盛于两宋,以烧制黑釉著称,装饰手段十分高超,出产的"木叶盏"黑釉茶碗是茶艺爱好者梦寐以求的珍品。目前吉州窑的名贵产品逐步得以恢复,吉安县正着力打造吉州窑大遗址公园。

永和镇周围有诸多寺庙,以隔江相望的青原山净居寺最负盛名,青原山是七祖行思和尚的道场,行思的继承者开创了曹洞、云门、法眼三大禅学宗派。青原山的禅茶文化源远流长,"饭后三碗茶"是吉州僧人的"和尚家风"。文天祥《游青原》云:"活火参禅笋,真泉透佛茶。晚钟何处雨,春水满城花。"这正是以茶参禅的真实记录。

"上有井冈山,下有东固山",吉安东固畲族乡是著名的产茶区,自称"山哈人"的东固畲族同胞酷爱喝擂茶,形成异彩纷呈的茶俗。东固有着灿烂的红色历史,毛泽东、朱德、陈毅等老一辈无产革命家在这里战斗过。毛泽东在东固期间,就酷爱饮用当地的擂茶,他把材料丰富的擂茶比喻成汇聚各方人才的革命大熔炉,并鼓励战士们多喝擂茶,喝了擂茶多打胜仗。

遂川县是著名产茶之地,狗牯脑茶曾荣获1915年巴拿马国际博览会金质奖。汤湖、戴家埔、营盘圩等高山茶园风景怡人。遂川是井冈山革命根据地的组成部分,有着江西省遂川县工农兵政府旧址、遂万联席会议旧址、草林红色圩场、万里长征始发地新江横石等众多红色景点,近年来,遂川大力发展红色旅游和茶旅游,并将二者进行有机结合。遂川以茶文化为载体,"添加"廉文化元素,茶与廉政文化共生共荣。遂川还主动融入"大井冈"旅游圈,开辟"遂川——汤湖——井冈山"旅游线路,推出集"赏茶山风光、看茶道表演、泡清香绿茶、品绿色佳茗、讲茶言茶语、作茶诗茶画、演茶歌茶舞"于一体的"茶山文化休闲游"。

泰和县蜀口洲为3A级旅游景区,有"千里赣江水,蜀口岛上茶;茶在岛上生,岛上生好茶"之说。所产蜀口绿茶获2010年上海世博会名茶评比"绿茶类"银奖。蜀口洲的蜀口村是庐陵八大文化古村之一,四面环水,风光秀丽,古迹众多,明朝时曾被誉为"小南京"。在这个江南的小村子里曾创造出了一门二十余进士的人间科举盛况。

湖南炎陵、茶陵也是井冈山革命根据地的重要组成部分。茶陵是我国唯一以"茶"命名的县,其种茶历史十分悠久,相传茶陵是炎帝神农氏种五谷、尝百草的封地,茶陵投资20亿元兴建国内最大的茶文化公园——中华茶祖印象文化主题公园。连通湘赣的衡茶吉铁路已于2013年年底运营通车,茶陵到井冈山仅需1个小时的车程。

作为全国知名景点,井冈山具有旅游龙头引领作用,相关部门可通过整合周边茶文化资源,打造"大井冈茶文化旅游圈",开发一条以井冈山为中心的黄金茶文化旅游线路:吉安青原山禅茶——永和吉州窑——东固畲族擂茶——泰和蜀口生态茶村——遂川高山茶园——井冈山廉政主题茶园——茶盐古道——炎陵茶祖陵墓——茶陵中华茶祖公园。这条旅游线路将结合宗教文化、少数民族风情、客家文化、庐陵文化、古窑文化、自然风光、红色旅游、商贸文化、古建文化、村落文化等,层次丰富,主题突出,经过精心的策划,可满足游客的多方面需求,届时将形成在全国具有一定影响力的特色茶文化旅游线路。

第十章

中国港澳台及海外茶文化旅游的资源与特色

饮茶之风起于中国,逐渐风靡全世界。目前世界上有160多个国家有饮茶的习惯。在起源与传播的基础上,各国家、民族又形成了自己的饮茶习俗,在世界各国形成了五光十色的茶文化。

随着人们对健康生活的追求,茶文化在全世界遍地开花,形成了绚烂多姿的茶文化旅游。"山间清凉的茶气和夜晚的宁静确是能滋养身心"的观念已深入人心。日本静穆的茶道、印度明媚的高山茶园、斯里兰卡古老的茶工厂、英伦闲适的下午茶、法国浪漫的茶馆、中俄茶叶之路、阿拉伯世界绚丽的饮茶文化无不散发着迷人的色彩,吸引着人们投入到茶叶的芬芳之旅中。

第一节 中国港澳台茶文化旅游

茶彰显着特定历史、区域或族群的生活方式和文化结晶,甚至成为中华文明的重要象征。凡是有华人的地方,便会有茶的芳香。在港澳台地区,饮茶之风极盛,茶文化旅游开展得有声有色,尤以台湾的茶文化旅游最具特色。台湾的茶文化旅游开发较早,也较为成熟,有许多宝贵经验值得大陆借鉴。

一、中国台湾茶文化旅游

台湾山地面积居多,山区气温适宜、雨量充沛,有利于茶树生长;昼夜温差大,早晚云雾笼罩,有利于茶叶有效成分积累,所以茶树生长好、茶叶品质高。台湾茶饮习惯遍及各个阶层,从轻发酵的台湾包种茶,到重发酵的东方美人茶,各有忠诚爱好者。"台湾的茶乡到处充满了茶的芳香,借着芬芳去找茶的茶乡之旅成了台湾人假日外出郊游的最爱。"①

20世纪60年代末至70年代初,台湾农业发展遇到了严重的困难,为摆脱困境、增加农民收益,台湾开始探索发展休闲农业。1970年,台北市文山区设立了"木栅观光茶园",开启了观光农业的孕育探索阶段,这时主要是通过向游客开放农园,供其采摘,同时出售当地农产品等,这些举措受到游客的喜爱。木栅茶园的成功也引起其他农场的仿效。至20世纪80年代,台湾开始有计划、有组织地发展休闲农业,1983年制定了《发展观光农业规划书》,1990年制定了《发展休闲农业计划》,这些条例的制定为休闲农业的发展指引了方向,有效地促进了台湾休闲农业的发展。1997年,台湾将发展休闲农业作为"建设富丽农村计划"的重要途径。2000年以后,随着岛内经济的发展,以及人们对于休闲度假需求的增加,休闲农业呈现飞速发展的态势,2000—2004年短短四年间,新成立的休闲农场就有584家。②

台湾的茶文化旅游起步较早,早在1980年,台北市木栅铁观音茶区便设置观光茶园,举办茶艺活动,不仅大大提高了木栅铁观音茶的知名度,同时也增加了该地茶农的收入。木栅观光茶园是台北市第一个设立的观光农园,成为全台湾观光农业的始祖。随后,台湾各茶区纷纷设立观光茶园。这些观光茶园结合了旅游、休闲、度假、观光与茶业,目的是要合理利用茶叶资源,提高产品附加值。

台湾各产茶区根据季节推出不同主题的茶文化旅游活动。每年农历春节前后,台湾各地樱花绽放,各地纷纷举办赏樱品茶的活动,品茶、赏花、探春,真是人生的一大享受。九族文化村所举办的樱花茶会最负盛名,2011年的樱花茶会邀集来自南投县各主要茶叶区的茶师,分别摆出自己精选的茶具,泡出南投当地的好茶,分享给赏樱游客们。2013年的樱花茶会的主题是"茶香三帖",第一帖是茶席欣赏,邀游客欣赏每位茶师对茶的独特艺术摆饰;第二帖是樱花茶会入席,邀请赏樱游客一同入席品茶,每席都有专属的独特风味,游客游走各席就可以喝到60种不同的茶,赏樱品茗别有一番风味;晚上第三帖是茶与夜樱的对话,是特别开放给茶友们的专属飨宴,游客和茶师都可在樱花树下慢慢品茗茶香、欣赏夜樱的绚丽。端午节前台北市木栅地区的鲜笋与铁观音同时飘香,台北市文山区在这时节都会举办"文山茶笋文化节",每年的主题都有所侧重。如2009年主题是"民俗文化节",呈现本区的艺文活力与张力,再现"奉茶有礼"的民俗风情;2010年文山区公所和木栅区农会共同办理"天

---

① 孙状云.台湾茶业兴起观光热[J].茶博览,2007(1):77

② 蔡贤恩.借鉴台湾地区经验,发展福建休闲农业的思考[J].台湾农业探索,2006(4):4—10

圆地方茶香会"活动;2011年的主题是"茶香、美馔、艺文风",文山区公所变身为传统茶馆,邀民众一边品茗,一边欣赏传统戏曲与相声表演;2012年开展"红茶揉茶体验营",游客可体验将蓬松茶叶揉成小茶团的过程,讲师在一旁教导制茶程序,游客回家即可品茗;2013年举办"茶香笋鲜夏日游"系列活动,游客可以赏桐花、品香茗,进行怀旧巡礼之行,感受城市农夫体验营。① 冬天是喝擂茶的好时节,新竹县北埔乡盛行喝擂茶,在新竹车站举行的台湾灯会上,设计者将新竹特产擂茶融入花灯,加上机器人概念,推出擂茶机器人。虽然天气寒冷,但仍有许多游客到场观赏。

宝岛有许多开发成熟的观光茶园。木栅茶区被台北人称为"猫空",原本只是一片单纯种茶、卖茶的山坡地,由于观光休闲农业风潮的兴起,使得茶区铺上柏油道路,休闲茶坊林立,从庭园景观到露天茶座,造型别致,每家茶坊各有其独特之处。木栅观光茶园的示范农户前均设有说明板,方便游客参观选购。走进茶园区,可见碧绿茶树漫山遍野,加上造型典雅的凉亭与农家点缀其间,犹如走入桃源仙境,使人忘却世俗烦忧。到猫空品茗,已成为台北人喜爱的休闲活动。到猫家冲茶品茗,可以俯瞰山野景色,在山风的吹拂下,享受悠闲的时光,夜来还可以来此远眺市区夜景,享受夜晚宁静的美。

南投县信义乡玉山观光茶园位于海拔在1 200～1 800米的高山上,地理环境优越,经年云雾缭绕,气候四季如春,是台湾第一座生产高山茶的茶园,这里所产的高山茶温润滑顺、喉韵甘甜,可说是茶中上品。1993年由政府辅导成立观光茶园,当时为凸显此茶区之特色,在每户制茶厂前皆设立一大型茶壶,走在茶园乡间小道上,可见一只古色古香的大茶壶,这也成了草坪头茶园最大的特色。

景致秀丽的草坪头茶园,近年来为推动产业观光成立了"观光休闲产销班",从事民宿经营、制茶DIY及园区生态导览等多元化活动,每年春、夏及冬茶采收、制茶季节,都可来到这里体验茶园风情,悠闲漫步于茶园、樱花道、森林步道中。春天,山林里鸣放的杜鹃、山樱花;夏日翠绿的茶园及后山那片杉树林,以及玉山山麓丽阳高照、辽阔的山谷与湛蓝的天空;秋时枫林或者乡间小道的红叶;腊冬的梅花,一年四季都充满不同的风情。

龙头休闲农场占地广达120公顷,建有以孟宗竹林、奇岩怪木、茶园景观及体能活动为主的高山休闲游乐农场。农场内,竹林小径,晨曦珠露,虫吟鸟鸣,既令人赏心悦目,也可享受一场怡然自得的森林浴。森林浴场有三条线路:一以竹林混杂原始林相为主,有5种不同树种互生为一的魔树,及树状如龙的龙树等自然奇观;一是通往传说中有盗匪藏银的龙银山;另一条则结合孟

---

① 台北市文山区公所网站,http://www.wenshan—teaculutre.tw/index.html

宗竹林与茶园景观,是通往梦幻竹林的必经道路,也是阿里山高山茶、高冷蔬菜的主要产地之一。在龙头休闲农场,人们可以进行一系列的活动,登山健行,森林浴,赏蝶,赏萤火虫,野生动物观察,花卉欣赏、摘采,农业生产参观体验,捏陶、农艺品教作,泡茶品茗,远离现代都市,在山林中度过美好的一整天。

鹿野高台观光茶园主要位于鹿野乡永安村及龙田村,是台东县境开发较早的茶农区,高台观光茶园居高临下,视野甚佳,可近赏整齐美丽的绿色茶园风光,还可远眺花东纵谷以及龙田河阶上方整的农田景致。此外,台东现有的飞行伞、滑翔翼练习场,皆位于观光茶园一带,假日来此,常可见到花花绿绿的飞行伞翱翔天空,为茶园增色不少。莺歌为现今台湾茶具制造的重镇,其辖区内的陶瓷博物馆是全台湾唯一一座以陶瓷为主题的博物馆,颇具特色。

台湾在20世纪80年代发明了珍珠奶茶,不仅风行台湾大街小巷,也在香港、大陆、北美,甚至欧洲流行,使得茶饮在各种包装饮料与连锁咖啡馆夹击的现代仍能广受不同年龄层人群的欢迎。台湾第一杯珍珠奶茶出自台中市的春水堂。1983年,春水堂推出全台湾第一杯珍珠奶茶,随后这种大众饮料迅速风靡港澳台和大陆。独门"粉圆"加上顶级阿萨姆红茶成就了春水堂珍珠奶茶的品质,虽然每杯售价高达90元新台币,但依然吸引很多游客特意前往春水堂尝一尝最正宗的台湾珍珠奶茶。

二、中国香港茶文化旅游

香港人是中西文化汇聚之地,在这里可以看到世界很多地方的风俗与礼仪,而传统的中国文化也在这里得到了完好的保存。饮茶是香港市民的饮食文化之一,港人喜欢在用餐完毕后,享用一杯香浓的热茶,闲适自在,可赛神仙!在香港,饮茶的文化根深蒂固,不论是中国茶、英式下午茶还是港式奶茶,都有着独特的品位与文化。

港人喜欢上酒楼"饮茶",很多人一天不到酒楼茶馆喝杯茶,便浑身不自在。一份报纸,一壶茶,几样点心,早已成为了香港人日常生活文化的一部分。茶分早茶、中午茶和下午茶,早茶在中午以前的一段时间,中午茶一般即午餐。茶楼供应的点心品种繁多,且价格适中,从几元钱到二十几元钱不等,由服务员用小车在餐桌间推卖,随要随取,吃后再结,十分方便,是颇有地方文化特色的饮食形式。晶莹饱满的虾饺,雪白香滑的肠粉,香气四溢的糯米鸡,还有叉烧包、鸡扎、马拉糕、粉果、灌汤饺、山竹牛肉、排骨凤爪等,都是您不可不试的经典美味。点心纸上几十种大、中、小点心,蒸煎炸煮炒一应俱全,款式之多令人目不暇接。

在英国殖民统治香港期间,香港人将英国人的奶茶大为改良,以滤网冲泡出很浓的红茶,再拌以淡奶,由于染了茶色后的滤网看似丝袜,因此被称为"丝袜奶茶"。这类茶一般要混合多种茶叶泡制,这是因为餐厅难以倚赖一种茶叶,在短时间内冲出色、香、味俱全的茶水。香港人除了改良奶茶,还很爱直接把柠檬片放入茶中变成柠檬茶,这种制法与西方主流把柠檬汁混进茶中的做法略有不同。这些饮料一般在街头巷尾的茶餐厅出售,是香港人的日常饮料。

近年来,香港还开办多种茶艺培训班,举办茶艺大赛,还出现香港公园茶文化。随着茶文化兴起,流行泡茶品茗雅趣,置、藏紫砂茶壶成为一种时尚。不少人以紫砂壶泡茶品茗,也有人置紫砂茶壶供摆设观赏。

到香港,不得不去茶具博物馆。茶具博物馆于1984年1月建立,是香港艺术馆的分馆,位于红绵道香港公园内,主要展览各种中国茶具文物,全馆共有2层展馆,分为6个展区。茶具博物馆建于1846年,俗称旗杆屋。由当时驻港英军司令德已立少将首先居住,该建筑为典型英国式建筑,楼高二层,为香港现存最古老的西式建筑。1981年开始成为收藏及展览各款茶具的文物馆。后来再经一番修建,1983年底开始正式对外开放,展出不少中国古董茶具,当中包括明、清及民初时期制造的江苏宜兴茶具,更附有茶具生产过程的说明。1995年,茶具文物馆还增建新翼别馆,名为罗桂祥茶艺馆。新翼主要展示香港著名茶具文物收藏家——罗桂祥先生捐赠的展品,是一个值得一往的好地方。除了展览,茶具博物馆也定期举办不少茶艺活动、陶艺示范及讲座,以推广中国品茗文化及陶瓷艺术,吸引了各地游客前往观赏,成为香港主要的观光景点。

三、中国澳门茶文化旅游

澳门是将近代中国茶文化推广至西方世界的最早门户,可以说茶与澳门的关系是密不可分的。在澳门茶之饮用和茶文化之推广,已有400多年的历史。1517年,当时的葡萄牙海员在澳门购买茶叶自用和送礼。1607年,第一批由水路运往欧洲的茶叶从澳门起航,从此打开了中国茶叶销往西方的大门。18世纪嗜茶的葡萄牙公主下嫁英国国王后,饮茶的风气也带至英国。澳门已成为中国向西方出口茶叶最重要的转口港,茶叶转口贸易地位显赫,在中国茶叶传播及贸易史上扮演着重要的角色。中国茶文化亦伴随着茶叶贸易而传播欧、美乃至世界各地,并与各地文化融合,展现出新的世界茶文化格局。

作为茶叶走向世界的门户,澳门留下大量珍贵的茶文化遗产,诸如茶诗、茶联、茶画、茶楼、茶庄、茶社、茶馆、茶亭、茶商、茶人、茶艺以及茶俗等,林林总总,这些都为澳门小城增添了无限的文化色彩。

由于茶叶的销售,促进了饮茶在澳门的发展。所以,力主禁止鸦片烟的林则徐于1839年深入当时烟路要埠的澳门巡视时,向葡萄牙官员赠送的礼物中就有茶叶。

早期的澳门茶楼是从家庭作业式小型茶寮发展而来的,大多分布在十月初五日街、关前街、草堆街和营地街等贸易繁盛地带,到了19世纪中期才发展成近代的茶楼规模。从各式各样的点心纸、月饼盒、外卖纸袋、歌单、广告来看,旧式茶楼对于形成和推动广东饮早茶的传统文化起到重要作用,而这些茶楼的出现也为澳门当地茶文化的发展注入了新的元素。

澳门在1840年就已经出现了仁顺茶行,后来茶庄在澳门犹如雨后春笋相继出现。虽然许多早期的茶庄在激烈竞争中退出了历史的舞台,但是随着这些独具特色的茶庄的推广和普及,如今澳门的茶文化呈现出一个多元的面貌。

澳门人饮茶风气十分盛行,饮茶是市民们主要的休闲活动之一。每当逢年过节,澳门同胞都要合家团聚,围坐喝茶,以示思乡之情。特别是年长的澳门人,每天都要到茶楼饮茶,饮茶成为他们生活中不可或缺的生活习惯。当今澳门有各式饮茶店号600多家,这些食肆中都将娱乐、交际、消遣与吃喝汇于一餐之中。澳门的专营茶楼,每天清晨六时就茶客盈门,老少咸集,男女毕至。澳门人喜饮普洱茶、乌龙茶和红茶,一般茶楼都是壶盅式供茶,一壶香茗,人手一盅,边品饮边续水,热气腾腾。澳门人工作节奏很紧张,通常只有一小时的午歇,真正有空暇怡情品茗的人少了,但其中也有不少人趁机到就近的茶楼小坐,喝上一杯醇美的红茶,既解了渴,又提了神,还能放松休闲片刻,正是"偷得浮生半日闲"。

澳门许多饭店都将娱乐、交际、消遣与茶饮汇于一餐之中,翠亨屯就是一家茶寮、海鲜、酒家的混合体。南湾工人球场内的餐厅,中西食品兼备,还免费供应泡好的热茶,任凭顾客自斟自饮。这种淡酒香茗不仅是茶楼酒家招揽顾客的绝招,而且也是澳门人的一种享受。观光塔下午茶位于澳门360°旋转餐厅,在澳门旅游塔第60层的360°旋转餐厅享受着下午茶,不仅可以品尝由餐厅提供的多种可口美食,还能在高空俯瞰珠澳两地的美丽景色,如此惬意与悠闲,真是人生一大享受。

澳门茶文化馆(Casa Cultural de Cha de Macau)是澳门首座以茶文化为专题的博物馆。整个设计中西合璧,其外观具有浓厚的葡萄牙色彩,配上中国特色的瓦片屋顶,分外别致,特显澳门在中西茶文化史交流上的重要角色。澳门茶文化馆由本澳著名建筑师马若龙设计,建于卢廉若公园内,与公园的苏州园林景色互相辉映。澳门茶文化馆约一千平方米,包括地库、一楼展览厅及二楼,布置清幽雅静,于2005年6月1日正式对外开放,建筑面积1 076平方米。澳门茶文化馆自开馆以来,以不同形式的短期和长期展览,以及茶文化活动,展示澳门茶文化以至中西茶情,推广世界茶文化知识和对茶文化的研究。在茶文化馆里,还陈列着从清朝留传下来的精美外销茶具,让人们在感受丰富艺术的同时,也品味到了历史的深厚韵味。

位于大三巴牌坊耶稣广场的澳门旅游文化活动二楼设有中式茶馆——澳门茶故事,展示中式茶艺。主要供品茗、试茶、推广中国茶艺、促进茶艺交流、举办交流活动,茶馆设小卖部售卖茶艺品。为充分展示中国茶文化,澳门茶故事馆开幕当日,馆长特从广州邀请乐茶网茶艺表演队到场表演茶艺,茶艺师优雅娴熟的技艺引起了参加揭幕的澳门文化司司长张裕先生及在场嘉宾的关注,嘉宾们纷纷盛赞茶艺之美,使得品茶成为一件赏心悦目的事。活动中心一楼还开设葡式茶座——葡国好嘢(Lusitanus),提供葡式小吃,设不定期试酒及试食活动。

拓展阅读

台湾坪林茶旅游

台北坪林乡是台湾最有名的文山包种茶产地,地处台北和宜兰的中继站,四季风光明媚,山明水秀,游憩资源丰富,是台北市民休闲的好去处。坪林茶业历史悠久,随处可见满山苍翠的茶园,包种茶叶尖弯曲,幼芽连理,冲泡出来的茶色呈蜜绿和金黄,入喉似有兰桂花香,香味扑鼻且甘润滑顺,是台湾民众最喜爱的茶叶,也是泰国、美国、日本和香港的外销主力。

坪林茶业博物馆于1986年元月份开馆,是一座闽南安溪风格的四合院建筑,占地2.7公顷,四周规划为观光茶园,有紫竹楼与明月楼两座茶艺馆供游客品茗。内部设有展示馆、活动主题馆、多媒体馆、茶艺馆与推广中心五大部分,层次分明地将茶的物质面与精神面展示出来,活动主题馆每三个月定期举办当代名家陶艺茶具展示、诗书、琴画等与茶有关的各类作品展览及活动,如陶艺茶具展、茶艺摄影、诗词吟诵、各地茶种介绍及各种茶艺美展等活动;多媒体馆利用3D立体动画呈现茶叶戏剧,让游客在生动有趣的气氛中增进茶叶知识。茶博馆自开馆后,成为大台北地区民众假期旅游的好去处,同是也带动了坪林乡的观光旅游。

坪林每年举行包种茶节,有着浓郁的地方风情。如2008年的包种茶节内容十分丰富,游客可到场体验台湾古式婚礼中的奉茶习俗,并免费领取一株茶花苗。茶乡还举办了创意茶舞,吸引了不少年轻人前来参与。坪林乡农会为满足消费者对于茶产品多元化需求,开发出许多文山包种茶的美食,如茶香冰淇淋、东方美人茶棒冰、茶果梅、茶饼、茶糖、绿茶南瓜子、茶香贡丸、文山包种茶酒等。坪林的养生茶餐别具风味,菜色名称均不离茶:茶四喜、茶油鸡、茶油面线、茶油香鱼、抹茶东坡、茶油野季菜、包种养生汤、茶冻等。进入茶山,游客还可以在一处需赤足而入、名曰"山水龙吟"的茶社体验"静幽"。

2011年包种茶节结合了端午节清香包粽比赛、美味茶餐料理等活动,同时举行了百人茶席示范体验、古式炒茶表演等活动,并有健康养生茶餐、低碳餐盒、免费品茗、茶油画线、茶香冰淇淋、冷泡茶、茶皂、茶面膜等,让游客可亲身体验到坪林包种茶相关产品。为了招待前往坪林喝茶的游客,活动期间,主办方每天均免费赠送两千个品茗杯。

坪林乡公所近年来推动"茶艺文化周",每年11月底,茶农采集茶样送审,层层评比。坪林街茶行林立,环境优雅,服务态度好,极富人情味。

为推广台湾名茶,鼓励民众多饮用台湾好茶,2011年4月举办了"世界健康日全民喝茶日"系列活动。活动主办方在全台各大火车站摆设茶席,免费请游客品尝,并举办不同形式的主题茶会,宣传"多多喝茶、健康多多"的理念。

第二节 亚洲国家茶文化旅游

亚洲是传统的产茶区,根据数据显示,2012年全球茶叶产量排名前十的国家分别为中国、印度、肯尼亚、斯里兰卡、越南、土耳其、印度尼西亚、阿根廷、日本、孟加拉国,其中有7个国家来自亚洲。世界四大知名红茶均产于亚洲。亚洲也是传统的饮茶区,形成了异彩纷呈的饮茶文化。

如今,亚洲茶文化旅游的发展已是如火如荼,印度、斯里兰卡等国的传统茶种植园闻名世界,令人心驰神往。日本茶道、韩国茶礼以浓郁的东方情调吸引着全世界的游客。越南、马来西亚等国的茶产业异军突起,亦有着独特的茶园旅游。茶文化旅游,已成为东方世界的一张新名片,吸引着全球的目光。

一、日本茶文化旅游

唐顺宗永贞元年,日僧最澄在天台山学成回国时,把带回的茶籽播种在近江(滋贺县),成为日本种茶的先导。公元815年,日本嵯峨天皇莅临滋贺县梵释寺,僧人们献上清茶一杯。天皇饮后龙心大悦,开始大力推广饮茶,于是茶叶在日本得到大面积栽培。

南宋时日僧荣西(1141—1215年)二次入天台山求法。有一次,他在天台到明州(今宁波)的路上中暑病倒,幸蒙天台山民以"药茶"相救,才转危为安,他深感茶之功效,于是就深入山乡考察种茶、制茶的技术和供茶、饮茶的习俗。归国之后,撰成《吃茶养生记》,提倡饮茶养生。因此他被誉为日本的"陆羽",开日本茶道之先河。

茶在刚刚传到日本的时候完全属于奢侈品,只有皇族、贵族和少数高级僧侣才可以享受,茶道被当作一种高雅的先进文化而局限在皇室的周围,内容与形式都极力模仿大唐。自镰仓时代开始,人们在思想上受到《吃茶养生记》的影响,将茶尊奉为灵丹妙药的情况越来越普遍。而茶叶种植的高速发展也为茶走入平民家创造了有利条件,于是,饮茶活动以寺院为中心逐渐普及到民间。

日本人颇喜饮茶,茶道精神已融入民族精神之中。在日本,有这样的谚语:"睁开眼睛的一杯茶是添福的。"可见茶在日本人的生活中,具有举足轻重的地位。虽然日本的茶叶种植、采制机械化程度极高,但并不影响茶道在日本的盛行。政府及茶叶协会等对传统的手工制茶制定了专门的保护、优惠政策,还不定期举办手工制茶大赛,以传承手工制茶。

日本人因为酷爱抹茶,发明了很多用抹茶制作的食品,比如抹茶蛋糕、抹茶冰激凌、抹茶刨冰等。在日本吃寿司,店老板一定会先给客人奉上一碗茶。茶是吃寿司时必不可少的。茶叶中的绿茶素有防止细菌繁殖以及中和毒素的作用。吃生鱼时喝茶可更安心。把热茶淋在米饭上,配以梅子干、海苔和酱菜,就是日本常见的茶泡饭。

日本茶道已经成为日本传统文化中最具特色的一门综合艺术,其内涵不仅包括了民间佛道信仰,还包括了以求美为目的的艺术。它被定义为以茶为主体的聚会艺术技能,并发展成为外交上的重要礼节。日本的茶道源于中国,却具有日本民族味。它有自己的形成、发展过程和特有的内蕴。日本茶道是在"日常茶饭事"的基础上发展起来的,它将日常生活行为与宗教、哲学、伦理和美学熔为一炉,成为一门综合性的文化艺术活动。它是一种物质享受。通过茶会,学习茶礼,陶冶性情,还可以培养人的审美观和道德观念。从使用的茶具,到煎茶、奉茶的程序和动作,都要求一丝不苟,因为这代表着一种心意,背后隐含的是以诚相交,怀着"一生一次"的信念彼此珍视。正如桑田中亲说的:"茶道已从单纯的趣味、娱乐,前进成为表现日本人日常生活文化的规范和理想。"

在许多日本人家中,大多设有专门的茶室,不管有无客人,饮茶都在茶室进行。日本的茶室装饰深受佛教禅宗的影响,一花一草中都可见茶室主人力图把禅宗的精神渗透到实际生活中。邀来几个朋友,坐在幽寂的茶室里,边品茶边闲谈,不问世事,无牵无挂,无忧无虑,修身养性,心灵净化,别有一番美的意境。在日本,茶室是和神社、庙宇一般的圣殿。它透过抽象化的建筑和装饰符号,表达了超凡脱俗的佛教禅宗。

日本园林中多有茶园、茶室的元素。日本有名的冈山后乐园茶园是日本的三大名园之一,园内茶树修剪成浪状,与濑户内海的景观十分协调,每年吸引了无数游客,大大促进了茶叶消费,弘扬了日本茶道。冈山后乐园是典型的池泉回游式日本庭园。庭园在300多年前由当时的藩主池田纲政所建。现在庭园最大的特点就是大范围的草地,据说草地面积占了总面积的六分之一,当时庭园只有池周围的一些草,后来大量地增加了草地量使之成为冈山后乐园不同于其他名园的特色。

拥有180公顷茶园的朝宫并不算是日本最大的茶叶产地,但却是日本重要的高级茶产区。朝宫所在的滋贺县是日本茶的发源之地。朝宫的茶树种植历史十分悠久,始于公元815年。朝宫地区海拔在400～450米,冬天寒冷、夏天酷暑,早晚温差很大,所以这里的茶叶香味甚浓。早在30年前,为了推广不太为民众所知晓的朝宫茶,山本园在茶厂旁建立了一间吃茶店,不仅提供饮茶,还开发用茶制作的点心,包括至今堪称招牌的抹茶刨冰。在2013年滋贺县府大津的B级美食大会(不同类型和风格的美食混在一起参加民众投票比赛)上,山本园的抹茶刨冰连续三次获奖,今年继续获得金奖。甜绵冰、红豆、抹茶、芋圆,简单的组合,口感却是芳香清爽,视觉上亦是充满了清凉之意。

静冈县是日本最大的茶乡,邻近东京,是日本有名的旅游胜地。有世界文化遗产地——富士山,延绵曲折的伊豆半岛海岸,数不胜数的有名温泉,南阿尔卑斯山宏伟的自然景色,滨名湖宽广的湖面,供奉德川家康墓地的东照宫久能山等,引人入胜,而且四季分明,冬天干燥多晴。静冈县是日本著名的樱花之乡和茶乡,春天是最佳旅游时间,可以观赏富士山下烂漫的樱花和翠绿的茶园,品味日本茶道。风光明媚的牧之原台地有东方第一大规模的大茶园,在新茶季节时,如鲜丽的绿色地毯一般铺开。每到这个时节,吸引了无数日本人来此赏花饮茶。

日本是世界上国民最长寿的国家,2010年女性平均寿命86.44岁,男性75.59岁;而静冈县又是日本最长寿的一个地区,除气候适宜、生活悠闲外,大量食用绿茶和海产品也功不可没。绿茶中的主要有效成分是茶碱和茶多酚,是人体内"恶魔氧分子"自由基的天然清除剂。现在,静冈县督促学生们吃茶点(用绿茶粉做成的糕点)已成为政府行为了,就像当年要求孩子每天喝500毫升牛奶一样。

日本最负盛名的茶博物馆是茶之乡博物馆,茶之乡博物馆位于静冈县内著名的绿茶产地,庭院是依照日本后水尾院御所建造的茶室,这是一座介绍日本及世界各地茶叶及历史文化的博物馆,造价约 30 亿日元,附设日式庭园、茶室。来到这里参观,进门先喝一杯迎宾茶,使用的是世界各国的茶叶。在这里人们可以亲自制作抹茶,可以选一款中意的茶叶品茶,可以通过展示的世界各国的茶具和茶叶了解世界茶文化,体验日本的茶道。最后在梦幻市场可以买到日本各种名茶、茶点和茶保健品。很多日本人和外国游客前来参观,对年轻人学习世界茶文化、养成饮茶习惯和使日本茶走向世界起到积极的作用。

位于日本大阪府堺市的小谷城乡土馆是一家民间博物馆,收藏和展示了小谷家族历代相传的民俗、陶瓷、茶具及美术方面的资料。作为市民文化活动的公益场所,小谷城乡土馆不仅举办各种民俗讲座,还经常举行形式多样的茶事活动,为普及茶文化知识、提高市民茶文化修养提供平台。小谷家世代相传的《源氏物语图屏风》和《茶事图屏风》可谓是小谷城乡土馆的镇馆之宝。《茶事图屏风》是一套由两扇十二屏组成的纸本淡彩绘画屏风,高 170.7 厘米,十二屏总宽 497.4 厘米。屏风上栩栩如生地描绘着栽茶、采茶、制茶、点茶、品茶等一系列茶事活动的场面,是迄今为止所发现最完整的、描绘人类茶事活动的绘画作品。这幅《茶事图屏风》对茶文化方面具有极大的研究价值,对于美术、服饰、民俗等方面的中日比较研究来说也是不可多得的重要资料。《茶事图屏风》向人们展示的不仅是三四百年前的茶事活动,还有中日两国间的茶文化交流的历史。

二、韩国茶文化旅游

韩国是种茶小国,但对宣传饮茶却大张旗鼓,政府大力宣传喝茶的好处,不惜从国外进口,以提高国民素质,降低发病率,也由此演变成了有名的韩国茶礼。

韩国南部全罗南道宝城是韩国主要的产茶区,这里离海岸不远,气候温和、湿度高,提供了种植茶叶的最佳环境。这里从日本统治时期起就是茶叶种植地,拥有不少历史悠久且规模宏大的茶园,其中最著名的就是大韩宝城茶园。1957 年起,宝城茶园开始向游人开放,迄今已逾半世纪之久,是一处拥有浓厚历史底蕴的茶叶观光农园。

全南宝城的大韩茶业自 1959 年起,陆续在海拔 350 米的宝城周边的山上开辟茶田,形成了宏大的规模,现在每年可产茶 120 吨以上。大韩茶业目前经营着位于凤山里的宝城茶园第 1 茶园和会泉里的第 2 茶园,其中第 1 茶园被指定为韩国唯一的茶叶观光农园。每年到此观光的游客达 100 万人以上。沿着掩映在葱翠的杉树林间的小路前行,可看到层层茶田高至天边,规模达 991 740 平方米的茶农园,在游人面前形成一幅美丽壮观的画面。

宝城茶园沿途是一片片绿茶田和美丽的杉树道,在仅可容一辆车通过的道路两旁,种植着一棵棵高达20米的杉树,随路一直延伸下去。杉树为茶园挡风及防虫害,加上气候潮湿多雾,茶叶自然得到滋润,不用人工灌溉,如此独特的生长环境令宝城茶树苗壮成长。宝城茶园1年采4次茶,每年4月下旬为口苦茶,35天后采下的为小舌茶,之后每35天采一次的为中舌茶和大舌茶,秋冬不采茶。每天清晨天蒙蒙雾气极重之时,便是采茶的最佳时分。游客可于杉树林间欣赏穿着传统服装的女茶师傅的表演,她们气定神闲地将茶沏好,并分给台上的宾客。

宝成茶园曾是许多连续剧和电影的拍摄景点,电影《礼物》就在此拍摄,2003年7月,KBS电视剧《夏日香气》也在此取景拍摄。放眼望去,一望无际的茶田,远看就像是一片碧绿色的绒毯,高耸直立的杉树形成一条条森林步道,步行于此可以呼吸大自然的新鲜空气,眼前及路旁一片"养眼"的绿色茶田,更是令人身心愉悦。宝城茶园的脚下有一座小小的茶叶产品专卖店,可以进去品品茶,小憩一下。宝城茶园外,另有20多个茶田。登上茶香阁便可一睹宝城郡茶田的全貌。

在距离茶园步行十余分钟距离的地方有个叫作"韩国茶博物馆"的建筑,这里专门讲述着关于茶的文化。茶博物馆依山傍水而建,展示着品种丰富的各种与茶有关的物品,在这里还兼具着茶文化的研究开发与保护作用。博物馆共分三层,每层都拥有自己的个性展示。第一层是茶文化室,面积大概有625平方米,共分七个区间,分别讲述着对茶的理解、宝城绿茶、茶与健康、世界茶文化等内容。所以逛完一层不但能了解有关宝城绿茶的知识,还能了解茶的功效以及茶文化发展的相关知识。二层是韩国茶历史馆,面积大概550平方米,这里按照空间顺序介绍了从古代到高丽时代、朝鲜时代再到近现代的韩国茶文化发展史。除此之外还有茶资料室供游客阅览。第三层是茶文化体验馆。在这里可以参与韩国茶文化教育与茶文化体验活动,在118平方米的空间里有韩国茶文化室、茶文化影像展览室、品茶室等,可以在这亲自体验一下中国、韩国、日本、欧洲等各个地方的茶文化。

赴韩济州岛旅游,以绿茶为主题的雪绿茶博物馆成了不少游客必选的一站。雪绿茶博物馆是一个以绿茶为主题的博物馆,亦是一个了解和学习韩国传统茶文化的好地方。那里所有的东西都与绿茶挂钩,可感受茶文化欣赏茶艺表演,餐厅内的食品也和绿茶相关——绿茶冰激凌、抹茶蛋糕、绿茶咖啡等。该博物馆开放于2001年9月1日,因其茶杯组成的建筑特点早已闻名遐迩,馆内优美的环境也让这里不失为一个绝佳的休憩之地,常年游客络绎不绝。

雪绿茶博物馆由绿茶展示馆、茶器名作展示馆、茶生活文化馆、茶种类馆和世界茶杯展示馆这五个展示馆组成。其中最受欢迎的当属世界茶杯展示馆,这个展馆中的茶杯是从100多个国家收集而来的,从茶的故乡中国到现代欧洲的茶点店,东洋的、西洋的,应有尽有。看着这些茶杯,东西方互相交流的脚步声似乎就在耳边回响。此外,茶的种类馆也颇受欢迎,游客在这个展馆内可看到包括韩国茶、中国茶、日本茶等在内的60余种茶。

三、越南茶文化旅游

根据历史记载,越南茶叶发展已有300多年的历史了。100多年来,根据对越南茶叶的调查和研究,在中西部高地及北部的山脉发现了成百上千的野生古茶树,其中许多要两人合抱才能围起来。二战结束后,越南茶叶产业发展迅速。据统计,2011年越南全国茶叶种植面积约13万公顷,新鲜茶叶产量达82万多吨。越南茶叶出口到全球110多个国家和地区,每年出口创汇近2亿美元,已成为全球第五大茶叶生产和出口国。

越南地处亚热带,除高山地区以外,基本上都属于热带季风气候,日照充足,全国绝大部分地区年平均气温都在22摄氏度以上,热带植物资源十分丰富,是东盟最大的茉莉花(茶)生产国。北部河内人爱喝味道比较重的茶,南部则喜欢在茶中加入茉莉花。茉莉花在越南深受人们喜爱,越南有民谣唱道:"芬芳不过茉莉花,斯文清雅不过长安(越南人把河内比作唐长安)人。"可见越南人对茉莉花情有独钟。

越南民间有"太茶宣女"的说法,意思是宣光省出美女,而太原省的茶最负盛名。位于越南北部的太原省太原市新疆乡是著名的茶乡,新疆茶素有"第一名茶"的美誉。在新疆乡,可以利用的土地上几乎都种满了一米高的茶树。新疆乡依靠独特的地理和气候优势,大力发展茶叶种植业和加工业。

尽管越南茶历史悠久,但在国际上叫得响的茶叶品牌却凤毛麟角。让"越南茶走向世界"已成为越南各级政府、茶企和茶农共同的心声。越南政府于2006年在林同省的花城举办了第一届茶叶节庆,该节庆是经济、旅游、茶业的集合活动,一时引起不少国内外游客的关注。2011年,以"推广越南茶叶品牌,促进各国茶界交流"为主题的越南首届国际茶文化节在越南太原省省会太原市拉开序幕,文化节吸引了3 000多名来自越南国内各地和世界10个国家和地区的茶叶研究、种植和经销领域人士参加。此次国际茶文化节为期5天,主要包括国际茶叶研讨会、茶叶博览会、盛装巡游、炒茶比赛、茶叶特色旅游、以及"茶——天地之精华""太原之夜欢迎您"和"茶夜宴"3场文艺晚会和一系列文化、体育活动。

2013年,第二届太原茶叶节在越南太原省山谷湖旅游区开幕,越南国会主席阮生雄出席仪式并发表讲话。他表示包括太原茶在内的越南茶叶行业将继续发展,更多茶品牌将走向国际市场。越南茶文化也将成为国内外游客难以忘记的独特文化。这是一次越南茶叶加工企业和茶树种植者的节日,同时也是扩大文化交流和融入国际社会的良机。太原茶产品销往越南全国,并出口国外市场。该省茶叶出口量占越南茶叶出口总量的五分之一。开幕式上,太原茶叶产品荣获"亚洲最具价值特产礼品之一"称号。

四、马来西亚茶文化旅游

马来西亚政府一直都很重视茶产业,一方面积极引进外国茶,另一方面也把牢本国茶业,在稳固发展传统茶叶的同时,茶周边衍生品也蓬勃生发,如速溶茶、保健茶、茶粉、茶点心等。清清爽爽的茶味在这片绿蕉香椰的南国世界中,散发着别样的芬芳。如今马来西亚有很多老茶行,大部分都是华人经营的,有着浓浓的怀旧味。马来西亚的拉茶颇具特色,拉茶选用的是马来西亚红茶、荷兰进口奶粉以及肉桂粉,三者冲调在一起使得拉茶格外香醇。"拉"是关键技术,反复拉制使茶汤和牛奶的混合更为充分,还能使茶香和奶香获得充分的发挥。

马来西亚历史最为悠久的茶园位于金马伦高原,金马伦高原是马来西亚最大的高原度假胜地,坐落在彭享州内半岛主干山脉海拔1 524米以上的高处,高原被浓密森林覆盖,长期与世隔绝。直到1885年,它才被一名叫威廉斯·金马伦的英国测绘人员发现,并由此而得名。高原气候怡人,土地肥沃,物产丰富,茶树漫山遍野,处处莺飞蝶舞、流瀑飞湍、蔬果鲜爽、红莓沁香。这里凉爽的气候和清新的空气使英国人流连忘返,他们纷纷在此定居,建宅,修建高尔夫球场,在这里享受他们毕生最大的享受——下午茶,伴随着新出炉的烤饼,浇上一点儿用当地的野生草莓制作的酱汁。茶叶种植的巨大利润让他们在这里享受了富裕而安逸的殖民时代。

精明的茶农在生产茶叶的同时,还将茶园打造成了远近闻名的旅游景点,其中宝乐茶(BOH)园最具盛名。BOH建于1929年,是马来西亚首个高原茶园,也是马来西亚最大的茶叶生产和出口商,共拥有4个茶园,覆盖面积1 200公顷,每年产茶400万千克。BOH所制的经典英式红茶是马来西亚市场占有率第一的红茶品牌,更是凭着其独特的风味与口感,享誉国际。

BOH是马来西亚人们喜爱的休闲去处,节假日时人山人海。茶园有供游客免费参观的制茶过程,并有英语导游带领讲解。顶端建有悬空茶室,在那里可以边品茶边欣赏茶园美景,BOH红茶的口味非常有马来风格,味道中混合了水果味,香料味甚至还有一些辣味。在茶室旁还有一个小型的博物馆和一个卖茶的超市,游客一般都会买上一些正宗的BOH茶带回家细细品尝。

金马伦高原遍地是茶,酒店SPA最注重的即是以茶作为治疗的最主要材料,从而研制出各种疗法。当然,除了茶,专家还发现这里的很多植物、草药甚至鲜花都具有很好的治疗效果。高原上有许多特色酒店,Cameron Highlands

Resor 是金马伦高原上最具怀旧气质的度假酒店,经过重新设计的酒店四处充满着茶色的丝绸质感,舒适却又不会过分现代。闲暇时分,除了品茶和蜷缩在壁炉前读书,人们还可以在 18 洞的高尔夫球场一试身手。

五、印度茶文化旅游

印度是除中国外,全球第二大生产及出口茶叶的国家。印度的地理环境非常适宜茶树的生长,印度的 22 个邦都生产茶叶,其中最有名的产茶地就是北印的阿萨姆和大吉岭,南印的尼尔吉里次之。长期以来,茶叶是印度的支柱产业,如今,产茶区经济正悄然发生变化——许多茶园主不再打理茶厂,而是专心发展旅游经济,殖民时期的平房被改建成精品度假房,吸引了来自全世界的游客。

如果说泰姬陵是人们认识印度的一张世界名片,那么印度的茶则是印度出口到世界的一份宝贵财富。茶原产自中国,随着古代丝绸之路的足迹传到印度,茶文化的历史在印度源远流长。在印度,红茶的影响力远远高于绿茶,印度最著名的阿萨姆茶和大吉岭茶都是红茶,人们生活中最常饮用的奶茶原料也是红茶。印度被称为"语言博物馆",奇怪的是,尽管各地语言不同,但茶都是一样的发音"chai"。由此可见,茶在印度人民的生活中有着举足轻重的地位。

阿萨姆是印度最主要的产茶地区,也是世界上最大的茶叶种植区。阿萨姆红茶浓郁芳香,因明亮的茶色与甘醇的余香享有盛名,被誉为世界四大知名红茶之一,阿萨姆红茶非常适合添加牛奶冲泡成奶茶,口感柔润香醇,余韵无穷。由于雨量丰富,使阿萨姆大叶种茶树蓬勃发育。另外,当地特有的独角犀牛是世界稀有保育类动物,也正是印度阿萨姆茶的国家认证标志上的图案象征。

茶叶的种植、栽培、采摘、销售、出口已经成了一条龙产业,彻底改变了阿萨姆人民的社会、经济、生活的各个方面,茶叶产业已经成为阿萨姆的重要支柱产业之一。每年的茶叶采摘时节,在阿萨姆的茶园里随处可以看见头顶竹筐,唱着歌采茶的采茶姑娘,她们的身影也成为茶园中一道美丽的风景线。夏茶和秋茶的采摘时节不同,来阿萨姆看到的景致也各有不同,阿萨姆属于丘陵地势,绵延成片的茶园,绿油油的茶叶,云雾缭绕在山坡上,听着采茶姑娘质朴的歌声,看着她们头顶竹筐采茶的身影,绝对是来阿萨姆旅游不能错过的风景。

大吉岭又被称为"金刚之洲",位于喜马拉雅山麓,平均海拔为 2 134 米。凉爽的天气、薄雾笼罩的气候,以及独具特色的海拔、降雨、地形及土质和空气,使该地区出产的茶叶具有浅金色的光泽和麝香葡萄一样的口感而备受赞赏,被誉为"茶中的香槟"。大吉岭红茶价位较高,海拔越高的茶园出产的茶叶越是昂贵。特别是在英联邦国家,大吉岭茶更是上好茶叶的代表。大吉岭主要生产红茶,但由于人们认为饮用绿茶有益健康并对其怀有浓厚的兴趣,所以对高品质绿茶的需求也在不断增加,大吉岭地区是现在印度唯一的绿茶生产区。

　　大吉岭的历史与尼泊尔、不丹、锡金和孟加拉国纠缠在一起,直到19世纪初,大吉岭附近地区一直由尼泊尔和锡金王国轮流统治,只有少数几个雷布查人的村庄。英国人的到来,彻底地改变了大吉岭的命运。1828年,一个英国东印度公司官员的代表团在前往锡金的途中,在大吉岭停留,选中此地作为英国士兵的疗养地。1833年东印度公司丧失了在中国的茶叶垄断权,为了找到中国茶的替代品,决定将茶叶种植引入印度。一个叫罗伯特的英国植物学家从中国找来12位有经验的茶农。在这些中国茶农的帮助下,1838年,印度种植的茶叶第一次被运回英国本土。

　　1878年,大吉岭已经成为印度最重要的红茶产地。为方便茶叶运输,政府开始在大吉岭铺设铁路,而此前,人类还没有在高山地段铺设铁路的经验。两年半后,92千米长的铁路从山下的西里古瑞铺到大吉岭。这条铁路依然连接着大吉岭和外面的世界,编号为791号的蒸汽机车只有两节车厢,每节车厢15个座位,几乎全被游客占领了。它是世界上唯一仍在运行的高原蒸汽火车,行驶在宽约60厘米的窄轨上,看上去像是一个玩具。1999年,大吉岭喜马拉雅铁路被联合国教科文组织宣布为世界文化遗产。

　　大吉岭地区到处是茶园,一丛丛的茶树整齐地排列在海拔750至2 000米以上的山坡上,而且大多已有上百年的历史。大吉岭的茶树几乎不使用化肥,为了保证茶叶的品质,茶园从来不随便增加产量。大吉岭茶叶包装精美,或用金色的纸,或用丝绒袋子,还有手工雕刻的木盒子,无不显示其茶中珍品的尊贵出身。采茶工的打扮和工具都非常有地方特色。采茶工多为当地的少数民族,他们身穿红底绣花的民族服装,把茶筐子的带子勒在额头上,以头代替双肩承担筐子的重量。

　　藏身在大吉岭山中的the Glenburn Estate,是这里大大小小八十几座茶庄中最优雅的一座。由于一直受到当地家族企业的控制与保护,使得这里的现代化的开发和滥用都比其他地方来得晚很多,甚至说还没有出现。大片的森林不仅为茶叶的生长创造了绝佳的环境,也让来这里度假的游客可以进行丰富的户外活动。远足、观鸟在这里都变得十分有趣,使用大吉岭茶制作的天然洗浴用品,也一定能给你留下深刻的感受。

　　新德里的康纳德广场集合了大大小小的商铺,在这里,可以在任何一家环境较好的印度餐厅里品尝到正宗的印度奶茶。印度的本土品牌——CAFE-

COFFEEDAY 价格便宜,用料很足。而 Paharganj 则是城市体验的不二之选,它就位于新德里旧火车站旁。在这里,不用专门去找喝茶的地方,你只要去逛逛其中的纱丽店或者画个 HANNA,就有茶喝。

六、斯里兰卡茶文化旅游

斯里兰卡形如印度半岛的一滴眼泪,镶嵌在广阔的印度洋海面,古老独特的历史文化使它蒙上了神秘的面纱。这里有着美丽沙滩、热带雨林、绚烂花卉、奇异鸟兽、高原茶园、缤纷节庆及千年古迹,令人叹息的古老佛教遗址无所不在,被马可波罗誉为"世界上最美丽的岛屿"。四周低缓平原而中部逐渐隆起的高山地势,宛如在水一方端坐的少女,终日沐浴着印度洋温暖的海风和丰沛的水汽,而这也造就了红茶生长最丰润的环境。

斯里兰卡旧称锡兰(Ceylon),故所产茶叶统称为锡兰红茶。锡兰红茶香气和嫩度好,畅销全世界,与印度大吉岭红茶、阿萨姆红茶、中国祁门红茶并称为世界四大红茶,它风味强劲、口感浑重,适合泡煮香浓奶茶,其主要品种有乌沃茶或乌巴茶、汀布拉茶和努沃勒埃利耶茶等。锡兰红茶是世界红茶市场的佼佼者,以卓越的品质、纯正的口感在国际上得到越来越多人的了解和认可,深受各国消费者推崇,被称为"献给世界的礼物"。在经历了 30 年的内战之后,斯里兰卡终于开始恢复其经济发展。斯里兰卡政府认为茶与旅游的结盟可以促进贸易,创造就业机会和促进全国茶业发展,所以大力提倡和发展茶旅游。

斯里兰卡每年生产约 25 万吨茶叶,茶的种植基地仅限于岛国的中央高地和南部低地,茶叶按生长的海拔高度不同分为三类,即高地茶、中段茶和低地茶。锡兰红茶的 6 个产区包括乌瓦(UVA)、乌达普色拉瓦(Due Pussellawa)、努瓦纳艾利(Nuwara Eliya)、卢哈纳(Ruhuna)、坎迪(Kandy)、迪不拉(Dimbula)等,各产地因海拔高度、气温、湿度的不同,均有不同特色。

茶园是游客必到的地方。绵延数千米的茶园里,郁郁葱葱的茶叶为景点增添了那一抹清新的茶绿色。每个茶叶种植园都有巨大的路标,用来告诉来访者种植园主的姓名和游客服务中心所在地。那些灰色的金属建筑就是茶厂,在这里,茶叶按照等级分装进不同的纸箱,等待品茶者的购买。因为这里是原产地,所以品质最好的茶叶价格会比在家购买便宜很多。

努沃勒埃利耶(Nuwara Eliya)是斯里兰卡最高的城市,有"东方瑞士""小英伦"之美誉。它位于海拔 1 890 米的山地上,得天独厚的温带气候,让这片山坡成为最好的茶树种植地。这里一直为人们称为"城市之光",每年有 40 万游客从世界各地慕名而来,享受这份自然,并保护着这里一直以来的生活节奏和氛围。城市面积很小,步行数小时,已足够游览完全城。城市四周的山坡上,蔓延着成片的茶园,有些一直伸展到市郊的小镇中。那些带有英国殖民色彩的建筑,让小城处处散发着一种古典而优雅的气质。

1826年,一队英国军官被大象追逐到努沃勒埃利耶,那时这里还是一座不为人知的小村庄。而这次偶遇竟迅速改变了这片山地的命运,不知从何时开始,小镇在"健康"方面的美名传遍了锡兰全岛。常驻锡兰的英国官员贪恋于这片山地温润而凉爽的气候,当然还有金子般的清新空气,他们在小镇上不停地修建自己的度假豪宅。殖民者不仅带来了豪宅和现代的生活方式,还带来了丰富的植物种子。越来越多盛产于欧洲的蔬菜和水果开始在这片肥沃的土地上生长,凉爽多雨的气候让农民和园丁们享受着丰收的喜悦。如今,努沃勒埃利耶小城已失去昔日的辉煌,大多数游客来到这里,目的是来享受洁净的空气,感受古朴的气氛,并访问那些带有殖民色彩的茶室。漫山遍野的茶园中,点缀着衣着鲜艳的采茶女。她们大多是殖民时期被英国人带来的印度泰米尔人后裔,她们每个人手里都拿着一根竹竿,用来丈量茶树,超过标杆的部分是茶树的精华,说明已可以被采摘制作茶叶。这些采茶女每天在阳光下暴晒一整天,仅能获得非常微薄的收入。所以,一些好心的游客总是在与她们合影后,付给她们几个卢比的小费,钱虽少,对她们来说却十分重要。

图10-1 斯里兰卡采茶女

除了茶园,在这里你也可以参观到一些加工茶叶的工厂。"Tea Factory House"是努沃勒埃利耶最负盛誉的一家英国殖民时期的茶厂,建于1867年,曾是一座坐拥5 000亩(约333.3公顷)茶树的锡兰红茶王国。19世纪初,一位英国人看中了这里,开始种植茶树,直到旧式的加工手法和机械设备不得不让位于新技术、新机器,兴旺了百年的茶工厂才于20世纪70年代停业关闭。

Wickermasinghe 具有独特的投资眼光,他建议把荒废的茶厂改建成一间特色酒店,按他的设计,酒店完全以周围连绵的茶山为背景,外部保留厂房的工业感觉,而内部则改造成五十多间舒适的房间,关键是一切与茶和茶加工相关的细节不但不会被淡化和淘汰,而是一一复原。经历了一番脱胎换骨的改造后,Tea Factory House 保留了制茶工场的概念和结构,这间被尘封的茶工厂在20世纪90年代重新飘着茶香,成为温馨雅致的乡野酒店,迎接着远道而来的客人。Tea Factory House 内部装饰成红绿相间的色调,到处是工厂特有的金属结构,处处透露出悠然古意,尤其是一脚踏入有着上百年历史的老电梯内,从里面用手把金属栅栏门拉上,听着电梯上升的轰隆声,仿佛乘坐着 Doctor Who 的 Tardis 穿越时空隧道,重新回到一百多年前。房间的中间是个深深的天井,悬挂着的硕大的鼓风扇,横亘在屋脊和走廊的柚木梁柱上,这是用来烘干茶叶的。楼下原本是茶厂的机械车间,现在成了机械展示间了,墙上地上都是各种工具。走廊上悬挂着的查尔斯王子下榻时的照片,时时传递着殖民时期的意味。

在努沃勒埃利耶,与世界上其他自然胜地相同,你只要把时间全部消耗在酒店里,就已经能感受到最大的幸福。这里有许多一流的别墅型酒店,有的是由殖民地风格的建筑改建的,也有用一百年前的茶厂改建而成的。住在这里,你会感觉自己像当年的英国绅士和贵妇,每日在花园中享用下午茶点。

Uva 大茶区下的 Haputale 位于中部山丘边缘,这是茶界巨无霸"立顿"的种植场,世界各地的"立顿"红茶均产于此(除中国外)。斯里兰卡并没有如中国这般博大精深的茶文化,饮茶对于他们来说就像三餐一样必不可少。上午一顿,下午一顿,"在家的话就拿大茶壶冲泡好,在外面就可以到街边小店喝一杯,只花一块钱"。到了饮茶时间,连 Haputale 的采茶女工也不例外,她们是享有天时地利的一群人,甚至不用卸下身后的大背篓,将大锅往茶园空地一支,最新鲜的红茶就"出锅"了。小镇黎明时景致分外壮美,而遗留在斯里兰卡的英国殖民色彩遍布在镇里众多的茶园和市集中。站在 Haputale 山上,可远眺到山下平原,茶园多生于海边,别有一番风情。从 Haputale 到 Ella 这一段,有人说是斯里兰卡风景最美的地方:火车在1 800米左右的高度,穿过广袤、碧绿的茶园,在原始森林地带的云雨中行驶,动人心魄。往此方向的火车上可看到不少背大包的旅行者,证明此线路名不虚传。

斯里兰卡人的素质非常高,任何地方,无论村庄还是首都科伦坡,95%的人都会走人行道。只要有人在人行道上,车一定会停的。不管是在乡村还是城市,很多人都会跟你微笑,打招呼。小孩在田里干活,看到有人拍照就会说 Hello。

拓展阅读

日本静冈茶之旅

静冈县是日本最大的茶乡,生产量居日本第一。2011年,日本全国的茶园面积为4.62万公顷,静冈县(日本的县相当于中国的省)就达到1.87万公顷,约占全国40%,而茶叶流通量约占全国60%。静冈所产绿茶称为"静冈茶",已经成为一大品牌,与京都府宇治茶并称"日本两大茶",有时包括狭山茶,并称"日本三大茶"。静冈茶之下还有一些地域品牌,包括挂川茶、菊川茶、牧之原茶、袋井茶等。在日本民间流传着这样一首短歌:"山数富士,茶数静冈日本第一。"可见静冈的茶与富士山一样享有盛名。

明治维新以后,末代将军德川庆喜带着家人、武士退隐静冈,为谋生计,在这里开拓了大片的茶山,为静冈的茶叶业奠定了基础。在静冈县的坡地上,延绵着一畦畦碧绿的茶树,远处是顶上冠雪的富士山,构成了一幅绝美的风景画。乘坐新干线或在东名高速路上行车,经常能看到当地的丘陵缓坡以及平地上种植的大片茶树。

图10-2 富士山下的静冈茶园

静冈县当地居民绝大部分的收入来源于每年的新茶采摘。到了每年4月下旬至5月中旬,采茶女穿着传统的服饰,抱上背篓,在平地上的茶林间劳作,与远处白雪皑皑的富士山一起勾勒出一幅人间美景。日本的煎茶虽然味道清淡,但有一股别致的香味,往往是还没有泡,品茗的人就已经醉了。

静冈县由于地势和气候条件,适宜栽培茶树,自古以来就是著名的产茶地,1859 年横滨港开港之后,茶叶成为日本重要的出口产品,静冈县内开辟了更多的茶园。静冈县的牧之原市、挂川市、菊川、袋井一带是主要的茶叶产地,牧之原台地有日本最大的茶园。当地的茶园中可以看到很多电灯竿上安装着电扇,这是为了在早春将上层的热空气吹下来,驱散冷空气,以免茶叶的嫩芽结霜受冻。

静冈县内有 5 处被联合国粮农组织认定为"世界农业遗产"的"茶草场农法"作业区。所谓"茶草场农法"就是将茶园周边地区(草场)割的芒草、芦苇等作为有机肥料来滋养茶园。这种农法既有利于培育好茶——东山深蒸茶被誉为"日本第一健康茶",又有利于促进草场的新陈代谢和保护草场的生物多样性。

位于静冈中西部的牧之原是日本另一处屈指可数的茶产地。当地海拔 40~200 米,从北向南舒缓延伸,土质为弱酸性的红土,全年气候温暖,冬季不挂霜,很适合茶树生长。说起牧之原种茶的起源,还有一段饱含沧桑的故事。开垦当地茶田的竟是德川幕府的武士。1867 年,德川幕府末代将军德川庆喜将权力交还给明治天皇后隐居到骏府(今静冈市),其身边的武士也跟随而去,随之而来的版籍奉还(大名等领主向天皇交还各自的领土和辖内臣民)更令武士们不得不"解甲归田",在当地农民看不上眼的"不毛之地"牧之原台地开始开垦茶田。面对缺水等困难,武士们历经艰辛进行了各种"基础设施整备",终于在第 4 个年头第 1 次收获,这就是今天闻名遐迩的"静冈牧之原茶"的肇始。

自 2001 年以来,静冈县每 3 年会举办一次世界茶叶节。除静冈茶外,还有来自中国、韩国等产茶国家和地区的公司展示自己的产品。各国茶文化专家还齐聚一堂,畅谈世界茶文化,展望绿茶发展前景。茶叶节期间还会举办"世界大茶会",各国茶艺爱好者将表演茶艺,演示各地饮茶习俗、生活文化、品茶方式,并举办世界茶具展览和世界绿茶评比会等。

静冈县对茶的开发可谓淋漓尽致:不仅由静冈县政府文化观光部牵头推出了各种"茶都之旅"观光线路,静冈市还组织绘制了"茶巡游地图",将当地主要茶庄、茶叶厂和茶吧标注出来,并安排部分公交线路通过附近地区。免费品茶、试吃茶点,体验茶叶做香料、茶皿做香具的熏香等茶周边产品,品尝每一道与茶有关的茶料理……

静冈有许多别致的茶馆、茶店,名为"茶町"的茶叶店,与其说是一家茶叶店,倒不如说成是一个茶文化的艺术展室,店主精心的设计,可见其对茶文化的热爱。位于志太郡的瓢月亭茶室供应有素有"日本第一"之誉的玉露茶,在茶室中可享受到玉露其独特的味道和香气。挂川城有一家物产中心 KODAWARIP-PA,汇聚了从挂川茶到与茶相关的小物品和茶加工品。佛尔中川根茗茶馆被奥大井川的自然风光所包围,是可以慢慢欣赏藤城清治画的空想主义剪影画(原画)和"中川茶根"的茶吧美术馆。为迎接东海道成立400周年,在金谷街道的休息处开设的金谷坂、石头地板的茶室颇为别致,可在静寂中享受一盏茶的时光。①

中国茶是静冈茶的始祖,有着更为丰富的茶叶品种和深厚的茶文化,但是也必须承认在茶文化的传承和市场开发方面,我们已经落后于曾经的学生。中国很多传统茶叶产地,虽然以优质的茶叶享誉世界,但同时却又是经济落后地区,如何通过发挥地方的比较优势和传统,发展经济,静冈无疑做出了很好的示范。

第三节　欧洲国家茶文化旅游

17世纪前后,中国的茶叶通过"丝绸之路"传入欧洲各国,成为世界上三大饮料之一。茶叶在历史上长期作为连接中国与东西方世界重要的贸易产品和文化纽带。在很长一段时间,茶是第一饮品,被誉为"贵族饮料"。古老内敛的东方境界融入了西方情调,茶文化在欧美国家绚烂绽放,开启了赏心悦目的饕餮之旅。

一、英国茶文化旅游

大不列颠人是世界上最爱喝茶的民族,据统计,每十个英国人中,有八人饮茶。而全国的饮料消费量中,有一半是茶叶。英国本土并不产茶,但人均茶

---

① 资料来源:静冈县旅游网,http://www.shizuoka.net.cn/eat/tea.html

叶消费量居世界首位。如果说有什么事是英国人每天必做的,那么喝茶绝对是其中最重要的一项。在英国,茶被视为美容、养颜的饮料,人们把茶称为"健康之液,灵魂之饮"。英国人的一天以茶开始,以茶结束,他们乐此不疲地重复着茶来茶往的作息规律。许多英国人说,如果早上起来不喝一杯茶,一整天都难以振奋,还有的人表示他们习惯用固定的杯子喝,而且冲泡方法和口味都常年不变。

英国人饮茶,始于 17 世纪中期,1662 年葡萄牙凯瑟琳公主嫁与英国查尔斯二世,将饮茶风尚带入皇家。凯瑟琳公主视茶为健美饮料,嗜茶、崇茶而被人称为"饮茶皇后",由于她的倡导和推动,使饮茶之风在朝廷盛行起来,继而又扩展到王公贵族和贵豪世家及至普通百姓。1692 年英国剧作家索逊在《妻的宽恕》一剧中,特地插进了茶会的场面。《双重买卖人》和《七幅面具下的爱》有不少饮茶及有关茶事的情节。

在茶叶饮料进入英国社会之前,英国人消费的饮料主要为酒类。可是酒会让人头脑混乱,无法适应工业生产的工作节奏。茶叶的流行彻底改变了英国人的用餐习惯。17 世纪早期的英国人早餐主要是由冷肉、鱼和啤酒组成。而茶叶普及之后,英式早餐变成了面包、吐司和一杯茶。这种营养配搭均衡的早餐使得每一个产业工人在清晨的工作中都能够精神饱满,每日的下午茶能让工人的营养得到及时补充,从某种程度来说,中国茶推动了英国的工业革命。茶甚至让英国改变了两个大国的命运——鸦片战争让大清走向败落,波士顿倾茶事件则让美国走向独立。作为一个本身并不产茶的国家,却将茶演绎出自己的文化并推广到全世界,英国对于茶文化的贡献如同一个史诗般的传说令人赞叹。

英国人特别注重午后饮茶,其源始于 18 世纪中期。因英国人重视早餐,轻视午餐,直到晚上 8 时以后才进晚餐。由于早晚两餐之间时间长,使人有疲惫饥饿之感。为此,英国公爵斐德福夫人安娜在下午 4 时左右请大家品茗用点以提神充饥,深得赞许。午后茶逐渐成为一种风习,一直延续至今。在英国公共娱乐场所等都有供应午后茶。在英国的火车上,还备有茶篮,内放茶、面包、饼干、红糖、牛奶、柠檬等,供旅客饮午后茶用。如今,英国的下午茶已和白金汉宫一样闻名于世了。每天下午 4 时左右,无论多忙,英国人都要放下手头的工作,坐到茶室中小憩一会儿,一边喝茶,吃些点心,一边谈话聊天,交换信息。20 世纪初,丘吉尔担任自由党商务大臣时,曾把准许职工享有工间饮茶的权利作为社会改革的内容之一。这个传统沿袭至今,各行各业的人们每天上下午都享有法定的 15 分钟的饮茶时间。一首英国民谣这样唱道:"当时钟敲响四下时,世上的一切瞬间为茶而停。"

图 10-3 英国下午茶

在英国,有许多闻名遐迩的茶餐厅,很多五星酒店给贵族们的下午茶时光提供了绝佳的环境和服务。伦敦的朗豪茶室(The Langham)号称是"140多年前传统英式下午茶的诞生地",荣获茶叶协会2010年伦敦最佳茶馆奖。肯辛顿宫橘园餐厅(The Orangeryat Kensington Gardens)建于1704年,位于肯辛顿宫的花园内,这儿的景色非常美,明亮的落地窗,白色的石地板,是喝英式下午茶的好去处。还可以品尝到美味的罗兰百悦香槟和玫瑰起泡酒。自由家咖啡馆(Cafe Liberty)在英国颇有名气,集休闲、时尚于一体。在这儿,您可以品尝到英式下午茶、奶油茶点(一种传统英式下午茶套餐,面包、司康饼配浓缩奶油和果酱食用)和皮耶爵香槟。在伦敦梅菲尔区,克拉里奇酒店(Claridge's Hotel)的传统英式下午茶可以说是最好的了,曾多次获得英国茶叶协会颁发的"伦敦最佳下午茶"奖,在落成后的200年里招待了包括维多利亚女王在内的很多王室贵胄、明星和政要。酒店体贴独到的服务、优质的茶叶和服务人员的专业令人印象深刻。这儿还有许多甜点,如葡萄干、苹果烤饼、康沃尔凝脂奶油和马可波罗果冻等。此外,该酒店还为孩子们提供了特制的儿童下午茶。每年出版的《英国最好的茶屋指南》中,伦敦著名的Ritz饭店总以昂贵与尊贵名列前茅。该饭店是由戴安娜王妃的男友多迪之父经营,戴妃生前时常光顾。来这里喝下午茶的男士必须打领带才能入内,并一定得事先预订座位。约克郡(Yorkshire)的贝蒂茶馆(Betty's)自1919年起就开门营业,如今在哈罗盖特(Harrogate)、约克(York)、诺萨勒顿(Northallerton)和伊尔克利(Ilkley)均开设了分店,每年都接待上百万顾客。康沃尔(Cornwall)的特利戈斯南茶吧(Tregothnan's Tea Bar)号称"全世界唯一纯正的英式茶"。茶吧位于特利戈斯南茶园附近,这里是英格兰的第一个产茶地。

作为英国曾经最繁华的城市,巴斯(Bath)的社交生活极为丰富,人们将这种社会活动加入到早餐之中,也让这里的茶室闻名全英。位于巴斯市中心,罗马大浴场(Roman Bath)之上的泵房茶室(The Pump Room)已经有两百多年历史,早茶是这里的特色。更为奇妙的是,茶室泡茶用的水可不是一般的水,而是泵自浴场的温泉水。除了精致的红茶,这里的面包师新鲜烤制的法式牛角面包(Croissant)更是美味。法国茶室 SallyLunn's House 拥有更悠久的历史和更平易近人的价格,秘制的法式大面包是茶室的招牌。巴斯每年都会举办国际音乐节和文学节,配以醇厚的英国红茶,着实是文艺而富有情调的享受。

英国的茶文化深入人心,英国人认为喝上一杯好茶,或再吃上一块饼干,任何问题都能解决。英国人对茶饮有着无与伦比的热爱与尊重,由此衍生了诸多礼节。在维多利亚时代的下午茶,客人需着正装出席,女主人要亲自为客人斟茶。这样的繁文缛节在普通百姓间早已简化,但在英国的王室,依旧被小心地保留着。茶水的盛器更是要精致的维多利亚骨瓷。在过去,这种昂贵而精致的瓷器甚至成为一个家庭身份的象征,重面子的英国人即使家中贫寒,可以忍受一日无肉,却不能一天无茶,更不能允许粗糙的茶具毁了这精美的下午时光。茶似乎从他们出生开始就流淌在血液中。下午茶在英国,是一种身份象征,一种社交方式,甚至是最具有标志性的英伦生活。老年人始终是传统饮茶的追随者,因为在喝茶与闲谈中,可以消减孤独感。英国有句俚语"This is not my cup of tea"(这不是我的那杯茶),可别以为仅仅是拿错了杯子,其真正的含义是:"我对此没有兴趣"。以茶比喻自己的心爱之物,英国人对茶的狂热程度可见一斑。

二、俄罗斯茶文化旅游

1618 年,明神宗派公使携数箱茶叶从北京出发,历时 18 个月,途经戈壁沙漠穿过整个西伯利亚等地,赠送给沙皇一世。中国茶从此在俄罗斯成了一种奢侈的享受饮料。17 世纪后期迅速普及到各个阶层,到了 19 世纪,茶仪、茶礼、茶会、茶俗在俄罗斯文学作品中不断出现,茶字成了某些事物的代名词,连给小费也叫"给茶钱"(давать на чай)。每年的 5 月底至 6 月初,莫斯科都要举办"全球茶与咖啡文化节",世界各地的名茶荟萃于此。茶客们除了在这里品尝名茶香茗、一饱口福之外,还能欣赏到来自世界不同国家的茶艺表演,走近各种茶文化。

俄罗斯是欧洲为数不多的传统茶叶消费大国之一,也是当前世界最大的茶叶进口国。在俄罗斯,茶叶是一种大众化饮料,饮茶者大大超过饮咖啡者。俄罗斯人重视饮茶,也就常常赋予饮茶以更多的文化内涵,俄罗斯人中常以пригласить(звать)на чай(на чашку чая)(请来喝杯茶)向友人发出作客的邀请,这也是向对方表示友好诚意的一种最佳方式。俄罗斯饮茶十分考究,茶炊是每个家庭必不可少的器皿,俄国有"无茶炊便不能算饮茶"的说法。茶炊通常为铜制的,为了保持铜制品的光泽,主人会在用完后给茶炊罩上专门用丝绒布缝制的套或蒙上罩布。俄罗斯人喜欢喝红茶,特别是格鲁吉亚红茶。他们对中国的茉莉花茶很感兴趣,认为这种茶香飘四溢,沁人心脾。各地还有不同的风俗茶会,受到人们的普遍欢迎。

在莫斯科市中心屠格涅夫地铁站附近的麦斯尼茨基大街19号,有一座久负盛名的仿中国建筑,名曰"中国茶楼"(Китайский чайный дом)。这座茶楼最初是莫斯科人饮用茶品的主要供应地,有着上百年的历史,茶楼的主人是俄罗斯的名门望族——彼尔罗夫家族。19世纪末,谢尔盖·彼尔罗夫选择在麦斯尼茨基大街置地建房,邀请了当时俄罗斯最著名的、曾经设计过普希金纪念馆的设计师为自己设计新楼。为突出自己贸易事业的特点,他决定赋予将要建成的建筑物以中国风格。当1895年工程结束时,一座崭新的、由三层楼组成的、正面以及室内装修充满中国风格的建筑物展示在世人的面前。从外面望去,该建筑模仿中国的塔楼,镶嵌琉璃瓦的滴水檐,并把金碧辉煌的龙、蛇等图腾,中国的灯笼,中国古代智者的头面形象等中国文化元素和谐地糅合在一起,浑然天成,令人赞叹。晚清重臣李鸿章的来访,使这座充满中国风情的"中国茶楼"名噪一时。在十月革命以前,这座独具中国风格的建筑本身就是一幅活广告,几乎所有的莫斯科人和来莫斯科做客的人,都以能在"中国茶楼"购物为荣耀。如今,"中国茶楼"仍以经营中国的茶叶为主,吸引了众多当地人的驻足,已经成为中俄文化交流历史上一个活的见证。[1]

近几年,随着人们减肥和保健意识的增强,许多俄罗斯人爱上了中国绿茶,认为饮中国绿茶有益身体健康。俄罗斯总统普京酷爱绿茶,并建议俄罗斯人每天喝一杯中国绿茶。俄罗斯的茶叶市场十分庞大,在莫斯科大大小小的超市以及各大商场里,都专门设立了茶叶专柜。顾客在这里不仅可以买到来自中国的各类茶叶,还可以买到各式各样的中国茶具。茶艺表演也常出现在一些节庆活动中,成了莫斯科人喜闻乐见的表演项目。莫斯科茶馆遍地,经常顾客盈门,每到节假日,生意十分兴旺。俄国报纸曾刊登了一篇题为"不出半年中式茶馆就会同比萨饼店一样地平平常常"为标题的文章。在这些茶馆中,资格最老并且远近闻名的一家位于艾尔米塔日花园的茶道俱乐部内。晚上,沿着花园的小路踏雪前往,进门先到一个专门的房间里换上拖鞋,便可以尽情享受东方茶艺之美。有些中国茶馆除喝茶外,还不时举办一些跟中国传统文化有关的活动。位于莫斯科市中心的"艺林"俱乐部,干干净净,天花板上挂着蝴蝶、飞鸟和龙的风筝,处处表现出浓郁的中国情调。人们在这里不仅喝茶,还能学习书法、绘画和汉语。

---

[1] 张雪峰.中俄经贸关系史话的历史见证——莫斯科的"中国茶楼"[J].社会科学论坛,2008(6):154

三、法国茶文化旅游

法国是较早接触到茶叶的欧洲国家之一,早在 1636 年,首批茶叶就抵达了法国巴黎。很长一段时间,茶被视为一种贵族饮料,基本上只在宫廷和贵族等社会上层中流行。在普通法国人眼中,茶甚至成了法国王室的象征。法国人在开始接触茶时,是把茶当成"万灵丹"和"长生妙药"看待的。17 世纪中期,法国神父 Aiexander De Khodes 所著的《传教士旅行记》叙述了"中国人之健康与长寿应该归功于茶,此乃东方所常用的饮品"。根据文献记载,早在公元 1665 年,太阳王路易十四的御医便以来自中国的茶作为帮助消化的良方。

20 世纪 60 年代以来,法国的人均茶叶消费实现了快速增长,一股茶文化热在法国悄然兴起。饮茶开始真正走向法国大众,茶叶消费量持续增长,喝茶越来越普遍。特别是我国著名作家老舍先生的话剧《茶馆》在法国公演之后,茶馆更是雨后春笋般地涌现出来,分布于大街小巷,这些茶馆不论在设计上还是结构上,都和旧北京的茶馆一模一样,构成了一道独特的风景线。长期以来,法国的人均茶叶消费量大大落后于英国,但法国的茶馆却远远多于英国,这一看似悖论的现象只能用法国人喜欢在外饮茶来解释。无论是繁忙的商人,还是潇洒浪漫的艺术家,都声称自己经常出入富有中国传统特色的茶馆。

在浪漫的法国人眼里,茶是最温柔、最浪漫、最富有诗意的饮品,他们喜爱添加了薄荷、巧克力或各种花香的"加味茶"(或称"香料茶")。如今,加味茶已成为法国茶的一个独特特征,被多数茶人视为"法国风味"茶。早在 17 世纪,法国上流社会就把中国茶视为贵族饮料,有文化的人在一起喝茶,总是试图从茶叶本身搜寻一种神秘的文化迹象。大多数法国人和中国人一样,他们不仅把茶看作是一种解渴的饮料,更把茶看作是净化心灵的一种佳品,从精神领域去体验茶文化的品位和情调。

为纪念中法建交 40 周年,中法两国政府决定将 2003 年到 2005 年定为"中法互办文化年"。2003 年 10 月 6 日至 2004 年 7 月 2 日,先在法国举办"中国文化年"。2003 年 11 月 7 日至 9 日,由里昂市政府、法国中国事务协会等单位联合主办"中国茶文化节"。法方主办单位专门邀请江西省中国茶文化研究中心组团参加茶文化节。江西省社会科学院的陈文华、余悦和南昌女子职业学校茶艺表演团共 9 人组成了中国茶艺代表团。在这次中国茶文化节上,南昌女子职业学校茶艺表演团进行三场历史系列茶艺表演,获得了空前成功。法国茶友对中国茶艺表现出了极大的热情。[①] 2004 年 6 月 25 日至 7 月 4 日,

---

① 汉汉.西欧观众为东方茶艺喝彩——南昌女子职业学校茶艺团出访法国里昂侧记[J].农业考古,2003(4):11

法国举办了首届"巴黎中国茶文化周"。这次茶文化周是法国举办的"中国文化年"闭幕活动中的一项重要内容,其开幕式于 2004 年 6 月 24 日晚在巴黎"白天鹅大酒楼"隆重举行。法国茶业界和茶文化界、中国大使馆负责官员、侨界代表、文化界、新闻界等各界人士 300 多人出席。在开幕式上,南昌女子职业学校茶艺团表演了五人工夫茶和仿唐宫廷茶艺,受到与会代表们的热烈欢迎。

2012 年 10 月,法国吉美国立亚洲艺术博物馆推出"茶——千年饮品史"展览。展览汇集吉美博物馆馆藏及从台北故宫博物院、法国凯·布朗利博物馆、装饰艺术博物馆、国家图书馆等机构和个人借展展品 239 件,全面反映了茶叶从被中国先民发现,到在世界范围内广为传播的历史。

如今法国饮茶风气日盛,巴黎的茶势力几乎可与咖啡相抗衡,不仅茶馆和咖啡馆一样举目可见,高级食品店、著名食品超市里的茶专柜也在规模上与咖啡专柜一般无二。以专业的茶叶销售为经营主体且学问讲究均自成体系的专门店,更逐渐蔚为风气,成为法国美食领域里越来越不可忽视的一支力量。这些茶叶专门店除了大多拥有动辄数计到数百以上的庞大种类可供选择外,更对多样化产地展现出了丰富兴趣。以 Mariage Freres 为例,茶叶来源就有中国、日本、印度、斯里兰卡、尼泊尔、马来西亚、泰国、越南、印度尼西亚、俄罗斯、澳大利亚,甚至中南美洲和非洲的国家……而单一国家里,还有不同产区及不同茶园与季节、等级的分别,品种之多,令人咋舌。

四、德国茶文化旅游

德国是全球非常重要的茶叶、咖啡和可可产品市场。据德国 Deutscher Kaffeeverband 的调查显示,近 90% 的德国人在选择饮料时,首先考虑咖啡,其次茶叶。数据还显示,德国的茶叶进口量逐年保持强劲增长的势头。茶在德国的崛起和迅猛发展还得归功于德国医学界的研究认可和报道。根据德国联邦统计局的统计显示,中国是德国最大的茶叶进口国,德国每年从中国进口 1.2 万吨以上的茶叶。德国除了专卖店的不断拓展和扩大外,几乎所有的大小超市和食品商店都有供茶用的货架。咖啡馆也开始供应各种品质高雅的茶。德国汉堡被誉为"咖啡和茶叶之都",市中心阿尔斯湖边上的茶店里中国茶绝对占了很大比例,四处摆放着画着《红楼梦》"宝黛读西厢"的中国方茶盒子。

德国人一般在晚餐后饮茶,德国人也买中国茶叶,但居家饮茶是用沸水将放在细密的金属筛子上的茶叶不断地冲,冲下的茶水通过安装于筛子下的漏斗流到茶壶内,之后再将茶叶倒掉。有中国人到德国人家里做客,发觉其茶味淡颜色也浅,一问,才知德国人独具特色的"冲茶"习惯。德国人喝茶像做化学实验一样,比如同样是一升水,根据茶叶包装上的饮用说明,茶叶 A 放 3 勺,茶

第十章
中国港澳台及海外茶文化旅游的资源与特色

叶 B 放 4 勺,茶叶 C 放 5 勺……另外,泡不同的茶叶,水温也有不同的规定。

来自中国的高级绿茶在德国也有一定的市场,饮用方法与中国相同。在德国,青年人喜欢按自己的口味在茶水中调配花草、水果。近些年来,出现了茉莉花茶、柠檬茶、葡萄茶、苹果茶、樱桃茶和各式各样的香精茶等。

据统计,位于德国西部的小镇莱尔(Leer)是世界上喝茶最多的地方之一,每人每年饮用 300 升的茶水,这是普通德国人的 12 倍。莱尔人对他们的茶和茶文化非常自豪,蔑视一切非莱尔的饮茶方式。在他们的眼中,莱尔茶是世界上最好的茶,莱尔茶道是世界上唯一的正统茶道。当地茶 Ostfriesentee 被誉为"德国红茶",虽然德国并不产茶,但这种茶只有在德国才有生产。德国人将多达 30 种的红茶茶叶按照不同的配比调制、烘烤成的 Ostfriesentee,口感醇郁浓厚,香气多层次变化,当地人称这种茶叶为"黑色黄金"(Schwarze Gold)。对于当地人来说,一斤(500 克)好的茶叶价值连城,千金不换。

莱尔有座宾亭茶博物馆,茶博物馆每小时都会进行茶道表演,并且请游客亲身体验、品茶。据说,东弗里斯兰的茶道十分精致繁复,茶道的一举手一投足都充分显示了个人的品位修养,一招错则全盘错。东弗里斯兰的茶器带有浓重的地方色彩,瓷器茶具上绘有精致的鲜花图案,色彩鲜艳,描绘了百花绽放的情境。茶具显示了当地人的家庭财富和地位。当女孩子满 16 岁的时候,父母会送她一整套价值不菲的茶具,作为她未来出嫁的嫁妆。越是有钱有势的人家,茶具的颜色就越鲜艳,茶具上的花纹越繁复。凡是参观茶博物馆的游客都能品尝一番当地红茶的美味,如果提前预约或者登录网站查看信息,还能参加当地的茶道仪式。坐在实景还原的 19 世纪的茶桌上,浅酌三杯 200 多年以来口味不变的 Ostfriesentee,享受一个放松的下午茶。

2002 年,欧洲规模最大的中国茶馆在德国西南部的曼海姆市落成并开始营业,它耗资 400 万马克,折合人民币大约为 2 000 万元,占地 5 000 平方米,除两层的茶厅和宏伟壮丽的入口牌坊外,还有一处"美景花园"。为了充分体现中国建筑风格,30 名中国建筑师远涉万里亲临工地指导施工,工程中所用砖瓦、梁柱以及木雕构件等材料,也都是在中国做成后运来德国。飞檐屋顶、雕梁画栋以及牌坊前的两尊大石狮,都洋溢着浓厚的中国文化气氛。曼海姆市位于莱茵河畔,又有贯穿南北的铁路经过,北距国际空港法兰克福也只有百余千米,海陆空交通四通八达;西部、南部邻近法国、比利时、卢森堡、瑞士,因此这座茶馆的开业对中德两国和中国与欧洲之间的文化交流都将起到积极的促进作用。

五、土耳其茶文化旅游

在土耳其,喝茶是一种生活习惯,更是一种生活态度。通常在每天的早、午饭前后甚至是每一餐后,土耳其人都要喝两杯红茶,所以算起来土耳其人每天要喝近 10 杯红茶。即使是等公交车都要端杯茶,等人时坐在路边小摊前也要来杯茶。"Cha！Cha！Cha！"是土耳其人的口头禅。

下面这张地图,展示了不同国家一年的人均茶叶消费量。单位为磅(约 0.45 千克),从浅紫到深紫分别代表 0~7 的数值。

图 10-4　各国人均茶叶消费量

从上图来看,人均茶叶消费国家排行榜为:从上往下依次为土耳其、爱尔兰、英国、俄罗斯、摩洛哥、新西兰、埃及、波兰、日本、沙特阿拉伯、南非、荷兰、澳大利亚、智利、阿联酋、德国、中国香港、乌克兰、中国……其中人均茶叶消费最大的国家是土耳其。土耳其人民不仅酷爱饮茶,而且还相当崇拜茶文化,其一年的人均茶叶消费量达到近 7 磅(约 3.2 千克)。①

在土耳其,无论城市或是乡村,只要是供人休息的地方,到处都有茶座或茶馆。只要人多的地方,就有提盘小卖的茶贩子,穿梭来去的热情卖茶郎是一道醒目的风景。喝茶是土耳其人生活中不可或缺的重要事情,打扰别人喝茶被看作是极不礼貌的。有这样一个有趣的故事:从前有头狮子从安卡拉动物园中逃出来,在一幢办公楼地下室安营扎寨,并开始吞食公务员和长官,甚至吃掉一些内阁大臣,但人们一直无动于衷。可当狮子把目标转向煮茶师傅时,马上有人组织起民团,把狮子抓了起来。可见人们对茶之重视。

早在 1888 年,土耳其便从日本引进了茶籽,但由于时局动荡,且生产技术落后而没有得到好的发展,一直到共和国成立,"国父"凯末尔从发展国家农业经济的角度出发,开始关注并大力扶持里泽(Rize)地区的红茶产业。很快,红

---

①　世界人均茶叶消费量地图　最爱喝茶的国家是土耳其[OL].观察者网,http://www.guancha.cn/Third—World/2014_01_28_202795.shtml

茶就取代了欧式的咖啡,成了老百姓日常生活不可或缺的饮品。在特拉布宗的国父凯末尔别墅纪念馆,小屋的储物柜中有着各种各样精致的红茶杯和大大小小的茶壶,国父特别喜欢喝当地的土耳其红茶,收藏了各式红茶杯,有带有鲜明伊斯兰特色图案的瓷制茶杯,也有现在土耳其商店餐厅到处都是的透明的带有完美腰线的红茶杯。

里泽被称为"土耳其的香格里拉"。这里气候湿润,土壤肥沃,非常适宜茶树生长,放眼望去,大片大片的茶园梯田布满青山,圆圆的低矮茶树像绿色蘑菇般蔓延无尽,采茶人若隐若现,于山间劳作,高处云绕青峰,雨林茂密,溪流淙淙,石桥横卧,此情此景,宛如"香格里拉"般梦幻。

在土耳其,人们喜欢喝自产的红茶,其煮茶与饮茶习惯均与别国有所不同。烧茶的壶有两层,上面的壶放茶叶和水,下面的壶只放水,两壶相叠,放在炉子上烧,通过下面壶内的蒸汽把茶水烧开。然后把煮开的茶汁倒入特制的小玻璃杯,再兑白开水至浓淡相宜便可饮用。一般饮用之前要在杯中加入一两块方糖,以解苦味,稍考究者还要加入一小片柠檬,其味更佳。这种茶看起来呈棕红色,闻起来茶味很浓,喝起来醇香可口,苦中带甜,真可谓色香味俱全。在土耳其任何一间商店,只要有顾客光临,无论生意做成与否,总是先来一杯红茶款待,以示尊敬。在土耳其,"以茶待客"早已蔚然成风,成为当地一个显著特色。土耳其有句俗语:和你一起喝茶的人,不会对你心怀不轨。

拓展阅读

中俄茶叶之路上的重镇——恰克图

1689年中俄签订了《尼布楚条约》,确定两国之间开展茶叶贸易,于是出现了一条始于福建、湖南、途经汉口、北京、归化(呼和浩特)、库伦(今蒙古国首都乌兰巴托)、俄罗斯恰克图、斯伊尔库兹克、奥伦堡、莫斯科,最终抵达圣彼得堡的万里商路。这条因茶叶贸易的兴起而开通,历时320年的亚欧商道被称之为"茶叶之路"。

万里茶路经过俄罗斯将中国的茶文化传播到世界各地,铸就了清代富可敌国的晋商传奇。晋商以茶马互市为发端,商业触角伸向俄国及欧洲其他国家。跨越区域之广,经营时间之久,实属世所罕见。美国学者艾梅霞(Martha Avery)在其历史学著作《茶叶之路》中对万里茶路价值给予高度评价:"载体是茶叶,它在不同民族的人们生活中意义深远重大,又可以用来追踪一个大陆上人们生活的轨迹。"

经过5年多的筹备,120峰骆驼于2013年4月中旬从二连浩特市出发,在国内徒步行走8个省市自治区,返回二连浩特之后启用车队接棒驼队穿越12个国家,到达终点法国巴黎后举办"世界茶叶大会"及"中国茶叶宣言"。驼队在国内徒步行走1万千米,历时200余天,跨越内蒙古、山西、河南、湖北、湖南、福建、河北、北京等8个省、直辖市、自治区。驼队在返回二连浩特市之后启用车队接棒驼队,穿越蒙古、俄罗斯、爱沙尼亚、拉脱维亚、立陶宛、波兰、德国、荷兰、比利时、卢森堡、法国、摩纳哥12个国家。在莫斯科将举行"伊台斯商队出使中国320年大型纪念活动",在巴黎举办"世界茶叶大会"及"中国茶叶宣言",在罗浮宫举办品中国茶和摄影展、中国书画展等,在波尔多举办中国茶对话法国酒活动,在摩纳哥蒙地卡罗举办重走茶叶之路系列活动展示交流拍卖会等。

万里茶路的历史遗迹在许多地方都保留较完整,俄罗斯的恰克图便保留着当年茶叶之路重镇的印迹。1727年,中俄订立《恰克图互市条约》,从此中国商品不断出口到俄国。18世纪晚期,茶叶成为俄罗斯最重要的进口商品,来自中国的茶叶通过恰克图市场,重新进行包装,进入庞大的俄罗斯市场,甚至远销至欧洲的大部分地区。恰克图在蒙古语意为"有茶的地方"。几个世纪以来,恰克图镇是中俄边境贸易重要的集散地之一,到1890年,出口俄国的茶叶占中国出口量的40%。当年作为茶叶贸易的商馆的建筑仍保存完好,见证着恰克图茶叶贸易的兴衰。

现在的恰克图没有高楼大厦,没有车水马龙,是一座干净、安宁、民风古朴的小城,保留着完好的原生态环境,依旧保持着当年中国茶叶贸易集散地的历史风貌。建于1890年的恰克图民俗博物馆在俄罗斯的地位仅次于冬宫艾尔米塔什博物馆,馆内大量的图片清晰地再现了19世纪华商工作、生活、贸易的场景和"买卖城"的繁华,还有保存完好无损的中国瓷器、服装、家具、玩具等中国特品,并有一张20世纪初两国茶商共同制作的万里茶道地图。博物馆收藏有120多年前汉口生产的砖茶,砖茶上"新泰""阜昌"等当年汉口俄商的砖茶厂字号还清晰可见。

随着茶叶之路的历史价值重新得到认可,恰克图作为中俄茶叶之路上的重镇,也越来越受到中俄两国的重视。最近几年,来自中国山西、福建、内蒙古等省的茶叶研究文化团队经常访问恰克图,他们对恰克图的"买卖城"遗址很感兴趣,那里曾经是中国对俄贸易口岸。2013年5月,内蒙古二连浩特旅游局与蒙古国旅游局、俄罗斯旅游局协商合作的中——蒙——俄"重走茶之路"三国自驾游旅游线路已获批开通,吸引了大批热爱自驾游游客的青睐,报名初期首发团人数已近满。① 不少中国人自驾越野车,从内地出发,沿途经过二连浩特口岸、蒙古国乌兰巴托、恰克图、俄罗斯联邦乌兰乌德、贝加尔湖和赤塔州,重走万里茶叶之路,重新感受古道昔日的辉煌。俄联邦恰克图市政府同样对中俄茶叶之路的旅游开发充满期待,并多次赴中国进行考察,与相关单位协商合作事宜。相信在不久的未来,中俄茶叶之路将会成为热门旅游线路。

第四节 其他国家茶文化旅游

茶与茶文化是全人类的共同资源与财富。除了在亚洲、欧洲传播和发展外,茶文化在大洋洲、非洲、美洲和阿拉伯国家都有发展,且在不断的发展变化中形成各自的饮茶习俗。

一、美国茶文化旅游

美国原是英国的殖民地,一些英国人移民到美国后,把饮茶的习惯也带了过来。1773年,英国公布一项法令,规定只有英国东印度公司可以在北美殖民地垄断经营进口茶叶。波士顿从事走私茶叶的商人们于当年12月16日,将英国东印度公司的货船上的茶叶倾倒在海水中,用来抗击垄断。这个事件引起英国对北美殖民地的高压制裁,最终导致美国独立革命发生,可以说美国的独立是由茶叶引起的。

除源自于欧洲的西方茶文化外,美国市场上的东方茶(乌龙茶、绿茶等)有上百种,但多是罐装的冷饮茶(柠檬红茶)。与中国人饮茶不同,美国人大多数喜欢饮冰茶,而不是热茶,并且美国人有在任何茶(包括东方茶)加糖的习惯。

美国是一个追求快节奏的国家,饮茶讲求效率、方便,不愿为冲泡茶叶、倾倒茶渣而浪费时间,他们似乎也不愿在茶杯里出现任何茶叶的痕迹,因此,喜欢喝速溶茶,这与喝咖啡的原理几乎一样。速溶茶1940年产生在英国,却流行在美国。美国人爱好冷饮,创造了茶的冷饮方式——冰茶。如今,在美国,

---

① "重走茶之路"体验游跨中蒙俄 成旅游热点[OL].中国新闻网,http://www.chinanews.com/df/2013/05—23/4849419.shtml

茶是第三大消费饮料,而其中 80% 都是冰茶。冰茶从口味、品种、取饮方式、包装到价格等,都完全符合时代潮流、方便、快速、多样,和现代各种流行饮料无异,因此,美国的冰茶文化也广泛地向世界各地传播。

美国人一般只重视茶叶的汤色而不太重视茶叶的外形,所以美国茶往往都是袋泡茶、速溶茶、混合冰茶粉等,要么就是罐装、瓶装的茶水,许多美国人甚至对茶叶的外形到底是个什么样子都不大清楚。

美国的饮茶习俗与众不同,主要以红茶泡用或用速溶茶冲泡,放入冰箱冷却后,饮时杯中加入冰块、方糖、柠檬,或蜂蜜、甜果酒调饮,闻之冷香沁鼻,啜饮凉齿爽口,顿觉胸中清凉,如沐春风。另外除了预装茶外,美国很多餐厅也以茶作为主要饮料。

在美国,大多数人爱饮冰茶不爱饮热茶,美国人饮用冰茶为世界之最,由于冰茶不含二氧化碳、不含热量、刺激性小、味道爽口,老少皆宜,所以冰茶在美国十分受消费者的欢迎。

如今,美国国内对绿茶的需求不断增加。绿茶需求大的主要原因,是战后出生的一代咖啡拥趸者希望改变口味,寻求一种含有少量咖啡因并可延年益寿的饮品。美国《嗜茶宝藏》作者普拉特说:"人们发现在休息时饮一杯绿茶,可收到提神醒脑之效。"

现代美国不仅在大城市中遍布着茶馆,偏僻郊外地区亦开设了茶馆,而且还兴起一些名副其实的茶会,比如 Domma and RonIasko 提供的服务就包括奉上高质茶品和设茶叶讲座等。同时,讲究服务水准,用作装茶的银器极为名贵,讲座内容介绍英国爱德华七世、维多利亚女皇时代的饮茶传统。侍应生亦穿上这两个时代的服饰。从发展趋势来看,美国女士们越来越爱饮茶,而男士则对研究茶叶产生浓厚兴趣。美国人现在不断汲取英国、日本、中国的茶文化精髓,创造自己国度的茶文化。

日本茶园(Japanese Tea Garden)是美国旧金山金门公园的一个热门景点,最初是为 1894 年加利福尼亚世界博览会兴建。日本茶园是美国最古老的日本庭园,占地 5 英亩(约 2.02 公顷),由许多小径、池塘、桥梁、茶室组成,日本和中国植物藏身其中。幸运饼在美国最早出现在日本茶园,萩原诚的后裔声称将幸运饼从日本介绍到美国。参观花园的游客可以吃到旧金山 Benkyodo 点心铺制作的幸运饼。

二、肯尼亚茶文化旅游

肯尼亚是世界第二大红茶生产和贸易大国,拥有肥沃的土壤、充足的降水,相对较少的害虫和在 1 500~2 700 米之间的海拔高度,是生产优质高地茶叶的理想之地。肯尼亚的红茶享誉全球,每年出口量很大,其品质和质量都非常优良。

肯尼亚于 1903 年开始在蒙巴萨的 LMURU 地区首次引种茶叶,到 1912 年才开始在西部大面积种植,20 世纪 20 年代中期,茶叶开始作为商品生产发展起来。肯尼亚茶产业发展历史很短,仅仅百年左右的时间就迅速成长为世界第二大茶叶生产和贸易国。肯尼亚茶叶迅速崛起与本国制定了极为有效的茶叶政策密切相关。而且肯尼亚非常重视茶叶生产、加工、销售、质量等的管理。肯尼亚拥有一个活跃的研究开发体系,70% 的财政开支来自茶农交给肯尼亚茶叶委员会的茶税,其余的来自肯尼亚茶叶研究基金会。这些政策措施促进了肯尼亚茶产业的迅速发展,也保证了茶叶的质量。

茶叶在东非,有"绿色黄金"之誉。遍布肯尼亚各地的茶园,风光优美,茶香醉人,让人流连忘返。从肯尼亚首都内罗毕出发,一路向北,不到 40 分钟,便能看到一座座翠色的茶山。李鹏、贾庆林等国家领导人曾经参观过海拔 2 000 米左右的马拉姆巴茶园。

多年来,茶叶种植一直是肯尼亚支柱产业之一。坐落在肯尼亚海滨城市蒙巴萨的东非茶叶出口拍卖所,乃是世界最大的红碎茶交易市场之一,每周吸引众多商家,观茶色,品茶香,议茶价,一周茶叶成交量可达七百多万千克。

基姆贝图茶园风景优美,枝繁叶茂的茶树比肩而立,彼此间只留下狭窄缝隙,供茶农采摘时穿行。与一年两熟的咖啡不同,肯尼亚的茶树四季常青。到了六七月份,茶农平均每两三周采摘一轮;而在 10 月采茶的黄金季节,五六天即可"丰收"一次。采茶时,习惯头顶物品走路的当地妇女用一根布条把竹筐吊在脑后,轻轻采摘茶树最顶端的一两片嫩尖,然后放进筐子里。通常,每采一个小时,工人们就要把筐中松散堆积的茶叶送去进行初加工,以免因阳光炙烤或手持时间过长,茶叶提前开始氧化。

这些茶叶送到茶厂,要接受严格检查。茶梗过多、叶子太多、太老或者破损的,都会被拒之门外,以免影响制茶品质。只有真正饱满的嫩叶才能进入茶厂的加工车间,开始烘干、切碎、氧化的加工过程。通常情况下,3.5 千克到 4 千克左右的嫩叶才能生产出 1 千克颜色金黄、味道香浓的好茶。

肯尼亚国家博物馆是非洲著名的博物馆,馆内展出了数十件从肯尼亚海岸省出土的中国古代文物,包括青花瓷盘、瓷瓶和茶具,有的已经破碎,但是"大清嘉庆年制""大清"和"长命富贵"等字依然可见。

三、摩洛哥茶文化旅游

摩洛哥地处非洲西北部,享有"北非花园"的美称。摩洛哥人主要信仰伊斯兰教,不喝酒,其他饮料也很少,唯有饮茶不可短缺。古时,茶沿着丝绸之路穿越阿拉伯世界,来到摩洛哥,当地人饮茶的历史已有 300 多年,喝茶已经成为摩洛哥人文化的一个重要部分。摩洛哥是世界上进口绿茶最多的国家，2 000万人口一年要消耗掉2.4万吨的茶叶，摩洛哥人一般每天至少喝三次茶，多的要十多次，所以常常说自己身体的一半是绿茶。但摩洛哥并不产茶，每年消费的茶叶均需进口，95%来自中国。中国绿茶与每一个摩洛哥人的生活息息相关，茶叶已经成为中国和摩洛哥之间的友好使者。

摩洛哥人上从国王，下至市井百姓，每个人都喜喝茶，可以说茶已成为摩洛哥人文化的一部分。逢年过节，摩洛哥政府必以甜茶招待外国宾客。在日常的社交鸡尾酒会上，必须在饭后饮三道茶。所谓的三道茶，是敬三杯甜茶，用茶叶加白糖熬煮的甜茶，一般比例是1千克茶叶加10千克白糖和清水一起熬煮。主人敬完这三道茶才算礼数周备。在酒宴后饮三道茶，口齿甘醇，提神解酒，十分舒服。

薄荷香味的清茶被摩洛哥人看作是招待来客的最高礼节，无论是沙漠绿洲还是海边小镇，雪山餐馆还是城市街角，都可以看见它翠绿的身影。摩洛哥人在喝茶之前，必须先用沸水迅速冲洗茶叶，这道程序的目的是洗去茶叶表面的苦味和灰尘；然后将洗干净的茶叶放入茶壶里，并将洗好擦干的薄荷叶叠好放进茶壶，上面压一大块糖，然后再放到炉子上加热几分钟之后放回银托盘里，晃动茶壶，让薄荷的香气和茶的滋味充分融合。倒茶给客人时，一般倒到杯子的一半满。绿茶加上鲜薄荷的清凉，入口暑气全消，极能提神。在摩洛哥，喝茶通常都在白色的屋舍中进行。一群人席地而坐，专注地看着摩洛哥长者泡上一壶香香的薄荷茶，烧水、斟酌茶叶的多寡，通常在倒水时要把银制摩洛哥壶举得很高，边看边听水以优美的弧度与旋律落入杯中，之后再加上大量的糖，整个泡薄荷茶的冲泡过程十分讲究，仿佛在进行一场神圣的仪式。

摩洛哥茶具是珍贵著名的艺术品，摩洛哥国王和政府赠送来访国宾的礼品，一为茶具，二为地毯，一套讲究的摩洛哥茶具重达百千克。摩洛哥的茶壶十分奇特，一般的茶壶外表由铜浇铸而成，壶内镀上一层银，壶嘴很长，类似老北京工夫茶馆中的茶壶。茶杯雕刻着富有民族特色的图案、花纹，非常精致。传统设计的镀银青铜茶壶和托盘，是摩洛哥人饮用传统的薄荷茶时常常使用的茶具。

摩洛哥人对中国茶文化亦有着极为浓厚的兴趣。2010年，摩洛哥国王顾问安德烈·阿祖莱先生在杭州访问中国茶叶博物馆时提出了摩中合建茶叶博物馆的构想；2012年6月，中国国家文物局与摩洛哥王国文化部在北京正式签署了《中华人民共和国国家文物局与摩洛哥王国文化部关于在索维拉合作创办摩洛哥国家茶博物馆的协议》。2013年11月，由中国国家文物局、中华人民共和国驻摩洛哥王国大使馆、摩洛哥王国文化部联合主办，中国文物交流中心、中国茶叶博物馆、摩洛哥王国文化部文化遗产局合作承办的"斗品团香——中摩茶文化交流展",在摩洛哥港口城市索维拉的穆罕默德·本·阿卜杜拉先生博物馆开幕。本次展览中方共有 71 件文物类展品参展,摩洛哥文化部也同时组织了摩洛哥茶文化展品参展。中方展览主办单位还专门为本展制作了一系列辅助展品,这些辅助展品将于展览结束后作为日后建成的摩洛哥国家茶博物馆藏品。展览共分为四个部分,分别是"来自中国的神奇植物""中国悠久的饮茶文化""茶从中国走向世界"以及"摩洛哥的茶文化"。展览现场,中摩两国茶艺师进行了中国茶艺表演和摩洛哥薄荷绿茶的冲泡。

参考文献

[1] (唐)陆羽.茶经[M].北京:中国书店出版社,1988
[2] (明)徐霞客.徐霞客游记[M].上海:上海古籍出版社,1990
[3] 夏涛.中华茶史[M].合肥:安徽教育出版社,2008
[4] 余悦.中华茶史·唐代卷[M].西安:陕西师范大学出版社,2013
[5] 余悦.中国茶叶艺文丛书[M].北京:光明日报出版社,2002
[6] 余悦.茶文化博览[M].北京:中央民族大学出版社,2002
[7] 陈文华.中国茶文化学[M].北京:中国农业出版社,2006
[8] 王玲.中国茶文化[M].北京:中国书店出版社,1992
[9] 姚国坤.茶文化概论[M].杭州:浙江摄影出版社,2004
[10] 刘勤晋.茶文化学[M].北京:中国农业出版社,2007
[11] 陈文华.长江流域茶文化[M].武汉:湖北教育出版社,2004
[12] 滕军.中日茶文化交流史[M].北京:人民出版社,2004
[13] 关剑平.文化传播视野下的茶文化研究[M].北京:中国农业出版社,2009
[14] 范增平.台湾茶文化论[M].台北:台湾碧山岩出版社,1992
[15] 马晓俐.多维视角下的英国茶文化研究[M].杭州:浙江大学出版社,2010
[16] 姚国坤,姜堉发,陈佩珍.中国茶文化遗迹[M].上海:上海文化出版社,2004
[17] 郑建新,郑毅.名山问茶[M].北京:化学工业出版社,2009
[18] 郑剑顺.茶文化旅游设计[M].厦门:厦门大学出版社,2011
[19] 吴旭霞.茶馆闲情——中国茶馆的演变与情趣[M].北京:光明日报出版社,1999
[20] 余悦.茶路历程[M].北京:光明日报出版社,1999
[21] 余悦.中国茶韵[M].北京:中央民族大学出版社,2002
[22] 余悦.中国茶与茶疗[M].北京:中国人民大学出版社,2007
[23] 余悦.事茶淳俗[M].上海:上海人民出版社,2008
[24] 阮逸明.台湾的茶业——发源与发展[M].台北:台北稻田出版有限公司,2001
[25] 陈文怀.港台茶事[M].杭州:浙江摄影出版社,1997
[26] 王勇.游走茶乡[M].北京:中国对外翻译出版公司,2006

[27] 余悦.中国民俗大系·江西民俗[M].兰州:甘肃人民出版社,2004
[28] 张明雄.台湾茶文化之旅[M].台北:台湾前卫出版社,1994
[29] 吴德亮.台湾找茶[M].台北:联合报股份有限公司,2005
[30] 王美津.普洱茶文化之旅——西双版纳篇[M].昆明:云南人民出版社,2006
[31] 古维恒.茶马古道[M].北京:中国旅游出版社,2004
[32] 章必功.中国旅游史[M].昆明:云南人民出版社,1992
[33] 杨江帆等.茶业经济与管理[M].厦门:厦门大学出版社,2008
[34] 李伟.旅游学通论[M].北京:科学出版社,2006
[35] 李燕琴,张茵,彭建.旅游资源学[M].北京:清华大学出版社,2007
[36] 周骏一,李益彬.旅游资源与开发[M].成都:西南财经大学出版社,2009
[37] 张维亚.旅游文化[M].大连:东北财经大学出版社,2011
[38] 李天元,王连义.旅游学概论[M].天津:南开大学出版社,1999
[39] 刘锋,董四化.旅游景区营销[M].北京:中国旅游出版社,2006
[40] 舒伯阳.实用旅游营销学教程[M].武汉:华中科技大学出版社,2008
[41] 郭梅.旅游规划原理与实务[M].北京:北京大学出版社,2012
[42] 赖良杰.旅游资源开发与规划[M].北京:高等教育出版社,2005
[43] 陈启跃.旅游线路设计[M].上海:上海交通大学出版社,2010
[44] 王莉霞.中国旅游资源教程[M].西安:陕西人民出版社,2006
[45] 甘枝茂,马耀峰.旅游资源与开发[M].天津:南开大学出版社,2005
[46] 张建萍.生态旅游[M].北京:中国旅游出版社,2008
[47] 张河清.会展旅游[M].广州:中山大学出版社,2011
[48] 保继刚,楚义芳.旅游地理学[M].北京:高等教育出版社,1999
[49] 杨振之.旅游资源开发与规划[M].成都:四川大学出版社,2002

后记 ——人在旅途

　　作为旅游者,小学的春游与郊游,当可成为我的游历。更早,则可以追溯到牙牙学语时的家庭搬迁,可惜已经全然没有记忆。

　　至于旅游研究,起码已有20多年的时间。我曾担任《中国旅游文化大辞典》(江西美术出版社1994年出版)的编委、撰稿人、审稿人、特约编辑,这是值得怀念的事情之一。当时,参加这项工作的有一批学术精英,如现在中央电视台"百家讲坛"栏目的讲授人、著名明史专家方志远教授,就是其中的一员。我们称志远兄为"方大侠",因为其时出书不易,而他关于金庸武侠小说研究的一本专著在当时已经颇有影响,这也是内地最早研究"金学"的著作之一。那时候,我们都风华正茂,意气风发,写稿、改稿之余,就是海阔天空,谈天说地,真是"不亦快哉",其情景依然历历在目。

　　我对于茶文化旅游的研究,也有10来年的时光。我曾发表论文《茶文化旅游的定位与开拓》(署笔名李欣,《农业考古》2005年第2期),《中国茶文化旅游的拓展与提升》(署笔名安文,《农业考古》2013年第5期)。作为江西省、南昌市的旅游文化专家,我在策划、主持、参加旅游论坛和论证旅游发展规划时,往往有意识地把茶文化旅游纳入其中。同时,我们也曾与江西茶业联合会会长胡向东、江西省泊园茶文化传播有限公司董事长张卫华先生一起,向省政府提出关于江西发展茶文化旅游的建议,得到肯定性批示后,交省旅游局研究。还有一些茶文化旅游项目,我们都提出过建设性意见。特别是2012年,我与张卫华先生一起,主持、策划了"首届中国茶文化与旅游发展高峰论坛",邀请国内的专家与业内人士"豫章论剑",产生了极大影响。这些,是为尽可能地把知与行结合起来,使茶文化旅游能够"接地气",真正落到实处,造福社会和大众。

　　正是在这样的研究与实践基础上,我与王柳芳博士合作,完成了这本《茶文化旅游概论》。王柳芳曾是我教授的古代文学专业"山水文学与民俗旅游"方向的硕士研究生,后到苏州大学古代文学专业攻读博士学位,研究重点是古代城市文学与文化。她经过严格的学术训练,具有良好的学术素养,发表过多篇学术论文,并且从事过旅游行业的实际工作,是理论和实践兼具的研究型人才。现在,她学成归来,在高校从事教学,还承担了省级科研课题。我深知她的学术功底、学术理论、学术水平，故邀请她参加《茶文化旅游概论》的撰稿工作。这本著作，王柳芳博士投入大量的时间精力，写作了初稿，保证了著作的质量与风格统一。我只是设计全书框架，写出提纲、绪论和后记，并进行了一些修改调整。

张卫华先生对本书的写作极为关心，提出了许多很好的建议，并提供了切实的帮助。

世界图书出版西安有限公司总编辑薛春民先生大力支持本书的写作与出版；责任编辑李江彬敏锐地认定了该书的学术价值，并多次交流意见；编辑马亮认真进行了编校并做了不少细致工作。

对于他们，我们心存感念，特此致谢！

一部著作完成了，并不是探索的终结，而是新的研究的开始。茶文化旅游，同样存在许多值得关注和需要继续研究的问题。例如：在现行的社会、经济、文化、旅游态势下，茶文化旅游将走向何方？如今，茶修受到越来越多人的欢迎，这将如何推动专项茶文化旅游的发展？旅游房地产（我曾发表《旅游房地产的现状与未来》一文）受到追捧之后，是否会迎来"茶文化旅游房地产"的春天？并且以此为契机，进一步带动茶文化旅游的百花争艳？这些，值得期待，但更要冷静观察。

"相阅征途上，生涯尽几回。"这是唐代杜甫《龙门》中的两句诗，这位一辈子常在漂泊的大诗人对于旅途，自是感受深切。其实，每个人的一生总在旅途之中，既有爬坡的坎坷，也有驰骋的快意。在炎炎夏日，在漫漫征途，一杯香茗，郁结于胸，顿扫而光。如果有专程的茶文化旅游，岂不更是痛快淋漓？其实，只要是茶味人生，就是快乐人生，美满人生！愿茶香永远伴随着您！

余　悦

2014年8月12日于洪都旷达斋